8

王先林·主编

竞争法律与政策评论

第8卷

上海交通大学竞争法律与政策研究中心
上海市法学会竞争法研究会 组编

法律出版社
LAW PRESS·CHINA
北京

图书在版编目(CIP)数据

竞争法律与政策评论. 第8卷 / 王先林主编 ; 上海交通大学竞争法律与政策研究中心, 上海市法学会竞争法研究会组编. -- 北京 : 法律出版社, 2022
ISBN 978-7-5197-7218-5

Ⅰ. ①竞… Ⅱ. ①王… ②上… ③上… Ⅲ. ①反不正当竞争-经济法-研究-中国 Ⅳ. ①D922.294.4

中国版本图书馆CIP数据核字(2022)第197814号

竞争法律与政策评论(第8卷)
JINGZHENG FALÜ YU ZHENGCE PINGLUN(DI-8 JUAN)

王先林 主编
上海交通大学竞争法律与政策研究中心
上海市法学会竞争法研究会 组编

策划编辑 林 蕊
责任编辑 林 蕊
装帧设计 汪奇峰

出版发行 法律出版社
编辑统筹 司法实务出版分社
责任校对 晁明慧
责任印制 胡晓雅
经　　销 新华书店

开本 710毫米×1000毫米 1/16
印张 24.5 **字数** 425千
版本 2022年12月第1版
印次 2022年12月第1次印刷
印刷 唐山玺诚印务有限公司

地址:北京市丰台区莲花池西里7号(100073)
网址:www.lawpress.com.cn
投稿邮箱:info@lawpress.com.cn
举报盗版邮箱:jbwq@lawpress.com.cn
销售电话:010-83938349
客服电话:010-83938350
咨询电话:010-63939796

书号:ISBN 978-7-5197-7218-5
定价:86.00元
凡购买本社图书,如有印装错误,我社负责退换。电话:010-83938349

卷 首 语

在本卷执行主编侯利阳教授以及中心执行主任李剑教授等的精心策划和各位作者的大力支持下,《竞争法律与政策评论》(以下简称《评论》)第 8 卷的审稿编辑任务已经完成。

依照惯例,本卷仍然设置 6 个栏目。2022 年 6 月 24 日第十三届全国人大常委会第三十五次会议通过了《关于修改〈中华人民共和国反垄断法〉的决定》,完成了对该法实施十四年来的首次修改。为此,本卷特别聚焦“中国《反垄断法》的首次修改”,设置了“热点问题笔谈”栏目,7 位专家分别就此发表了自己的看法,分别是王晓晔教授的《我国〈反垄断法〉首次修改的亮点和问题》,徐士英教授的《强化竞争政策定位 开启行政性垄断规制新篇章》,王健教授的《我国反垄断制裁的现代化转型》,孙晋教授的《我国〈反垄断法〉首次修改的要点及时代意义》,王先林教授的《健全完善反垄断规则制度的重要一步》.韩伟副教授的《如何理解经营者集中分类分级审查》,以及袁嘉副教授的《四个关键词解读新修正的〈反垄断法〉亮点》。“学术专论”栏目发表了 4 篇论文,分别是张晨颖副教授、徐嘉莹博士生的《拒绝交易适用必需设施理论的规则建构——从有形、无形到平台的演进为进路》,王传辉副教授的《市场经济、政府与法治:鲁滨逊故事新解》,翟巍副教授的《反垄断法视域下数字平台生态系统的统合治理范式——基于欧盟法与德国法镜鉴的研究路径》,王晨竹讲师的《竞争中立国际规则的冲突、错位及再定位——以区域贸易制度安排为视角》。“域外新论:数字平台治理”栏目刊载了 2 篇译文,分别是 Herbert Hovenkamp 著、李中衡译的《再论美国平台反垄断救济模式的创新》和 Pierre Larouche, Alexandre de Streel 著、王颂扬译的《欧盟数字市场法案:一场立足于传统的革命》。“学位论文选登”栏目选用了两篇竞争法方向学位论文中的一部分,即吴佩乘博士的《拒绝许可商业秘密的反垄断法规制》和方翔博士的《论反垄断法视角中的创新》。“研究咨询报告”栏目继续发表了3篇中国反垄断法实施的系列分析报告，分别是林文律师的《中国反垄断行政执法年度报告(2021年)》，潘志成律师的《中国经营者集中反垄断审查年度分析报告(2021年)》和杜爱武、陈云开律师的《中国反垄断诉讼案件年度分析报告(2021年)》。“研究中心动态”栏目发布了牛钰彤的《上海交通大学竞争法律与政策研究中心近期动态》。

《评论》的栏目既有连续性、稳定性，又根据每年的新情况做出必要的调整和更新。我们衷心感谢国内外专家学者的大力支持和无私帮助。我们希望在学界同人的共同支持和帮助下，《评论》能够真正办成一份有特色、有影响的连续性、专业性的学术出版物。再次说明的是，《评论》从第1卷起就是“中国知网”的文献来源辑刊，每卷出版后的全部论文都被“中国知网”全文收录上线，各卷在出版后所有文章的全文都可很快在该数据库中检索和下载；同时，《评论》也已经加入了“北大法律信息网”法学期刊数据库，所刊载的所有论文也可以在该数据库中全文检索。此外，《评论》还于2022年1月成功入选《科学引文数据库》(Science Citation Database，SCD)2021年来源期刊。

王先林

2022年6月26日

于上海

目　录

本卷聚焦:中国《反垄断法》的首次修改

热点问题笔谈

学术专论

域外新论:数字平台治理

学位论文选登

研究咨询报告

研究中心动态

TABLE OF CONTENTS

Competition Law and Policy Review(Vol. 8)

Focus on: The First Revisions of China's Anti – Monopoly Law

Written Discussion on Hot Issues

ARTICLES

INTERNATIONAL VIEWS: The Governance of Digital Platform

THESIS

REPORTS

NEWS

本卷聚焦:中国《反垄断法》的首次修改

热点问题笔谈

我国《反垄断法》首次修改的亮点和问题

王晓晔*

第十三届全国人大常委会第三十五次会议完成了对《反垄断法》的首次修改。这次修改不仅是其十多年执法经验的总结,更是一个与时俱进,即通过修改使其进一步臻于完善、更具科学性和现代化。这个修改有很多亮点,从宏观角度强化了竞争政策基础地位,从微观角度强化了数字经济反垄断,完善了经营者集中控制,增加了"安全港"规则,加重了对违法行为的处罚力度。这次修订不是无懈可击,学术界对其某些条款仍会存在激烈的争论,这些争论可能成为下次修订中考虑的问题。

一、我国《反垄断法》首次修改的五个亮点

亮点一:强化竞争政策基础地位。这次修改的最大亮点是第4条增加了"强化竞争政策基础地位"。随着竞争政策在资源配置中发挥基础地位,产业政策逐步退到次要地位。这说明,除了第8条规定的"国有经济占控制地位的关系国民经济命脉和国家安全的行业以及依法实行专营专卖的行业",其他经济领域调节供求和配置资源的基本方式是包括竞争机制在内的市场机制。强化竞争政策的另一重要方面是引入"公平竞争审查制度"。第5条规定,"国家建立健全公平竞争审查制度。行政机关和法律、法规授权的具有管理公共事务职能的组织在制定涉及市场主体经济活动的规定时,应当进行公平竞争审查"。公平竞争审查由此从过去的一种政策性规定上升为法律,成为政府机关制定涉及市场主体经济活动的规章制度必须考虑的一个法律程序。公平竞争审查是反垄断法的重要发展,它将政府行为进一步装进制度的笼子里,从而有助于解决政府与市场、政府与企业的关系。

---

* 王晓晔,深圳大学特聘教授,中国社会科学院法学所研究员。

亮点二:强化平台经济反垄断。2020年10月以来我国加大了平台经济反垄断的力度。例如,阿里、美团等电商平台的“二选一”行为遭遇了高额罚款,虎牙和斗鱼的并购被禁止,腾讯公司的音乐独家版权协议被解除。强化平台经济反垄断主要有三个理由:一是这些案件与民生关系密切;二是基于网络直接效应、间接效应和大数据,平台领域存在巨大的进入壁垒和赢者通吃的现象;三是强化数字经济反垄断已经成为国际潮流。为表达立法者强化数字经济反垄断的态度和决心,第9条规定,“经营者不得利用数据和算法、技术、资本优势以及平台规则等从事本法禁止的垄断行为”。此外,第22条还增加了第2款规定,禁止“具有市场支配地位的经营者不得利用数据和算法、技术以及平台规则等从事前款规定的滥用市场支配地位的行为”。这个条款可被视为一只“大口袋”,它可以装进大平台企业所有的“不合理限制”,如没有正当理由的自我优待、直接或间接妨碍其他企业的经营活动、通过数据收集和使用为其他企业设置进入障碍等。国务院反垄断委员会《关于平台经济领域的反垄断指南》在认定数字企业市场支配地位方面提出了网络效应、规模经济、锁定效应、用户转向其他服务的成本等很多因素,修改后的《反垄断法》没有增加这些考虑因素是一个遗憾。

亮点三:完善经营者集中控制的程序和实体法。例如,修改后的《反垄断法》第26条第2款规定,“经营者集中未达到国务院规定的申报标准,但有证据证明该经营者集中具有或者可能具有排除、限制竞争效果的,国务院反垄断执法机构可以要求经营者申报”。第3款规定,“经营者未依照前两款规定进行申报的,国务院反垄断执法机构应当依法进行调查”。第32条是个全新的规定,即在三种情况下,反垄断执法机构有权决定中止计算经营者集中的审查期限。这些规定明显是迄今执法经验和教训的总结。

在实体法方面,第37条规定,“国务院反垄断执法机构应当健全经营者集中分类分级审查制度,依法加强对涉及国计民生等重要领域的经营者集中的审查,提高审查质量和效率”。鉴于《反垄断法(修正草案)》(以下简称《修正草案》)第37条规定,“依法加强民生、金融、科技、媒体等领域经营者集中的审查”,可以想到这个条款目的是防止资本的无序扩张,特别是考虑到涉及国计民生、金融安全、科技创新的某些并购可能达不到申报标准,建立健全经营者集中分类分级审查制度有助于制止大平台企业凭借市场势力扼杀初创企业的创新活动。我国经营者集中方面的分级制度目前主要是简易申报程序,这不仅便利中小企业,而且有助于将执法资源集中用于反垄断大案和要案,从而有助于提高执法效率。现在社会上关于经营者集中分类分级审查制度有很多版本,它的解释权当然在于反垄断执法机构。

亮点四:增加"安全港"规则。第 18 条引入了欧盟竞争法中的"安全港"制度,即"经营者能够证明其在相关市场的市场份额低于国务院反垄断执法机构规定的标准,并符合国务院反垄断执法机构规定的其他条件的,不予禁止"。反垄断法的"安全港"制度是基于执法经验,即某些限制竞争协议如果从其目的和效果没有明显的竞争损害,它们可以从反垄断法得到豁免。这里的"安全港"规则放在涉及"交易相对人"的第 18 条,似乎说明"安全港"不涉及横向协议。与《修正草案》第 19 条相比,这里有进步,因为根据《修正草案》,"安全港"规则可适用于核心卡特尔,这与反垄断法基本原则相背离。然而,"安全港"规则不适用于横向协议也存在问题,因为核心卡特尔之外的很多横向协议具有合理性,如第 20 条对很多横向协议做出可以豁免的规定。涉及转售价格维持(Resale Price Maintenance,RPM)的第 18 条有一个全新的第 2 款,即"经营者能够证明其不具有排除、限制竞争效果的,不予禁止"。有人根据第 18 条认为,安全港规则可以适用于 RPM。笔者认为,根据第 2 款,豁免 RPM 的前提是协议当事人证明该协议没有反竞争效果,这说明我国《反垄断法》与欧盟竞争法一样,"安全港"规则不适用于 RPM。

亮点五:加重处罚力度。一方面,因为反垄断法是禁止性规范,应当具有威慑力;另一方面,反垄断案件涉及的经济体量一般很大,甚至涉及整个行业或者市场,如果对违法企业的处罚没有威慑力,不能起到惩罚违法者和教育其他企业的目的,因此加重处罚力度是这次修改的一个亮点。这表现在五个方面:一是加重违法的经营者集中的处罚力度。与原来的"可处五十万元以下的罚款"相比,第 58 条规定"处上一年度销售额百分之十以下的罚款;不具有排除、限制竞争效果的,处五百万元以下的罚款"。二是针对卡特尔案件引入了个人责任。即第 56 条规定,"经营者的法定代表人、主要负责人和直接责任人员对达成垄断协议负有个人责任的,可以处一百万元以下的罚款"。这个规定符合世界各国反垄断立法趋势,即除了企业的责任,对企业违法行为负有责任的个人包括公司的董事、高级经理或某些高级雇员也可以承担责任。三是引入一个特别威慑的条款。即第 63 条规定,"情节特别严重、影响特别恶劣、造成特别严重后果的,国务院反垄断执法机构可以按照……规定的罚款数额的二倍以上五倍以下确定具体的罚款数额"。然而,考虑到法律稳定性和可预期性,考虑到"三个特别"的认定可能因为执法者自由裁量权而透明度不足,这里应当通过实施细则或者指导性案例作出解释。四是引入信用记录。第 64 条规定,"经营者因违反本法规定受到行政处罚的,按照国家有关规定记入信用记录,并向社会公示"。鉴于大多数反垄断案件适用"合理原则",向社会公示信用记录适用于哪些类型案件,执法机构应当通过细则性规定或指导性案例予以说明。五是引入刑事责任。第67条规定,"违反本法规定,构成犯罪的,依法追究刑事责任"。这个规定仅可适用于本身违法的卡特尔行为。引入刑事责任有助于提高反垄断法威慑力,主要的问题是刑事调查、起诉和对企业高管的刑事监禁需要成本。鉴于《刑法》第223条规定情节严重的串通招投标行为可处3年以下有期徒刑或者拘役,《反垄断法》增加刑事责任具有合理性。

二、我国《反垄断法》首次修改留下的若干问题

这次《反垄断法》修改也留下很多值得商榷和思考的问题。例如,《反垄断法》第1条增加了"鼓励创新",因为这涉及反垄断立法的宗旨,是个重要的理论问题。有学者认为,传统经济下反垄断法是考虑静态效率与价格变化,数字经济下反垄断应强调动态效率和鼓励创新。然而,大多数学者认为,反垄断法是保护公平和自由竞争,因为在竞争压力下企业有动力进行创新,提高生产效率,其结果就是提高消费者的福利。《反垄断法》对创新的影响显而易见,例如第20条规定"为改进技术、研究开发新产品的"协议可以得到反垄断豁免。现在如果把"鼓励创新"与"保护竞争"一样作为反垄断立法直接目的,这可能出现哪个目的应当处于优先地位的问题。另外,"鼓励创新"不应当仅是个口号,而是需要立法者为鼓励创新采取各种措施。但是,"鼓励创新"的措施一般都会涉及竞争与创新的关系,鉴于创新能力不等于创新的激励,鼓励创新和保护竞争在反垄断法中不能画等号。

修改后的《反垄断法》第20条第1款第6项保留了"为保障对外贸易和对外经济合作中的正当利益的"垄断协议可从反垄断法得到豁免的规定。然而,我国出口维生素C的4家制药企业2005年在美国遭遇的反托拉斯诉讼足以说明这个条款存在很大的问题。一方面,作为世界贸易组织成员,我国政府不可能再对企业出口价格做出强制性规定,而且随着我国进一步扩大对外开放,这个条款将来也没有适用的可能性;另一方面,这个条款不仅没有适用的机会,而且还可能误导出口企业,即误认为我国反垄断法豁免的出口卡特尔在国外也是合法的。因此,这个条款应当删除掉。

附则中保留的第68条规定,"经营者依照有关知识产权的法律、行政法规规定行使知识产权的行为,不适用本法;但是,经营者滥用知识产权,排除、限制竞争的行为,适用本法"。笔者认为,该条后半句没有重要的意义,前半句存在明显的错误:

一是合法行使知识产权被反垄断执法机构认定违法行为的案件国内外屡见不鲜,如国家发展和改革委员会2015年关于高通公司的处罚决定;二是国际上绝大多数反垄断法规定,行使知识产权的行为不能从反垄断法得到豁免。例如,欧盟《技术转让豁免条例》指出,知识产权法授予权利人排他权的事实并不意味知识产权可以从竞争法得到豁免;知识产权法与欧盟竞争法没有实质性的冲突,因为它们的目的都是推动消费者的福利和资源的有效配置。我们现在进入信息技术高度发达的新经济时代,法律和事实上的各种标准很容易导致权利人在某些技术市场占支配地位。国家一方面应当保护知识产权,另一方面也应当防止权利人的垄断寻租活动,因此没有必要把这个实际上处于"空转"的条款保留下去。

强化竞争政策定位　开启行政性垄断规制新篇章

徐士英*

我国《反垄断法》的首次修改是我国经济生活中的一件大事，更是法治建设进程的一项重大标志。当年《反垄断法》的制定与实施，表达了我国迈向社会主义市场经济的坚定决心，此次《反垄断法》的修改则标志着我国在新时代发展理念和发展目标的指引下，市场经济体制走向进一步的成熟与完善。这次修改的一大亮色就是对滥用行政权力排除、限制市场竞争行为的规制所做的重要修改与补充。针对经济体制改革最核心的问题，这次修法通过法律规定，把政府干预市场的权力行使行为全面纳入国家竞争政策之内进行规制和监督，使行政主体（包含行政机关和法律、法规授权的具有管理公共事务职能的组织）干预市场的行为得到了有力的制度制约。

一、把行政性垄断纳入竞争政策框架内全面规制

确立竞争政策的基础地位，是顺应社会生产力发展，重构经济政策体系的重大抉择，更是自觉调整生产关系的重大转变。秉承这一战略决策，这次修法除了延续原法的第 8 条规定外，在新法总则第 4 条中专门增加了“国家坚持市场化、法治化原则，强化竞争政策基础地位”的内容。以立法的形式确立竞争政策的基础地位具有重要的历史意义，它确定了竞争政策作为我国经济政策体系中的基础政策的法律地位，让发展市场、维护竞争、推动创新的理念在这一具有“经济宪法”意义的法律中得到了充分彰显和切实保障。

《反垄断法》的这一修改，以竞争政策为基础政策和标准，将行政性垄断纳入市

* 徐士英，华东政法大学教授，浙江理工大学特聘教授。

场竞争的框架内判断和规制，更清晰、更全面地明确了行政性垄断的范围和性质。竞争政策的定位，意味着我们要以竞争的理念影响其他经济政策和社会政策的制定与实施；要以是否影响市场竞争机制的作用来协调和改良政府的其他公共政策，使所有的公共政策形成体系与合力，发挥市场在资源配置方面的决定性作用；要在任何变化情况和困难条件下也要守住维护市场竞争的基本底线，以避免损害和枯竭创新与发展的活力源泉。随着改革的深化，国内外环境的变化，地区分割、行业垄断问题必须引起高度重视。强化竞争政策的基础地位，对于行政性垄断行为的规制具有实际意义，为建立科学、合理的规制体系和制度提供政策性保障，从而审查行政性垄断行为是否超越行政裁量权或者是否“失当”。针对行政性垄断的判断标准，以往是遵循“是否符合法律规定”的合法性标准。公权力机关很容易借助于“程序合法”，将形式上符合要求的垄断行为排除在规制之外。明确竞争政策的基础地位，则将通过行政性垄断“合法性”的形式，对政府行为进行“实质合理性”的审查。以市场机制是否受到损害的效果为判断政府经济权力运行的基本标准，权衡政府经济权力的正当性。制度约束具有直观性、程序性和规范性，更加体现市场经济的本质要求，从而有利于推进整个国家的改革进程。

二、与公平竞争审查制度有效衔接，形成行政性垄断治理的完整模式

中共中央《关于全面推进依法治国若干重大问题的决定》中关于清理有违公平竞争的法律法规条款的表述，使公平竞争审查第一次出现在大众视野之中。此后在一系列重要文件的基础上，2016 年国务院发布了《关于在市场体系建设中建立公平竞争审查制度的意见》，正式建立了我国的公平竞争审查制度。六年来，排除、限制竞争的政府政策措施被废止、被修改，行政性垄断行为不断被纠正、被处置，市场竞争政策环境得到优化。这次修法在总则中增设的第 5 条，明确国家建立健全公平竞争审查制度，行政机关和法律、法规授权的具有管理公共事务职能的组织在制定涉及市场主体经济活动的规定时，应当进行公平竞争审查。这就把公平竞争审查制度从法律上确定下来，使这一制度正式纳入法治化轨道。这一条款的增加，不仅提升了公平竞争审查制度的法律地位，保障了公平竞争审查的依据和效果，为进行公平竞争审查提供了更为上位的法律支持，更加重要的是对行政性垄断规制构建了全方位的制度链条，真正实现了对行政性垄断的全面规制，乃至对整个攻府经济权力行使的监督都具有重大意义。

公平竞争审查制度是法定机构评估拟定的或现行的政策措施对市场竞争的影

响进而作出通过、修改或废止的建议或决定,并尽可能提出在实现既定政策目标的前提下,对市场竞争损害最小或最能促进市场竞争的替代方案的制度。尽管这次修法没有针对公平竞争审查制度进行更大篇幅的制度性阐述,但通过总则中的原则性规定以及在"滥用行政权力排除、限制竞争"一章中多项限制滥用行政权力排除、限制竞争行为的条款中,可以看出公平竞争审查制度与行政性垄断规制的一致性。例如,在第40条、第42条、第43条、第44条和第45条中规定的行为表现,与《公平竞争审查制度实施细则》中的市场准入与退出标准、商品与要素自由流动标准、影响生产经营行为标准都有相同的内容,表述高度一致,体现了《反垄断法》对公平竞争审查制度的法律性保障,审查标准的效力性支持。由上分析可知,以落实公平竞争审查制度为抓手,能更科学、高效地对政府排除、限制竞争行为加以约束。公平竞争审查制度中对于"增量文件"的审查,可以在很大程度上避免行政性垄断的发生,对行政性垄断进行有效的事前规制;而对于"存量文件"的审查,则可以在行政性垄断行为发生后及时制止,对行政性垄断进行强有力的事后规制。这也体现了对公平竞争审查的具体规范与行政性垄断规范的标准协同性、内容系统性与规制完整性。

三、强化行政性垄断的执法与法律责任

修改前的《反垄断法》尽管规定"行政机关不得滥用行政权力,制定含有排除、限制竞争内容的规定",但是反垄断执法机构没有权力对这些规定进行审查,法律仅赋予了其提出修改建议的权力。这意味着,很难对行政性垄断予以有效规制,无法对抽象性行政垄断行为构成有效制约,更无法对行政机关之外的其他政府限制竞争行为构成约束。同时,在修改前的《反垄断法》中以"上级机关"为中心的行政性垄断法律责任体系,威慑效果明显偏弱,法律责任整体评价为弱化的法律,责任趋于虚化。但在这次修法中,这一遗憾迎来了巨大突破。虽然修法后的法律责任的规定虽然仍逃不开"上级机关"的责任体系构造,但是第54条和第55条明确规定了反垄断执法机构依法对滥用行政权力排除、限制竞争的行为进行调查,有关单位或者个人应当配合,如实提供相关文件、资料,说明有关情况;反垄断执法机构可以对其负责人进行约谈,要求其采取措施进行整改。第54条和第55条明确赋予了反垄断执法机构制约抽象性行政垄断行为的权力以及更为广泛的规制行政主体排除、限制竞争的权力。强化反垄断执法机构的权威性地位,明确了反垄断执法机构和其他行政主体之间的关系。自此,在规制行政性垄断的过程中,反垄断执法机构

将从半架空性状态转变成负有实质性执法权力的机关，掌握实权的反垄断执法机构将正式走向规制行政性垄断的舞台中心，以具有基础地位的竞争政策为导向，配合体现“实质合理”的公平竞争审查制度，完善行政性垄断规制的制度体系，成为协调政府和市场关系中最为特殊的“利刃”。

四、期待与展望

马克思主义政治经济学认为，经济基础决定上层建筑，上层建筑反作用于经济基础。经济基础的重要体现在于市场，而上层建筑的重要构成就是政府及其政策制定。作为“看得见的手”存在的行政主体利用权力可以轻而易举地突破上层建筑和经济基础的壁垒。当行政主体利用行政权力实施排除、限制市场竞争超出了其应当恪守的边界时，即异化为行政性垄断。因此，有效规制行政性垄断始终成为平衡市场和政府关系的重要任务。这次修法在明确了竞争政策基础地位的前提下，提高公平竞争审查制度的法律依据和地位，同时赋予反垄断执法机构以实质性权力。这无疑是完善我国社会主义市场经济体制迈出的重要一步，同时也是《反垄断法》作为“经济宪法”发展的重要里程碑。但同时，修改后的《反垄断法》仍存在不足。

首先，传统经济体制遗留的历史缺陷尚未完全纠正。在新中国成立时，出于解决落后生产力和人民对于日益美好生活需求之间的矛盾，国家选择成立国有企业，以期在短时间内建立规模化企业，满足人民日益增长的消费需求。但如今，以竞争政策为基础地位的社会主义市场经济，与以往占据优势的国有经济因为“政府拥有，政府扶持”的大量政策存在不同，会大量滋生看似合情合理外观合法的行政性垄断，遗留的体制改革不彻底，行政性垄断就不会消除。

其次，公共政策的审查并不彻底。根据竞争政策基础地位的定位，任何公共政策不得与《反垄断法》规定相违背。然而，目前法律、行政法规对行政主体滥用行政权力实施排除、限制竞争行为的处理仍处在“另有规定的，依照其规定”的第二套标准中。两套标准的存在，一方面会影响《反垄断法》对于行政性垄断规制的权威性和公信力，另一方面另一套判定标准很难做到和其他受规制政策在竞争政策基础地位上规制行政性垄断的思路、路径、体系完全一致，为行政性垄断的规制增加不确定性。

最后，行政性垄断中对其他经营者产生的间接性财产损失没有规定后续性补偿措施。行政性垄断的性质具有财产性，在确定法律责任时应当加以考虑。行政性垄断干预经营者自由公平的竞争过程中势必造成一方获益而另一方受损的法律后果。建议规定对因行政性垄断获得利益的经营者,反垄断执法机构可以处以上一年度销售额1% ~10%罚款。

此外,《反垄断法》的修改进一步明确了竞争政策在社会经济政策中的基础地位。建议在适当时候,通过修改《宪法》增加关于竞争政策基础地位的规定。

我国反垄断制裁的现代化转型*

王　健**

2019年我国开始启动《反垄断法》的修订工作，其中反垄断制裁制度是社会始终最为关注的核心问题之一。2020年1月2日，国家市场监督管理总局公布了《〈反垄断法〉修订草案》(公开征求意见稿)。历经两年多时间的反复征求意见，第十三届全国人大常委会第三十五次会议终于通过了修正草案。从本次《反垄断法》最终修改的内容来看，亮点很多。但就制裁内容而言，应该说其比较好地回应了反垄断制裁力度不足的问题，有效促进了我国反垄断制裁的现代化转型。

一、立体化的制裁体系已具雏形

一个完整的反垄断法制裁体系包括了行政制裁、民事制裁和刑事制裁。在威慑理念指导下，每一种制裁手段又由若干种制裁方式所构成，如罚款、没收违法所得、责令停止违法行为、临时措施、取消董事资格令、损害赔偿、罚金和监禁等。从历史的发展来看，美国以民事制裁(三倍损害赔偿)为主，后来逐步强化了刑事制裁的运用，现在还在部分领域引入了民事罚款。欧盟开始时以行政制裁(罚款)为主，现在已经规定了民事制裁，不少成员国还引入了刑事制裁。日本、韩国刚开始以行政排除措施命令为中心，行政制裁手段比较单一，后来增加了课征金(罚款)；虽然也有民事制裁和刑事制裁规定，但效果很不理想。英国一开始也没有罚款制度，后来修法增加，相继引入民事制裁和刑事制裁。可以说，构建包括行政制裁、民事制裁和刑事制裁在内的立体化制裁体系逐渐成为主流的做法。

---

* 本文系国家社科基金重点项目“反垄断法制裁的现代化研究”(项目批准号：18AFX019)的阶段性成果。

** 王健，浙江理工大学法政学院院长、教授，法学博士。

我国《反垄断法》一开始仅规定了行政制裁和民事制裁制度。其中，行政制裁制度的核心是没收违法所得和罚款，民事制裁制度的核心是赔偿损失。从10余年的运行情况来看，我国反垄断行政制裁制度存在威慑不足的问题，民事制裁制度发挥的作用比较有限，局限于单倍赔偿，而且民事赔偿案件的胜诉率不高。即使少量胜诉的案件，其赔偿额普遍比较低。因此，不少人建议引入刑事制裁制度。此次修法，就是否应该规定刑事制裁制度，人们有不同的观点。通过多次研究和沟通，多数人认为导入刑事制裁的时机较为成熟，利大于弊。

相较于行政制裁和民事制裁，刑事制裁有特殊的威慑力量，因为公司不能回报给他们的高管和员工的是在监狱里度过的时间，监禁能够以罚款无法做到的方式重新调整个人的犯罪动机。同时，监禁还可以更好地激励个人和公司使用宽大处理方案并配合调查。① 因而，不少国家选择了反垄断刑事制裁方式。根据2017年国际竞争网络（ICN）年会的一份调查报告显示，目前对参与卡特尔的个人可以判处监禁刑的已有19个国家，刑期从最长3年（如奥地利、爱沙尼亚、韩国、波兰）、5年（如巴西、希腊、匈牙利、爱尔兰、日本、赞比亚）直至14年（如加拿大）。②

我国修改后的《反垄断法》第67条规定：违反该法规定，构成犯罪的，依法追究刑事责任。该条规定的内容非常原则，实际上一个是刑事责任衔接条款。其主要原因有两点：一是从立法体例上来看，我国的刑事制裁及相关罪名一般在刑法或通过刑法修正案加以规定，在单行法中直接规定刑事制裁没有先例；二是运用刑事制裁手段应该谨慎，只有严重的垄断行为才适用刑事制裁。同时，在启动机制、追诉程序及刑事制裁方式方法等方面需要进一步深入的研究。基于此，我国虽然通过此次修法构建了立体化的制裁体系，但由于刑事制裁仅是原则性的规定，因此只能说已具雏形。

二、双罚制的制裁模式初步建立

贝克尔的最优威慑理论认为，通过罚款可以消除侵权行为的预期净利润，有效遏制企业参与卡特尔等犯罪活动。罚款因而成为当今世界主流的反垄断制裁方式，几乎所有国家的反垄断法都规定了罚款的制裁方式，在部分国家甚至是唯一的

---

① See Jeremy Wes, *Are We Winning the Fight Against Cartels*?, CPI Antitrust Chronicle, 2(2012).

② 王健、方翔：《威慑理念与我国反垄断制裁的有效协调》，载《经贸法律评论》2019年第2期。

制裁方式。① 理论上，仅仅通过对企业的罚款就可以形成足够的威慑，但实践中由于最优威慑的罚款数额可能过大，企业或因无力承担而退出市场，所以在大多数情况下为避免出现此种不利后果，罚款往往低于最优威慑的水平。② 因此，一些国家规定了对参与垄断行为的个人进行罚款制裁，以期实现额外的威慑。这主要是因为公司是否实施垄断终究是由人决策的，如果高管认为通过实施垄断行为可以获得更快的晋升、更高的奖金或利润，即使公司最终可能因此而被罚款，他们仍将倾向于实施垄断行为。因此，在很多情况下，反垄断既要制裁企业，也要制裁个人，从而构建企业和个人的双罚制度。

现在世界各国反垄断立法的趋势是，在垄断协议和滥用支配地位两个方面，除了违法企业承担责任，对企业违法行为负有责任的个人也可以承担责任。《德国反对限制竞争法》第 81 条第 4 款和相关的行政处罚法规定，对企业故意违法应承担责任的个人可征收 100 万欧元以下的罚款，对企业过失违法应承担责任的个人可处 50 万欧元以下的罚款。这里的责任人员主要指公司的董事、高级经理或某些高级雇员。③ 在有些国家，对于违法经营者集中负有个人责任的公司高管也可能面临高额的罚款。例如，2021 年 12 月，美国联邦贸易委员会（FTC）宣布，总部位于内布拉斯加州奥马哈的卡车运输公司——沃纳企业有限公司的创始人克拉伦斯 · L. 沃纳将支付 48.69 万美元的民事罚款，以解决他在担任该公司董事期间某些公司收购行为违反《哈特 · 斯科特 · 罗迪诺法》的指控。④

修改后的《反垄断法》第 56 条规定，经营者的法定代表人、主要负责人和直接责任人员对达成垄断协议负有个人责任的，可以处 100 万元以下的罚款。该条规定明确了反垄断执法机构对于达成垄断协议负有个人责任的法定代表人、主要负责

---

① See International Competition Network Cartels Working Group Subgroup 1, Setting of Fines for Cartels in ICN Jurisdictions (2017), https://www.internationalcompetitionnetwork.org (last visited Jun. 27, 2018).

② See Organisation for Economic Co – operation and Development, Report on the Nature and Impact of Hard Core Cartels and Sanctions against Cartels under National Competition Laws, http://www.oecd.org/competition/cartels/2081831.pdf (last visited Jun. 27, 2018).

③ 王晓晔：《反垄断法（修正草案）的评析》，载《当代法学》2022 年第 3 期。

④ FTC Fines Clarence L. Werner, Founder of the Truckload Carrier Werner Enterprises, Inc. for Repeatedly Violating Antitrust Laws, https://www.ftc.gov/news – events/news/press – releases/2021/12/ftc – fines – clarence – l – werner – founder – truckload – carrier – werner – enterprises – inc – repeatedly – violating, 2022 – 06 – 20.

人和直接责任人员可以最高处100万元的罚款。在《反垄断法》修改过程中,曾经对垄断协议、滥用市场支配地位和违法经营者集中均规定了双罚制,即经营者的法定代表人、主要负责人和高级管理人员对达成垄断协议、滥用市场支配地位行为或者违法实施经营者集中负有个人责任的,可以处500万元以下的罚款。但最终通过时,只保留了垄断协议的个人罚款责任,而滥用市场支配地位行为和违法实施经营者集中的个人罚款责任则没有涉及,这是非常令人遗憾的。因此,我们只能说初步建立了双罚制的制裁模式。

三、反垄断罚款更具威慑力

在很长一段时间内,反垄断执法机构按照涉案销售额的一定比例计算垄断协议和滥用市场支配地位行为的罚款金额,这实际上导致我国反垄断罚款普遍存在威慑不足的问题。2018年国家市场监督管理总局组建后,我国反垄断执法得以统一,开始转向依据总销售额计算罚款。相对而言,依据总销售额计算罚款金额确实大大提高了反垄断罚款的威慑力,特别是对于大型企业而言得到大幅度提升,阿里巴巴垄断案甚至创造了我国反垄断罚款的新纪录。

然而,对于违法经营者集中的罚款,修改前的我国《反垄断法》仅规定了最高50万元的罚款,不足以起到威慑潜在违法者的作用。经营者故意不申报、再次违法故意不申报较为普遍。同样的违法经营者集中,例如,在佳能收购东芝医疗案中,我国罚款30万元人民币,美国罚款250万美元,欧盟罚款2800万欧元,有巨大的差距。因此,我国需提高违法经营者集中的罚款金额,以增加违法成本,促使经营者依法申报和履行集中义务。修改后的我国《反垄断法》第58条规定,经营者违反本法规定实施集中,且具有或者可能具有排除、限制竞争效果的,由国务院反垄断执法机构责令停止实施集中、限期处分股份或者资产、限期转让营业以及采取其他必要措施恢复到集中前的状态,处上一年度销售额10%以下的罚款;不具有排除、限制竞争效果的,处500万元以下的罚款。这极大强化了违法经营者集中罚款的威慑力。

此外,修改前的《反垄断法》对行业协会和尚未实施垄断协议的经营者的罚款也仅设置了50万元的额度上限。这样的处罚不足以威慑行业协会的反竞争组织冲动,起不到足够的警戒作用。特别是对于规模较大的全国性行业协会以及高利润回报的行业领域,50万元的罚款更是微乎其微。对于"尚未实施"垄断协议的经营者特别是实施核心卡特尔行为的经营者而言,区区50万元的罚款上限根本不会有威慑效果。修改后的《反垄断法》第56条规定,尚未实施所达成的垄断协议的,可以处300万元以下的罚款。行业协会违反本法规定,组织本行业的经营者达成垄断协议的,由反垄断执法机构责令改正,可以处300万元以下的罚款。最高罚款金额提高了6倍,这无疑使得对行业协会和尚未实施垄断协议的经营者的罚款更具威慑力。

修改后的《反垄断法》还提高了不配合调查的罚款责任和规定了特别威慑条款。《反垄断法》第62条规定,对反垄断执法机构依法实施的审查和调查,拒绝提供有关材料、信息,或者提供虚假材料、信息,或者隐匿、销毁、转移证据,或考有其他拒绝、阻碍调查行为的,由反垄断执法机构责令改正对单位处上一年度销售额1%以下的罚款,上一年度没有销售额或者销售额难以计算的,处500万元以下的罚款;对个人处50万元以下的罚款。第63条规定,违反本法规定,情节特别严重、影响特别恶劣、造成特别严重后果的,国务院反垄断执法机构可以在本法第56条、第57条、第58条、第62条规定的罚款数额的2倍以上5倍以下确定具体罚款数额。该特别威慑条款规定只能由国务院反垄断执法机构行使,这意味着省级反垄断执法机构不能适用特别威慑条款。然而,这种规定国际上并没有先例,条款中"情节特别严重、影响特别恶劣、造成特别严重后果"的描述可能会因为执法机构的自由裁量权而透明度不足,将来的适用情况有待观察。

四、反垄断制裁的现代化仍需进一步努力

从国外的经验来看,反垄断制裁的现代化不能一蹴而就。通过此次修改《反垄断法》,我国反垄断制裁的现代化已经迈出了坚实的一大步。尽管如此,基于反垄断法制裁现代化视角来审视我国此次反垄断法的修改,还存在不少可以改进的空间,各个制裁制度尚不能形成良性互动,我国反垄断法制裁的整体威慑力度还有待进一步强化。

第一,构建整合没收违法所得功能的反垄断罚款制度,取消现行的没收违法所得制度。我国反垄断法规定了没收违法所得并处罚款,这种机械地叠加适用存在威慑过度的风险。实践中,因违法所得难以计算很少被适用,致使执法实践与立法背离,处罚方式呈现不确定性。取消没收违法所得,将违法所得作为罚款的裁量因素之一,处以超过违法所得的罚款,同样可以实现足够威慑的制裁,这也是当今世界的主流做法。这样处理,既可以提高罚款的确定性,还可以有效消解当前反垄断没收违法所得的适用困境。

第二,取消1%罚款下限。通过对国外反垄断立法的考察,很少有像我国《反垄断法》既确定了罚款的上限也确定了罚款的下限的做法。从实践情况来看,我国的

这种罚款设定方式已经显露出一些弊端,特别是对于一些规模较小、盈利能力不强、地域范围较窄行业的垄断行为的查处,哪怕是按照最低的1%进行处罚,也可能存在过度威慑的情况。鉴于此,建议取消我国《反垄断法》关于销售额1%罚款下限的规定,这更符合社会现实需要,更体现公平公正执法的原则。

第三,规定母公司对子公司的反垄断罚款承担连带责任。我国目前的反垄断罚款案件中,不少案件将罚款对象定位于分公司、子公司或孙公司,这是一个巨大漏洞,很可能成为各大企业规避反垄断违法责任的工具,将罚款责任控制在很小的范围内,违法收益和违法成本极不对称。同时也可能成为反垄断执法机关为了减少执法阻力而妥协采用的执法方式。因此,我国在《反垄断法》将来修法时,应规定母公司对子公司的罚款承担连带责任,以弥补法律的漏洞。

第四,增加反垄断临时措施的规定。传统以金钱罚款为核心的反垄断制裁手段无论是在处罚力度还是威慑力上均有不足。欧盟、美国、英国等国家和地区对反垄断临时措施均有规定,将其视为重要的反垄断制裁手段之一。数字经济时代的到来给各国反垄断工作带来了巨大挑战,反垄断执法机构在分析数字市场特点的同时,正在考虑将临时措施作为加强数字市场反垄断规制的重要工具。我国数字经济的发展处于全球前列,互联网平台垄断现象频出,以金钱罚款为核心的反垄断制裁手段同样也显现了其局限性。这些现状要求我国反垄断执法机构更新制裁手段,有必要借鉴各国反垄断临时措施立法,从而构建我国的反垄断临时措施制度,以加强数字经济的反垄断规制。

第五,规定约束力规则。在国外,很多反垄断私人诉讼是在反垄断执法机构调查处理后提起的,这种诉讼可称为“后继诉讼”。当事人选择后继诉讼可以享受到两大好处:一是在不需要动用任何其他资源的情况下即可以证明违法行为存在;二是可以从先前的案件中获得有关证据材料和文件资料。许多国家的立法为了鼓励后继诉讼,明确规定了反垄断执法机构的处理决定对于反垄断后继诉讼案件具有法律约束力。例如,《德国反限制竞争法》第33条第4款明确规定,当原告根据《德国反限制竞争法》或《欧共体条约》第81条或第82条的规定提起损害赔偿诉讼时,一个竞争主管机构在其决定中所认定的违法事实对于法院具有约束力。按照我国目前的规定,反垄断执法机构认定的事实对法院是没有约束力的,这对鼓励后继诉讼在我国的开展是不利的。如果我国在《反垄断法》中明确规定约束力规则,建立私人诉讼充分利用执法机构已有成果的机制,无疑可以大大提高私人诉讼的信心和决心,同时也有利于增强反垄断法的整体威慑效果。

我国《反垄断法》首次修改的要点及时代意义

孙　晋*

反垄断法是社会主义市场经济最重要的基础性法律。2022 年 6 月 24 日，第十三届全国人大常委会第三十五次会议对我国《反垄断法》进行了首次修改。本文简要梳理这次修法的主要内容和重要意义。

一、我国反垄断法首次修改的主要内容

（一）强化竞争政策基础地位和明确公平竞争审查制度的法律地位

在总则部分，为了强化竞争政策基础地位，增加规定“国家建立健全公平竞争审查制度”，并且规定“行政机关和法律、法规授权的具有管理公共事务职能的组织在制定涉及市场主体经济活动的规定时，应当进行公平竞争审查”。这一规定不仅实现了公平竞争审查制度法治化和刚性约束，而且为“完善宏观调控，健全统一、开放、竞争、有序的市场体系”提供了制度保障和实现路径。《反垄断法》中的公平竞争审查制度和行政性垄断规制制度相配合，可以弥补行政性垄断法律救济疲软的短板，从事前预防、事中监管、事后纠偏三个维度规制行政性垄断。该制度必将进一步巩固和加强我国竞争政策基础地位，规范和优化政策制定机关制定的各项政策措施。

（二）回应数字经济发展新问题健全数字规则

为了贯彻落实党中央关于强化反垄断和防止资本无序扩张的决策部署，推动数字经济高质量可持续健康发展，针对数字平台垄断乱象，修法明确反垄断相关制

* 孙晋，武汉大学竞争法与竞争政策研究中心主任，法学院教授。

度适用于平台经济领域,规定经营者不得利用数据和算法、技术、资本优势以及平台规则等从事垄断行为;同时,规定“具有市场支配地位的经营者不得利用数据和算法、技术以及平台规则等从事前款规定的滥用市场支配地位的行为”。由于数字经济时代的市场竞争在外在形式和内在元素上与传统工业经济时代相比皆呈现不同的特点,将数据、算法、技术、资本元素纳入《反垄断法》的规制体系与分析框架,反映了《反垄断法》与时俱进的时代品质。这次修法为数字经济领域滥用行为的界定提供法律依据,有利于加强对互联网平台的法律监管,为科技创新和新业态、新模式的发展提供更多空间。

此外,数字经济背景下平台企业倾向于收集并分析包括隐私和个人信息在内的数据,平台企业作为利益主体很可能在利用这些数据时侵犯个人的隐私权和数据权,2021年《个人信息保护法》的出台就这一问题进行了回应,学界对于《反垄断法》是否应当增加个人隐私和个人信息数据保护的相关内容存在较多讨论。修改后的《反垄断法》第49条对此进行明确回应,强调反垄断执法对于个人隐私和信息的保护,反映了数字经济时代反垄断执法需要注意的新问题,体现了《反垄断法》维护消费者利益的担当。

(三)回应过去《反垄断法》实施中出现的问题

修改后的《反垄断法》第18条,一方面规定固定向第三人转售商品的价格和限定向第三人转售商品的最低价格的协议,经营者能够证明其不具有排除、限制竞争效果的,不予禁止;另一方面,其规定经营者能够证明其在相关市场的市场份额低于国务院反垄断执法机构规定的标准,并符合国务院反垄断执法机构规定的其他条件的,不予禁止。后者确立的安全港规则有助于提升市场主体的市场预判,也有利于市场主体进行自我审查。其借鉴了域外经验,契合国际反垄断实践的通用做法,也符合我国国情。

在实践中,反垄断执法机构会因为经营者集中申报案件数量、审理难度等各方面因素面临较大的时限压力。修法中新增的第32条借鉴《欧盟竞争法》的规定,建立我国的“停钟”制度,这有利于缓解现实中审查时限届满当事人只能撤回申请再申报的问题。在满足条件的情况下,这无论对当事人还是对执法机构来说都是一种更为高效的选择。

（四）赋能反垄断加强执法保障

修法中新增的第 11 条规定，“国家健全完善反垄断规则制度，强化反垄断监管力量，提高监管能力和监管体系现代化水平，加强反垄断执法司法，依法公正高效审理垄断案件，健全行政执法和司法衔接机制，维护公平竞争秩序”。其回应了我国反垄断执法中的现实问题，为大幅度充实反垄断监管力量和加强反垄断执法工作提供了法律保障。无论国际经验还是国内反垄断法实施需求，都需要反垄断执法与司法“两条腿走路”且二者相互衔接，在加强执法的同时还强调加强司法，而且要求健全执法司法衔接机制，对于补足我国反垄断司法短板、协调执法与司法冲突，具有重大指导意义。而且，法律明文要求“加强反垄断司法”和“公正高效审判垄断案件”，为在司法实践中积极探索建立竞争法庭（院）留下了足够的制度空间。

修法中新增的第 54 条规定，“反垄断执法机构依法对涉嫌滥用行政权力排除、限制竞争的行为进行调查，有关单位或者个人应当配合”，这就明确了反垄断执法机构对行政性垄断行为进行依法调查时有关单位或者个人的配合义务，有利于保证反垄断执法机构独立调查权的正常行使，完善了反垄断执法机构的程序性权力。新增的第 55 条规定，“经营者、行政机关和法律、法规授权的具有管理公共事务职能的组织，涉嫌违反本法规定的，反垄断执法机构可以对其法定代表人或者负责人进行约谈，要求其提出改进措施”。这为反垄断执法机构处理行政性垄断行为赋予了新的处理权限，丰富了执法工具箱，增强了执法权威。新增的第 61 条第 1 款规定，“行政机关和法律、法规授权的具有管理公共事务职能的组织应当将有关改正情况书面报告上级机关和反垄断执法机构”，有助于提高反垄断执法机构的权威。

（五）完善反垄断法律责任制度

完善责任主体制度。修法中新增的第 56 条规定，“经营者的法定代表人、主要负责人和直接责任人员对达成垄断协议负有个人责任的，可以处一百万元以下的罚款”。责任主体增加了经营者的法定代表人、主要负责人和直接责任人员，增加达成垄断协议的个人违法成本，无疑能大大增强《反垄断法》的威慑力。

完善司法体制。修法中新增的第 60 条规定，“经营者实施垄断行为，损害社会公共利益的，设区的市级以上人民检察院可以依法向人民法院提起民事公益诉讼”。该规定建立了我国垄断民事公益诉讼制度，能够为反垄断法实施注入强大的司法力量。另外,新增的第63条规定,“违反本法规定,情节特别严重、影响特别恶劣、造成特别严重后果的”,国务院反垄断执法机构可以在原罚款数额的2倍以上5倍以下确定具体罚款数额,此规定开创了我国的“双罚制”,大幅提高了严重违法的成本;新增的第64条规定,“经营者因违反本法规定受到行政处罚的,按照国家有关规定记入信用记录,并向社会公示”,对违法行为给予信用惩戒,调用信用惩戒手段惩治实施垄断的违法行为,是信用监管手段的法律确认。新增的第67条规定,“违反本法规定,构成犯罪的,依法追究刑事责任”,完善了刑事责任制度,为以后追究相关违法主体的刑事责任预留了制度空间。修法中在责任力度方面,大幅提高了行政罚款固定额度,进一步增强了《反垄断法》的震慑力。因此,修法在很大程度上完善了责任体系,多种处罚手段并用,联合惩戒,构筑起《反垄断法》有效威慑体系,为该法有效实施和公平竞争政策顺利推进提供强大的制度保障。

二、我国《反垄断法》首次修改的重要意义

《反垄断法》自2008年8月1日施行以来,日益成为我国经济法体系的核心,对于保护公平竞争、提高经济运行效率、维护消费者利益和社会公共利益、促进高质量发展等发挥了十分重要的作用。但是,随着我国经济的日新月异和社会生活的不断变化,《反垄断法》在实施过程中逐渐暴露出原有执法体制不够健全、处罚力度不足等方面的问题,数字经济的迅速发展也给《反垄断法》的修订带来了挑战与机遇。

这次修法正值国家发展战略从产业政策向竞争政策转型的关键时期。全国人大常委会从把握新发展阶段、贯彻新发展理念、构建新发展格局的实际出发,遵循市场经济体制从低级阶段向高级阶段发展的规律,把握法治建设规律,把全面依法治国和全面深化改革紧密联系起来,统筹发展与安全、国内和国际,以更大决心和更强力度促进公平竞争,反对垄断,健全数字规则,对《反垄断法》进行了较为全面的修改,为新时代我国市场化、法治化改革,加速推进我国实现竞争性发展转型和加快建设全国统一大市场,并在此基础上实现高质量发展和共同富裕,提供了高质量的制度供给和完备的法律保障。

这次修法总结了我国反垄断执法实践,将域外成功经验进行本土化借鉴,明确了竞争政策基础地位和公平竞争审查制度的法律地位,对数字经济背景下的新问题进行了回应,加强了反垄断执法保障,完善了反垄断法律责任制度。

总之,本次修法进一步夯实了《反垄断法》的“经济宪法”之地位,《反垄断法》

在未来能够更好地维护市场竞争秩序，优化资源配置，提高生产效率，更好地保护消费者的合法权益，进而为强化竞争政策基础地位提供高质量制度供给，为加快建设全国统一大市场提供坚强的法律保障，有力推进高质量发展和共同富裕。

健全完善反垄断规则制度的重要一步

王先林*

2022 年 6 月 24 日第十三届全国人大常委会第三十五次会议通过了《关于修改〈中华人民共和国反垄断法〉的决定》，完成了对该法实施 14 年来的首次修改。这既是落实近年来党和国家"强化反垄断和防止资本无序扩张"政策的重要体现，也是健全完善我国反垄断规则制度的重要一步。实际上，修改后的《反垄断法》第 11 条就明确要求"国家健全完善反垄断规则制度"。本文拟就这次《反垄断法》修改的背景和意义、修改的主要亮点和需要进一步关注和改进的问题进行简要的分析。

一、我国《反垄断法》首次修改的背景和意义

大致说来，《反垄断法》首次修改的背景和意义可从三个方面进行说明。

首先，也是最直接的，就是《反垄断法》已经实施 13 年多，虽然取得了非常明显的成效，但同时也反映出了一些问题，而其中的一些问题是由反垄断法本身的制度规则不明确、不完善带来的，因此需要根据该法实施以来所反映的突出问题相应地调整和完善相关的规则制度，为在新形势下强化反垄断提供更加明确的法律依据和更加有力的制度保障。

其次，最近 10 余年来，我国的数字经济在迅猛发展的过程中对《反垄断法》的适用带来了一些新的挑战与复杂影响，因此，需要通过及时修法回应数字经济领域市场竞争的特点提出的新挑战，对相关的反垄断规则制度进行明确和必要的调整，以规范数字经济特别是平台经济的发展。

---

* 王先林，上海交通大学特聘教授，竞争法律与政策研究中心主任。

最后，2015 年以来，竞争政策的基础地位以及公平竞争审查制度越来越受到重视，但之前仅是停留在政策层面，因此需要将其上升到法律的高度，得到具有稳定性和权威性的法律的确认和保障，进而以《反垄断法》为核心构建我国广义上的竞争政策体系。

二、我国《反垄断法》首次修改的主要亮点

总体来看，本次修法很好地体现了上面三个方面的基本背景和相应的要求，有利于强化反垄断和深入推进公平竞争政策的实施。修法中涉及修改和增加的内容比较多，这里就其中的主要亮点进行简要的解读。

一是在竞争政策方面，明确了"强化竞争政策基础地位"，并规定"国家建立健全公平竞争审查制度"。竞争政策是市场经济条件下的一项基本的经济政策，近年来在我国越来越受到重视，但在强调依法治国、建设社会主义法治国家的背景下，竞争政策的基础地位仅有政策文件的确认是不够的。修正后的《反垄断法》在总则中增加竞争政策基础地位的规定非常必要。公平竞争审查制度是竞争政策基础地位实现的重要抓手，涉及对政府权力本身的限制，必然会遇到许多困难和阻力，这就需要有权威的法律依据，既予以严格规范，也提供有力保障。因此修法新增"国家建立健全公平竞争审查制度"是完全必要的和合理的。

二是在数字经济方面，既在总则中新增"经营者不得利用数据和算法、技术、资本优势以及平台规则等从事本法禁止的垄断行为，排除、限制竞争"这一原则规定，也在第三章第 22 条增加"具有市场支配地位的经营者不得利用数据和算法、技术以及平台规则等从事前款规定的滥用市场支配地位的行为"的规定。这方面的新增修改显然是为了直接回应数字经济发展提出的挑战。随着数字经济的发展，不仅互联网、大数据、算法与共谋的结合已催生出"数字化卡特尔"这一更为隐蔽的新型垄断协议形式，而且大数据和人工智能等也使得平台企业实施"大数据杀熟""算法歧视"等相关的滥用市场支配地位行为。当然，无论是数据和算法、技术、资本优势，还是平台规则，其涉及排除、限制竞争的行为都需要在反垄断法的制度框架(垄断协议、滥用市场支配地位和经营者集中)中去分析。

三是在垄断协议制度方面，将垄断协议的定义单独作为一条，并置于第二章第 1 条的位置，从而涵盖本章规定的所有垄断协议。在纵向垄断协议部分增加规定经营者能够证明不具有排除、限制竞争效果的纵向垄断协议，不予禁止。这是对过去反垄断行政执法和司法针对这两类纵向垄断协议规制存在的不同认识所作出的回

应,从而明确了对于转售价格维持等纵向垄断协议的处理思路。增加的规定经营者能够证明其在相关市场的市场份额低于国务院反垄断执法机构规定的标准的,并符合国务院反垄断执法机构规定的其他条件的,不予禁止。这是新增的"安全港规则"。此外,新增了类似轴辐协议的规则,即经营者不得组织其他经营者达成垄断协议或者为其他经营者达成垄断协议提供实质性帮助。这有利于克服以往横向协议与纵向协议的"二分法"的缺陷,有效规制那些组织帮助型的垄断协议。

四是在经营者集中制度方面,首先此次修法增加了未达到申报标准的经营者集中的调查、处理程序。对于未达到申报标准,但有证据证明具有或者可能具有排除、限制竞争效果的经营者集中,执法机构可以要求经营者申报,经营者不申报的,执法机构应当依法进行调查。其次其增加了经营者集中审查期限终止计算的情形和通知要求,规范经营者集中审查程序。最后其规定国务院反垄断执法机构应当健全经营者集中分类分级审查制度,依法加强对涉及国计民生等重要领域的经营者集中的审查,提高审查质量和效率。

五是在行政性垄断方面,新增的第40条规定,"行政机关和法律、法规授权的具有管理公共事务职能的组织不得滥用行政权力,通过与经营者签订合作协议、备忘录等方式,妨碍其他经营者进入相关市场或者对其他经营者实行不平等待遇,排除、限制竞争"。这主要是针对一些地方出现的新型行政性垄断行为,即通过招标、特许经营等方式与某些企业签订合作协议来指定特定企业经营某些业务,而排除其他企业进入市场的可能。从表面上看,这种行为并不是通过行政命令实现的,因此很难归入原有《反垄断法》规制的范围,但其在本质上仍然是一种行政性垄断行为,这一补充规定有利于堵上现有规则的漏洞。

六是在对涉嫌垄断行为的调查方面,新增的第54条规定,"反垄断执法机构依法对涉嫌滥用行政权力排除、限制竞争的行为进行调查,有关单位或者个人应当配合"。这主要是为了减少反垄断执法机构在调查行政垄断案件时的障碍,为反垄断执法机构要求涉案部门进行配合、提供资料时提供明确的法律依据。新增的第55条规定,"经营者、行政机关和法律、法规授权的具有管理公共事务职能的组织,涉嫌违反本法规定的,反垄断执法机构可以对其法定代表人或者负责人进行约谈,要求其提出改进措施"。这显然有利于提高行政性垄断规制制度的法律约束力和反垄断执法机构的权威性。

七是在法律责任方面,主要是针对反垄断执法中反映出的问题,大幅提高了对相关违法行为的罚款数额,增加了对达成垄断协议的经营者的法定代表人、主要负责人和直接责任人员的处罚规定,以及信用惩戒的规定。同时,建立了反垄断民事检察公益诉讼制度和垄断的刑事责任制度,前者对于解决经营者或消费者单独提起反垄断诉讼存在的举证困难、成本过高、赔偿激励不足以及反垄断执法机构的人力有限等困难,促进执法、司法双轨并行,更快、更有效地维护市场竞争秩序具有重要的意义;后者意味着今后可能在修改《刑法》时增加部分严重垄断行为的刑事责任,从而改变我国此前垄断行为只承担行政责任和民事责任而没有刑事责任的情况。

三、今后需要进一步关注和改进的若干问题

我国《反垄断法》的首次修改涉及的问题很多,牵涉各方的利益,受到广泛的关注,也存在很多不同的看法。这既涉及总体思路上是大修、中修还是小修,也涉及具体制度规则的合理设计。反垄断法的专业性本来就很强,涉及具体问题时更是见仁见智,各国的具体做法也各异,因此修法中存在不少复杂的问题需要仔细斟酌和权衡。这次修改虽然已经在很大程度上凝聚了各方的共识,体现了新形势下"强化反垄断"的迫切要求,但是也还有一些方面需要进一步关注和改进。这里试举几点供参考。

第一,《反垄断法》在第 1 条立法宗旨中增加了"鼓励创新"的目标,虽然总体上有一定的合理性,但其具体表述还有待进一步推敲。不同于知识产权法通过赋予权利人一定期间的独占权来直接激励创新("胡萝卜"),反垄断法则是通过规制垄断行为、维护竞争机制来促进创新("大棒"),因此如果在《反垄断法》的宗旨中引入创新的价值目标,那么建议不要表述为"鼓励创新",而适宜表述为"促进创新"。同时,借鉴《中国人民银行法》第 3 条"货币政策目标是保持货币币值的稳定,并以此促进经济增长"的立法技术,建议《反垄断法》第 1 条表述为"为了预防和制止垄断行为,保护市场公平竞争,并以此促进创新,提高经济运行效率,维护消费者利益和社会公共利益,促进社会主义市场经济健康发展,制定本法"。

第二,在垄断协议方面,需要在定义中明确"目的或者效果"的选择性要件,去掉"其他"二字,即将垄断协议定义为"具有排除、限制竞争目的或效果的协议、决定或者协同行为"。增加"目的或者效果"的选择性要件,有利于在实践中对垄断协议的认定,两者只具备其中一个要件即可。欧盟及其成员国在认定垄断协议时就认为排除、限制竞争的目的或者效果是选择性要件,通常优先考虑该行为是否存在排除、限制竞争的"目的",如果不能证明这种目的则进一步分析是否具有排除、限制

竞争的“效果”。在“协同行为”前去掉“其他”两字,使“协同行为”与“协议”“决定”并列,自成一类垄断协议,这样更利于通常的理解与遵循。同时,在修正案中将安全港规则仅适用于纵向垄断协议改回适用于所有垄断协议。虽然其他法域的安全港规则也主要适用于纵向垄断协议,但在横向垄断协议也存在适用的情形,如在研发、专业化生产、技术转让等领域。我国此前的相关反垄断指南中也都是这样规定的。具体的适用标准由国务院反垄断执法机构确定。

第三,在滥用市场支配地位方面,这次修法仅明确在涉及利用数据和算法、技术以及平台规则设置障碍时可认定滥用市场支配地位行为,但缺少其他方面必要的增补。今后需要在共同市场支配地位的认定上进行必要的明确:一是将单一市场支配地位与共同市场支配地位分开表述;二是明确共同市场支配地位的适用条件,即“两个经营者在相关市场的市场份额合计达到三分之二的,或者三个经营者在相关市场的市场份额合计达到四分之三的,并且这些经营者之间不存在实质上的竞争时,可以推定这些经营者拥有市场支配地位”。

第四,在经营者集中方面,除了修正案已经增加的内容外,建议今后再进行必要的完善:一是明确将新设合营企业规定为经营者集中的一种形式;二是明确规定控制的含义,即“经营者以持续经营为目的直接或者间接、单独或者共同地、在法律或者事实上对其他经营者的商业运营行使或者有权行使占有、管理或者影响”;三是明确在审查经营者集中应当考虑的因素中明确增加经营者集中对技术进步和创新的影响。

第五,在法律责任方面也还有进一步改进之处。例如,对垄断协议和滥用市场支配地位行为都是规定“由反垄断执法机构责令停止违法行为,没收违法所得,并处上一年度销售额百分之一以上百分之十以下的罚款”。但是,“上一年度销售额”具体所指范围也不明确,过大或者过小就会导致威慑过度或者不足;同时,这里的罚款不仅有上限“百分之十以下”,而且还有下限“百分之一以上”,显得缺乏必要的灵活性,难以适应对一些轻微违法行为处罚的实际需要。为此,建议将上一年度销售额明确界定为“上一年度相关市场的销售额”,这样既符合反垄断法的内在逻辑,也更为公平合理;同时,删除“上一年度销售额百分之一以上”的处罚比例下限,以更加适应实际中不同的情形,主要是避免对轻微违法行为罚款数量过大而难以适用或者威慑过度的问题。

此外,目前的修正案涉及数字经济方面的规定非常原则、笼统。虽然《反垄断法》本身只能确定一些大的原则框架,有些具体问题需要今后通过相关的反垄断规章或者指南等细化性的规则去解决，但是对于实践中已经表现出来的突出问题和现有的相关规章、指南比较成熟的规则，可以适当提炼一些精当的条文，纳入《反垄断法》，以增强法律规制的效果和可操作性。

如何理解经营者集中分类分级审查

韩　伟*

2022 年新修改的《反垄断法》第 37 条规定："国务院反垄断执法机构应当健全经营者集中分类分级审查制度，依法加强对涉及国计民生等重要领域的经营者集中的审查，提高审查质量和效率。"分类分级是近年平台经济治理领域备受关注的一种思路，但在反垄断法领域，特别是经营者集中反垄断审查角度引入这一提法还比较罕见。该提法初见于 2022 年 3 月发布的中共中央、国务院《关于加快建设全国统一大市场的意见》，在该意见的第七部分"进一步规范不当市场竞争和市场干预行为"的第一点"着力强化反垄断"中，提及"完善垄断行为认定法律规则，健全经营者集中分类分级反垄断审查制度"。基于此次《反垄断法》修改对该提法的正式引入，后续配套规则与执法完善方面需要予以回应。本文结合《反垄断法》既有框架与原理，就经营者集中分类分级审查制度作一简要探讨。

一、现行制度分类分级的体现

整体而言，现行制度设计已体现一定的分类属性，但分级色彩并不突出。

（一）申报环节

我国采事前强制申报模式，目前基于营业额设计申报门槛，除普通营业额标准外，我国还单独出台了针对金融业的营业额计算办法。

（二）审查环节

审查环节的分类体现在以下几方面：第一，基于横向、纵向、混合等交易类型确

---

* 韩伟，中国社会科学院大学法学院副教授。

定的不同损害理论是执法的主线。第二,基于市场份额、与中国经济联系度等指标区分普通案件和简易案件。第三,特定行业与领域的配套规则体现了一定的分类特色。平台经济领域和知识产权领域的反垄断指南强调了经营者集中审查的特色内容,汽车业以及原料药领域的反垄断指南则指出经营者集中审查与其他行业并无显著差别。第四,应报已报案件与应报未报案件的处理,也存在一些差异,包括程序与实体方面(比如两类案件的反事实比对便存在区别)。

二、分类分级审查的整体认识

从公开信息看,目前无法得知经营者集中分类分级审查制度的确切含义和具体规则构成,该制度建设过程中以下两方面的问题值得重视。

(一)警惕竞争与管制混同

全球市场经济发展的趋势是管制领域越来越少,竞争领域越来越多,因为竞争政策的基础地位是一国市场经济发展水平的核心体现。尽管如此,在超大型平台监管的思路上,近年来全球的确出现了强化管制的声音,分类分级则是一种受到关注的具体思路。管制思路认为大型平台导致的问题,即使市场竞争机制功能有效发挥,市场失灵仍不能有效解决,需要对特定平台直接施加特定义务,在这方面,《欧盟数字市场法》具有代表性。值得注意的是,部分法域近年发展出一些市场力量相关的新概念,其中一些聚焦平台特性,一些则更具管制色彩。前者如平台势力(Platform power)、中介势力(Intermediation power)、瓶颈势力(Bottleneck Power)、组合势力(Portfolio power);后者如看门人(Gatekeeper)、战略性市场地位(Strategic market status)、显著跨市场竞争影响力(Paramount significance for competition across markets)、无法避免的贸易伙伴(Unavoidable trading partner)等。整体来看,这些概念中大部分仍处于发展阶段,一些概念具有明显的国别色彩,如何有效嵌入既有反垄断法律制度框架,很多方面仍未达成共识。国家市场监督管理总局 2021 年公布的《互联网平台分类分级指南(征求意见稿)》也体现了这方面的思路,将互联网平台划分为网络销售类平台、生活服务类平台、社交娱乐类平台、信息资讯类平台、金融服务类平台、计算应用类平台六大类,基于用户规模、业务种类以及限制能力等指标又将平台划分为超级平台、大型平台和中小平台三个级别。在目前国内外针对平台企业的管制思潮背景下,下一步经营者集中分类分级制度建设过程中,应避免竞争思路与管制思路混同,特别是考虑到经营者集中反垄断审查的"事前规制"

属性与管制制度的天然关联，这方面更应引起重视。应坚持反垄断固有规制逻辑，明确其与管制措施的区别，警惕经营者集中分类分级制度，特别是分级制度向管制措施变异。

（二）确保特性与共性协调

反垄断法律规则的设计是行为导向的，对反竞争行为的认识存在不同维度，如行为所涉的不同权利类型、不同行业等。由于不同行业在产品属性、发展阶段、市场环境、竞争格局等方面存在差异，较之其他法律部门，行业特征对反垄断法律制度的适用往往影响更为明显，因此行业往往是反垄断法律制度类型化的重要切入点。尽管不同权利类型和经济领域存在特性，反垄断法律制度整体具有跨行业、跨领域、跨权利和主体类型的一体适用特点，共性为主，特性为辅。一般而言，不同经营者集中交易或交易方的特性大多可以在个案审查过程中予以反映，往往不需要上升到制度层面予以固化和体现。因此，在经营者集中分类分级制度建设过程中，要协调好特性与共性之间的关系，关注特性规则的制度成本。分类分级突出了交易主体或交易的某些特性，基于这些特性可以更有针对性地设计辅助规则、调整分析方法、配置执法资源，进而提升执法质量和办案效率。尽管如此，针对具体交易的审查，反竞争效果这类规制基础仍应确保适用上的一致性，比如结合交易特点适用单边效应、协同效应、原料封锁以及客户封锁等不同损害理论。要警惕分类分级制度过度突出交易或交易方的特性，损害反垄断执法的统一性和稳定性。值得提及的是，美国众议院司法委员会 2021 年 6 月通过的《平台竞争与机会法案》，关注少数大型平台的并购行为，聚焦扼杀型收购。这类针对极少数特定主体单设经营者集中规则以及附加特殊严苛义务的思路，目前争议很大，对之我们应该非常慎重。

三、分类分级审查的健全路径

（一）申报环节

针对特定行业区分设计经营者集中申报门槛是很多国家的做法，如法国针对零售业设置了特殊营业额申报门槛，德国、奥地利 2018 年联合发布《并购申报交易额门槛指南》以应对平台经济发展。就我国而言，首先，提高申报门槛，降低政府与市场压力。经营者集中反垄断审查绝大部分交易都是无条件批准，极少数才附加限制性条件或被禁止。根据经合组织竞争调查数据库（OECD CompStats），2015 ~

2020 年,全球 73 个司法辖区申报的经营者集中案件中,97.1% 无条件批准,2.2% 附条件批准,只有 0.7% 的交易被禁止。考虑到大部分交易都是无条件批准,结合我国非常有限的反垄断执法资源,有必要进一步提高申报门槛,将有限执法资源聚焦反竞争风险更高的交易。执法部门可以对无条件批准的交易进行分类梳理,按一定标准(如营业额、行业)进一步优化申报门槛设计。其次,引入交易额门槛,应对平台经济发展。在现有营业额门槛基础上,可以考虑引入交易额门槛。交易额门槛对平台经济领域的特定交易可能更为科学,比如针对参与集中的一方经营者为初创企业或者新兴平台、参与集中的经营者因采取免费或者低价模式导致营业额较低等类型的经营者集中,便可以考虑优先适用交易额门槛。

(二)审查环节

在审查环节,除了坚持基于横向、纵向以及混合交易类型的既有差异化竞争损害理论外,经营者集中分类分级审查制度的建设可以重点关注两个角度,首先是特定行业与领域,其次是简易案件分流。就特定行业与领域而言,有三个方面可以努力:(1)设计特殊规则。我国在平台经济和知识产权领域的指南中对经营者集中已有特殊考量,下一步可以结合执法经验继续完善相关指南。(2)针对特定行业和领域合理分配执法资源。2022 年中共中央、国务院《关于加快建设全国统一大市场的意见》要求,"加强对金融、传媒、科技、民生等领域和涉及初创企业、新业态、劳动密集型行业的经营者集中审查,提高审查质量和效率,强化垄断风险识别、预警、防范"。涉初创企业和劳动密集型行业的集中交易,近年来已引发全球多个反垄断辖区的关注。初创企业往往代表市场的创新活力,反垄断执法可能会关注收购方是否为了避免未来受到初创企业的有力约束而提前实施扼杀性收购,进而降低包括创新竞争在内的不同维度的竞争水平。劳动市场的竞争问题近年也逐步引起各国重视,除了互不挖角、竞业禁止等相关的反竞争协议,集中交易对劳动市场的影响也引发关注。实际上,以南非为代表的部分辖区在经营者集中反垄断审查环节一直都高度重视交易对就业的影响。疫情影响下劳动就业问题更为突出,针对劳动密集型企业,如何基于反垄断执法逻辑予以适当考量也是当前各国面临的重要问题。因此,经营者集中反垄断审查可以对特定行业和领域,特别是关系国计民生的领域予以更多关注。(3)基于特定行业或领域,完善执法部门内部的经营者集中审查知识管理体系。成熟反垄断辖区往往重视知识管理体系建设,国际竞争网络(ICN)2013 年发布的《竞争执法机构实践手册》便包含"竞争执法机构的知识管理"

相关内容,涉及知识的采集和保留、数据库和存储库的建设、知识地图的作用等。我国在总结十多年执法经验基础上,可以进一步完善经营者集中审查知识管理体系,其中基于行业的相关数据库优化以及执法人员配置更值得重视。

就简易案件分流而言,经营者集中采用事前审查制度且一直由中央执法,由于执法资源有限,这方面执法压力一直很大。目前建立的普通案件和简易案件区分模式一定程度上提升了执法效率,下一步可探索部分简易案件如何向地方分流,具体分流机制的构建便可以结合特定指标(如营业额、交易额、所处行业、与特定地域经济关联度)进行分类分级。有消息称上海自贸区计划经营者集中申报试点,下一步可在试点基础上逐步综合考虑与调度全国优质执法资源,分散经营者集中审查的中央执法压力,将中央执法资源留给反竞争风险更高的重大疑难案件。

四个关键词解读新修正的《反垄断法》亮点

袁　嘉*

一、"创新"——"鼓励创新"成为立法目标，落实创新驱动发展战略

新修正的《反垄断法》将"鼓励创新"写入立法目的条款，体现了立法者对国家推进创新发展驱动战略和完善市场经济法治的重视。

首先，鼓励创新是促进市场经济健康发展的题中之义。创新是促进市场经济发展的直接手段，习近平总书记在党的十九大明确提出加快建设创新型国家，这是建设现代化国家的必然要求，也是贯彻新发展理念、构建新发展格局的重大任务。

其次，鼓励创新与保护市场公平竞争这一价值目标相容。创新是保持竞争活力的源泉，有效的竞争机制需要良好的创新环境作保障，而公平竞争反过来又可以鼓励和促进创新，经营者常常基于竞争压力而开展创新活动，此类创新甚至比通过行政命令安排或者知识产权保护制度的激励机制更容易产生。

最后，创新也与提高经济运行效率这一目标直接相关。效率分为静态效率和动态效率，静态效率通常指生产效率和配置效率，而动态效率则是指创新带来的效率提升。一般认为，动态效率的提升幅度比静态效率更高，因此通过鼓励创新更能提高经济运行效率。

较为遗憾的是，"鼓励创新"的价值目标在整部修正案的其他部分并未得到充分体现。目前学术界和实务界对于创新价值目标在反垄断法中的地位认识尚存争议，而创新价值本身还存在难以量化、内涵不清等问题，不容易在制度设计中直接植入相关法律条款中。但既然"鼓励创新"正式成为立法目标，其应当在《反垄断法》修正过程中得到充分的考虑和运用。例如，基于创新的抗辩理由应当在个案中

---

* 袁嘉，四川大学法学院副教授，创新与竞争法研究中心主任。

获得更高的认可度。同时,如果某项竞争行为对创新造成实质性损害,也应当视为具有排除限制竞争效果而具有违法行为。

二、"竞争"——公平竞争审查制度入法,强化竞争政策基础地位

新修正的《反垄断法》第4条提出"强化竞争政策基础地位",并在第5条明确将"国家建立健全公平竞争审查制度"写入,要求"行政机关和法律、法规授权的具有管理公共事务职能的组织在制定涉及市场主体经济活动的规定时,应当进行公平竞争审查"。这是公平竞争审查制度自2016年建立以来,首次通过法律的形式确定其权威性和有效性。

落实公平竞争审查制度是强化竞争政策基础地位的重要内容,地方政府和部分具有管理公共事务职能的组织在制定政策时,容易受到产业政策和地方保护主义的影响。在社会主义市场经济发展的初期,此类政策在招商引资、产业扶持等方面发挥了重要的作用,实现了中国众多产业和地方经济发展的从无到有、从0到1。随着我国社会主义市场经济发展已经到了新阶段,产业成熟度逐步提升,地区间经济差异渐渐缩小,国内大循环为主、国内国际双循环的新发展格局开始形成,国内统一大市场的建立变得尤为重要。2022年3月,中共中央、国务院《关于加快建设全国统一大市场的意见》发布,明确提出要"坚持市场化、法治化原则,充分发挥市场在资源配置中的决定性作用,更好发挥政府作用,强化竞争政策基础地位,加快转变政府职能,用足用好超大规模市场优势,让需求更好地引领优化供给,让供给更好地服务扩大需求,以统一大市场集聚资源、推动增长、激励创新、优化分工、促进竞争"。公平竞争审查制度的实施正好是促成全国统一大市场形成的重要工具,全面落实公平竞争审查制度中的"十八不准",也有利于经营者在全国统一大市场中获得公平竞争机会、保障正当的竞争利益。

可以预计的是,公平竞争审查制度入法将进一步推动各地政府职能和观念的转变,将公平竞争理念充分落实到地方政府的政策制定和政府行为中指日可待。新修正《反垄断法》一方面加强反行政垄断,另一方面强调健全完善公平竞争审查制度,都将为此提供全面的支撑。

三、"数据"——适应数字经济时代创新和竞争特点的反垄断法制定

新修正的《反垄断法》总则中第9条规定,"经营者不得利用数据和算法、技术、资本优势以及平台规则等从事本法禁止的垄断行为",又在第三章"滥用市场支配

地位"第22条第2款中加入"具有市场支配地位的经营者不得利用数据和算法、技术以及平台规则等从事前款规定的滥用市场支配地位的行为"。这一修改应当从两方面进行解读:一方面是数据和算法、技术、资本优势以及平台规则等均是近几年大家比较关注的平台经营者可能具有的特殊优势,可以将其理解为规范平台经济发展的重要条款;但另一方面,又不应过度理解其为给予平台经营者特殊的义务和限制,因为条款本身已经强调了,是禁止经营者利用上述优势和规则从事该法规定的垄断行为,即是否构成垄断行为本身,还是得遵循原有《反垄断法》中垄断协议、滥用市场支配地位等行为判定的原则和标准。这与欧盟推出《欧盟数字市场法》《欧盟数字服务法》对平台企业进行特殊规制,以及德国在新修订《德国反限制竞争法》中加入的禁止滥用跨市场竞争优势地位条款等具有本质区别。因此,我国此次《反垄断法》的修正更多的是吸纳了促进和规范平台经济、数字经济健康发展的意见,而非限制和阻碍其发展。对平台经营者来说,其与普通经营者一样,需要做好基于传统反垄断规制的合规体系建设即可。在此过程中,主要的新变化是由数据和算法、平台规则等变量所引起,只需将这些问题在单个垄断行为认定中进行明确和统一就可以了。

经营者集中分类分级审查制度的提出是本次《反垄断法》修正的又一大亮点,数字经济尤其是平台经济的迅速发展确实给经营者集中审查带来了很大的挑战,前几年的滴滴优步合并案、优酷土豆合并案、携程收购去哪儿案等经营者集中案件都因为缺乏相应的制度设计未获有效审查。目前,无论是平台巨头众多的美国,还是数字经济发展相对较慢的欧盟,都在讨论和实施对于不同级别的平台企业进行差异化审查的制度。此次《反垄断法》的修正先是在法律层面提出要进行分类分级审查,然后应当会有配套的规章制度颁布进行具体的分类分级审查,一方面可以有效防止超大型平台的无序扩张,另一方面也将有助于中小微数字经济企业获得公平的竞争机会和快速发展,更有利于数字经济时代市场有效竞争秩序的形成。

四、"合规"——强化法律责任,防止资本无序扩张

新修正的《反垄断法》在第14条提出:"行业协会应当加强行业自律,引导本行业的经营者依法竞争,合规经营,维护市场竞争秩序。"这也是《反垄断法》首次将合规写入法条。但合规经营的实现既要靠法律法规的引导和宣扬,还得通过强化法律责任和提升法律执行的威慑力来实现。

为落实中共中央关于强化反垄断和防止资本无序扩张的要求,本次《反垄断

法》的修正对经营者集中审查制度进行了重点完善,首先是对未达标准但有可能排除限制竞争的经营者集中,国务院反垄断执法机构可以要求经营者申报,要求申报后未申报的,应当依法进行调查。同时,对于应报未报经营者集中的处罚力度也大幅度提升,从原来的50万元提高到现在的500万元。如果应报未报的经营者集中具有或者可能具有排除限制竞争效果的,还将被处以上一年度销售额10%以下的罚款。这将显著提升《反垄断法》的威慑力,更多的经营者不敢再抱有侥幸心理,而是积极开展内部合规,宣导合法开展并购活动且进行反垄断申报的必要性。

同时,新修正的《反垄断法》还提出"依法加强对涉及国计民生等重要领域的经营者集中的审查,提高审查质量和效率"。《反垄断法(修正草案)》(公开征求意见稿)曾经提道"应当依法加强民生、金融、科技、媒体等领域经营者集中的审查"。可以看出,最终获得通过的版本采取了兜底式而非列举式来对特定领域加强审查。这样的立法模式更符合当前实际,金融、科技等领域的经营者集中在大部分情况下属于正常市场竞争的范畴,只有在特定情形下才会涉及国家安全、金融安全的系统性问题,强调涉及国计民生这一原则而非列举具有行业有助于这些行业经营者获得更稳定的心理预期,开展正常的投资并购活动。我国市场经济的发展和效率的提升也需要鼓励更多企业按照市场化的方式重组合并,调整结构。

此外,在法律责任的强化方面,新修正的《反垄断法》还在第55条增加了"经营者、行政机关和法律、法规授权的具有管理公共事务职能的组织,涉嫌违反本法规定的,反垄断执法机构可以对其法定代表人或者负责人进行约谈,要求其提出改进措施"。在法律责任一章中,第56条增加了"经营者的法定代表人、主要负责人和直接责任人员对达成垄断协议负有个人责任的,可以处一百万元以下的罚款",还在第67条明确"违反本法规定,构成犯罪的,依法追究刑事责任"。上述针对个人的法律执行措施和法律责任均将有效提升《反垄断法》的威慑力,并提升企业及个人主动积极开展合规活动的积极性。

学术专论

拒绝交易适用必需设施理论的规则建构

——从有形、无形到平台的演进为进路

张晨颖 徐嘉莹*

一、引言

当今世界，以互联网为基础的第三次技术革命，给全球的经济模式与人们的日常生活带来了全方位的冲击与变革，①对传统的经济发展模式和产业组织形态进行了深层次改造。我国的数字经济依托信息技术、互联网产业得到蓬勃发展，各种新兴的经济模式与经济业态应运而生，既推动市场经济高质量发展、人民生活水平显著提升，也催生了大量新型的市场竞争问题，头部互联网企业依托资本、技术、数据、用户数量等竞争优势形成了强有力的互联网平台，导致市场资源高度集中，产生垄断风险与合规隐患。面对日益严峻的平台经济领域发展问题，国务院办公厅早在2019年就印发了《关于促进平台经济规范健康发展的指导意见》，提出国家需“落实和完善包容审慎监管要求，推动建立健全适应平台经济发展特点的新型监管机制”。对此，我国在2020年的中央经济工作会议首次将“强化反垄断和防止资本无序扩张”作为重点工作任务。② 在2021年的中央经济工作会议上进一步提出“深入推进公平竞争政策实施，加强反垄断和反不正当竞争，以公正监管保障公平竞争”，③反垄断工作的重要性日益凸显。在随后的“十四五”规划中更是将“建设高

---

* 张晨颖，清华大学法学院副教授、法学博士；徐嘉莹，清华大学法学院博士生。

① 参见张勋、万广华等：《数字经济、普惠金融与包容性增长》，载《经济研究》2019年第8期。

② 参见《中央经济工作会议在北京举行 习近平李克强作重要讲话 栗战书汪洋王沪宁赵乐际韩正出席会议》，载新华网，http://www.xinhuanet.com/politics/leaders/2020-12/18/c_1126879325.htm。

③ 参见《中央经济工作会议在京举行 习近平李克强作重要讲话 栗战书汪洋王沪宁赵乐际韩正出席会议》，载人民网，http://finance.people.com.cn/n1/2021/1211/c1004-32305339.html。

标准市场体系……加大反垄断和反不正当竞争执法司法力度”作为“全面深化改革,构建高水平社会主义市场经济体制”的重要一环。① 在加强平台经济领域反垄断规制的背景下,我国积极推动《反垄断法》的修正工作,发布国务院反垄断委员会《关于平台经济领域的反垄断指南》及《互联网平台分类分级指南(征求意见稿)》《互联网平台落实主体责任指南(征求意见稿)》等配套指南,并公布阿里案、②美团案③等互联网平台企业的重点执法案例,充分反映国家坚持发展和规范并举,建立健全平台经济治理体系,推动数字经济规范健康持续发展的坚定态度。④

近年来,以平台封禁为代表的新型垄断问题日益突出,已经成为阻碍互联网平台互联互通和数字经济健康发展的重要问题。2021年2月,字节跳动向北京知识产权法院提起诉讼,称腾讯旗下产品微信、QQ以“短视频整治”为由,对抖音等产品实施持续封禁和分享限制。⑤ 此前,类似的封禁行为在互联网平台企业间屡见不鲜,早在2014年支付宝就曾对微信商家关闭付款接口,腾讯则在2015年、2019年先后在微信的朋友圈分享及链接跳转中封禁虾米音乐、网易云音乐等音乐应用⑥及多闪、子弹短信等社交应用。⑦ 针对平台封禁行为,工业和信息化部自2021年7月开展为期半年的互联网行业专项整治行动,重点整治恶意屏蔽网址链接等扰乱市场秩序问题,⑧并在同年9月9日召开“屏蔽网址链接问题行政指导会”,要求限期内

---

① 参见《中华人民共和国国民经济和社会发展第十四个五年规划和2035年远景目标纲要》,载中华人民共和国中央人民政府网,http://www.gov.cn/xinwen/2021-03/13/content_5592681.htm。

② 参见《市场监管总局发布阿里巴巴集团控股有限公司在中国境内网络零售平台服务市场垄断案行政处罚决定书和行政指导书》,载国家市场监督管理总局网2021年4月25日,http://www.samr.gov.cn/fldj/tzgg/xzcf/202104/t20210409_327698.html。

③ 参见《市场监管总局发布美团在中国境内网络餐饮外卖平台服务市场垄断案行政处罚决定书和行政指导书》,载市场监管总局网2021年10月8日,http://www.samr.gov.cn/fldj/tzgg/xzcf/202110/t20211008_335367.html。

④ 参见吴林余、林丽鹏:《推动平台经济规范健康持续发展》,载《人民日报》2021年4月11日,第2版。

⑤ 参见《字节跳动诉腾讯垄断案 数据安全与内容安全将成焦点》,载新浪网2021年4月20日,https://finance.sina.com.cn/chanjing/gsnews/2021-04-21/doc-ikmxzfmk8101978.shtml。

⑥ 参见《动辄封杀对手 互联网企业如何走出囚徒困境?》,载新浪网2015年2月5日,https://tech.sina.com.cn/i/2015-02-05/doc-icczmvun5845218.shtml。

⑦ 参见《多闪、聊天宝、马桶MT发布当天即遭封杀 专家称暂无人能撼动微信地位》,载环球网2019年1月18日,https://finance.huanqiu.com/article/9CaKrnKh9lh。

⑧ 参见《工业和信息化部启动互联网行业专项整治行动》,载中华人民共和国工业和信息化部网2021年7月26日,https://wap.miit.gov.cn/xwdtj/gxd/dhd/art/2021/art_942c35d37345442eb/acbce9852ddd.html。

各即时通信平台须按标准解除屏蔽，推动分步骤、分阶段的整改方式。①

针对互联网平台企业间屡禁不止的封禁行为，部分学者指出我国法律允许平台经营者从数据安全和个人信息保护的角度制定平台管理规则，而交易相对人在违反相关管理规则的情况下强制要求平台经营者进行交易，将导致平台经营者利益遭受不当损害，并损害市场的投资和创新积极性。② 同时，最高人民法院在"徐书青与深圳市腾讯计算机系统有限公司等滥用市场支配地位纠纷再审案"中，也明确指出："合理规制平台使用者的行为……有利于提升平台经营者的利益和平台用户的长远利益。因此，平台经营者有权设定合理的平台管理和惩戒规则，以实现良好的平台管理。"③但更多的学者主张平台封禁行为将产生竞争损害，应受到相应的法律规制。一部分学者认为，平台封禁行为可能排挤竞争者，影响消费者用户自决选择平台的权利和空间，进而破坏互联网平台的市场秩序和生态健康。④ 另一部分学者则认为，平台封禁行为与信息共享、互联互通的互联网发展理念相悖，也导致平台可通过收集竞争者信息来影响竞争者、产生扭曲市场竞争的可能。⑤ 由此引发了实务界与学术界关于平台竞争的广泛关注，而工业和信息化部的相关整治行动系阶段性行政执法，仍未能从法律制度层面解决平台封禁问题。

对此，有学者指出互联网行业的网络效应和消费者路径依赖，与具有自然垄断属性的基础设施行业存在相似性，因此可以适用反垄断法的"必需设施理论"要求平台垄断者承担部分接入义务。⑥ 据此，本文试图遵循反垄断法的分析路径，探讨传统的"必需设施理论"从有形设施到无形设施，再到平台设施的发展演进，解决作为必需设施的互联网平台的反垄断规制问题，尝试回应数字经济时代的市场变革与竞争问题。

---

① 参见《工信部回应"屏蔽链接"：指导企业分步骤分阶段解决问题》，载新华网2021年9月14日，http://www.news.cn/fortune/2021-09/14/c_1127858259.htm。

② 参见袁波：《走出互联网领域反垄断法分析的七个误区——以"微信封禁飞书"事件为中心》，载《竞争政策研究》2020年第1期。

③ 最高人民法院民事裁定书，(2017)最高法民申4955号。

④ 参见陈兵、赵青：《反垄断法下互联网平台"封禁"行为适法性分析》，载《兰州学刊》2021年第8期。

⑤ 参见侯利阳：《互联网平台封禁行为的反垄断规制》，载《竞争法律与政策评论》2021年第7卷；侯利阳、贺斯迈：《平台封禁行为的法律定性与解决路径》，载《财经法学》2022年第3期。

⑥ 参见王中美：《必要设施原则在互联网反垄断中的可适用性探讨》，载《国际经济法学刊》2020年第1期。

二、平台封禁行为的理论进路:拒绝交易与必需设施

数字经济领域的平台封禁行为,主要表现为特定的平台经营者拒绝其他经营者访问或使用其数据、端口、平台等资源的行为,①本质上属于受反垄断法规制的拒绝交易行为。然而数字经济相较于传统经济独有的竞争特性,导致传统的拒绝交易分析范式面临适用困境。

(一)数字经济的竞争特性

数字经济是一种经济产出单独或者绝大部分源于数字技术,并且通过数字技术或服务实现经济产出的一种经济模式。② 对此,G20杭州峰会通过的《二十国集团数字经济发展与合作倡议》将数字经济界定为"以使用数字化的知识和信息作为关键生产要素、以现代信息网络作为重要载体、以信息通信技术的有效使用作为效率提升和经济结构优化的重要推动力的一系列经济活动"。③

作为基于互联网及相应新兴技术所产生的经济活动的总和,④数字经济本质上是通过数字化手段促进经济发展和社会进步的一种经济模式,其运转受到梅特卡夫法则⑤、摩尔定律⑥与达维多定律⑦这三大定律的支配,与工业经济时代的交易行为、资源禀赋、成本结构、商业模式等存在显著不同,呈现数据依赖性、快捷高效性、

---

① 参见郭传凯:《互联网平台企业封禁行为的反垄断规制路径》,载《法学论坛》2021年第4期。

② See Bukht, Rumana & Heeks, Richard, *Defining, Conceptualising and Measuring the Digital Economy*, Development Informatics Working Paper No. 68(Aug. 3, 2017), https://ssrn.com/abstract=3431732 or http://dx.doi.org/10.2139/ssrn.3431732.

③ 《二十国集团数字经济发展与合作倡议》,载国家互联网信息办公室网2016年9月29日,http://www.cac.gov.cn/2016-09/29/c_1119648520.htm。

④ 参见荆文君、孙宝文:《数字经济促进经济高质量发展:一个理论分析框架》,载《经济学家》2019年第2期。

⑤ 梅特卡夫法则(Metcalfe's Law):网络价值以用户数量的平方的速度增长。网络价值等于网络节点数的平方,即$V=n^2$(V表示网络的总价值,n表示用户数),因此网络外部性是梅特卡夫法则的本质。

⑥ 摩尔定律(Moore's Law):当价格不变时,集成电路上可容纳的元器件的数目,每隔18~24个月便会增加一倍,性能也将提升一倍。换言之,每一美元所能买到的电脑性能,将每隔18~24个月翻一倍以上。该定律揭示了信息技术进步的速度。

⑦ 达维多定律(Davidow's Law):一家企业如果要在市场上占据主导地位,就必须第一个开发出新一代产品,第一个淘汰自己现有的产品。进入市场的第一代产品能够自动获得50%的市场份额,该定律实际上是现代网络经济大形势下的马太效应。

高度流动性、交互渗透性、网络外部性与虚拟隐匿性等基本性质。[①] 这些性质促使数字经济的发展具有创新性、规模性和革命性的特点，[②]成为一种全新的经济形态，导致传统的社会生产过程与再生产过程产生巨大变革：一方面推动了生产过程及生产产品的多元化、网络化与社会化；另一方面也导致了社会再生产的非均衡性。[③]

数字经济的上述基本性质对经济模式与市场结构产生深刻影响，在市场竞争方面主要表现为平台竞争模式，相较于传统的实体经济具有双边市场特征、直接和间接网络效应、锁定效应、规模效应等特点，[④]更易于产生具有垄断势力的平台经营者，从而对市场的有效竞争产生潜在的负面影响。[⑤] 具体而言，数字经济围绕平台竞争呈现以下竞争特性：其一，数据的要素属性日益凸显，成为与土地、劳动力、资本、技术并列的生产要素，2020 年我国发布的《关于构建更加完善的要素市场化配置体制机制的意见》已明确指出要“加快培育数据要素市场，提升社会数据资源价值”，充分肯定了数据作为新生产要素的重要性。其二，创新的竞争价值越发重要，技术创新、产品创新、业态创新、模式创新等共同构成数字经济发展和平台竞争的重要驱动力，塑造了平台竞争的动态性。[⑥] 数字经济也呈现颠覆性创新的特点，在新产品、新企业、新模式不断涌现的同时，也产生了大型平台企业通过“扼杀性并购”阻碍创新的垄断行为。因此，对数字经济的反垄断规制应从仅仅关注静态市场中的生产效率与配置效率，更多地转向对动态市场中的创新效率的关注。[⑦] 其三，跨界竞争与生态竞争成为发展趋势，数字经济中的平台经营者可以超越实体经济对时间和空间的限制，借助网络效应、锁定效应、规模效应，以补贴的方式迅速进入相邻市场开展跨界竞争，进而依托网络效应实现“赢家通吃”，最终在“蒲公英效应”

---

① 参见杨佩卿：《数字经济的价值、发展重点及政策供给》，载《西安交通大学学报（社会科学版）》2020 年第 2 期。

② 参见王伟玲、王晶：《我国数字经济发展的趋势与推动政策研究》，载《经济纵横》2019 年第 1 期。

③ 参见王梦菲、张昕蔚：《数字经济时代技术变革对生产过程的影响机制研究》，载《经济学家》2020 年第 1 期。

④ 参见王晓晔：《数字经济反垄断监管的几点思考》，载《法律科学（西北政法大学学报）》2021 年第 4 期。

⑤ See Arianna Andreangeli, *Platform Markets, Dominance Issues and Single – and Multi – homing of Merchants: A Real or Hypothetical Choice?*, 17 European Competition Journal 269 (2021).

⑥ 参见孙晋：《数字平台的反垄断监管》，载《中国社会科学》2021 年第 5 期。

⑦ 参见方翔：《论数字经济时代反垄断法的创新价值目标》，载《法学》2021 年第 12 期；王磊：《创新目标在〈反垄断法〉上的定位与实现——兼评〈反垄断法（修正草案）〉第 1 条》，载《中国政法大学学报》2022 年第 1 期。

的作用下成为整合产业链上下游企业和配套企业、基础设施在内的生态竞争。①

(二)拒绝交易的适用困境

数字经济领域的平台封禁行为,是指特定的平台经营者利用技术手段断开与其他经营者的链接,拒绝其他经营者对平台进行访问,从而禁止其他经营者在该平台分享自身链接或内容的行为。② 从行为定性上而言,本质是平台经营者拒绝向其他经营者提供平台访问所需的数据、端口等资源以及技术许可等服务,系一种具有市场力量的经营者拒绝与交易相对人进行交易的行为,因此属于反垄断法意义上的"拒绝交易"行为,应适用滥用市场支配地位的分析范式进行规制。然而,数字经济独有的竞争特性,导致适用于传统经济领域的反垄断分析工具存在局限性,难以对数字经济领域的拒绝交易行为进行有效规制。

相关市场的界定是对拒绝交易进行反垄断规制的起点,也是建立反垄断法各主要制度的基础。然而,数字经济蓬勃发展产生的新经济模式及动态发展特性,导致传统的相关市场界定方法在平台市场面临界定不准确、方法不适用等新挑战。对此,2010年由美国司法部和联邦贸易委员会出版的《横向并购指南》中曾提出:"执法部门的分析并不一定要以市场界定为起点……执法部门在这评估竞争效果过程中所使用的分析工具并不依赖于市场界定。"③我国最高人民法院在2014年"奇虎科技公司诉腾讯公司滥用市场支配地位纠纷案"的判决书中也指出:"并非在每一个滥用市场支配地位的案件中均必须明确而清晰地界定相关市场。"④因此,在平台市场取消相关市场界定步骤得到部分学者的认可,主张个案中如果其他方面事实证据充分而界定精确的相关市场条件不足时,可淡化相关市场界定环节,直接认定经营者的市场支配地位。⑤ 当然,更多的学者仍然坚持相关市场界定是反垄断分析的重要步骤,即使在双边市场中存在诸多困难也不宜绕开或弱化相关市场界

---

① 参见李晓华:《数字经济新特征与数字经济新动能的形成机制》,载《改革》2019年第11期。

② 参见殷继国:《互联网平台封禁行为的反垄断法规制》,载《现代法学》2021年第4期。

③ *Horizontal Merger Guidelines* (08/19/2010), U.S. Department of Justice (25 Jun 2015), Section 4, https://www.justice.gov/atr/horizontal-merger-guidelines-08192010.

④ 北京奇虎科技有限公司诉腾讯科技(深圳)有限公司、深圳市腾讯计算机系统有限公司滥用市场支配地位纠纷案,最高人民法院指导案例78号(2014)。

⑤ 参见黄勇、蒋潇君:《互联网产业中"相关市场"之界定》,载《法学》2014年第6期。

定。① 在此基础上，平台双边市场的交叉网络外部性，使平台经营者在相关市场界定中面临较单边市场更为复杂的竞争情况；②而平台的免费模式、非价格竞争等特征，也为传统的假定垄断者测试（SSNIP）方法的适用带来挑战。③

市场支配地位的认定是对拒绝交易行为进行反垄断规制的前提。垄断经营者所具有的市场支配地位，是指经营者通过降低产量，将产品或服务价格提高到竞争水平之上而获得垄断收益的能力。④ 基于此，欧盟法院对市场支配地位的概念描述可资借鉴，即特定经营者享有的一种经济实力，这种实力赋予该经营者显著独立于其竞争者、交易相对方和最终消费者的行为能力，从而使其能够阻止在相关市场中的有效竞争。⑤ 传统上，我国主要依据《反垄断法》第23条的认定因素与第24条的市场份额推定原则，来认定经营者的市场支配地位。然而，数字经济特有的市场结构与竞争秩序，导致市场份额等结构性因素在市场支配地位中的影响力减弱，⑥而市场进入壁垒、转移成本、创新能力等非结构性因素的作用凸显。⑦ 因此，对平台经营者的市场支配地位进行认定时，应在传统认定因素的基础上，增加平台的双边性、交叉网络外部性、用户黏性、价格非对称性等分析维度及考量因素。进一步地，平台市场的动态竞争特性则导致了平台经营者的市场支配地位不稳定，增加了准确认定市场支配地位的难度。⑧

滥用行为的判定及竞争效果的分析是对拒绝交易行为进行反垄断规制的核心。我国《反垄断法》依据“概括禁止加典型列举”模式，原则上禁止具有市场支配地位的经营者从事滥用行为，在此基础上重点列举包括拒绝交易行为在内的典型

① 参见宁立志、王少南：《双边市场条件下相关市场界定的困境和出路》，载《政法论丛》2016年第6期。

② 参见李剑：《双边市场下的反垄断法相关市场界定——“百度案”中的法与经济学》，载《法商研究》2010年第5期。

③ 参见赵莉莉：《反垄断法相关市场界定中的双边性理论适用的挑战和分化》，载《中外法学》2018年第2期。

④ 参见[美]赫伯特·霍温坎普：《反垄断事业：原理与执行》，吴绪亮等译，东北财经大学出版社2011年版，第94页。

⑤ See Case 27/76, United Brands Company and United Brands Continentaal B. V. v. Commission of the European Communities, Court of Justice, [1978] ECR 207, para. 65.

⑥ 参见杨文明：《论互联网企业市场支配地位认定的非结构因素》，载《河北法学》2014年第12期。

⑦ 参见李丹：《互联网企业市场支配地位的认定》，载《河北法学》2015年第7期。

⑧ 参见谭袁：《互联网平台滥用市场支配地位行为规制的困境与出路》，载《法治研究》2021年第4期。

滥用行为,并以兜底条款的形式涵盖其他可能的滥用行为,保证法律规范的周延性与灵活性。《禁止滥用市场支配地位行为暂行规定》第16条进一步细化了拒绝交易的表现形式及正当理由。我国当前对拒绝交易的反垄断法律实践,则主要发生在原料药产业的上游原料药生产商与下游原料经销商之间,例如重庆西南二厂作为苯酚原料药市场的唯一生产商,通过与下游经销商签订《全国总代理合同》的方式,拒绝与新先锋等六家经销商之外的企业进行交易,破坏了下游市场的竞争秩序、造成下游市场的产能损失、损害消费者利益,被反垄断执法机构认定为《反垄断法》禁止的拒绝交易行为。① 由此,传统经济领域的拒绝交易行为应符合以下构成要件:(1)拒绝交易行为人在拒绝交易产品市场上具有市场支配地位;(2)行为人拒绝与交易相对人进行交易;(3)拒绝交易的行为无正当理由;(4)拒绝交易行为具有排除限制竞争的负面效果。

随着数字经济的迅猛发展,以平台经济为代表的新兴经济业态及经济模式应运而生,也产生了自我优待、平台封禁等新型垄断行为,导致传统的垄断行为认定标准难以直接适用;②而平台垄断行为依托数字信息技术具有隐蔽性、复杂性等特点,进一步加剧了违法性认定的难度。③ 具体而言,一方面,平台竞争具有跨界竞争的属性,因此平台经营者所采取的封禁行为可能只是一种跨界竞争的方式,体现了经营不同业务的平台经营者之间的市场竞争;④另一方面,平台竞争具有动态竞争的属性,而竞争所需的数据资源、信息技术、商业模式等均易于复制或模仿,因此平台经营者所采取的封禁行为可能只是保护自身竞争利益、防止"搭便车"的正常商业行为,反映了平台经营者实现正常商业利益的必然需要,⑤难以据此认定为限制竞争的拒绝交易行为。由此导致传统的拒绝交易行为的分析范式难以适用。

因此,有必要对传统的反垄断理论进行调适与完善,以适应变化发展的数字经济领域的规制要求。鉴于传统的拒绝交易分析方式在平台封禁等新型垄断问题中

---

① 参见重庆西南制药二厂垄断行为案,重庆市工商行政管理局行政处罚决定书,渝工商经处字(2016)15号。

② 参见杨建辉:《数字经济动态性特征对现行反垄断规则的挑战》,载《竞争政策研究》2018年第5期。

③ 参见孙晋:《数字平台垄断与数字竞争规则的建构》,载《法律科学(西北政法大学学报)》2021年第4期。

④ 参见郭传凯:《互联网平台企业封禁行为的反垄断规制路径》,载《法学论坛》2021年第4期。

⑤ 参见宁立志、喻张鹏:《平台"封禁"行为合法性探析——兼论必需设施原则的适用》,载《哈尔滨工业大学学报(社会科学版)》2021年第5期。

存在适用困境,而平台封禁行为的救济措施主要是要求平台经营者向被封禁的竞争者提供平台接入服务,因此传统反垄断理论中的"必需设施理论",即要求控制必需设施的经营者向其他竞争者开放相关设施,逐渐成为规制平台封禁行为等平台领域市场准入问题的可能依据。

(三)必需设施的拒绝开放

通常而言,现代反垄断法一般规制经营者滥用其市场支配地位阻碍竞争的行为,而市场份额标准成为重要且显著的市场支配地位认定因素。然而随着反垄断理论及实践的发展,反垄断法的规制对象逐渐从拥有绝对市场支配地位的经营者扩展至拥有相对优势地位的经营者,作为必需设施的经营者滥用其相对优势地位的行为遂成为反垄断法的规制重点。[①] 反垄断法中的必需设施理论(Essential Facility Doctrine),[②]也被称为瓶颈垄断理论(Bottleneck Monopoly Theory),最早产生自1912 年的美国 Terminal Railroad Association 案[③],由美国法院及竞争执法机构创设,以规制合法的垄断经营者拒绝向需要垄断设施的进入者进行交易这一特殊的拒绝交易行为。[④]

目前通常认为,必需设施理论,是指控制必需设施的支配企业有义务让其他竞争者分享该设施,而拒绝分享则因违反反垄断法构成垄断。[⑤] 进一步地,在经营者拥有必需设施而其竞争者无法另行建造或开发这种设施,或另行建造或开发这种设施的成本极高时,如果这项设施是开展市场竞争所必需的,则控制了必需设施的经营者有义务允许其竞争者以合理的条件进入其相关设施。[⑥] 这些必需设施在相

① 参见徐士英:《"必须设备理论"在规制滥用市场优势行为中的运用》,载《经济法研究》2006 年第 1 期。

② 在国内的著作中,有时也被译作"关键设施理论"(参见黄杰华:《欧盟竞争法下的"关键设施原则"》,载《西南政法大学学报》2003 年第 4 期)或"必须设备理论"(参见徐士英:《"必须设备理论"在规制滥用市场优势行为中的运用》,载《经济法研究》2006 年第 5 卷)或"必要设施理论"(参见刘自钦:《论平台经济领域"必要设施"经营者的反垄断规制——以即时通信平台屏蔽外部网址链接为例》,载《电子政务》2022 年第 8 期)等名称。

③ See United States v. Terminal Railroad Association of St. Louis, 224 U. S. 383 (1912).

④ See Daniel E. Troy, *Unclogging the Bottleneck: A New Essential Facility Doctrine*, 83 Columbia Law Review 441 (1983).

⑤ 参见[美]赫伯特・霍温坎普:《联邦反托拉斯政策——竞争法律及其实践》,许光耀、江山、王晨译,法律出版社 2009 年版,第 338 页。

⑥ 参见陈兵:《数字经济新业态的竞争法治调整及走向》,载《学术论坛》2020 年第 3 期。

关市场中实际上构成了一种“瓶颈”,是相关经营者开展业务的必然需要;而控制这些必需设施的经营者,相较于其他竞争者、交易相对人乃至消费者,均具有显著的竞争优势,通过对该设施的控制来形成其垄断地位,并借此实施拒绝交易等垄断行为进一步维持及增强其垄断地位,最终损害市场的公平竞争机制。因此,必需设施理论的创设,实际上是认定了控制必需设施的经营者具有特殊的市场支配地位(相对优势地位),而拒绝开放必需设施的行为则构成对市场支配地位的滥用,因此应允许竞争者以公平合理的条件使用相关设施,否则可能涉嫌市场垄断。

由此不难得出,必需设施理论强调了相关设施对商业经营的必要性,因此对控制必需设施的经营者课以特殊的开放义务,要求其不仅不能拒绝与竞争者进行交易,反而要主动向竞争者开放、分享所控制的必需设施。归因于必需设施理论的特殊开放义务,促使该理论自诞生之初的 Terminal Railroad Association 案即适用于铁路枢纽这一基础设施领域,①在此后的长期发展中,该理论也主要适用于自然垄断或规模经济领域、特殊的管制行业及政府所有的相关设施等有形设施领域,②并进一步扩展到知识产权等无形设施领域。正是因为在这些特定领域中,相关设施的必需性进一步凸显,而控制设施的经营者也因此具有更为显著的竞争优势,更有必要对其他竞争者开放相关设施。

在此基础上,必需设施理论之所以可以适用于平台竞争问题,同样是因为平台在数字经济时代具有必要性,可能构成一种基础设施,而控制“必需性”平台的经营者因此具有显著的竞争优势,有必要对其他竞争者开放技术许可,允许其他竞争者访问相关平台。

三、必需设施理论的规则演进:从有形设施到无形设施

作为美国反托拉斯法中的一项重要的竞争法理论,必需设施理论起初仅适用于交通枢纽、邮政通信、基础设施建设等自然垄断行业;随着社会生活的发展与生产技术的进步,竞争理论逐渐进入新兴的经济领域及市场行业,必需设施理论在此过程中也扩展到对科学技术等领域的反垄断规制,由此经历了从基础设施、通信设备等有形设施到商品服务、知识产权等无形设施的适用扩展。

---

① See United States v. Terminal Railroad Association of St. Louis, 224 U.S. 383 (1912).

② 参见[美]赫伯特·霍温坎普:《联邦反托拉斯政策——竞争法律及其实践》,许光耀、江山、王晨译,法律出版社2009年版,第340页。

(一)必需设施理论对有形设施的规制

一般认为,必需设施理论发端于美国联邦最高法院1912年的Terminal Railroad Association(终端铁路协会)案,在早期案件中多聚焦铁路桥梁、水电设施、港口码头等有形的基础设施领域。在该案中,原本多家铁路公司的线路均可自由通过联合车站所属的铁路桥横跨密西西比河,但随后其中的14家铁路公司组成的终端铁路协会通过收购联合车站控制了铁路桥的通行权,并签订联合协议拒绝非协会公司使用铁路桥,而其他铁路公司也无法另行建设跨河设施。因此,美国联邦最高法院认为终端铁路协会的行为构成垄断,要求其修改相关规则,以"保证非协会公司能够合理、平等地使用"铁路桥设施。① 本案涉及的是多个经营者组建联合组织收购基础设施并通过签订协议的形式拒绝向其他竞争者开放的情形,因此联邦最高法院实际上是依据《谢尔曼法》第1条的"共谋"来进行规制,本质上应属于垄断协议行为,与滥用制度下的必需设施理论存在差异。然而,该案仍因首次明确了控制必需设施的独占经营者需要准许其他竞争者合理使用相关设施,而被视为"必需设施理论"发端的起点,深刻影响了Associated Press(联合通讯社)案等后续案例的审判思路。该案同样认为联合通讯社作为美国新闻界的唯一主要新闻来源,不应制定章程禁止向非会员提供新闻,而应对已有成员及竞争者"无歧视"地提供新闻。②

上述案例均属于多个经营者联合控制必需设施的情形,而随着Griffith案③、Otter Tail案④、MCI案⑤及Aspen案⑥的出现,才开始出现单个经营者控制必需设施的情形,并由《谢尔曼法》第1条的"共谋"转为第2条的"垄断或企图垄断"进行法律规制,反映了必需设施理论的发展,是为了对比协议共谋行为表现更为隐蔽、救济更为困难的滥用行为进行有效规制。⑦ 其中1973年的Otter Tail(奥特泰尔电力

---

① See United States v. Terminal Railroad Association of St. Louis, 224 U.S. 383 (1912).

② See Associated Press et al. v. United States, 326 U.S. 1 (1945).

③ See United States v. Griffith et al., 334 U.S. 100 (1948).

④ See Otter Tail Power Co. v. United States, 410 U.S. 366 (1973).

⑤ See MCI Communications Corp. v. American Tel. & Tel. Co., 708 F.2d 1081 (7th Cir. 1983).

⑥ See Aspen Skiing Co. v. Aspen Highlands Skiing Corp., 472 U.S. 585 (1985).

⑦ See Philip Areeda, *Essential Facilities: An Epithet in Need of Limiting Principle*, 58 Antitrust Law Journal 841 (1990).

公司)案更是标志着"最高法院第一个像是现代'关键设施原则'的案件"①。涉案的奥特泰尔电力公司作为一家从事发电、电力传输、分配及销售的公用企业,因多家市政公司想通过奥特泰尔的管线从其他电力公司处购买电力,而拒绝向这些市政公司供应或输送电力。对此,美国最高法院认为奥特泰尔电力公司的拒绝供应行为,违反了《谢尔曼法》第2条而构成垄断。② 该案中的经营者属于公用事业领域,具有自然垄断属性,因此其所控制的电力供应管线及设备自然成为市场发展的必需设施,需要反垄断法进行相应的规制,充分反映了必需设施理论对公共利益的重视与保护。随后的MCI案也发生在具有自然垄断属性的电信行业,被告AT&T公司作为控制本地电信网络的经营者,拒绝将MCI公司与本地分配设施互联从而阻碍其向用户提供电信服务。对此,第七巡回法庭认为被告实际上是必需设施的控制者,其实施的拒绝交易行为将导致垄断势力在不同生产阶段、不同市场之间进行传导,因此应遵守必需设施理论克以的无歧视提供义务,否则即构成《谢尔曼法》禁止的垄断行为。③ 在此基础上,本案首次明确提出了构成必需设施的四要素,即"垄断者对必需设施进行控制、竞争者无法实际或合理地复制必需设施、拒绝竞争者使用该设施及提供必需设施具有可行性",④由此奠定了适用必需设施理论的基本标准。虽然这些案例已涉及控制关键设施的单个经营者,但这些经营者均系公用企业而具有特殊性,此时必需设施理论的适用场景仍相对有限,主要集中于基础设施、水电供应等自然垄断行业。

直至1985年著名的Aspen案,才首次尝试将必需设施理论适用于非自然垄断领域。在该案中,第十巡回法庭虽然在上诉审中认为Aspen滑雪公司推出的多日、多区通票应被视为"必需设施",因此有义务与Aspen高地滑雪公司进行共同销售,否则其拒绝推出四地通票的行为就被视为建立或维持垄断。⑤ 然而最高法院在终审中并未采纳上诉审确立的必需设施标准,仍然沿用传统的拒绝交易分析框架进行论证,认为Aspen滑雪公司具有垄断势力,其拒绝与存在长期交易关系的竞争者

① [美]赫伯特·霍温坎普:《联邦反托拉斯政策——竞争法律及其实践》,许光耀、江山、王晨译,法律出版社2009年版,第339页。

② See Otter Tail Power Co. v. United States, 410 U.S. 366 (1973).

③ See MCI Communications Corp. v. American Tel. & Tel. Co., 708 F.2d 1081 (7th Cir. 1983).

④ MCI Communications Corp. v. American Tel. & Tel. Co., 708 F.2d 1081 (7th Cir. 1983), p. 1132 - 1133.

⑤ See Aspen Highlands Skiing Corp. v. Aspen Skiing Co., 738 F.2d 1509 (1984).

Aspen 高地滑雪公司进行交易的行为,不是为了提升效率,而是以牺牲短期利益为代价来减损相关市场的长期竞争,从而获取垄断利益,系一种"掠夺性"的垄断行为。[①] 由此可见,必需设施理论的创设,本质上体现的是对公共利益的保护,因此更多地适用于关系国计民生的基础设施领域,而在对公共利益相对较弱的私营设施领域的适用仍然存在较大争议。在 2004 年的 Trinko 案中,美国联邦最高法院仍未直接采纳必需设施理论,对 Verizon 公司未向由 Trinko 代表的用户群体提供 AT&T 电话服务的充分接入行为进行垄断分析。[②]

受到美国法律实践的影响,欧委会在 1993 年的 Sealink 案中指出,必需设施是指对竞争者进行正常交易必不可少的设施,因此在必需设施方面具有支配地位的经营者,应无歧视地向竞争者提供该设施,否则其拒绝行为将使竞争者处于竞争劣势,并促进自身垄断势力在不同市场间的传导,因此违反《欧共体条约》第 86 条而构成垄断。据此,欧委会认定 Sealink 公司拥有的港口构成必需设施,需要恢复原先的泊位时刻表以保证 B&I 公司的正常使用。[③] 由此观之,欧盟对必需设施理论的早期适用同样集中在港口码头等基础设施领域,强调该设施对市场交易的不可或缺性及不可复制性,因此要求控制基础设施的经营者应向竞争者无歧视地开放设施。

综上,必需设施理论自 1912 年的美国 Terminal Railroad Association 案产生伊始,就适用于铁路桥梁这一有形的基础设施。在此后的长期发展中,也广泛地适用于电力、通信、港口等有形设施,并在相关案例的司法实践中确立了较为完整的分析框架。因此,必需设施理论的创设,旨在对控制设施的经营者课以特殊的无歧视开放义务,实现对基础设施、自然垄断、行政管制等具有较多公共利益的特殊领域的有效规制,从而避免垄断力量的维持、促进市场公平竞争及保护社会公共利益。

(二)必需设施理论对无形设施的扩展

早期的必需设施理论多适用于交通枢纽、水电设施等具象有形的基础设施领域。随着社会生产力的发展及经济产业的扩张,传统的反垄断理论逐步进入新兴的经济领域以规制新生的市场竞争问题,由此促使传统的必需设施理论对知识产

① See Aspen Skiing Co. v. Aspen Highlands Skiing Corp. , 472 U. S. 585 (1985).

② See Verizon Communications Inc. v. Law Offices of Curtis v. Trinko, LLP, 540 U. S.398 (2004).

③ See 94/19/EC: Commission Decision of 21 December 1993 relating to a proceeding pursuant to Article 86 of the EC Treaty (Ⅳ/34.689 — Sea Containers v. Stena Sealink).

权、商品服务等抽象无形的基础设施领域产生适用扩展。

通常而言,1995年的Magill案被视为第一起涉及知识产权拒绝许可的案件,标志着必需设施理论首次应用到知识产权领域,规制对象因此从有形设施扩展到了无形设施。本案发生在爱尔兰,RTE等三家公司控制了当地的电视节目播放,并据此公布内容有限的“电视节目表”。对此,Magill公司试图发布一周的电视节目指南以吸引更多的消费者,却被三家公司以“电视节目表”受到版权保护为由而拒绝提供相关内容。欧洲法院在审理中认为,RTE等三家公司拒绝知识产权许可的行为阻碍了有消费需求的新产品在市场中出现,并通过该行为获取了在相关市场的支配地位,影响了相关市场的有效竞争,据此认定三家公司的行为构成滥用市场支配地位行为。在此基础上,该案进一步明确了对知识产权领域适用必需设施理论的构成要件:(1)由于缺乏实际或者潜在替代品,该知识产权是不可或缺的投入;(2)缺乏拒绝分享的客观理由;(3)知识产权权利人通过其行为为自己保留进入下游市场的可能性;(4)拒绝行为阻止了具有潜在消费需求的新产品出现的可能性。①随后发生的Bronner案则涉及送货服务,欧盟初审法院在Magill案的基础上提出了适用必需设施理论的三项认定标准:(1)拒绝提供设施会消除下游市场的所有竞争;(2)拒绝没有客观理由;(3)该设施(或服务)对开展业务必不可少,缺乏实际或潜在的替代品。据此,欧盟初审法院认定原告Bronner出版商仍有其他途径销售其发行的日报,因此被告Mediaprint报社所控制的送货上门系统并不构成必需设施,可以拒绝向原告提供相关服务。② 相较于Magill案的四项构成要件,Bronner案因涉及服务的提供而非知识产权的授权,而更多地关注到相关服务对竞争者拒绝提供后的限制竞争效果,因此在认定标准上淡化了对“新产品”这一要素的要求。

2004年的IMS案则正式确立了知识产权拒绝许可行为的分析框架。涉案的IMS公司负责向制药实验室提供德国地区的药品销售数据,为此开发了受版权法保护的“砖结构”(Brick Structure)以有效反应销售数据,并在此后的交易中拒绝向NDC公司提供由其开发的“砖结构”数据库。对此,欧委会发布临时措施,要求IMS

---

① See Joined Cases C-241/91 and C-242/91, Radio Telefis Eireann (RTE) and Independent Television Publications Ltd. (ITP) v. Commission of the European Communities (Magil), Court of Justice, [1995] ECR 98.

② See Case C-7/97, Oscar Bronner GmbH & Co. KG v. Mediaprint Zeitungs-und Zeitschriftenverlag GmbH & Co. et al., Court of First Instance (Six Chamber), [1998] ECR 569.

公司开放相关许可。[①] 因 IMS 公司不服欧委会的决定,遂向欧盟初审法院提起诉讼,而欧盟初审法院经审理后同样认为拥有市场支配地位的 IMS 公司应向 NDC 公司开放知识产权许可。同时,欧洲法院指出知识产权拒绝许可的适用以该知识产权对进入下游市场必不可少为前提,进而提出相应的分析框架:(1)拒绝许可是否具有排除下游市场的全部竞争的可能性;(2)拒绝许可是否影响新产品的产生;(3)拒绝许可是否没有合理理由。[②] 据此,IMS 案在前述 Magill 案与 Bronner 案的基础上,正式形成了知识产权拒绝许可的系统性分析框架,标志着必需设施理论在知识产权领域的适用完善。

此后的微软案涉及 Windows 操作系统的兼容性问题,仍然沿用了 IMS 案的分析框架,提出拒绝许可行为的认定思路:(1)拒绝许可行为所涉及的产品或服务,对于在相邻市场(下游市场)中进行有效竞争是客观必要的;(2)拒绝交易行为很可能导致相邻市场(下游市场)有效竞争消除;(3)拒绝交易行为阻止有潜在客户需求的新产品产生;(4)拒绝交易行为不存在正当理由。据此,欧盟初审法院在该案中全面肯定了欧委会在 2004 年对微软的处罚决定,要求微软许可竞争者与 Windows 操作系统进行兼容,[③]即禁止微软向竞争者实施拒绝许可行为。[④] 因此,欧盟初审法院在微软案中完善了此前判例中的分析方法,标志着欧盟竞争法关于知识产权拒绝许可行为的反垄断规制路径基本定型,[⑤]能够对具体的案件审理起到重要的规范指引作用。

综上所述,必需设施理论虽然创设于美国,但早期发展均围绕基础设施、自然垄断等领域进行规制。此后历经欧盟法律实践的发展演进,必需设施理论逐渐从对有形设施的规制转向对无形设施的规制,开始广泛适用于商品服务提供、知识产

---

① See 2002/165/EC: Commission Decision of 3 July 2001 relating to a proceeding pursuant to Article 82 of the EC Treaty (Case COMP D3/38.044 — NDC Health/IMS Health).

② See Case C-418/01, IMS Health GmbH & Co. OHG v. NDC Health GmbH & Co. KG, Court of First of Instance (Fifth Chamber), [2004] ECR 257.

③ See Commission Decision of 24 May 2004 relating to a proceeding pursuant to Article 82 of the EC Treaty and Article 54 of the EEA Agreement against Microsoft Corporation (Case COMP/C-3/37.792 — Microsoft).

④ See Case T-201/04, Microsoft Corp. v. Commission of the European Commission, Court of First Instance (Grand Chamber), [2007] ECR 289.

⑤ 参见许光耀:《知识产权拒绝许可行为的反垄断法分析方法——以欧盟微软案为例》,载《价格理论与实践》2018 年第 3 期。

权许可等领域。

(三)必需设施与拒绝交易的关联关系

必需设施理论要求控制设施的经营者不得拒绝向其他竞争者开放设施,因此在适用对象上与滥用市场支配地位中的拒绝交易制度具有较大的相似性,均针对拥有市场支配地位的经营者拒绝交易的垄断行为。正如 Richard Whish 教授所言:"在特定情况下,具有市场支配地位的企业拒绝提供产品或服务或者不允许竞争者获取'关键设施'均可构成对市场支配地位的滥用。"①因此,必需设施理论实际上可以被视为拒绝交易制度下的一类特殊的拒绝交易行为。因为拒绝交易行为通常可被区分为直接拒绝交易行为和变相拒绝交易行为,前者指经营者明确表示拒绝与交易相对人进行交易;后者则包括设置各种不合理的交易条件使交易相对人主动放弃与其进行交易,而控制必需设施的经营者拒绝向竞争者及交易相对人提供该设施就属于一种变相的拒绝交易行为。②

进一步地,必需设施理论相较于一般的拒绝交易制度在竞争理论层面具有以下三方面的特殊性:其一,规制客体不同。必需设施理论强调相关设施的必需性,自产生以来主要针对交通枢纽、邮政通信、水电供应等关系国计民生的基础设施及政府所有、行政管制的特殊行业,更多地体现了对社会公共利益的保护;而一般的拒绝交易制度则涵盖普通的商品或服务,对规制客体不存在此类特殊的要求。其二,市场支配地位的要求不同。必需设施理论的适用仅要求相关经营者控制该必需设施,以及必需设施对于正常的市场交易必不可少,而不要求经营者具有市场支配地位;而一般的拒绝交易制度仍属于滥用市场支配地位项下的法律制度,因此对相关经营者的规制以经营者具有市场支配地位为前提,只有相关经营者在相关市场上滥用其支配地位实施拒绝交易行为,才属于反垄断法的规制范畴。其三,垄断机制不同。必需设施理论强调该设施系一种市场"瓶颈",对竞争者的商业运营不可或缺,控制设施的经营者正是通过拒绝向竞争者开放设施的方式,实现对自身垄断势力的维持和巩固;而一般的拒绝交易制度则是具有市场支配地位的经营者借助杠杆原理,通过拒绝向交易相对人提供商品或服务的行为,将上游市场的垄断势力传

---

① Richard Whish, *Competition Law*, Butterworths, 2001, p. 611.

② 参见张志伟:《互联网企业滥用市场支配地位行为规制研究——基于双边市场下的法经济学视角》,经济管理出版社2014年版,第93页。

导到下游市场以实现垄断目的。

实际上，控制必需设施的经营者拒绝开放的行为，可被视为一类特殊的拒绝交易行为。两者虽然在具体的认定标准上存在差异，但本质上均属于滥用市场支配地位行为，因此在反垄断规制框架上具有共通性，均应适用滥用制度的分析思路：以相关市场的界定为起点，以市场支配地位或必需设施的认定为前提，以竞争效果分析为根本，以正当理由的抗辩为例外。

通过对必需设施理论从有形设施到无形设施的规制脉络的回顾梳理，不难发现美国当前对必需设施理论秉持保守的态度，强调必需设施理论的创设是对公共政策的考量和对公共利益的维护，因此在 Aspen 案等所蕴含的社会利益较弱的案件中实际上规避了直接适用必需设施理论。在具体的法律依据上，美国从早期的《谢尔曼法》第 1 条转向第 2 条的“垄断或意图垄断”，明确了必需设施理论的适用对象应从多个经营者的联合控制转向单个经营者的独立控制，由此对真正具有垄断意图或垄断力量的经营者进行有效规制。在系统的分析思路上，美国在长期的反托拉斯法实践中，实际上将拒绝交易制度与必需设施理论作为两条侧重点不同的规制路径：前者是对一般拒绝交易行为的反垄断规制，其构成要件包括：将经营者具有垄断势力、垄断经营者与竞争者存在长期交易关系、拒绝交易对竞争者和消费者均有损害以及拒绝交易没有正当理由（拒绝交易不是为了提升效率，而是以牺牲短期利益和顾客意愿为代价实现反竞争目的）；①后者则是对必需设施拒绝开放行为的反垄断规制，强调必需设施对正常商业活动的必要性，将经营者对必需设施的控制、竞争者无法实际或合理地复制必需设施、拒绝竞争者使用该设施以及提供必需设施具有可行性作为认定必需设施的构成要件，反映了对社会公共利益的保护，因此主要适用于关系国计民生、具有自然垄断属性的基础设施领域。

与之相对的，欧盟则在拒绝交易制度的框架内更广泛地适用必需设施理论，从早期对港口码头等有形设施的适用，逐步发展到对商品服务、知识产权等无形设施的适用，扩大了必需设施理论的规制范围。欧盟在长期的竞争法实践中，结合《欧盟运行条约》第 102 条（原《欧共体条约》第 86 条）“滥用市场支配地位”的规定，从拒绝交易的角度对控制必需设施的经营者拒绝开放的行为进行规制，实际上是将拒绝交易制度与必需设施理论结合为一条规制路径。因此，较之美国早期的必需设施理论，欧盟的必需设施理论更为强调竞争效果的分析，这也契合了美国在后续

① See Aspen Skiing Co. v. Aspen Highlands Skiing Corp., 472 U.S. 585(1985).

的理论研究及案例实践中“对合理原则的回归”①。因此,欧盟的拒绝交易制度始终置于滥用市场支配地位的规则下,在某些情形下一定程度上吸收了诞生自美国的必需设施理论,将一些拒绝交易中所涉产品或服务对下游市场有效竞争的必要性作为适用必需设施理论的前提,指出满足该条件的产品或服务可能构成必需设施;在此基础上,进一步从控制必需设施的经营者所实施的拒绝交易行为消除下游市场的有效竞争、阻止新产品或服务的产生以及拒绝行为没有正当理由这三个方面进行违法性分析,从而认定该拒绝交易行为构成欧盟竞争法意义上的滥用市场支配地位行为。简言之,在欧盟法下,适用必需设施理论是滥用市场支配地位拒绝交易的一种情形。

对此,欧盟委员会在2009年发布的《关于适用〈共同体条约〉第82条查处具有市场支配地位的企业排他性滥用行为的重点执法指南(2009/C45/02)》遵循了在既有案例实践中所形成的上述分析框架,从拒绝交易的角度对知识产权拒绝许可行为进行反垄断规制,并明确规定:“拒绝交易的范围是宽泛的,包括拒绝向现有的客户或者新的客户提供产品,或者拒绝许可知识产权,甚至当某些知识产权许可是提供接口信息所必需的,或者拒绝授权进入基础设施或者网络。如果存在下列情形,则委员会将考虑把拒绝交易作为执法重点:(1)所涉产品或者服务对在下游市场参与有效竞争是客观必要的;(2)拒绝交易很可能消除下游市场的有效竞争;(3)拒绝交易很可能导致消费者损失。”②充分体现了拒绝交易制度与必需设施理论在欧盟竞争法中的交融趋势。

四、数字经济领域的制度发展:作为必需设施的互联网平台

数字经济在当今世界的蓬勃发展,一方面推动了既有产业的转型升级与新兴业态的发展完善,互联网平台已然具有“准公共产品”的属性,并在社会经济的发展运行中行使着“准政府职能”;另一方面也导致了平台封禁、自我优待等新型市场竞争问题的产生,对传统的市场竞争秩序与竞争法律制度带来了深刻的冲击与挑战。因此起源于基础设施领域的必需设施理论,开始逐渐进入具有“基础设施属性”的

① Daniel E. Troy, *Unclogging the Bottleneck: A New Essential Facility Doctrine*, 83 Columbia Law Review 441 (1983), p. 457.

② European Commission, Guidance on the Commission's Enforcement Priorities in Applying Article 82 of the EC Treaty to Abusive Exclusionary Conduct by Dominant Undertakings, 2009/C 45/02, para. 81.

平台领域，对影响数字经济健康发展的平台垄断问题进行法律规制。

（一）平台的基础设施属性与公共性滥用

数字经济以平台发展为核心，聚合了数据、算法等要素，呈现与传统经济不同的发展模式与竞争格局。其中，平台经营者作为私营主体，在市场经济条件下本应遵循意思自治与合同自由的基本原则，享有自主选择交易对象和决定交易内容的权利。然而在数字经济的时代，平台经营者依托信息技术、数据资源及资本力量，受到网络效应、规模效应的影响，逐渐发展为跨越多个相邻市场、涵盖上下游产业链的超级平台。此时，这些平台经营者不仅具有市场力量乃至市场支配地位，易于实施平台封禁、自我优待、限定交易等垄断行为，损害市场的公平竞争机制，由此引发对平台领域的反垄断监管；更是作为重要的交易平台，为平台内经营者及用户提供交易机会与交易环境，进而制定交易框架、规范交易秩序，实际上呈现类似于行业协会、公益组织乃至政府机构的"准公共属性"。①

经济学意义上的"公共产品"通常具有非排他性与非竞争性的双重属性，并将其进一步划分为纯公共产品与准公共产品两类。据此，平台在消费者端提供免费产品或服务、在经营者端收取费用的模式，不会在各个消费者之间产生互相排斥的关系，②符合非排他性的要求；而享受免费模式的消费者之间也不存在利益冲突，符合非竞争性的要求，因此具备"准公共产品"的属性。与此同时，平台的市场影响力和支配力，促使消费者、经营者甚至政府在锁定效应的作用下对平台产生依赖，进而通过其平台规则的建立及实施，影响商品交易、即时通信等社会生活的方方面面，已经实际具备了"准政府职能"，构成传统的"市场—政府"互动关系之外的"第三权力"。③ 由此不难得出，数字经济时代的平台已然从私营主体转变为准公共产品，体现出显著的社会利益与公共特性，成为社会经济的正常运行的重要基石，因此已然成为对国民经济起到重要支撑稳定作用的"新型基础设施"。④

另外，具有市场影响力和支配力的平台，尽管已经可以被视为准公共产品，但本质上仍是私营性质的互联网平台企业，追逐自身利益的最大化仍是商业社会的

① 参见刘自钦：《论平台经济领域"必要设施"经营者的反垄断规制——以即时通信平台屏蔽外部网址链接为例》，载《电子政务》2022 年第 8 期。

② 参见王帅：《作为必需设施的超级平台及其反垄断准入治理》，载《北方法学》2021 年第 5 期。

③ 参见张晨颖：《公共性视角下的互联网平台反垄断规制》，载《法学研究》2021 年第 4 期。

④ 参见杨东：《论反垄断法的重构：应对数字经济的挑战》，载《中国法学》2020 年第 3 期。

必然选择。因此,这些平台为了巩固市场力量、获取垄断利润,往往设置一系列不合理的管理规范或技术限制条件,拒绝向竞争者、交易相对人甚至消费者提供必需的平台服务,将垄断力量在不同市场之间进行传导,从而阻碍市场中的既有竞争者及潜在竞争者,最终严重损害了市场公平竞争秩序,并造成消费者福利与社会公共利益的损失。因此,作为"新型基础设施"的平台所实施的各类垄断行为,实际上都是对其"准公共产品"属性的背离,构成了公共性的滥用,①不当地行使其市场影响力或支配力,影响了数据要素、平台要素的互联互通与开放共享。因此,有必要通过反垄断法律制度进行监管与规制,以解决数字经济时代的平台垄断及市场扭曲问题。

(二)必需设施理论对平台设施的适用空间

已经废止的《工商行政管理机关禁止滥用市场支配地位行为的规定》(以下简称《禁止滥用规定》)早在2011年就已在第4条第1款第5项中规定"禁止具有市场支配地位的经营者没有正当理由,通过下列方式拒绝与交易相对人进行交易:……(五)拒绝交易相对人在生产经营活动中以合理条件使用其必需设施",首次明确提出"必需设施理论",并在第2款据此认定必需设施的综合考虑因素,包括"另行投资建设、另行开发建造该设施的可行性、交易相对人有效开展生产经营活动对该设施的依赖程度、该经营者提供该设施的可能性以及对自身生产经营活动造成的影响等因素"。我国2019年正式实施的《禁止滥用市场支配地位行为暂行规定》(以下简称《禁止滥用暂行规定》)第16条基本沿袭了《禁止滥用规定》第4条的规定内容,仅将"另行投资建设、另行开发建造该设施的可行性"修改为"以合理的投入另行投资建设或者另行开发建造该设施的可行性",完善了构成必需设施的具体考虑因素,体现了"必需设施理论"在我国反垄断法律制度体系中的延续性。我国对于"必需设施理论"的法律规定,实际上沿用了欧盟的规制路径,即在拒绝交易的制度中吸收必需设施的构成要件,将其作为一类特殊的拒绝交易行为进行反垄断规制。

随着社会生产力的发展及科学技术的进步,经济产业的边界持续扩张,新兴的经济模式与经济业态不断涌现,传统的竞争理论也随之进入新领域对市场的有效竞争进行规制与保护。在此背景下,从传统的铁路桥梁、港口码头、通信设备、水电线路等有形设施,到商品服务、知识产权等无形设施,再到购物平台、社交平台等平

---

① 参见张晨颖:《公共性视角下的互联网平台反垄断规制》,载《法学研究》2021年第4期。

台设施，必需设施理论中"设施"的法律内涵不断延伸，适用的规制领域不断扩展，正是竞争理论持续发展的必然产物。因此，我国2021年公布的《平台经济领域的反垄断指南》第14条仍然沿用拒绝交易的规制路径，首次肯定了数字经济时代的超级平台可能构成必需设施，并规定了认定必需设施的考量因素，即"综合考虑该平台占有数据情况、其他平台的可替代性、是否存在潜在可用平台、发展竞争性平台的可行性、交易相对人对该平台的依赖程度、开放平台对该平台经营者可能造成的影响等因素"，由此标志着必需设施理论在我国平台经济领域的正式确立。

实际上，互联网平台在数字经济时代已然成为关系国计民生的"新型基础设施"，对社会经济的稳定运行起到重要的支撑作用，蕴含显著的"准公共产品"属性。因此具有基础设施属性的互联网平台，可能构成数字经济时代的"必需设施"，进而有必要适用必需设施理论进行反垄断规制，对拥有市场影响力或支配力的平台经营者课以特殊的竞争义务，保证其对竞争者、交易相对人及消费者公平、合理、无歧视地开放所控制的"平台设施"，从而能够更好地行使平台的"准政府职能"，并从源头上避免平台的支配力滥用、公共性滥用等垄断问题。

（三）必需设施理论的规制路径及适用标准

在对数字经济领域的平台经营者适用"必需设施理论"时，仍应按照我国《关于平台经济领域的反垄断指南》等法律规范的制度要求，在吸收美国必需设施构成要件的基础上，从经营者对设施的控制、设施无法合理复制、设施不可或缺及提供设施具有可行性这四个构成要件认定平台是否构成必需设施；进而遵循欧盟拒绝交易的规制路径，在肯定相关平台已经构成必需设施的前提下，根据对下游市场与相邻市场有效竞争的消除、对新产品产生的阻碍以及拒绝没有正当理由这三个分析维度认定平台经营者是否实施了拒绝交易行为。

在认定平台是否构成必需设施时，应在必需设施的四个要件中重点考虑数字经济领域特有的平台竞争、动态竞争、跨界竞争等特性：其一，就经营者的控制而言，应关注该平台经营者对数据资源的占用情况。其中，用户数据作为平台竞争的关键，应重点考察其占有和使用情况，从而判断平台经营者是否对平台形成有效的控制。其二，就设施的不可复制性而言，应关注其他平台是否存在可替代性。应同时考量存在实际替代性的既有平台与存在替代可能性的潜在可用平台，并重点考量发展竞争性平台的可能性与可行性。此外，在数字经济跨界竞争、生态竞争的作用下，对其他平台的替代性分析，应涵盖所处的细分市场不同但经营业务有重叠的互联网平台。其三,就设施的不可或缺性而言,应关注其他竞争者、交易相对人对平台的依赖程度。同时,可适度降低必需设施理论在数字经济领域的适用门槛,将构成必需设施的"不可或缺性"标准放宽至"显著影响竞争"标准,[①]要求相关平台满足对市场具有显著影响的条件即可能构成必需设施,从而解决在数字经济动态竞争的作用下,互联网平台因商业模式易于复制、信息技术易于迭代、数据资源易于复制而不具有唯一性和不可或缺性的问题。其四,就提供设施的可行性而言,应关注平台开放的可行性。重点分析平台开放义务对平台经营者可能造成的影响,明确平台开放的技术许可、数据资源、服务范畴等内容。综合以上构成要件的系统分析,认定拥有海量用户的互联网超级平台可否因其规模效应、网络效应及锁定效应而被认定为必需设施。

在判断平台经营者是否实施拒绝交易行为时,应在拒绝交易的三个分析维度中重点考虑平台经营者在数字经济领域特有的平台封禁、数据屏蔽等行为表现形式,并结合数字经济领域的特有的市场属性进行竞争效果分析:一方面,就限制竞争的影响而言,为了避免适度放宽的必需设施理论对平台规制的滥用问题,应当在肯定互联网超级平台可能构成必需设施的基础上,提高拒绝交易行为的违法性认定标准,尤其是要对控制必需设施的平台经营者所实施的拒绝开放行为进行充分的竞争效果分析,重点考察相关拒绝开放行为是否消除下游市场或相邻市场的有效竞争,是否阻碍了新平台及服务的产生。另一方面,就正当理由而言,应考虑在平台跨界竞争与动态竞争的影响下,以平台封禁、数据屏蔽为代表的拒绝交易行为,可能只是平台经营者开展跨界竞争、维护竞争利益的正常商业行为。

另外需要指出的是,平台的跨界性、生态化竞争特性导致传统的拒绝交易分析范式在认定相关市场、判断市场支配地位等方面均有法理和应用方面的困境,而平台的公共性为必需设施理论在平台经济领域的适用提供了理论基础。然而,对平台是否构成必需设施的认定标准在整体上应当是严格的、明确的,避免将平台的规模大、用户多等特征简单等同于数字经济领域的必需设施。通过引入"同等水平竞争对手"的概念,[②]明确只要存在竞争水平、竞争效率相当的竞争者,就表明不同平台之间存在充分的市场竞争,此时既无须将特定平台认定为必需设施并对平台经营者课以特殊的开放义务,也无须对其他平台竞争者进行特殊的法律保护。

---

① 参见殷继国:《互联网平台封禁行为的反垄断法规制》,载《现代法学》2021年第4期。

② 参见张晨颖:《公共性视角下的互联网平台反垄断规制》,载《法学研究》2021年第4期。

最终,从社会公共利益保护的角度出发,对构成必需设施且实施拒绝交易行为的平台经营者课以特殊的开放义务,要求其无歧视地开放作为必需设施的互联网平台,从而真正实现互联网行业互联互通的创设理念及数字经济领域公平竞争的市场秩序。当然,即使从公共利益出发,这种开放义务相应的对价也应当是公允且合理的。

市场经济、政府与法治:鲁滨逊故事新解

王传辉[*]

鲁滨逊是英国作家笛福(Daniel Defoe)的著名小说《鲁滨逊漂流记》中的主人公,海上航行遇到风暴,船舶沉没,他被冲到一个孤岛上。一开始是一个人生活,非常孤独无助,因此他把这个岛叫作"绝望岛"。后来他救了一个要被吃掉的野蛮人,从此他身边多了一个奴仆,鲁滨逊给他取名"星期五"。①

鲁滨逊的绝望岛生活被若干经济学人用来阐述经济学的基本知识,主要是经济人的特性:自利、冒险、理性与利他合作,并由此阐述经济人的决策及其对资源配置的影响。② 但是,"鲁滨逊经济"的分析局限在两种情形下:一是单独个体生活中展现经济人特性;二是隔离环境中个体自上而下的支配型决策和行为。本文取材于这个故事,并在原故事上进行假设的发展,从以"个体"和"支配"为特征的"鲁滨逊经济"之分析,拓展到以"群体"和"平等"为特征的"鲁滨逊社会"之分析,以从经济到社会、从身份社会到契约社会演进之历程来阐述经济、市场经济、政府以及法治。

一、星期五的出现:什么是经济以及经济存续的底线标准?

我们把绝望岛看作一个封闭的环境,如果只有一个人,那么无所谓社会,也无所谓社会意义上的经济。经济是随社会的出现而出现的;换言之,只有鲁滨逊一个人的岛屿不是社会,但有了星期五,一个人变成两个人,社会出现,社会意义的经济

---

* 王传辉,澳门科技大学法学院副教授。

① 参见[英]笛福:《鲁宾孙漂流记》,梁遇春译,春风文艺出版社 2017 年版。

② See generally Peter Ghosh, *Robinson Crusoe*, *The Isolated Economic Man*: *Marginal Utility Theory*, *and the Spirit of Capitalism*, Max Weber Studies I, 2006, p. 71 –99.

也随之出现。

问题是：岛上只有鲁滨逊一个人时，他也从事一些我们日常所说的经济性活动，如打猎、生产、加工、消费等，能否说这个时候已存在经济？这种自给自足的生产和消费不是经济，确切地讲，这些活动只是个人生存活动，因为这些活动不具备社会性。经济或者经济形态是以社会性作为本质特征，由此有了从社会角度研究的必要，相关的学科经济学也因而成为社会科学。

星期五出现后，鲁滨逊的日常生产生活仍在继续，但性质发生了变化。此时的鲁滨逊必须解决两个人的关系问题，再具体些，他必须一方面处理与星期五的关系，此为社会关系的形成；另一方面要在两个人的社会关系中继续进行生产和生活活动，即在社会关系中的经济形态出现。

在社会关系中进行的生产和消费等活动，表面看跟原来一个人的时候相似，但实际上性质已彻底改变，因为生产不再是一个人，而是变成两个人，因此要解决有关经济的两个基本问题：一是资源的配置，如何把两个人的劳动配置到生产中去才最有效率？二是产出的分配，如何对生产成果进行分配？

鲁滨逊花费了很多的时间来教星期五识字以及怎么进行种植和生产。虽然付出很多，但回报很快出现。两个人的经济活动获得了比以前更多的产出。星期五卓越的打猎才能也跟鲁滨逊的种植才能配合得当，两个人的消费物品日益丰富。

如果两个人在一起不如原来一个人，比如产出没有增加多少，而又多了一个人来分享成果，那么社会以及经济必然解体，再次回归个体活动状态。由此得出社会以及作为社会形态之一种之经济存在的理由：社会和经济要存在和发展下去，必须要让社会和经济中的每一个人的生存状态比他自己原来一个人生存时要好。我们可以把这个标准称为社会或经济存续之底线标准。如果连这个底线标准都达不到的话，该社会或经济形态必然走向衰落乃至解体，或者出现变革和革命。

很显然，鲁滨逊和星期五两个人结合形成的经济使二人的生存状态比以往单个人生存时要好，在其他方面也体现了对上述底线标准的满足。比如，虽然星期五是鲁滨逊的奴仆，但是鲁滨逊却没有强求星期五改变他的信仰，于是两个人各自崇拜各自的神明，相安无事。如果鲁滨逊强求星期五改变他的信仰使得星期五加入这个社会后感觉比以前痛苦，当矛盾激烈到一定程度时，绝望岛社会必然解体。

二、星期五的反抗：什么是市场经济以及市场经济存续的底线标准？

上文分析了经济，接下来该分析市场经济了。市场，通常的理解是交换的空间或场所,或者是各种交换或交易活动的总和。如果依此推演下去,“市场”加上“经济”后的“市场经济”就是有市场活动的经济,此种解释谬之千里了。但谬误可以引起反思,而反思则可为市场经济之内涵正名。最强有力的一个反思就是:奴隶社会和封建社会都大量存在市场活动,但我们不会说那时的经济是市场经济。苏联、东欧等计划经济国家也存在大量市场活动,但这些国家的经济形态却是被作为市场经济之对立形态来阐述的。

绝望岛终于在星期五到来后出现了社会的萌芽。虽然只有两个人,但交换或者说市场也存在。星期五向鲁滨逊贡献劳动力,获得食物、居住和保护,其实就是二人之间的交换。市场出现了,但市场经济出现了吗?没有。虽然鲁滨逊尊重了星期五的信仰,但是他仍然孜孜不倦地教导星期五学习所谓文明社会的生活。本质上,鲁滨逊并非把星期五看作与他同等地位的人,对星期五的信仰的尊重以及对他进行教导一方面是社会经济存续的需要,另一方面是鲁滨逊可以因这些行为能体现自己作为“文明人”的宽容大度、修养学识等而自傲。在这时的绝望岛社会中,鲁滨逊的地位在上,星期五的地位在下。他们之间是支配与被支配的关系。由此我们看到了交换这个表面形态下的一股支配力量:鲁滨逊救了星期五,星期五服从了鲁滨逊。他们的交换不是两个人基于平等地位的博弈过程,而是向鲁滨逊一方倾斜,是鲁滨逊的支配力量发挥作用的结果,基本的安排都是顺从着鲁滨逊的意愿在进行,虽然对星期五来说这种安排使生活比之以前有改善,但并不是市场经济。

从导致交换出现之支配力量来观察,可以区分出市场经济及与其对应的经济形态。如果经济中的两方,全部或者主要是以一方的力量来决定着或者支配着对另一方的交换关系,即交换或者市场的形成是鲁滨逊决定的,则对于另一方的星期五来说,他的活动是被决定,即“他主”(他人主宰)的。奴隶经济中,虽然奴隶主与奴隶之间也有交换,但奴隶主完全主宰着奴隶的活动;封建经济中,封建贵族支配着(虽然已经不是完全地)社会的资源分布和流动,农奴或者平民在交换中已经开始发挥一些作用。在计划经济中,经济上是由政府来决定社会的生产和交换活动,对于经济活动中的个体而言,市场仍然是“他主”或“被支配”的,因此也可称为“指令”或“命令”经济。

“他主”的对立面就是“自主”。当市场或者经济活动中的个体可以完全或者主要以自己的意愿来决定自己的交易行为时,我们说支配市场或经济活动的力量不再是他人的支配,而是各个市场主体互相博弈的结果,此时的经济方为市场经济。不妨把市场经济里的“市场”理解为市场主体的自主性。

我们可以通过假设让绝望岛的故事往下发展:突然有一天星期五觉醒了。他觉得自己比鲁滨逊干得多,生产得多,但无论干活还是消费总得受鲁滨逊的支配,心里大为不平;或者他认为自己擅长打猎,但鲁滨逊却支配他来种地,不能发挥所长。于是星期五开始反抗鲁滨逊。或许星期五落败,继续忍受奴役;也可能成功,由此摆脱下人地位,开始与鲁滨逊平起平坐。当绝望岛上的经济活动不再是由鲁滨逊个人支配,而是由两人平等地各自支配并互有交易时,市场经济萌芽。

由此可以得出市场经济存续的底线标准:市场主体的自主性。市场主体要能自主,前提是市场主体的地位平等。只有平等,才谈得上独立;只有独立,才能自主。

从经济产出上,自主的市场经济是否优于他主的非市场经济或支配经济?或许鲁滨逊和星期五平起平坐后,社会的产出有比原来鲁滨逊支配时期少的可能。但可能性更大的结果是总的产出超过以前,而且星期五自己的状况也可能比鲁滨逊支配时期更好。假设以前在鲁滨逊的安排下,打猎能手星期五不得不从事自己并不擅长的种植;精通种植的鲁滨逊却不太干农活,只是指导一下星期五,其他时间跑去打猎。由于星期五得到的东西也是鲁滨逊分配的,并一定与他的劳动和产出成比例,可能星期五更加地不愿从事种植。现在由于是各自自主决定,各自承受行为的后果,因此各人必定从事自己最擅长的工作,鲁滨逊专于种植,星期五专于打猎,并通过交换,两人都有比以前更多的粮食和猎物享用。

如果鲁滨逊无论是种植还是打猎都擅长,是不是就不需要跟星期五交换了呢?仍有交换的可能。如果花费同样多的时间和其他成本的前提下,种植比打猎产出价值更多,鲁滨逊会集中所有时间和力量来种植,这样比种植和打猎各搞一半的总收益要高得多。这样,仍然是由星期五来打猎,与鲁滨逊交换。此种经济状态下,无论是鲁滨逊还是星期五,境况都比个人生存时要好。①

不排除在某些局部或有限范围内或者在短期内,支配经济有闪光的表现,但从总体范围或者长期角度来看,市场经济的产出效果的确优于支配经济的产出。这里可用婚姻作个比喻。父母之命、媒妁之言就是支配经济,自由恋爱就是市场经济。当然父母之命也会为儿女带来一些幸福婚姻,自由恋爱也有不幸婚姻的例子。但

① 资源是有限的。在此前提下,一个多才能的人也不可能各种才能都发挥出来,只能应当将有限的资源投入产出最大的方面,由此为其他人留出机会。比如,一个人既是全镇最好的律师,也是打字最快的人,但他仍会请一个人打字,因为节省出来的时间用来多做律师业务,比自己一个人既做律师又打字要产出更多。这个道理在经济学上称"机会成本",应用到国际贸易中,也会解释为什么即使一个国家生产任何产品都不是最好的,也会跟他国发生出口贸易,称"比较优势"。

是大家还是倾向于支持自由恋爱,因为从总体来看,相比父母之命,自由恋爱成功的例子要多得多。从长期来看,在自由恋爱下,即使也有不幸婚姻,个体仍有离婚的自由,继续进行自由选择,由此成功概率增加。①

三、仍然是星期五的反抗:什么是市场经济下的政府?

通常对政府的理解是:政府是社会的治理机构。但是在市场经济和支配经济两种不同的经济形态下,政府的性质或定位却截然不同。在鲁滨逊支配时期,绝望岛的政府或者治理者是鲁滨逊,其地位是不容许星期五来质疑的,也是固定不变的,不容许给星期五以任何变更政府的机会。鲁滨逊可以举出很多理由来为自己的政府地位辩解:他比星期五更文明和智慧;他救了星期五;他首先发现了绝望岛;等等。总而言之,他作为政府的地位是不容置疑和变动的。如果他有了孩子,在他死后,他的政府估计也是由其子继续,星期五是没有机会进入政府的。

传统的支配经济形态,如奴隶经济和封建经济中,社会中的人分为上下地位不同的阶级。在上的阶级自然而然控制和掌握政府,而这些在上的阶级中的人大多从其一出生就拥有了在上的地位,即他们的身份。他们的身份自然地给他们带来了政府权或者支配在下阶级的权力,这种格局不容许在下阶级来改变,除非在下阶级革命成功。这样的社会被称为身份决定的社会,这样的社会中的政府即身份决定的政府。

假设星期五反抗成功,不见得一定是两个人平起平坐,还有一种可能是鲁滨逊沦为下人。这不过是城头变幻大王旗而已,星期五的政府仍然是身份政府。但是如果两个人最终达成协议平等地互相对待来共同组建政府治理绝望岛,绝望岛则由身份社会进入契约社会。② 契约,也为合同,是平等主体之间自由表达意愿并达成

① 在市场经济中,最为体现政府对经济之干预甚至支配的为产业政策。林毅夫和张维迎对此有过激烈辩论。林毅夫认为有为的政府可通过适当的产业政策引导市场,让其资源配置更为有效。但张维迎则强烈质疑,他认为政策制定者不是企业家,不可能做出比市场企业家更优的决策。另外,跟企业家不同,政策制定者无须为其错误决策负责,甚至还有继续错误决策以掩盖过往错误决策之可能。参见林毅夫:《经济发展有产业政策才能成功》,载第1财经网2016年11月8日,https://www.yicai.com/news/5153329.html;张维迎:《为什么产业政策注定会失败?》,载金融界网,http://m.jrj.com.cn/madapter/opinion/2016/09/18094121490486.shtml。

② 梅因称社会进步的过程,是一个从身份到契约的运动,也是一个人走向平等、自由与独立的过程。当然,这个过程往往是漫长而曲折的。我们也可把身份社会称为人治社会,而往契约社会发展,则是走向法治。参见[英]梅因:《古代法》,沈景一译,商务印书馆1959年版。

一致。这时的绝望岛政府为契约决定的政府。

接上一部分所述,市场经济存续的底线标准是市场主体的自主性。这里可进一步阐释。当市场主体平等地进行谈判协商,其权利不再是由先天的不可改变的身份决定,而是平等地享有并通过平等交往来实现时,契约社会出现,作为社会治理机构的政府也是民众协商选择的结果。由此,契约社会是市场经济存在的社会环境,社会契约决定的政府成为该社会或经济形态中的治理机构。契约决定的政府不是支配,而是社会分工合作以及发展的需要。比如协商后,星期五觉得两个人共同决定很没效率,鲁滨逊的确比自己有经验,于是仍然同意由鲁滨逊管理绝望岛。虽然表面上绝望岛仍然是鲁滨逊作为政府在治理,但是政府本质已完全改变。他是基于共同的同意产生,是受监督的,管理人员也是可以调整和变化的。

绝望岛只有两个人,协商比较容易,达成契约也很快。但是,现实社会中的民众却是成千上万,要选出每一个人都同意的政府谈何容易。因此,大多数人决定的民主机制就成为现实中相对有效率的选择,而在此基础上产生的政府则被称为全体民众的代理机构。这里必须强调选出的政府虽然未必获得所有人的投票,但一旦运行,必须代表的是全体民众的利益,而非只是那些投他票或支持他的人的利益。原因就是:基于平等主体的共同同意的契约社会所需要的政府虽然不一定经过所有人同意产生,但必须站在全社会的立场上。

四、星期一们的加入:为什么需要政府?

上文解释了不同经济形态性质不同,政府性质也不同。但是,有一个问题仍需思考:为什么需要政府的存在,没有政府不行吗?

没有政府就是无政府状态。在理论上,只要有两个或两个以上的人共同生产、生活和彼此交往的状况,社会就萌芽。政府存在与否的确不是社会出现的前提,也不是社会存在和发展必需的基础条件。绝望岛上的两个人,可以由鲁滨逊单方决定自己成为政府,也可以平等协商后授权给鲁滨逊成立政府,还有一种可能就是不需要政府,两个人大致分一下工,也可互相来往,相安无事。但是,近现代社会中,政府持续存在却是不争的事实。无政府状态有过,但很快被政府状态取代。

个人形成社会是想过得更好一些,即更安全、更稳定、更富有。初始的非社会状态中的个人互相争斗,在争斗中通过征服或者妥协形成社会。征服而形成的社会对被征服者或许不利,但该社会如果要存续和发展下去,则必须改善被征服者的状况。而被征服者也通过不断的抗争来促使社会进步。妥协而形成的社会要发展同样也要改善社会中个人的状况。但是,即使社会中个人的状况在不断改善,也并不意味着社会是一团和气。从经济方面来看,分工合作或互易所需的交换有之,人与人之间频繁的冲突也有,这就是对资源的争夺。合作与争夺是经济的两个面孔。

人们为什么要争夺资源或财富?假设绝望岛一开始就有两个人:鲁滨逊和星期五。大家各占一隅。假设各自地盘里的资源足够各自的生活所需,甚至用不完,是不是两个人就可相安无事呢?冲突仍是可能的,每一个人都想征服另一个人的地盘也是非常可能的。于是两个人的争斗出现,绝望岛上互相袭击和进攻都会出现。

经济学家解释资源是有限的或稀缺的,因此人出现了对资源的争夺。这种解释有一个相对应的条件才成立,那就是人的欲望是无限的。对应人的无限欲望,再充分的资源都是有限的。其实,哲学家对于人性的解释更能清晰地说明征服或争夺的原因。根据罗素的观点,A 如果实现了 B 所实现的全部的欲望之外,还比 B 多实现了一些欲望,则 A 比 B 更有权力。换言之,人争夺资源实际就是在争夺权力即控制力,来满足无限扩张的欲望。①

那么人为什么有这么多的欲望呢?罗素比较了动物和人来分析人性。他指出:动物只要能够生存和生殖就感到满足,而人类还希望扩展。这是因为人有想象力,要实现想象力能及的范围。罗素还指出:“假如可能的话,人人都想成为上帝。”由此得出:人在满足了生活需要之后,就会努力拓展基于想象力的各种欲望。罗素认为最主要的两种欲望是权力欲和荣誉欲。②

其实,除了想象力支配的欲望之外,人们还有潜在的孤独感和不安全感。人一方面希望合群来消除孤独感和不安全感,另一方面在社会中又想通过对他人的控制和对更多资源的控制,来不断强化自己的安全感。以此可解释对政治权力的争夺以及对经济权力和经济资源的争夺等。无论怎样解释,都是着眼于对人的本性观察:占有欲、控制欲和对他人的不信任感。

在假设中继续绝望岛的故事:鲁滨逊和星期五开始争斗,都想成为绝望岛的霸主。可能一方胜利,另一方被杀或为奴;也可能彼此妥协,各自保证不侵犯,但这种

---

① 参见[英]伯特兰·罗素:《权力论:新社会分析》,吴友三译,商务印书馆 1991 年版,第三章。

② 参见[英]伯特兰·罗素:《权力论:新社会分析》,吴友三译,商务印书馆 1991 年版,第三章。在罗素看来,经济学家所认为的利己是基本动机的观点,实际上是错的。因为追求商品的欲望离开了权力与荣誉两种欲望的时候,这种欲望就很有限了。

状态并非稳定的状态,违反承诺继续伺机侵犯仍是潜在的危险;还有就是大家一起来治理整个岛屿,如果二人发现双方的才能可以互补,而且也彼此信任的话。但是,现实情况要比两个人的世界复杂得多。现实的社会绝不是几个人的,而是人数繁多。我们假设绝望岛上的人越来越多,星期一、星期二、星期三等人也来到绝望岛,人数最终达到了上千人。人越多,资源就越发有限,争夺就越发激烈。鲁滨逊具有杰出的领袖才能,他通过引诱、控制等各种手段聚集了很多人在自己的旗下,最终控制了全岛。但是管理上千人哪里是一件容易的事,于是鲁滨逊做岛主,发号施令,并且组建军队、警察等来稳定岛屿并强化控制权。政府出现了。这时的经济仍然是支配经济,因为鲁滨逊是支配者,他组建的政府除了治理好岛屿外,还有一个重要目的,就是要捍卫自己的控制权或者作为统治者的身份。

然而故事还在继续发展,这也是历史发展必然经过的阶段:鲁滨逊的统治被革命或者改革的方式撼动,结果并非以新的支配者取代旧的支配者,而是前文所述的契约社会或人民社会的出现。这个时候,仍然需要政府。不过组建政府的目的不再有捍卫统治者的权力的作用,而是另有原因,就是仍然回归到社会或经济存续的底线标准:政府,要让这个社会中的人过得更好,或者在经济上,让社会以及其中的人民更富有。

五、更多星期一们的加入:陌生人社会的市场经济需要怎样的政府?

假设的故事继续进行:随着外来移民和本土居民的繁衍,岛上的居民越来越多,岛屿呈现空前繁荣的景象。由于航行网络的发展,绝望岛与其他岛之间的往来日益频繁。但与此同时,治安恶化等社会问题越发严重。那么,在契约或人民社会中,政府该发挥怎样的作用呢?本文由于主题是围绕经济展开,因此这里主要从经济学角度来解释契约社会和市场经济下政府存在的理由。

绝望岛居民人数的增多和流动性增强,实际上意味着这个社会在本质上从熟人社会演变到陌生人社会。熟人社会的基本特征是人数少、居民之间彼此熟悉且关系紧密。与以往的封闭、完整且稳定的熟人网络不同,陌生人社会呈现开放、支离破碎且流动变化的特点。每个人都是在绝望岛这个陌生人社会中漂流的孤岛,资源争夺越发激烈,不安和孤独感越发强烈,人们对权力的追逐更加疯狂。

在任何形式的经济或社会中,人与人的关系无非是合作和竞争。在熟人社会里,合作的自发和自觉更为明显,而冲突和竞争则相对抑制和隐性。星期五现在不打猎了,他成功地转型到产出增大且稳定的养殖业,产品畅销全岛。他野心勃发:何不想办法把那些中小养殖户收购或消灭,从而自己成为全岛唯一的肉品供应商呢?但是在熟人社会里,有两个因素抑制了他野心的扩张:一是全岛尚有大量的荒地可发展养殖场,不一定要通过争夺他人的土地来扩张;二是他眼中的经济上的与之竞争的目标对手,也是熟人网络中直接或间接地在社会层面往来或合作的对象,如亲朋或亲朋的亲朋。

熟人网络对合作的促进以及对竞争或冲突的抑制,虽然制约了星期五扩张的计划,但也有经济上对其有利的方面。在彼此"知根知底"且"枝叶缠绕"的熟人网络里,星期五与他人达成交易较快并且合同违约很少。另外,社会所需要的如道路、治安等公共品,即使因其无法收益内部化而使个人缺乏供给的积极性,也可通过熟人网络之有效的协调合作机制来完成供给。①

在陌生人社会里,熟人社会的资源相对宽裕情形以及紧密关系所产生的非经济性因素约束、信息透明和诚信保障功能等消退,由此冲突和竞争更为凸显。星期五面对日益增多的外来和本地对手的竞争,并且大量的交易对手是陌生人,缔约前的信用判断困难,履约后违约率较以往大增。然而,正如熟人网络有利弊两面,竞争也是如此。更为显性的竞争,对经济的发展产生了两个方面的促进作用:一是更为激烈的竞争促进了资源更为有效的配置。星期五要比以往更为努力地工作、绞尽脑汁地去降低成本和提高质量。二是促进了信息的透明和诚信保障机制。虽然短期内星期五与陌生人打交道遇到了判断失误和被违约的麻烦,但这些麻烦接下来会经由竞争机制得以解决或缓解:竞争所产生的反思和学习之理性效应促进了后续交易信息的日益透明和判断准确,违约的机会主义者虽然短期不正当获利,但在后续的竞争动态机制内信用丧失、难以为继。陌生人社会里的竞争机制取代了熟人社会中的熟人网络,来继续发挥促进信息透明和保障诚信的作用。然而在缺乏熟人网络的竞争机制中,公共品却无法被市场充分提供,因为陌生人社会里的纯粹的经济人不愿意生产或充分生产,并且这些经济人之间缺乏有效的社会协调机制。

市场经济里的竞争并非表面上的似乎与合作相冲突,实质上竞争是促进契约社会中的平等和有效合作并且是合作的保障。在充分竞争的市场里,个人之间的

---

① 以私人之间的信任为基础的交易被称为"人格化交易"(personalized transaction),虽然成本低,但局限于小范围的熟人圈子里,因此规模有限。与之对应的陌生人之间的交易可称为"非人格化交易"(impersonal transaction),由于交易者之间缺乏信任,因此需要第三方(政府)的介入来保障合同的公平执行。参见钱颖一:《市场与法治》,载《经济社会体制比较》2000年第3期。

关系更趋向实质的平等,合作因为竞争所促进的信息完全及理性决策而更为有效和更具有被诚信履行和持续进行的保障。但另外,该竞争机制有失灵的可能性。从熟人社会和陌生人社会的比较中,可以得出:竞争机制虽有其促进信息完全和诚信保障的功能,但并非完全取代熟人网络的功能,现实中的效果仍有瑕疵。市场竞争机制会因为垄断的出现而失灵,本应发挥的上述尚不完美的功能可能进一步折损。另外,熟人社会里经由熟人网络的合作协调机制可提供的公共品,在陌生人社会的竞争机制里无法充分提供。概括而言,有市场机制因垄断的出现而发生的竞争运作失灵,以及,因熟人网络缺失所致的信息发现、诚信履约和公共品提供的失灵。

在契约社会里,市场经济的本质是自主的经济,市场主体应有决策和行动的充分自由,换言之,市场应在自主状态下自运行,不需要任何政府力量的介入。市场的自主运行有三个方面的表现:一是每一个市场主体自由地和理性地进行决策,这样每一人才能真正地发挥其所长,各取所需,社会的资源也才能真正地配置到最能有效利用它的人那里;二是市场能提供人们所需要的任何东西并且由市场来提供是最有效的;三是市场能解决人们之间的任何摩擦和冲突。如果市场真的百分百地做到了这样的自运行状态,就不需要政府了。但现实并非如此,因为现实中会出现缺乏或偏离满足市场完全自主运行所需之条件的情形。因此,现代经济学理论认为:政府在经济方面的作用主要是纠正市场竞争和合作之自主运行机制的失灵,对市场竞争机制发挥的是弥补而非替代作用。

首先,现实中市场主体的决策往往不理性,也不自由。最典型的例子就是信息的不完全影响了人的理性决策。比如,鲁滨逊病了,由于对医学知识缺乏,使他选了个庸医,或者商家的虚假宣传使星期五买了质次价高的商品。还有就是外力的不正当影响使人的决策不自由。比如,市场中出现巨无霸的垄断者,相应的交易者只能被迫接受其开出的条件。

其次,市场并不能提供人们所需的任何东西或者由市场提供可能偏离效率。一般来说,公共品是人们必需的,但市场又不能提供或者提供得不充分。原因是公共品的特点使生产者或提供者很难获得收益,因为无法阻止他人的无偿使用或者阻止的成本很大。比如,鲁滨逊在岛上修了一条路,全岛的居民都来走,鲁滨逊要么设置关卡收费,付出很大成本,要么就干脆不修路了。又如,绝望岛时有偷窃发生,星期五忍无可忍,自发晚间巡逻,实际上全岛的居民都享受到了他的巡逻行为的好处,但是却拒绝付费,鲁滨逊和星期五无法坚持下去,最终放弃。还有就是由市场来提供某些产品并不是最有效的,往往造成资源的浪费。鲁滨逊和星期五各自开了一家电话公司,互相竞争,各自在岛上铺了电话线网络。但其实一个岛上一套电话网络就可以了。基础设施性质的产品是由市场提供可能导致浪费的典型例子。

最后,市场并不能解决人们的冲突或者解决起来没有效率。市场中的主体互相合作,也互相竞争和争夺。冲突时有发生。争议的解决可以使用暴力,但这只能使冲突升级和无制约,危及整个社会的存续,不可取;也可以使用和平方式,比如双方协商,第三人调解,或者找个德高望重的人仲裁。这些都是市场自己解决的途径。有的时候可以很快解决,有的时候解决不了,或者解决起来时间太过漫长。比如,鲁滨逊和星期五因为合同问题发生争议,都认为自己是对的,协商不成。找个长者仲裁,双方又不服裁决,拒不执行,争议再演。新制度经济学认为人们之间的摩擦和冲突都是时间和资源等的浪费,属于交易成本。应有相应机制来减少这些交易成本,从而使节省的资源用到更有效率的地方,如发明创造、生产消费等。

当上述偏离市场自主运行的状态出现后,就有了政府存在的必要。或者说,政府在经济方面的任务就是解决这些导致市场失灵的问题,帮助失灵的市场回复到或者维持住自主运行的状态。具体来说,政府的经济职能有三类:

一是维持一个能使市场主体自由和理性决策的环境,如政府进行反垄断来纠正垄断对交易者竞争自由的限制,通过制止欺诈来促使信息的真实性以有利于市场主体理性决策等。

二是提供公共品或基础设施。比如,政府设置警察机构来维持治安,修建必要的道路、网络等基础设施等。判断是由政府提供还是仍然由市场提供的标准是看由谁提供更有效。应该说,政府直接组织生产和提供的产品或服务的范围非常有限。

三是解决冲突和争议,减少社会的摩擦成本。比如,设置法院来裁决并强制执行有效的裁决来解决争端。这里要注意的是,并不是所有的争端都由政府来解决,仍要给市场自己解决争端留下空间。因此商业方面的争议,当事人仍然可以自己和解,也可以进行商业仲裁,当然还可以选择到法院诉讼。

六、鲁滨逊当选岛长之后:为什么市场经济需要法治?

进入契约型社会的绝望岛跟以前支配型社会时相比,政府定位完全不同。在契约型社会,社会经由人民的契约产生,经济的运行以市场自主为主导力量,政府只是弥补市场的失灵。当失灵的市场恢复正常后,政府的力量必须及时退出。而在支配型社会,经济的运行是自上而下的市场外的力量在支配,政府是支配力量具体发挥作用的途径和渠道。

现在假设绝望岛进入了契约社会,发展的是市场经济。鲁滨逊德高望重,才能突出,仍然在选举中战胜了星期五以及其他候选人,成为行政首脑——岛主。虽然说鲁滨逊是由人民选出,应代表全体人民行事,但他手中握有很大的权力,一旦滥用,岂不危险?星期五非常担心,于是他就召集了很多人一起商量解决的办法。

解决的办法首先是限制鲁滨逊的权力。社会治理的权力包括立法、行政和司法。立法是为全岛人民设立应遵守的规则,不可不广泛汲取民意,最好是由能广泛代表人民的代表们来集体讨论制定,于是大家决定设立立法机构,掌管立法权,立法机构成员由选举出来的代表组成。司法是用来解决冲突和争端,除了解决民众之间的冲突,鲁滨逊执掌的机构,以及立法机构跟民众也有纷争,因此要解决好冲突,这个司法机构除了具有专业技能外,还需要做到在鲁滨逊和立法机构之外保有一定独立性,才能不受社会中强势集团的影响以及鲁滨逊和立法机构的影响,做到公正裁决。这样,留给鲁滨逊的主要有行政权。目前大多数国家中,都能发现这样一种社会治理三职能架构。对这种架构,即使支持鲁滨逊做岛主的占岛上居民大多数的白人们也赞同,因为除了对鲁滨逊可能滥用权力的担忧,还有职能的分割有政府权力之专业分工和配置的效率性。

社会治理的政府职能被分割和配置之后,星期五仍然忧虑重重。立法机构设立的本意是代表广泛的民意,但是社会中毕竟有多数人和少数人之分。以鲁滨逊为代表的白人占岛上人口的3/4,以星期五为代表的土著人占1/4。最后选举的立法机构中,民意代表大多数都是白人。星期五很忧虑:法律都是多数票表决的,白人控制了立法机构,如果通过的法律都有利于白人,再加上鲁滨逊这个行政首脑也是白人,他们土著人岂不境况恶劣?最后星期五想到了一个办法,他代表土著人跟白人代表协商,指出:虽然立法可以多数人来表决生效,但是对于一些涉及人之最根本权利的部分,即使多数人表决通过的立法也不能侵犯。他希望确立这样一些至高无上的原则,使之高悬于立法机构和行政机构之上。对这些原则只有遵守,非经全体人民同意不可变动。否则,由于担心在社会里处于少数人地位而被侵害,他和他的土著人代表将分离出来,自成一体。谈判的结果有两种:一是白人不接受这个条件,于是星期五和土著人分离出来,绝望岛分裂;二是白人接受,双方形成稳定的结合,共同来发展绝望岛。如果白人们觉得土著人等很重要,绝望岛不能分裂的话,谈判成功的可能性很大。并且,星期五等少数族群所主张的这些原则,不仅对于土著人,对于白人同样也是很重要的,白人一味反对并不见得有利于自己族群。捍卫这些对他们双方都共同重要的原则对白人也只有好处,没有坏处。因为如果有一天,土著人成了多数群体,这些不可侵犯的最高原则也可以保护有可能成为少数人的他们。

那么这些无论白人还是土著人都觉得对他们自己至关重要并且对于绝望岛的和谐共存和持续发展也至关重要的原则是什么呢?首先,法律地位平等,或者说,不歧视与机会平等;其次,涉及人生存发展的根本权利不受剥夺和侵害,这些根本权利是人的生命、自由、财产和尊严;①最后,如果任何人发生危难状况,如生病、失业或者极度贫苦等,应该受到帮助,以维持基本生活需要并能有改善的机会。②

但是有人对上述的这些原则提出了问题:人的自由和财产是要受尊重,但也不能没有限制。有的时候,如果个人的自由和财产毫无限制,不见得对社会有好处。比如,某人有生产和竞争的自由,但是如果发展到单个人控制了全岛的重要资源,那其他人的后续生存和发展的机会就受到威胁了。个人的财产当然要受尊重,但是有的时候,为了全岛的利益,必须有所牺牲和限制。比如,岛上要修防浪坝,可能要拆掉一些人的房子。

星期五觉得也有道理。于是他们最终在上述原则上又加了一个原则:为了公共利益,如果要征用某些人的财产的话,可以作为财产利益不受侵害之例外,但要

---

① 美国学者罗尔斯提出了社会基本品的概念,来说明那些对于所有人,无论其价值观如何、个人状况怎样,为在社会中生存和发展都必须具有的基本手段,包括各种基本性的权利、自由、机会、权力、财富以及自尊的社会基础等。自尊的社会基础是对于公民实现自我价值和达到自我目标所必需的因素。参见[美]罗尔斯:《正义论》,何怀宏等译,中国社会科学出版社1988年版。

② 社会保障体系通过社会合作来提供人在贫穷、疾病、失业等危难状况下的基本保障,是救助和保障性质。但社会制度只做到这一点,还不够正义,仍应该有让弱者状况得到改善的机会。罗尔斯认为社会经济的不平等对于社会发展是作用的,但是应尽量有利于从中得利最少的人。我们可以把这个用来衡量某个制度或政策是否正义的标准称为"弱者境况改善"标准。依这个标准,经济发展虽然使得社会总财富增加,但是社会中境况最差的人如果没有在经济发展中改善他们的状况,也是偏离正义的。罗尔斯的这个标准比经济学中用来衡量资源分配效率的评价标准——帕累托最优——要求更高。依帕累托最优标准,新的资源分配状态使得某人境况变好的同时,并没有恶化其他人的境况,则符合了该最优标准。或用通俗的话称,叫"利己不损人"。其实帕累托最优是一个理想目标,现实决策往往偏离它。而上述的罗尔斯的标准更不容易达到,因为它要求"利己也利人"。但无论如何,这两个标准都是社会进步努力的方向。

给予充分和合理的补偿。[①] 人的自由的权利应予尊重,但以不损及社会存续发展为限;或者说,对个人自由和权利可以限制,限制是为了保障所有人,包括被限制人的自由和权利,在长远发展中最大限度地得到实现。

但是,最高原则自己不会行动和执行。谁来解释、实施和保障它?星期五觉得不应是立法机构和行政首脑,它们都是民主选举,体现多数人意志,而确立这些最高原则的本来目的就是想限制他们代表多数人来压制少数人。剩下的选择只有给司法机构了。虽然并不能保证司法机构会100%地捍卫和正确执行这些最高原则,但是相比立法机构和行政首脑,毕竟法官们的专业素质、法律训练等使他们比立法机构和行政首脑们更能中立地专业地捍卫这些原则。当然,要保证法官们坚持住这些最高原则,必须认真筛选法官,让那些最有水平也最有公正之心的专业人士来做法官。另外,就是想办法保证他们的专业与中立,即不受社会中任何不当力量之干涉。

至此,绝望岛的政府治理架构确立了:最高原则保障每一个人的根本权利,由专业而公正的司法机构来解释和保障。无论是立法者的立法,还是行政首脑的决定,都不能与最高原则抵触。

这个框架跟以前的三职能框架相比,最典型的特点就是:以前的三职能框架倾向于保护多数人,而目前的"最高原则+三职能框架+司法机构保障最高原则"的框架则是考虑了对少数人的保护。这不是退步,而是达到了社会文明的更高的境界:因为站在保护少数人的立场上的社会最终会保护所有的人,而只以保护多数人为出发点的社会最终可能谁都保护不了。因为,社会中的每个人,在某一方面或某种情形下,都有可能成为少数人。

多数人治理只是民主,而毫无约束的民主有导致多数人暴政的可能。用最高原则和司法保障来约束的民主才可使绝望岛的全体人民感到安全、有保障和充满希望,是为法治。

法治环境中的人们既有各展所长的公平机会和受到充分尊重和保障的自主自由,又能在危难时获得政府所引导的社会合作机制的救助和支持,也愿意接受一些必要的限制来维护全体民众的自由和权利的更大程度的实现,个人发展与社会共存达到和谐,由此可形成有持久力的生机勃勃的市场经济和契约社会。

---

① 我国《宪法》第13条规定:"公民的合法的私有财产不受侵犯。国家依照法律规定保护公民的私有财产权和继承权。国家为了公共利益的需要,可以依照法律规定对公民的私有财产实行征收或者征用并给予补偿。"

反垄断法视域下数字平台生态系统的统合治理范式

——基于欧盟法与德国法镜鉴的研究路径

翟　巍*

一、概念界定与功能定位

在数字经济迭代演进之际，被视为新的商业组织形态的数字平台与数字生态系统正从多维度变革几乎所有经济行业，它们为各个行业经营者提供了通过新型商业模式进行颠覆性创新的机遇。例如，以声田（Spotify）为代表的流媒体革新传统音乐行业，奈飞（Netflix）革新传统电影行业，爱彼迎（Airbnb）革新传统酒店行业，而优步（Uber）革新传统交通行业。① 总体来说，数字化转型对市场经济领域的正向影响表现在以下两项维度：其一，数字化转型有助于优化经济效率与降低经济成本；其二，数字化转型能够激发革命性的创新，创造新型商业价值，提升消费者的整体福祉。在这两项维度上，数字平台与数字生态系统均构成塑造与传导数字化转

---

* 翟巍，华东政法大学经济法学院副教授，华东政法大学竞争法研究中心执行主任，德国美因茨大学反垄断法学博士，主要研究方向为竞争法、循环经济法与比较法。本文系上海市哲学社会科学规划一般课题“反垄断法视域下平台经济双轮垄断的规制路径——基于防范资本无序扩张视角”（课题批准号：2021BFX002）阶段性研究成果。

① M. Trapp/M. Naab/D. Rost/C. Nass/M. Koch/B. Rauch, Digitale Ökosysteme und Plattformökonomie: Was ist das und was sind die Chancen?（23. Juni, 2020）, https://www.informatik-aktuell.de/management-und-recht/digitalisierung/digitale-oekosysteme-und-plattformoekonomie.html.（besucht am 20. 05. 2022）. 此处所述的数字平台与互联网平台属于同义概念。依据我国国务院反垄断委员会《关于平台经济领域的反垄断指南》第 2 条第 1 项规定，互联网平台是指“通过网络信息技术，使相互依赖的双边或者多边主体在特定载体提供的规则下交互，以此共同创造价值的商业组织形态”。这一概念界定是当前域内外理论界与实务界关于数字平台（互联网平台）的主导性定义。

型正向影响的关键媒介，[①]而数字平台生态系统则属于这两项媒介的融合形态。

（一）数字生态系统的概念界定与功能定位

基于广义概念界定，数字生态系统属于一种社会技术系统。该系统不仅包括数字技术系统，而且涵盖“相关机构、人员等主体”以及“不同主体之间的联结机制”。[②] 举例来说，域外长途客运行业的数字生态系统 Flixbus 不仅包括各类软件系统与硬件系统（如售票系统、公共汽车追踪系统），而且涵盖乘客、公共汽车公司与公共汽车司机。[③]

从理想状态分析，参与数字生态系统的各类市场主体立足于各自所在市场，它们相互之间不存在依附关系；进一步来说，一个数字生态系统的创设者应当仅是将该生态系统设定为一个自由进出的共同合作框架系统，参与这一数字生态系统的各类主体可以在互惠互利的基础上实现相互合作，但它们也应当可以自由退出这一数字生态系统，转而进入其他数字生态系统，构建新的共同合作关系。[④] 反之，如果一个数字生态系统的创设者通过“二选一”、拒绝互联互通等行为制造集聚自身流量的“围墙花园”，损害数字生态系统的开放性与共生性，那么这类行为不仅会侵蚀数字化转型衍生的正向效应，而且可能构成被反垄断法禁止的垄断行为。

（二）数字平台生态系统的概念界定与功能定位

在传统市场经济领域，公司内部平台（产品平台）与采购链（供应链平台）是最初的平台组织形态。[⑤] 在数字化技术驱动下，软件主导型平台成为经济发展的“隐形引擎”，越来越多经济行业中的传统“管道市场”正在逐步转型为“平台市场”，数

---

① Vgl. M. Trapp/M. Naab/D. Rost/C. Nass/M. Koch/B. Rauch, Digitale Ökosysteme und Plattformökonomie: Was ist das und was sind die Chancen?（23. Juni 2020.）, https://www. informatik – aktuell. de/management – und – recht/digitalisierung/digitale – oekosysteme – und – plattformoekonomie. html.

② M. Trapp/M. Naab/D. Rost/C. Nass/M. Koch/B. Rauch, Digitale Ökosysteme und Plattformökonomie.

③ M. Trapp/M. Naab/D. Rost/C. Nass/M. Koch/B. Rauch, Digitale Ökosysteme und Plattformökonomie.

④ Vgl. M. Trapp/M. Naab/D. Rost/C. Nass/M. Koch/B. Rauch, Digitale Ökosysteme und Plattformökonomie.

⑤ Ansgar Baums, Digitale Plattformen – DNA der Industrie 4.0, http://plattform – maerkte. de/dna/.（besucht am 09.05.2022）.

字平台势必成为新时代的主导性市场架构。①

就外延范围而言,数字生态系统包括平台型、直线型、网状型等子类型。其中,数字平台生态系统即为平台型数字生态系统。如果一个数字生态系统是由一个数字平台的"核心"(kern)与"外围"(peripherie)部分组合而成,那么这一"轴心+映射"型系统就构成数字平台生态系统。

就功能定位角度而言,数字平台生态系统可以分为交易中心型与数据中心型两类。交易中心型的数字平台生态系统的主要功能是作为中介平台,将供需双方主体联结起来,以促进供需双方主体的交易。数据中心型的数字平台生态系统则被视为基于数据而构建的体系,在这类体系中具有互补性的产品(数据、硬件、软件、服务)相互连接,共同组成数字平台生态系统。② 一般来说,数字平台生态系统的"核心"部分较为稳定,它处于缓慢发展态势。例如,这类"核心"部分包括社交媒体平台、应用商店平台等底部生态平台。③ 数字平台生态系统的"外围"部分呈现高速发展与异质性强的特征。例如,在社交媒体底部生态平台内,开发与运营各类移动应用程序的企业共同构成平台的外围生态系统。这类企业相互之间不一定会发生业务关系,它们通常是同一社交媒体底部生态系统的独立参与者。④

二、数字平台生态系统的相关市场界定标准与市场力量判定标准

由于数字平台生态系统施行"轴心+映射"的双轮垄断经营模式,它们通常涉猎多元行业领域,并且呈现显著的跨市场竞争影响力,因而域内外反垄断执法、司法机关在评估"数字平台生态系统经营行为是否具有排除、限制竞争影响"时,应当明确数字平台生态系统作为新型商业组织形式的独特属性,将其从传统市场主体范畴抽离,并通过解析该生态系统的内在架构与运行机制的方式,类型化厘定关于该生态系统的相关市场界定标准与市场力量判定标准。

---

① Ansgar Baums, Digitale Plattformen – DNA der Industrie 4.0, http://plattform – maerkte. de/dna/. (besucht am 09.05.2022).

② Sebastian von Engelhardt/Leo Wangler/Steffen Wischmann, Eigenschaften und Erfolgsfaktoren digitaler Plattformen, Stand: März 2017, S.5.

③ Ansgar Baums, Digitale Plattformen – DNA der Industrie 4.0, http://plattform – maerkte. de/dna/. (besucht am 09.05.2022).

④ Ansgar Baums, Digitale Plattformen – DNA der Industrie 4.0, http://plattform – maerkte. de/dna/. (besucht am 09.05.2022).

(一)数字平台生态系统的相关市场界定标准

根据美国众议院司法委员会《数字市场竞争状况调查报告》,数字平台生态系统涉及的数字经济市场类型可包括以下十类细分市场:在线搜索市场、在线商务市场、社交网络与社交媒体市场、移动应用商店市场、移动操作系统市场、电子地图市场、云计算市场、语音助手市场、网络浏览器市场和数字广告市场。①

事实上,具有双边或多边市场属性的平台市场并非新型经济现象。在传统经济领域,集市、超市或旅行社涉及的市场都构成平台市场。② 与传统平台市场相比较,数字平台生态系统所涉及的相关市场呈现高度可扩展性与可覆盖性。其原因有二:一是数字平台生态系统能够利用大数据分析手段与强大算力,在极短时间内迅速且灵活地响应各类新兴需求;二是尽管可能存在语言、文化与监管制度的障碍,但是数字平台生态系统所提供的服务已经在极大程度上突破地域限制。③

鉴于数字平台生态系统所涉及市场的独特属性,德国,欧盟反垄断执法、司法机关在实践层面综合采用"需求市场概念""假定垄断者测试"等多元标准,并依据个案场景,动态界定数字平台生态系统所涉足的相关市场,初步厘定了不同相关市场界定标准的适用分野。

1.基于"需求市场概念"的相关市场界定标准

"需求市场概念"(Bedarfsmarktkonzept)由经济学家赫尔穆特·阿恩特(Helmut Arndt)和劳伦斯·阿博特(Lawrence Abbott)提出,该界定标准的核心要素是"基于交易相对方视角的需求可替代性"。④ 迄今为止,"需求市场概念"标准是德国、欧盟执法、司法机关在界定数字平台生态系统所涉足相关市场时采用的主要标准。德国联邦最高法院在其司法实践中长期采用"需求市场概念"这一裁判范式,以动态

① 参见陈永伟:《美国众议院〈数字市场竞争状况调查报告〉介评》,载《竞争政策研究》2020年第5期。

② Sebastian von Engelhardt/Leo Wangler/Steffen Wischmann, Eigenschaften und Erfolgsfaktoren digitaler Plattformen, Stand: März 2017, S. 11.

③ Vgl. Sebastian von Engelhardt/Leo Wangler/Steffen Wischmann, Eigenschaften und Erfolgsfaktoren digitaler Plattformen, Stand: März 2017, S. 11.

④ 我国公权力机关界定相关市场的主要标准与"需求市场概念"标准具有高度的相似性。例如,依据我国国务院反垄断委员会《关于相关市场界定的指南》第4条规定,界定相关市场主要从需求者角度进行需求替代分析。当供给替代对经营者行为产生的竞争约束类似于需求替代时,也应考虑供给替代。

适应经济领域各类相关市场的界定要求。依照“需求市场概念”这一范式,如果若干类型商品、服务在属性、用途、价格方面非常相似,以致理性消费者会认为它们同样适合于满足其特定的需求,那么这些商品、服务就被视为具有功能层面的可互换性,它们共同构成一个相关商品市场。①

不过,在例外情形下(如消费者可能认为大多数商品、服务之间都不具有功能上的可替代性),适用“需求市场概念”标准可能导致所界定相关市场“原子化”(过于狭窄)的后果,因而德国、欧盟执法、司法机关在以下两方面对“需求市场概念”适用标准予以优化:一方面,它们引入“供给转换灵活性”标准作为“需求市场概念”标准的补充。这一补充性标准主要适用于商品、服务异质化程度较高的行业领域。另一方面,它们采用“产品组合市场”概念,以克服“需求市场概念”标准在实践适用中的固有不足。② 举例来说,在消费者群体希望获得组合式数字娱乐服务的场景下,即使数字平台生态系统提供的多种数字娱乐服务之间并不具有客观功能上的可替换性,但是依据“产品组合市场”的概念界定,由于消费者群体对这些数字娱乐服务所构成的整体服务具有需求性,因而这些数字娱乐服务应当被归属于单一的相关商品市场。

2. 基于“假定垄断者测试”的相关市场界定标准

依据德国法学理论界的主流观点,虽然“假定垄断者测试”(SSNIP - Test)标准是关于相关市场界定的一项辅助手段,但是如果执法、司法机关在适用该方法情形下,不能确保产品或服务终端价格是在竞争条件下生成的,那么以此类价格为参考依据,将导致忽视或误判垄断企业价格策略潜在影响的谬误,因而在这类场景下适用“假定垄断者测试”标准界定相关市场并不适宜。③

德国,欧盟反垄断执法、司法机关对于在数字平台生态系统领域适用“假定垄断者测试”标准普遍持谨慎与质疑态度。依据德国联邦卡特尔局观点,“假定垄断者测试”标准的原初范式与新型变种都在实践操作层面存在严重障碍。具体来说,虽然“假定垄断者测试”标准可以被用于进行定性分析,但是在个案情形下,执法机

① BGH, 16.12.1976 “Valium”, WuW/E BGH 1447; Vgl. BKartA, Digitale Ökonomie - Internetplattformen zwischen Wettbewerbsrecht, Privatsphäre und Verbraucherschutz, Hintergrundpapier, Tagung des Arbeitskreises Kartellrecht, 1. Oktober 2015, Rn. 26.

② Meinrad Dreher/Michael Kulka, Wettbewerbs - und Kartellrecht, 2016, Heidelberg, S. 293 ff.

③ Kühnen, GWB § 18 Marktbeherrschung, in: Loewenheim/Meessen/Riesenkampff/Kersting/Meyer - Lindemann, Kartellrecht, 2016, Rn. 13.

关有必要对这一方法的可适用性进行逐案评估。① 德国联邦最高法院认为,"假定垄断者测试"标准不是界定相关市场的决定性标准。杜塞尔多夫地区高等法院也认为,由于"假定垄断者测试"标准并不适用于界定与需求可替代性相矛盾的相关市场,因而这一标准在多边市场领域的适用具有不可靠性。②

总体来说,在德国、欧盟数字经济反垄断法适用层面,传统的"需求市场概念"标准依旧发挥关键效用,而作为舶来品的"假定垄断者测试"标准则被视为"需求市场概念"标准的新型演化类型,它兼具辅助"需求市场概念"标准适用与弥补"需求市场概念"标准缺陷的功能定位。在数字平台生态系统领域,尽管德国执法与司法机构并行适用"需求市场概念"标准与"假定垄断者测试"标准,但在个案场景下,由这两种方法推导出的相关市场界定结果可能迥然不同。在这两种方法出现适用结果冲突的情形下,德国法院保留作出最终裁量的权限。③

近年来,我国反垄断执法、司法机关高频采用"假定垄断者测试"标准,并借助这种全新的收集、审视与廓清企业产品之间竞争证据的分析范式,确立了一系列具有启示意义的数字经济领域执法、司法案例,但我国反垄断执法、司法机关尚未能够系统化厘清"假定垄断者测试"标准的适用前提、适用位阶与固有缺陷。例如,在2013年"北京奇虎科技有限公司诉腾讯科技(深圳)有限公司等滥用市场支配地位纠纷案"中,我国广东省高级人民法院曾在判决中探索性使用了"假定垄断者测试"标准,但这一判决忽视了传统"假定垄断者测试"标准在界定双边市场与非经济意义市场时的理论局限性。基于这一现状,我国反垄断执法、司法机关有必要参照德国、欧盟实践经验,消弭传统"假定垄断者测试"标准存在的理论困境与适用瑕疵,并对我国"假定垄断者测试"标准的适用机制进行系统性地修正与优化。

3. 数字平台生态系统所涉及双边或多边市场的界定路径

我国国家市场监督管理总局在2020年起草并公布的《关于平台经济领域的反垄断指南(征求意见稿)》第4条曾经包含如下变通规定:"对于平台经济领域经营者之间达成的固定价格、分割市场等横向垄断协议,以及固定转售价格、限定最低转售价格的纵向垄断协议,反垄断执法机构在违法性认定上可不明确界定相关市

① BKartA, Digitale Ökonomie – Internetplattformen zwischen Wettbewerbsrecht, Privatsphäre und Verbraucherschutz, Hintergrundpapier, Tagung des Arbeitskreises Kartellrecht, 1. Oktober 2015, S. 13.

② BKartA, 2020 Evaluation of the Commission Notice on the Definition of the Relevant Market for the Purposes of Community Competition Law, p. 6.

③ Vgl. Thilo Klein, SSNIP – Test oder Bedarfsmarktkonzept?, LSK 2010, 070563.

场。”不过,国务院反垄断委员会《关于平台经济领域的反垄断指南》中并未保留这一变通规定。因此,界定相关市场依旧是我国反垄断执法、司法机关规制数字平台生态系统垄断行为的基本前提。

在针对数字平台生态系统实施反垄断审查时,首先需要解决相关商品市场的界定问题。这包括以下三种界定路径:其一,仅将数字平台生态系统联结的一边商品界定为相关商品市场。其二,将数字平台生态系统联结的每一单边的商品分别纳入不同的相关商品市场。依据这一界定方法,数字平台生态系统将关涉两个以上相关商品市场。其三,将数字平台生态系统联结的各个单边商品纳入一个统一的相关商品市场。依据这一界定方法,数字平台生态系统将处于一个具有双边或多边特征的相关商品市场之中。①

总体来说,依据德国、欧盟的经验范式,应当按照在个案情境下“数字平台生态系统所涉及市场双边性、多边性特征是否呈现显著程度”,依次适用以上不同类型的相关商品市场界定路径。② 具言之,如果数字平台生态系统所涉及市场不具有明显的双边性、多边性特征,那么可以仅将数字平台生态系统联结的一边商品界定为相关商品市场。反之,如果数字平台生态系统所涉及市场呈现显著的双边性、多边性特征,那么可将数字平台生态系统联结的市场界定为多个相关商品市场。进一步而言,如果数字平台生态系统联结的各类商品、服务之间呈现显著的组合效应、整合效应、网络效应,那么也可将该系统联结的各类商品、服务纳入一个统一的相关商品市场。

参照德国联邦卡特尔局观点,在涉及数据中心型的数字平台生态系统(如社交媒体型、通信网络型、搜索引擎型)的情形下,虽然该生态系统“核心”部分所涉及的市场通常被界定为若干个相关商品市场,但是在反垄断审查时应当关注这些相关

① 例如,我国国务院反垄断委员会《关于平台经济领域的反垄断指南》第4条就罗列了在平台经济领域并行适用的三种相关商品市场界定路径,这一规定同样适用于数字平台生态系统的相关商品市场界定问题,其具体内容如下:“……可以根据平台一边的商品界定相关商品市场;也可以根据平台所涉及的多边商品,分别界定多个相关商品市场,并考虑各相关商品市场之间的相互关系和影响。当该平台存在的跨平台网络效应能够给平台经营者施加足够的竞争约束时,可以根据该平台整体界定相关商品市场。” Vgl. BKartA, Digitale Ökonomie – Internetplattformen zwischen Wettbewerbsrecht, Privatsphäre und Verbraucherschutz, Hintergrundpapier, Tagung des Arbeitskreises Kartellrecht, 1. Oktober 2015, S. 16.

② BKartA, Digitale Ökonomie – Internetplattformen zwischen Wettbewerbsrecht, Privatsphäre und Verbraucherschutz, Hintergrundpapier, Tagung des Arbeitskreises Kartellrecht, 1. Oktober 2015, S. 16.

商品市场之间的相互依赖关系。① 事实上,德国联邦卡特尔局上述观点同样适用于针对交易中心型数字平台生态系统的反垄断审查。其原因在于无论是数据中心型还是交易中心型的数字平台生态系统均可能通过在一级市场(核心市场)滥用平台规则、平台接入权限、知识产权等方式,将自身在一级市场的支配力传导到二级市场(衍生市场),形成双轮、多轮垄断格局。在这类案件场景下,反垄断执法机关有必要在评估"数字平台生态系统在二级市场是否具有市场支配地位"时,将一级市场的竞争状况设定为关键参考指标。

(二)数字平台生态系统的市场力量判定标准

在数字平台生态系统领域存在四种不同类型的参与者,它们包括居于核心地位的平台发起人与平台提供商,以及处于外围地位的应用程序开发者与最终用户。其中,平台发起人决定平台的设计方案并享有平台的知识产权,因而其是平台的实际"领导者";而平台提供商提供的是平台的技术基础设施。② 在数字经济实践中,居于核心地位的平台发起人与平台提供商通常是同一主体,该类主体不仅构成数字平台生态系统的控制者,而且是数字平台生态系统实施垄断行为的归责主体。

在执法、司法机关对数字平台生态系统进行反垄断审查时,这类系统所拥有的市场力量是一项关键评估指标。不过,德国、欧盟反垄断执法、司法机关尚未能够设定客观的与可精准验证的关于数字平台生态系统市场力量的评估标准。换言之,它们在法律实践中主要依据"数字平台生态系统作出经营决策的自由度"来反推该系统所拥有的市场力量强弱程度。③

1. 市场力量的判定标准

一般而言,评估数字平台生态系统市场力量的决定性标准是该平台系统的"经营决策范围是否依旧受到竞争机制的充分制约"。④ 举例来说,欧洲法院认为,如果一家企业在做出经营决策时具有独立性与自主性,它不需要考虑竞争对手、交易相对方以及消费者的反应就可以在显著程度上独立作出经营决策,那么这家企业应

---

① BKartA, Digitale Ökonomie – Internetplattformen zwischen Wettbewerbsrecht, Privatsphäre und Verbraucherschutz, Hintergrundpapier, Tagung des Arbeitskreises Kartellrecht, 1. Oktober 2015, S. 17.

② Ansgar Baums, Digitale Plattformen – DNA der Industrie 4.0, http://plattform – maerkte.de/dna/. (besucht am 09.05.2022).

③ Meinrad Dreher/Michael Kulka, Wettbewerbs – und Kartellrecht, 2016, Heidelberg, S. 449.

④ Bundeskartellamt Paper on Platform Market Power—Results and Recommendations, p. 2.

被认定为具有市场支配地位。[①] 基于此,如果一个数字平台生态系统能够施行一项违反竞争对手、交易相对方或消费者意志的重大经营决策(如"二选一"、恶意不兼容),却无须担忧该项决策会损害自身动态竞争利益,那么可以反推该系统已经具有市场支配地位。

依据德国联邦卡特尔局观点,竞争监管机构在评估数字平台生态系统的市场力量时,有必要统合考虑以下因素:(1)直接或间接网络效应;(2)规模经济;(3)单宿主或多宿主,以及市场差异化程度;(4)访问数据的权限;(5)数字市场的创新潜力。[②] 这些因素的综合效应直接决定了数字平台生态系统是否具备从市场竞争机制约束中逃逸的能力。

举例来说,在数字经济领域的网络效应分为直接与间接两类,它们可以增加数字平台生态系统的用户黏性与提升跨平台迁移成本,进而提升数字平台生态系统的市场影响力。其中,与网络规模存在紧密关联的直接网络效应,是指伴随数字平台生态系统所提供服务的用户数量依次递增,使用该系统服务的单个用户使用效益亦将相应递增。[③] 通常来说,直接网络效应对于脸书(Facebook)、Instagram、Pinterest、Xing、Flickr、Skype、WhatsApp、微信、微博等社交网络型、即时通信型的数字平台生态系统而言至关重要。[④] 间接网络效应是指:在一个数字平台生态系统中,如果平台一侧的用户数量不断增加,那么平台另一侧的服务将产生更大的吸引力。在数字经济双边及多边市场,间接网络效应发挥关键效用,它对于各类数字平台生态系统均具重要意义。[⑤]

2. 跨市场支配力量的判定标准

由于数字平台生态系统属于遍布多元市场的生态系统,因而德国、欧盟反垄断执法、司法机关在评估该类系统的市场力量时,重点考察该类系统是否具有显著跨

---

① EuGH v. 14.2.1978 – Rs. 27/76 Tz. 65 ff – United Brands; EuGH v. 13.2.1979 – Rs. 85/76 Tz. 38 – Hoffmann – La Roche; Vgl. Meinrad Dreher/Michael Kulka, Wettbewerbs – und Kartellrecht, 2016, Heidelberg, S. 449 ff.

② Bundeskartellamt Paper on Platform Market Power—Results and Recommendations, p. 5.

③ Monopolkommission, Wettbewerbspolitik: Herausforderung digitale Märkte, Sondergutachten 68, Bonn, im Juni 2015, S. 33.

④ Monopolkommission, Wettbewerbspolitik: Herausforderung digitale Märkte, Sondergutachten 68, Bonn, im Juni 2015, S. 33.

⑤ Monopolkommission, Wettbewerbspolitik: Herausforderung digitale Märkte, Sondergutachten 68, Bonn, im Juni 2015, S. 33.

市场竞争重要性。此处所述的“显著跨市场竞争重要性”可被视为传统“市场支配地位”概念的新型变种与强化形式。鉴于网络效应、杠杆效应与规模经济的影响，如果一个数字平台生态系统具有显著跨市场竞争重要性，那么这一生态系统就具有在所涉足的多元市场排除、限制竞争的可能性。

2021 年 1 月 19 日，《德国反限制竞争法》第十次修订法案正式生效。新版《德国反限制竞争法》第 19a 条第 1 款规定了认定显著跨市场竞争重要性的参照指标体系，其具体指标包括：(1)在一个或多个市场的支配地位情况；(2)财力以及是否能够获得其他资源；(3)纵向一体化以及在其他相关联市场的活动情况；(4)能够获得竞争相关数据的情况；(5)其活动对第三方进入采购和销售市场的重要性及其对第三方业务活动的相关影响。2020 年 12 月，鉴于脸书网络与 Oculus 之间存在联结行为，德国联邦卡特尔局开启针对脸书公司的反垄断调查程序，以确定作为数字平台生态系统的脸书公司是否构成滥用市场力量的垄断行为。由于在 2021 年 1 月 19 日《德国反限制竞争法》第十次修订法案已经正式生效，因而德国联邦卡特尔局拓展其调查范围，开始依据新版《德国反限制竞争法》第 19a 条审查脸书公司是否具有“显著跨市场竞争重要性”，并据此对脸书网络与 Oculus 之间的联结行为予以反垄断分析。①

德国联邦卡特尔局主席安德里雅思·蒙特(Andreas Mundt)就此表示：“针对数字康采恩实施新型干预方案的前提条件是假定所涉的这家企业具有‘显著的跨市场重要性’。这种重要性尤其体现在一个遍布各类市场的生态系统——一种难以被抵御的经济实力地位。鉴于拥有脸书社交网络、WhatsApp 和 Instagram 的脸书公司具备强大的市场地位，因此需要考察该家公司是否具有显著的跨市场重要性。本案是我们适用新规定的第一个案例。”②2022 年 5 月，德国联邦卡特尔局正式确认，由脸书公司部分品牌更名而来的 Meta 公司具有显著跨市场竞争重要性。总体而言，Meta 公司运营一个强大的、依托广告资助的社交媒体生态系统，该系统还在持续拓展。迄今为止，该公司不仅提供 Facebook(包括 Messenger)、Instagram 和

① BKartA, Bundeskartellamt prüft im Facebook/Oculus – Verfahren auch den neuen § 19 a GWB, Meldung vom:28. 01. 2021, https://www. bundeskartellamt. de. (besucht am 20. 02. 2021).

② BKartA, Bundeskartellamt prüft im Facebook/Oculus – Verfahren auch den neuen § 19 a GWB, Meldung vom:28. 01. 2021, https://www. bundeskartellamt. de. (besucht am 20. 02. 2021).

WhatsApp 等服务,而且涉足元宇宙(Metaverse)的软件与硬件投资领域。① 因此,Meta 公司构成具有显著跨市场竞争重要性的数字平台生态系统。

与德国、欧盟较为成熟的法律实践相比较,我国反垄断执法、司法机关在评估数字平台生态系统的市场支配地位或由这类系统推动的经营者集中影响时,也已经基于跨市场支配力量这一视角开展探索。2018 年,在“深圳微源码公司诉腾讯公司滥用市场支配地位纠纷案”一审判决中,尽管深圳市中级人民法院(以下简称深圳中院)没有支持原告诉讼请求,但深圳中院颇具创见地认为,微信产品是跨平台通信工具,它构成集合了多种服务的综合性互联网应用平台。令人遗憾的是,该项判决仅是关注到作为微信基础服务的即时通信与附着于微信的各类增值服务在功能、用户等方面的差异,但没有进一步从“数字平台生态系统”视角分析微信基础服务、增值服务之间的关联效应与聚合效应。② 2021 年,国家市场监督管理总局依法禁止了虎牙、斗鱼合并案。禁止的主要依据就是,如果虎牙、斗鱼完成合并,那么不仅将进一步强化腾讯公司在游戏直播市场的支配地位,而且同时使腾讯公司有能力和动机在上下游市场实施闭环管理和双向纵向封锁,具有或者可能具有排除、限制竞争效果。③ 由此可知,国家市场监督管理总局在禁止虎牙、斗鱼合并案时,颇具创见地采用横跨多元市场的反垄断审查视角,充分考虑了该合并案涉及的上下游市场之间的关联效应、传导效应与聚合效应。

在评估数字平台生态系统的跨市场支配力量时,我国执法、司法机关亦有必要依据《反垄断法》第 18 条与第 19 条的规定,进一步厘清“单一企业的市场支配地位”与“若干企业的共同市场支配地位”的区分界线。由于数字平台生态系统的控制者通常都属于企业集团,因而由此衍生出的一项反垄断问题是:在评估市场支配地位时,应当将这类企业集团作为“单一主体”考察,还是作为“若干相互联结的主体”考察。

参照欧盟及德国模式可知,一般情形下,如果这类企业集团属于内控力与整合

---

① BKartA, Für Meta (vormals Facebook) gelten neue Regeln – Bundeskartellamt stellt “überragende marktübergreifende Bedeutung für den Wettbewerb” fest, Pressemitteilung, 04.05.2022, S.2.

② 参见仲春:《“微信封禁公众号垄断纠纷”一审介评》,载《知识产权与市场竞争研究》2019 年第 1 期。

③ 参见市场监管总局:《市场监管总局关于禁止虎牙公司与斗鱼国际控股有限公司合并案反垄断审查决定的公告》,载湖北省市场监督管理局网,https://scjg.hubei.gov.cn/bmdt/zjyw/202107/P020210713339045725099.pdf。

力较强的经济主体,那么它们应当被视为“单一主体”;反之,如果这类企业集团符合欧盟 Airtours 标准,那么这类企业集团下属的各家企业应当被视为“若干相互联结的主体”;在这一情形下,若一家企业集团在整体上具有市场支配地位,则应当被定性为系由其下属的各家企业共同具有市场支配地位(寡头垄断)。欧盟 Airtours 标准包含以下三项构成要件:其一,市场透明度。一家企业集团下属的每家企业都能获取该集团下属其他企业的经营决策信息,并且前者可据此决定是否跟随后者采取相同经营决策。其二,协同准则。一家企业集团下属各家企业之间的默契协同呈现长期性特征。其三,共同的竞争独立性。在一家企业集团下属各家企业采取联合经营行动时,即使面临现实或潜在竞争对手以及消费者的反对,也不会影响这家企业集团下属各家企业实现预期的行动效果。[①]

三、域内外反垄断法视域下数字平台生态系统的统合治理路径

数字平台生态系统被视为交互通信、信息交流、交换商品与服务的底层基础设施。[②] 21 世纪初以来,德国与欧盟立法、执法、司法机关致力于研究具有中介、联结属性的数字平台生态系统对传统反垄断制度构成的挑战,并逐步构建针对数字平台生态系统垄断行为的统合治理机制。从 2020 年年底开始,我国反垄断执法机关也针对数字平台生态系统的新型垄断行为开启强化监管进程。譬如,我国反垄断执法机关通过在阿里巴巴“二选一”垄断案、美团“二选一”垄断案等典型案件中的执法处罚,厘定针对数字平台生态系统“二选一”垄断行为的执法标准。[③] 在我国反垄断诉讼领域,“京东诉阿里巴巴垄断案”与“头腾大战”都涉及如何认定与规制数字平台生态系统垄断行为这一主题。

---

① EuG vom 6.6.2002 – Rs. T – 342/99 Tz. 62 = WuW 2002, 781 = WuW/E EU – R 559 – Airtours; Vgl. Meinrad Dreher/Michael Kulka, Wettbewerbs – und Kartellrecht, 2016, Heidelberg, S. 452.

② House Judiciary Committee, *Investigation of Competition in Digital Markets*, 2020, p. 10.

③ 国家市场监督管理总局:《阿里巴巴集团“二选一”垄断行为案的行政处罚决定书》(国市监处〔2021〕28 号)与《行政指导书》(国市监行指反垄〔2021〕1 号),载国家市场监督管理总局网,http://www.samr.gov.cn/xw/zj/202104/t20210410_327702.html;国家市场监督管理总局:《美团“二选一”垄断行为案的行政处罚决定书》(国市监处罚〔2021〕74 号)与《行政指导书》(国市监行〔2021〕2 号),载国家市场监督管理总局网,https://www.samr.gov.cn/xw/zj/202110/t20211008_335364.html;国家市场监督管理总局:《上海食派士“二选一”垄断行为案的行政处罚决定书》(沪市监反垄处〔2020〕06201901001 号),载国家市场监督管理总局网,http://www.samr.gov.cn/xw/df/202104/t20210412_327765.html。

(一)数字平台生态系统控制者的正当治理权限

基于域内外反垄断法视域,数字平台生态系统实施的垄断行为主要包括"二选一"、恶意不兼容、"大数据杀熟"、"扼杀式并购"等。这些垄断行为本质上属于数字平台生态系统控制者滥用平台治理权限,排除、限制竞争行为,其具体表现有二。一方面,数字平台生态系统控制者可能逾越法定平台治理权限,侵蚀公权力固有的治理区域;另一方面,数字平台生态系统控制者可能通过曲解、片面解释、泛化解释法律法规方式,滥用平台治理权限。因此,执法、司法机关有必要遵循反垄断法的制定宗旨、法益价值位阶与比例原则,厘定数字平台生态系统控制者的正当治理权限,以合理平衡数字平台生态系统控制者、现实或潜在竞争对手、用户群体、社会公众之间的利益冲突。

1. 数字平台生态系统的独立性与中立性标准

如果一个数字平台生态系统控制者仅仅局限于控制该生态系统,而不在该生态系统所关联的一边或多边市场参与经营活动,那么这一数字平台生态系统无疑具有独立性。反之,如果一个数字平台生态系统控制者不仅控制该生态系统,而且直接或者间接(通过母公司、子公司、股东等主体)在该生态系统所关联的一边或若干边市场参与经营活动,提供与该生态系统相兼容的硬件、软件或服务,那么这一数字平台生态系统就不具有独立性或仅具有弱独立性。①

值得注意的是,一个数字平台生态系统具有或不具有独立性,仅属于其控制者选择不同经营模式的结果,它本身并不构成判定是否违法的标准。不过,由于数字平台生态系统一般奠基于开放性平台标准,因而如果这类生态系统不具有独立性或仅具有弱独立性,就很容易导致这类生态系统衍生出非中立性与非开放性问题,并由此触发反垄断法的规制机制。② 由于这一原因,反垄断执法、司法机关有必要重点审查不具有独立性或仅具弱独立性的数字平台生态系统控制者的治理行为,以防止其滥用平台治理权限,扭曲市场竞争机制。

进一步来说,如果一个数字平台生态系统控制者既履行系统治理者角色,又在

---

① Vgl. Sebastian von Engelhardt/Leo Wangler/Steffen Wischmann, Eigenschaften und Erfolgsfaktoren digitaler Plattformen, Stand: März 2017, S. 24.

② Vgl. Sebastian von Engelhardt/Leo Wangler/Steffen Wischmann, Eigenschaften und Erfolgsfaktoren digitaler Plattformen, Stand: März 2017, S. 24.

系统所关联的多边市场从事经营活动，那么该系统控制者就应当符合中立性标准，合理区分自身承担的治理者与经营者身份，防止这两种身份的不当混同。例如，如果一家企业控制了具有必要设施属性的数字平台生态系统，而其他企业仅在能够访问（共享使用）这家企业控制的生态系统情形下，才可能在这家企业“核心”经营的相关市场的上下游市场施行经营活动，那么这家企业可被认为具有市场支配地位。[①] 在这一情境下，如果这家企业混同自身的治理者与经营者身份，对旗下与非旗下企业实施差别待遇，仅允许旗下企业访问其控制的数字平台生态系统，而禁止或限制非旗下企业访问其控制的数字平台生态系统，那么这一所谓的治理行为就涉嫌构成违反中立性标准的滥用市场支配地位行为。[②]

2. 数字平台生态系统的开放性与兼容性标准

互联互通、兼容开放是互联网经济与数字经济的基本属性之一。所谓数字平台生态系统的开放性与兼容性，是指市场主体可以自由访问数字平台生态系统，或者可以自由在数字平台生态系统内部实施经营活动。

在数字经济领域中，由各类合作伙伴与价值链共同组成的网络状系统被称为领域生态系统（Domänen – Ökosystem），在一个领域生态系统中可以同时共存多个相互之间具有竞争或互补关系的数字平台生态系统，它们可能致力于相同或不同的目标，并分别提供各自的生态系统服务。[③] 在一个领域生态系统架构之下，其所属的各家数字平台生态系统应当具有开放性与兼容性特征，从而确保用户在多家数字平台生态系统之间的多归属性与自由迁移性。反之，如果在一个领域生态系统架构之下，一家数字平台生态系统拒绝与其他数字平台系统之间实现兼容性与互操作性，那么可能导致领域生态系统的内部僵化乃至整体崩塌。因此，符合比例原则的开放性应当构成数字平台生态系统的核心属性。[④]

---

① BKartA, Digitale Ökonomie – Internetplattformen zwischen Wettbewerbsrecht, Privatsphäre und Verbraucherschutz, Hintergrundpapier, Tagung des Arbeitskreises Kartellrecht, 1. Oktober 2015, S. 29.

② Vgl. BKartA, Digitale Ökonomie – Internetplattformen zwischen Wettbewerbsrecht, Privatsphäre und Verbraucherschutz, Hintergrundpapier, Tagung des Arbeitskreises Kartellrecht, 1. Oktober 2015, S. 29.

③ Vgl. M. Trapp/M. Naab(Hrsg.), Digitale Ökosysteme und Plattformökonomie: Was ist das und was sind die Chancen? 23. Juni 2020.

④ Vgl. M. Trapp/M. Naab(Hrsg.), Digitale Ökosysteme: Welche Herausforderungen stellt der Aufbau und wie gelingt er? 23. Juni 2020, https://www.informatik – aktuell.de/management – und – recht/digitalisierung/digitale – oekosysteme – welche – herausforderungen – stellt – der – aufbau – und – wie – gelingt – er.html. (besucht am 21.05.2022).

对于数字平台生态系统的使用,用户具有单归属性与多归属性的分野。在单归属性场景下,由于用户仅能够使用一个数字平台生态系统,因而就可能导致相关市场准入门槛提高,转换与迁移成本提升,最终导致市场竞争机制出现倾覆风险。在多归属性场景下,由于用户能够自由切换使用不同的数字平台生态系统,因而就能够降低相关市场的准入门槛,维护自由的市场竞争机制。[①] 从客观层面分析,多归属性的发生通常取决于不同数字平台生态系统之间的差异化程度,而差异化程度映射了市场供需的异质性。不同数字平台生态系统之间差异化程度越高,用户多归属性的发生概率就越高,由此市场竞争机制丧失效能的风险就越低。[②]

基于反垄断法视域,数字平台生态系统实施的垄断行为也可能人为消弭用户的多归属性,损害自由竞争机制。由于强者恒强、弱者恒弱的"马太效应"显著影响,最终将只有少数的数字平台生态系统在数字经济市场激烈竞争中脱颖而出,并在各自所在相关市场获得支配地位。在一个数字平台生态系统获得相关市场的支配地位以后,虽然参与这一数字平台生态系统的市场主体(平台内经营者)在理论上依旧可以自由离开这一系统,但是一旦这类市场主体离开这一系统,它们很难继续成功运营。在这一场景下,获得市场支配地位的数字平台生态系统就具有巨大的支配力,它们能够强迫参与其系统的市场主体接受不公平的交易条件。[③] 例如,一家获得市场支配地位的数字平台生态系统可能通过"二选一"、恶意不兼容等垄断行为,限制或排除其平台用户的多宿主性(多归属性),阻碍其平台用户并行使用该平台系统与其他竞争性、互补性数字平台。[④]

基于上述内容,根据德国数字经济监管政策的要求,各个数字平台生态系统之间应当更大程度地实现横向兼容性、数据可移植性以及互操作性。[⑤] 与之形成呼应的是,中华人民共和国工业和信息化部(以下简称工信部)在2021年"屏蔽网址链接问题行政指导会"上提出即时通信软件合规标准,要求系统性清理平台恶意封禁的顽疾。这一举措同样体现了确保数字平台生态系统开放性与兼容性的监管目

① Bundeskartellamt Paper on Platform Market Power—Results and Recommendations, p. 3.

② Bundeskartellamt Paper on Platform Market Power—Results and Recommendations, p. 3.

③ Vgl. M. Trapp/M. Naab(Hrsg.), Digitale Ökosysteme und Plattformökonomie: Was ist das und was sind die Chancen? 23. Juni 2020.

④ Sebastian von Engelhardt/Leo Wangler/Steffen Wischmann, Eigenschaften und Erfolgsfaktoren digitaler Plattformen, Stand: März 2017, S. 18.

⑤ Vgl. Sebastian von Engelhardt/Leo Wangler/Steffen Wischmann, Eigenschaften und Erfolgsfaktoren digitaler Plattformen, Stand: März 2017, S. 19.

标。依据工信部的行业监管要求,各个数字平台生态系统已经不同程度地实施解除恶意屏蔽和促进互联互通的措施。

(二)数字平台生态系统统合治理机制的构筑路径

由于数字平台生态系统容易形成资源聚集效应与较高市场集中度,导致其现实与潜在竞争对手难以真正形成抗衡力量,因而这类系统迥异于一般的企业主体,它甚至引发传统价值链的系统性变革。鉴于这一情况,德国、欧盟立法机关亟须解决的基本法律问题是:如何重构以反垄断法为核心的传统市场监管法律体系,以精准规制数字平台生态系统施行的新型垄断行为。德国立法机关选择行为规制路径,以构筑数字平台生态系统统合治理机制;而欧盟立法机关则另辟蹊径,采用主体规制路径。

1. 德国行为规制路径——新版《德国反限制竞争法》

数字平台生态系统能够借助网络效应、规模优势与聚合优势,构筑显著的跨市场竞争影响力。它们还能够通过限制平台间兼容性与互操作性等方式,将自身在核心领域的市场支配力量传导与外溢到外围领域,从而在其原本不占据支配地位与相对优势地位的外围相关市场排除、限制竞争。

在数字化修订之前,旧版《德国反限制竞争法》并不能周延性规制数字平台生态系统施行的垄断行为。其原因在于,数字平台生态系统在多边市场滥用系统性市场力量行为通常无法满足旧版《德国反限制竞争法》所规制的“滥用市场支配地位行为”与“滥用市场相对优势地位行为”的构成要件。针对数字平台生态系统对市场竞争机制产生的系统性风险,新版《德国反限制竞争法》第19a条厘定不同于“滥用市场支配地位行为”与“滥用市场相对优势地位行为”的第三种类型的“企业滥用市场力量行为”,即具有显著跨市场竞争重要性的企业实施的滥用市场力量行为。这一新设法条实质上是为数字平台生态系统滥用市场力量行为量身定作的规制条款。从立法设计而言,新版《德国反限制竞争法》内置概念“跨市场竞争重要性”可被阐释为“系统性与主导性的市场力量”,该类力量可被视为不同于“绝对市场支配地位”与“相对市场支配地位”的第三种类型的强势企业(数字平台生态系统)的市场力量表现样态。①

① Vgl. Oliver Budzinski/Sophia Gaenssle/Annika Stöhr, Der Entwurf zur 10, GWB Novelle: Interventionismus oder Laissezfaire? Ilmenau Economics Discussion Papers, No. 140, S. 17, https://www.econstor.eu/bitstream/10419/218964/1/169997652X.pdf, besucht am 05.07.2020.

2. 欧盟主体规制路径——《欧盟数字市场法》

在欧盟反垄断法律框架下,由数字平台生态系统施行的"算法共谋"等形态的垄断协议行为被《欧盟运行条约》第101条禁止,而由具有市场支配地位的数字平台生态系统施行的价格歧视、不予直链、拒绝开放API、排他性协议等行为构成滥用市场支配地位行为,这类垄断行为被《欧盟运行条约》第102条禁止。此外,由数字平台生态系统实施的"扼杀式并购"等具有排除、限制竞争影响的经营者集中行为则由欧盟经营者集中监管制度予以规制。

2022年3月,欧洲议会、欧洲理事会与欧盟委员会就《欧盟数字市场法》达成临时协议,预计该法案将于2022年10月生效。《欧盟数字市场法》被视为欧盟反垄断法在数字经济领域的延展与革新,这部法律采用主体规制路径,它的适用对象为具有"守门人"(Gatekeeper)特征的超大型数字平台企业,其制定目的是确保这类企业能够遵循公平原则实施在线行为。[①] 值得注意的是,超大型数字平台企业与数字平台生态系统的外延范畴具有高度重合性。

在规制数字平台生态系统的垄断行为层面,与现行欧盟反垄断法条款(例如,《欧盟运行条约》第102条)相较而言,《欧盟数字市场法》更具快速性、简捷性与效用性。[②] 尤其值得关注的是,《欧盟数字市场法》绝非现行欧盟反垄断法的简单革新,而是超越传统反垄断法框架而构建的一个全新的数字平台生态系统治理法案。具体来说,《欧盟数字市场法》与传统反垄断法的巨大区别表现如下:其一,在《欧盟数字市场法》规制机制下,规制机关不需聚焦审查数字平台生态系统的市场力量,而仅需专注于评估数字平台生态系统是否具有"守门人"属性;其二,《欧盟数字市场法》中没有内置以个案审查为导向的效果分析方法,而是设置针对具有"守门人"属性的数字平台生态系统的事前监管机制。[③]

迄今为止,我国现行《反垄断法》采取行为规制路径,仅规制一类企业滥用市场力量行为,即企业滥用市场支配地位行为。基于此,我国立法机关有必要借鉴德国

---

① European Commission, *The Digital Markets Act: ensuring fair and open digital markets*, https://ec. europa. eu/info/strategy/priorities - 2019 - 2024/europe - fit - digital - age/digital - markets - act - ensuring - fair - and - open - digital - markets_en, last visited: March 24, 2021.

② Daniel Zimmer, Rationalitäten und Regelungen des DMA - E, Arbeitskreis Kartellrecht: Tagung am 7. Oktober 2021 zum Digital Markets Act.

③ Daniel Zimmer, Rationalitäten und Regelungen des DMA - E, Arbeitskreis Kartellrecht: Tagung am 7. Oktober 2021 zum Digital Markets Act.

立法设计,在《反垄断法》中增设禁止“具有显著跨市场竞争重要性企业的滥用市场力量行为”的条款,以周延性规制由数字平台生态系统实施的跨市场滥用市场力量行为。

在我国反垄断法律制度架构下,立法机关既可以通过扩张解释方式,将“具有显著跨市场竞争重要性企业的滥用市场力量行为”厘定为“企业滥用市场支配地位行为”的一种新型表现样态,又可将“具有显著跨市场竞争重要性企业的滥用市场力量行为”与“企业滥用市场支配地位行为”设定为互不隶属的两种类型的滥用市场力量垄断行为。除此之外,我国反垄断执法、司法机关也可以借鉴《欧盟数字市场法》的主体规制路径,在现行《反垄断法》架构下为具有“守门人”特征的数字平台生态系统的经营行为建章立制,制定关于合规经营的正面清单、负面清单与预警清单,防范其实施差别待遇、拒绝互联互通、“大数据杀熟”等新型垄断行为,并逐步解决由数字平台生态系统垄断行为所导致的“消费者群体福利损失的量化计算问题”与“损害赔偿的公平分配问题”。

四、结语

数字平台生态系统被视为联结平台、渠道与数据的新型商业组织形态。由于这一组织形态掌握核心平台、大数据资源、先进算法、关键基础设施、海量用户群,因而它在客观上具有为中小企业、初创企业的迭代发展提供专业性支撑的资质,从而承担起“中小企业、初创企业的平台孵化器”的角色。基于此,域内外国家管理主体通过构筑数字平台生态系统反垄断规制机制的方式,不仅能够防范与规制数字平台生态系统施行的新型垄断行为,而且可以促进这类生态系统的有序拓展与规范发展,进而推动数字经济进入以技术创新为导向的可持续、高质量迭代发展模式。

基于宏观治理视角,我国立法、执法机关应当依据我国数字经济的行业构成、发展态势与产业政策,在借鉴德国、欧盟等域外经验基础上,逐步制定中国版本的数字平台生态系统统合治理法律体系,该体系应当兼容《反垄断法》《反不正当竞争法》《个人信息保护法》《网络安全法》《网络安全审查办法》《数据安全法》等法律、法规、规章,最终实现针对数字平台生态系统经营行为的多维度与统合式监管。

竞争中立国际规则的冲突、错位及再定位

——以区域贸易制度安排为视角

王晨竹*

一、问题的提出

各国国内竞争法的蓬勃发展一方面推动了竞争秩序的改善,但同时也会限制该法的发展,美国学者戴维·格伯尔(David J. Gerber)将这种矛盾称为“剪刀悖论”。运输成本不断降低、资产流动性的增加等因素都使得市场更加全球化,但在这种条件下,限制竞争也变得更为容易,国内法适用的障碍增大。反竞争行为的跨国化使得国家竞争执法机构的识别难度增大,取证难度也相应增大。当若干国家都有动机去打击同一行为时,冲突就容易产生,一国竞争执法机构作出的判决或采取的立场常常遭到其他国家的激烈批评或反对。竞争案件本身的特殊性决定了每一个竞争案件都会牵涉许多的公共问题,如就业、产业形态及政府立场等,上述因素都可能引发政治压力和公众事件。① 无论当初对世界贸易组织(World Trade Organization,WTO)“新加坡议题”(贸易与竞争政策议题)②持反对态度的美国还是持支持态度的欧盟、日本和韩国等成员,都在探索区域范围内的竞争法协调方式。

自 20 世纪 90 年代初以来,区域贸易协定的内容也发生了重大转变,涵盖的内

---

* 王晨竹,上海师范大学哲学与法政学院讲师,法学博士。

① 参见[美]戴维·格伯尔:《全球竞争:法律、市场和全球化》,陈若鸿译,中国法制出版社 2012 年版,第 97 页。

② 贸易与竞争政策的关系属于 WTO 多边谈判的新议题之一,习惯称为“新加坡议题”,1996 年在新加坡 WTO 部长会议上正式成立了 WTO 贸易与竞争政策相关工作组专门研究这一议题。

容逐渐延伸至竞争等后边境措施。[①] 在多边贸易体制改革需求迫切和WTO上诉机构停摆的背景下,区域贸易协定与多边贸易体制形成了互补性竞争的关系,区域贸易协定的实验性功能越发重要。"竞争中立"作为国际竞争规则的新概念,已经成为全球治理语境下的热点话题,竞争中立规则已经被《全面与进步跨太平洋伙伴关系协定》(Comprehensive and Progressive Agreement for Trans - Pacific Partnership, CPTPP[②])、《美国—墨西哥—加拿大协议》(United States - Mexico - Canada Agreement,以下简称美墨加协定或USMCA[③])、《欧日经济伙伴关系协定》(EU - Japan Economic Partnership Agreement,EJEPA[④])等多个具有影响力的区域贸易协定纳入,成为继"竞争政策"后的又一国际竞争规则。现阶段竞争中立规则并未形成统一的规制模式和规范范围,仍然处于国际造法[⑤]的初期探索阶段,各国对于"竞争中立"的概念并没有形成统一的认识。在此背景下,分析"竞争中立"国际规则的演进过程并探究其与其他国际贸易制度间的衔接和冲突有着重要意义。

二、"竞争中立"国际规则的形成特点

(一)规制范围逐步扩大化

澳大利亚是最早提出并实践竞争中立规则的国家,也是将竞争中立规则最广泛应用于国内并取得良好效果的国家。澳大利亚政府在1992年委托弗莱德里克·希尔默(Frederick Hilmer)教授组织国家竞争政策咨询独立委员会,全面审查本国的

---

① "后边境"(behind - the - border)贸易规则区别于传统经贸规则,以商品、服务或投资跨越边境时的措施为主要对象,包括关税、配额、数量限制、海关监管等,新一轮经贸规则向"边境后"转移,逐步涵盖服务贸易、知识产权、竞争政策、电子商务等规则。

② 2015年10月,美国与澳大利亚、文莱、加拿大、智利、日本、马来西亚、墨西哥、新西兰、秘鲁、新加坡、越南11个国家达成跨太平洋伙伴关系协定(TPP)。2017年1月,美国总统特朗普上任后便签署行政令,宣布美国退出TPP。2017年11月11日,由启动TPP谈判的11个亚太国家共同发布了一份联合声明,宣布"已经就新的协议达成了基础性的重要共识",并决定改名为"全面与进步跨太平洋伙伴关系协定"(CPTPP)。"全覆盖"和"高标准"作为CPTPP文本的特征,其条文框架和规范内容会成为之后区域贸易协定的范本文件,有重要的参考意义。TPP与CPTPP文本中竞争政策章节没有变动。

③ 《美国—墨西哥—加拿大协议》(简称美墨加协定)(USMCA),也被称为新北美自由贸易协定,2018年11月30日正式签署,使有近25年历史的北美自由贸易区得以保留。新协定除了序言以外,共分34章。

④ 《欧日经济伙伴关系协定》(EJEPA)历经4年多18轮谈判于2017年12月8日达成。2018年7月欧盟和日本在东京正式签署《欧日经济伙伴关系协定》,该协定共包含23章。

⑤ "国际造法"(international law - making)指的是国家借助于习惯以及条款等途径,制定、承认、修改以及废止国际法规范的活动。

竞争政策,完成了《希尔默报告》。报告第13章专门论述了竞争中立问题,指出当政府控股企业获得优势地位如政府补贴、税收减免时,会对市场竞争秩序造成负面影响。报告还明确竞争中立的目的是区分企业公共服务和商业行为,将这两种行为的财务进行隔离,具有公共服务性质的资本不能被政府商业使用,防止政府的“搭便车”行为。① 澳大利亚通过税收中立、负债中立、商业回报率、监管中立、国有企业私有化等多样化的途径实现竞争中立,并在此基础上建立了联邦和州的行政审查制度。

澳大利亚的竞争中立规则重心在消除政府基于公权力优势造成的扭曲竞争效果,致力于将为私营企业营造更公平的竞争秩序,避免和降低国有企业“搭顺风车”的可能性。通过对政府行为的监管,为私营企业和国有企业的商业活动提供了平等的竞争环境。② 澳大利亚的竞争中立规范的实施分为三方面:一是财政部制定相关政策并编撰国际竞争政策年报;二是金融与行政部门维持竞争支付系统;三是竞争中立办公室处理企业或个人对政府或国有企业违反竞争中立行为的投诉,竞争中立投诉办公室是由各种建立的独立于其他政府部门的专门机构。③

美国是在2011年正式公布“竞争中立”的概念,美国主管经济事务的副国务卿罗伯特·霍马茨(Robert D. Hormats)明确提到,竞争中立主要不是用以调整美国国内的竞争环境,而是作为推动特定国家国有企业治理的政策工具。④ 霍马茨将政府支持和补贴的国企驱动型经济模式称为“国家资本主义模式”,并指出“贸易扭曲造成的‘中国模式’是不利于美国公司在世界的竞争机会获得,直接威胁美国就业和竞争力。”⑤美国主张,无论任何企业,只要自身或其商业活动与政府有联系,就被推定得到了政府的支持并因此不合理地获得了竞争优势,违背了竞争中立。这显然

① Australia Government Productivity Commission, *Competitive Neutrality Complaints* (9 Mar. 2017), http://www.pc.gov.au/about/core-functions/competitive-neutrality.

② Matthew Rennie & Fiona Lindsay, *Competitive Neutrality and State—Owned Enterprises in Australia: Review of Practices and their Relevance for Other Countries*, OECD Corporate Governance Working Papers, No.4, OECD publishing, 2011.

③ Antonio Capobianco & Hans Chiristiansen, *Competitive Neutrality and State—Owned Enterprises: Challenges and Policy Options*, OECD Corporate Governance Working Papers, No.1, OECD publishing, 2011.

④ Robert D. Hormats, *Ensuring a Sound Basis for Global Competition: Competitive Neutrality* (13 Jan. 2017), https://www.state.gov/r/pa/prs/ps/.

⑤ Robert Hormats, *Addressing The Challenges of the China Model* (11 May 2011), https://china.usc.edu/robert-hormats-addressing-challenges-china-model-may-11-2011.

扩大了竞争中立的适用范围,使得所有与政府有联系的市场商业活动都被贴上违背竞争中立的“标签”。这种扩大化、模糊化的适用标准,实际是服务于美国的贸易保护主义目的。[①]

美国的竞争中立主张中,一切具有倾向性的制度安排都要受到竞争中立政策的约束,税收政策、监管政策、补贴政策、产业政策、知识产权政策等所有市场结构性的干预措施都要系统性地接受竞争评估和竞争执法。美国主管经济事务的副国务卿罗伯特·霍马茨认为竞争中立预期规制的竞争优势行为非常广泛,既包含WTO反补贴法的规制范围,如税收优惠、优惠融资担保、便利的监管政策等,也包含不在WTO反补贴法规制范围的其他优势竞争行为,如政府采购的倾斜、政府信息有选择的公开、市场准入的选择性限制、反垄断法特定领域的豁免、破产例外规则等一系列行为。[②] 从以上趋势可以推测,竞争中立政策成为对反补贴措施的补充和扩展,其规制的范围将远远超越WTO对政府行为的规制范围。这种庞大的制度调整在美国政策制定者的设想中都统归于“竞争中立”的概念,这与美国最初对竞争政策国际协调的态度完全相反。[③]

(二)国际政策和国际主张的不一致

回溯到竞争中立规则的国际化演进过程,出现了一个颇为吊诡的现象,竞争中立规则生发于澳大利亚的国内实践,被美国借用并作为一项国际主张推行,但是在区域贸易协定和双边贸易协定中,美国和澳大利亚很少将这项规则指向自己,而是更多用来约束新兴经济体。澳大利亚作为竞争中立规则的创始国也很少在其参与的贸易谈判中推广该规则,对美国的强推也很少做出回应。美国一方面高调推广竞争中立规则,另一方面在国内并无践行其推广的意愿,甚至在其曾经参与的《跨

---

① 张占江:《〈中国(上海)自由贸易试验区条例〉竞争中立制度解释》,载《上海交通大学学报(哲学社会科学版)》2015年第2期。

② Robert D. Hormats, *Ensuring a Sound Basis for Global Competition*: *Competitive Neutrality*, https://2009-2017.state.gov/e/rls/rmk/20092013/2011/163472.htm.

③ 实际上,在面对国际竞争法框架时,美国学界和官员都坚持怀疑的态度,他们反对的主要理由是,竞争法必然涉及对此类制度目标可接受的成本的规范判断,而这个判断会因国家而异。美国反托拉斯界对美国法有一种信心,认为美国所接受的基本原则、思维方式以及运作方式是竞争法的“正确”方式,它是具有普遍适用可能性的。美国的选择是一种客观存在的、可以预见的最优路径,其他国家无须亲自尝试便可复制的正确选择。这种视角使美国评论者不愿意接受一个不是绝对根植于美国反托拉斯原则的国际制度。

太平洋伙伴关系协定》(Trans - Pacific Partnership Agreement,TPP)中故意回避竞争中立规则的适用。例如,TPP第17章附件17 - D特别规定了非歧视待遇和商业考虑、透明度、法院和行政机构的条款不得适用于由次中央政府拥有或控制的国有企业,以及次中央政府指定的垄断。也就是说,这条规定只针对中央政府层面的国有企业,而不包括地方或州政府层面的国有企业。这将使得美国受到竞争中立规则的影响极小,因为美国的地方和州政府是主要参与产业政策和补贴政策的政府机构,而中央政府层面国有企业较多的新加坡、马来西亚等国家将受到极大影响。

考察澳大利亚参与的诸多自由贸易协定后,可以发现竞争中立规则参与的部分非常少,大多数仅仅以竞争倡导和建议的方式被提及,而没有将实质性的国有企业规则纳入其中。①

在措辞上,澳大利亚签订的自由贸易协定中的竞争中立规则更接近欧盟模式,将竞争中立规则纳入了竞争政策规范。例如,澳大利亚新加坡自由贸易协定中,第12.4条称为"竞争中立"的条款中包含了两项内容:第一,双方应采取合理措施,以保证各级政府不因企业的国有性质而给予其竞争优势;第二,此条款仅涉及国有企业的商业行为,但不涉及其非商业行为。澳大利亚韩国自由贸易协定中第14.4条措辞与其完全一致,仅多了一项额外说明:此条款不影响国有企业行使政府授予的公共职能。② 澳大利亚参与的自由贸易协定中关于竞争中立的规定更类似于对基本原则的重申,强调国有企业和私营企业的平等地位。

美国在国际上高调推进竞争中立理念,但对双边竞争中立条款的接受度并不高。在大力推行其美式竞争条款之余,美国—澳大利亚自由贸易协定当中的竞争中立条款,却仅仅是澳大利亚的单方面承诺。无独有偶,美国—新加坡自由贸易协定和美国—韩国自由贸易协定中关于竞争中立的条款都存在单方面承诺的现象。美国—新加坡自由贸易协定中美国有关竞争中立的承诺只有一项:保证其成立的政府企业在货物与服务的提供方面奉行非歧视待遇原则③。与之形成对比的新加

① 《澳大利亚—新西兰更紧密经济关系协定》《澳大利亚—泰国FTA》《澳大利亚—东盟—新西兰FTA》《澳大利亚—马来西亚FTA》均属于此种情形。尤其是成员数量最多的《澳大利亚—东盟—新西兰FTA》当中,虽存在"竞争"一章,但仅仅包含四个条款,且在第一条当中明确表示,"缔约方认识到彼此在竞争政策上的重大分歧","缔约方尊重彼此制定竞争法律的主权"。其余三个条款,分别是关于信息交流与学术合作、建立联络点与排除争端解决的适用。

② 参见赵海乐:《是国际造法还是国家间契约——"竞争中立"国际规则形成之惑》,载《安徽大学学报(哲学社会科学版)》2015年第1期。

③ See US - Singapore FTA, Art. 12.3(c).

坡的承诺包含更多细节性和实质性内容：保证政府企业严格按商业考量行事，且奉行非歧视待遇原则；不从事限制竞争行为；不直接或间接干涉政府企业决策；持续减少通过所有权或其他方式对境内企业的有效控制；公开国家对企业持股信息、企业年度盈利或资产状况。美国—韩国的自由贸易协定中关于竞争中立的规范也多为韩国的单方面承诺。① 例如，在“保险业”承诺当中，条约特别强调韩国邮政应当与私营保险经营者在同等条件下经营，但对美国公司却毫无要求。②

澳大利亚和美国签订的自由贸易协定中的竞争中立条款与其推广的规范新兴经济体的竞争中立规范存在较大的差距，美国对他国单方面承诺的要求更是让竞争中立作为“国际造法”的可能性降低，竞争中立政策成为各国之间的权力博弈工具。主要推广的国家对竞争中立规则的适用采取了双重标准，这种现状只会削弱竞争中立的合法性和可行性，推广的国家主张和国际主张的高度分裂让竞争中立规则沦为贸易谈判的筹码。

三、“竞争中立”在区域贸易协定中的冲突和错位

（一）竞争中立规则和反补贴措施的功能冲突

反补贴措施和竞争中立政策的核心目标都是为了阻止政府的扭曲市场行为，两种政策背后所秉持的理念和原则是相通的。现行《补贴与反补贴措施协定》（以下简称《SCM 协定》）中规定可以可诉性的政府补贴必须要满足专向性的条件，也就是说政府补贴是专门被给予某个企业、产业、企业集团。这与竞争中立政策中的“竞争优势”概念类似，政府通过给予某些企业或者产业的优惠政策，让这些集团获得其他企业没有的优势条件，这种优势违背了公平竞争原则，损害了市场的自动调节机制，削弱了市场的资源分配功能。竞争中立政策本质上也是为了禁止和组织政府对市场的干预和扭曲，正如哈耶克所描述的那样，政府干预是以特定结果为目标而决定市场主体数量、商品价格等因素的直接干预，尤其体现为具有专门指向的产业政策，以及具有歧视性的财政和税收政策。③ 经济合作与发展组织（Organization for Economic Co - operation and Development，OECD）将其归纳为：歧视性的税

① 参见赵海乐：《是国际造法还是国家间契约——“竞争中立”国际规则形成之惑》，载《安徽大学学报（哲学社会科学版）》2015 年第 1 期。

② See Korus Agreement，Annex 13 - C Financial Services Committee，Art，3. Annex 13 - D，2.

③ 参见孙彦红：《欧盟产业政策研究》，社会科学文献出版社 2012 年版，第 10 页。

收、不一致的监管规则、针对特定企业的借贷(贷款利率)优惠或具有明确指向的补贴(政府援助)、倾向性的政府采购等。① 逐渐扩大化的竞争中立政策是对反补贴措施的补充和扩展,其规制的范围将远远超越 WTO 对政府行为的规制范围。

反补贴措施是建立在边境区隔的基础上,随着边境的逐步弱化和全球市场相互渗透,反补贴措施的局限性越来越明显。反补贴措施作为一种事后补偿性措施,当市场秩序因为政府行为的失当遭受损害后,通过这种补偿性措施弥补市场失序的损失,并不能从根本上杜绝和防止政府的反竞争行为。竞争中立政策通过竞争评估、竞争倡导和竞争执法三位一体的制度组合,可以彻底地将政府行为纳入其管辖范围,更加系统和明确地对政府和市场的关系进行规范。应当说,理想状态中的竞争中立规则是可以将反补贴措施纳入其中。这与反倾销法被竞争政策逐渐吸收的策略一样,随着市场一体化程度的加深,统一的国际竞争政策和竞争中立政策将逐渐取代贸易救济措施。② 但是,现阶段的区域贸易协定中表现出的特征是竞争中立政策和反补贴措施对国有企业形成了双重管制,这种双轨制方式对国有企业形成了多方位的具有矛盾性的规制。无论从制度间的自洽性角度,还是从公平贸易角度,现阶段竞争中立的发展都是非常不平衡的。

现行《SCM 协定》将补贴分为两种:禁止性补贴和可诉性补贴。禁止性补贴,是指本身就被禁止、任何成员都不得提供或维持的补贴,禁止性补贴包括出口补贴和进口替代补贴两种。禁止性补贴属于专向补贴,无须证明,也无须证明该补贴产生不利影响。可诉性补贴并不当然被禁止,只有可诉性补贴对其他成员的利益造成不利影响时,才可以对其采取反补贴措施。WTO《SCM 协定》的可诉性补贴,需满

① OECD, *Competitive Neutrality—Maintaining a Level Playing Field Between Public and Private Business*, OECD publishing,2012.

② 经济学家米歇尔·芬格(Michelle Finger)认为,竞争法更能非歧视性地针对国内及国外企业真正有害的低价销售行为进行规制而不会造成保护主义滥用,因此最佳的方案是以竞争法取代反倾销法。加布里埃尔·玛索(Gabriel Marceau)教授也认为,反倾销措施限制了贸易自由化,从理论上说应该取消该制度安排。但是,从现实可操作性的角度出发,在区域内逐步取消反倾销措施后,竞争政策的执行是一个问题,各国竞争政策协调和经济发展水平相似度都发挥着重要作用。也就是说,在实际上逐步淘汰反倾销法之前,区域内的主管机关要有被授权处理该区域贸易中反竞争性行为的权力。

足三个要件:(1)补贴的主体是政府或“公共机构”[①];(2)补贴授予了相对方利益;(3)补贴具有专向性。也就是说,WTO《SCM 协定》并不限制所有的补贴,而是认为专向性补贴对国际贸易有扭曲作用,因此把专向性作为采取反补贴措施的先决条件。

《SCM 协定》中只对政府和公共机构作为补贴提供者的补贴认定为可诉性补贴加以限制,关于国有企业的补贴的性质并没有作出具体规定,这是一个争议性问题。美国主张采取所有权标准来认定国有企业与政府控制的联系,通过这种分析路径,国有企业很容易就被认定为公共机构,国有企业的商业行为被认定为政府行为的风险增大。针对美国将国有企业视为公共机构的做法,连同其他一些措施,在中国诉美国反倾销反补贴措施案(以下简称 DS379[②] 案)中国政府一并诉诸 WTO 争端解决机构。该案件中专家组支持了美国几乎所有的主张,通过条约解释将国有企业和受政府控制的机构都解释为公共机构。但是,上诉机构也是通过条约解释法得出了与专家组完全不同的结论,并否定了专家组的上述解释结论,并认为判断国有企业是否属于公共机构的核心标准在于是否“拥有、行使或者赋予了政府权力”。[③]

中国在 DS379 案中获得了暂时性的胜诉并没有扭转对“政府行为”和“公共机构”认定的扩大化趋势,WTO 上诉机构的裁决对之后的案例在法理上也并不产生先例效果。DS379 案裁决发布后,一系列中国主要贸易伙伴纷纷在宣称遵守裁决结果的同时,做了与美国类似的选择:对标准进行“利己解读”,反而对本国“公共机构”认定披上合法性外衣。从其后的“美国对韩国浦项制铁案”“韩国影响商用船舶措施案”[④]等案件中可以看出,美欧将他国国有企业、国有商业银行视作“政府”或“政府当局”成为一种惯常指控,而非仅针对中国的做法。在“韩国影响商用船舶措

① “公共机构”这一概念一般应用于 WTO 国际争端解决过程中。WTO《SCM 协定》第 1 条规定:构成补贴的首要要件就是成员方境内存在由政府或任何公共机构(public body)或受政府委托(entrust)或指示(direct)的私营机构提供的财政资助。但这一规定在各国反补贴实践中存在诸多争议,针对补贴行为主体之一的“公共机构”的界定,尤其是国有企业和国有银行是否属“政府”和“公共机构’的认定,标准各不相同,争议颇大。

② US – Anti – Dumping and Countervailing Duties, WT/DS379/R, paras. 8.73, 8.136.

③ US – Anti – Dumping and Countervailing Duties, WT/DS379/AB/R, para. 321.

④ 2002 年 10 月“韩国影响商用船舶措施案”中,欧盟确定的判断公共机构的三个标准是:在公共法令的基础上建立并运行,决策受政府控制;追求公共政策目标;获得国家资源并从中得益。在该案中,欧盟运用这三个标准认定韩国进出口银行(Export – Import Bank of Korea, KEXIM)为公共机构。

施案”中,WTO上诉机构重点强调政府对企业的绝对控制,而在DS379案中,WTO上诉机构则强调企业是否拥有政府权威。现阶段WTO争端解决机构对国有企业是否为“公共机构”的认定没有统一的标准,具有极大的不确定性。①

WTO法律框架下,补贴只能源于政府和公共机构;国有企业能否提供补贴,必须首先根据具体情况判定其是否构成公共机构。如前所述,美国尝试通过条约解释,把国有企业受政府所有与控制的特征,转变为公共机构的认定标准,进而将国有企业概括定性为公共机构,但最终遭到WTO上诉机构的否定。上诉机构将公共机构解释为被赋予了某种政府责任,或行使某种政府权力以履行政府职能的实体;“政府所有与控制”的事实,可支持但不足以作出该国有企业构成公共机构的认定。② 显然,上诉机构关于公共机构的解释结论,没有完全满足美国的诉求。这种背景下,美国试图在WTO框架内外继续推动有关国有企业定性的规则与实践,朝着它设定的方向发展。

一方面,美国在WTO框架之内履行该案裁决过程中,发布了《关于中国“公共机构”的分析报告》③,该报告从中国政府通过国资委、高级管理人员任命等途径控制国有企业来阐述其对“控制”标准的扩大化理解,实际上放宽将中国国有企业被认定为公共机构的标准和范围,以逐案认定弥补其未能实现概括定性的缺憾。另一方面,美国在WTO框架之外重构多边经贸规则。它绕过了WTO上诉机构关于公共机构的解释结论,在TPP中用新术语“国有企业”和“指定垄断”代替公共机构,并将曾被WTO否定的“政府所有与控制”理论作为国有企业的认定标准。

根据该协定相关定义条款,国有企业是指政府所有或控制的、依法建立的营利

① 马其家、樊富强:《论国际竞争中立规则适用范围的扩张——以“中国诉美双反措施案”等案例为视角》,载《法律适用(司法案例)》2017年第6期。

② US - Anti - Dumping and Countervailing Duties, WT/DS379/AB/R, paras. 317 - 322,346.

③ Section 129 Determination of the Countervailing Duty Investigation of Circular Welded Carbon Quality Steel Pipe; Light - Walled Rectangular Pipe and Tube; Laminated Woven Sacks; and Off - the Road Tires from the People's Republic of China: An Analysis of Public Bodies in the People's Republic of China in Accordance with the WTO Appellate Body's Finding in WTODS379, Office of Policy, Import Administration, Department of Commerce, May 18, 2012.

性机构与非营利性机构①,它既不同于我们国内传统意义上的国营企业,也与《1994年关税与贸易总协定》(GATT 1994)第17条中的“国营贸易企业”有较大区别。此处的国有企业包括该协定定义下的国有企业,也包括不符合该定义的国有参股企业,故涵盖了我国国内法意义上的国有独资企业、国有控股企业和国有参股企业。简言之,该协定通过规定政府(第17.6条第1款)、国有企业(第17.6条第2款)、“受委托或指示”的私人机构(第17.6条第1款脚注18)不得提供补贴,将国有企业直接定性为补贴提供者,本质是美国将国有企业定性为公共机构的主张进一步强化的实验性先例。

美国对中国发起反补贴调查时,采用所有权标准,认定中国国有企业受政府控制,进而判定为公共机构。这不仅困扰国有企业,而且还“辐射”到其他中国企业:如果国有企业(包括国有银行)被认定为“公共机构”,那么任何中国企业与国有企业进行的商业交易,都会被认定为“公共机构”给予的财政资助,进而成为反补贴措施的潜在打击对象。由于在补贴利益判定环节允许采取外部基准,故与国有企业进行的商业交易,很容易就被认定为是接受了公共机构提供的补贴。现阶段的竞争中立政策将国有企业打上了“非商业机构”的烙印,并且通过竞争中立原则的推广将国有企业的商业活动限制制度化。同时,又通过对“公共机构”的扩大解释,将国有企业身份直接与“公共机构”画上等号,无限放大国有企业的身份特征,将所有国有企业都与政府控制联系在一起,并从补贴受益人角度,区分国有企业与私人机构建立补贴双轨制,以彻底实现反补贴语境下对国有企业商业属性的制度性否定。②

根据WTO反补贴规则,国有企业有可能被解释为公共机构作为补贴提供者被限制,同时在区域贸易协定的竞争中立规范中又可能作为竞争优势的接受者被限制。国有企业在两种制度中可能同时作为反竞争优势待遇的提供者和接受者被管制,让其所有市场行为都被全方位、多维度地进行限制,这种规则的本质与“中立”

① 关于国有企业和指定垄断,TPP第17章第17.1条给出了非常明确的定义,其中将“指定垄断”分为“私有指定垄断”和“政府指定垄断”。国有企业的定义是从事商业行为拥有50%以上的股份资本或50%以上投票权或者拥有任命大多数董事会或其他同等管理机构成员的权利。第17章关于适用范围的规定比较具体,尤其关于国有企业的定义,根据直接拥有一定比例的股权资本或投票权来确定,没有太多的争议性,便于操作。

② 参见蒋奋:《反补贴语境下的国有企业定性问题研究》,载《上海对外经贸大学学报》2017年第1期。

并不相符,而是将国有企业问题包装成“竞争政策”中“公平竞争”问题,在反补贴规范的基础上再将国有企业进行多重管制。这种双重乃至多重管制一旦形成,国有企业和与其交易的私营企业面临诸多政策不确定性,也违背了竞争中立追求的公平性,形成了某种意义上对国有企业的竞争歧视。国有企业作为补贴提供者和竞争优势接受者的双重身份形成的功能性冲突可能会进一步打破国际贸易政策内部的自洽和平衡。

(二)竞争中立规则和竞争政策的关系错位

传统竞争政策作为反对限制竞争,维护自由、公平竞争和经济效率的规范,调整私营企业的反竞争行为。竞争中立政策是为了建构平等、健康的企业竞争环境,让国有企业和私营企业享受一样的权利并承担相同的义务,政府不会给予国有企业更多的优待让其获得某些竞争优势。① 二者从本质上都是为了构建公平的竞争秩序,反对限制竞争和竞争优势滥用行为。竞争中立政策作为一种新型的国际竞争秩序规范,本应归属于全球竞争秩序的统一调整。但是,回顾国际竞争政策和竞争中立规则的形成和演变,竞争中立规则表现出越来越明显的独立性,以远超竞争政策的发展速度成为一项具有约束力的国际规范。竞争中立规则在重要的区域贸易协定中逐渐从竞争政策分离出来独立成章,这种趋势体现在诸多具有影响力的区域贸易制度安排中,如CPTPP、USMCA和EJEPA。

CPTPP第16章规定了“竞争政策”,第17章规定了“国有企业和指定垄断”,这种安排反映出国有企业与指定垄断作为独立于竞争政策独立成章,以“竞争中立”概念作为国有企业规范的核心精神。对比CPTPP第16章和第17章不难发现,虽然这两章分别作为私营企业和国有企业的竞争秩序规范,但是二者在适用范围、主管机关、限制竞争行为的基本构成、透明度原则、争端解决机制范围上都具有极强的独立性和特殊性。CPTPP第16章关于私人限制竞争行为规范内容主要协调了程序性事项,如信息交换、竞争执法中的程序公正②、竞争主管机关间的合作③、提高执法透明度④等。CPTPP并没有走欧盟的立法统一化路线,而只是建立了一个框

① 参见王婷:《竞争中立:国际贸易与投资规则的新焦点》,载《国际经济合作》2012年第9期。

② See CPTPP, Article 16.2.

③ See CPTPP, Article 16.4.

④ See CPTPP, Article 16.7.

架性结构。不难发现,CPTPP 的成员目前并不尝试建立任何超国家的竞争政策实体规则,因此对于限制性措施、滥用市场支配地位、合并控制等竞争法最基础的内容,各国没有构建统一标准的打算,而是把判断的权力交给各国的国内竞争法。

CPTPP 之前的《北美自由贸易协定》(North American Free Trade Agreement, NAFTA)作为第二代的区域贸易协定的典范,在第 15 章中规定了“竞争政策、垄断机构与国有企业”,将私营企业和国有企业的竞争规范统一协调处理。在 CPTPP 之前的区域贸易协定亚太经济合作组织(Asia – Pacific Economic Cooperation, APEC)、OECD 和 NAFTA 中,关于竞争政策的规定都是没有法律约束性的规则。APEC 通过的《APEC 加强竞争与管制革新原则》《执行 APEC 透明化标准原则声明》等国际文件仅反映了各成员在竞争和市场准入问题上的一种自愿做法,而不是一种有拘束力的规则。[①] OECD 竞争政策圆桌论坛报告中也就竞争政策国际协调做了大量的资料收集和主题研究,但是 OECD 只是提供了一个平台,政府可以借此平台展开合作,分享经验并寻求共同的问题解决方案[②],并不能对成员构成任何约束力。NAFTA 作为有独立争端解决机制的区域贸易协定,其第 15 章“竞争政策、垄断机构和国有企业”的内容被明确排除在第 20 章争端解决机制的范围外。[③] 通过与其他区域贸易协定中竞争政策规范的约束性作对比,可以发现,CPTPP 中的竞争中立规则逐渐脱离了传统的竞争规范,成为一项新型的国际造法,其覆盖范围和执行力都在不断提升。

与 CPTPP 的竞争中立规范相似的 USMCA 和 EJEPA 的竞争中立规范也表现出了极强的独立性。USMCA 第 22 章“国有企业和指定垄断”和 EJEPA 第 13 章“国有企业、被授予特殊权利或特权的企业和指定垄断”都将竞争中立政策作为独立章节列出。USMCA 的竞争中立规则涵盖定义、范围、授予职权、非歧视待遇和商业考虑、法院和行政机构、非商业援助、不利影响、损害、缔约方特定附件、透明度、技术合作、国有企业和指定垄断委员会、例外、进一步谈判、信息形成过程等 15 项内容,外加 6 个附件。EJEPA 中的竞争中立规则涵盖定义、范围、与 WTO 协定的关系、总则、非歧视性待遇和商业考虑、监管框架、信息交流、例外等共 8 个条款。

① See Peter S. Watson, Joseph E. Flynn, Chad C. Conwell, *Completing the World Trade System Proposals for a Millennium round*, ICLUWER LAW, 1999, p. 32

② OECD(20 July 2016), http://www.oecd.org/about/#.

③ See NAFTA, Article 1502.3.

USMCA和EJEPA中的竞争中立规范与CPTPP表现出了高度的趋同性和同构性,CPTPP与USMCA有关"竞争政策"和"国有企业"章节重合度非常高,体现了美国的主导性。比如,在"竞争政策"章节中,都要求缔约国制定或维持各自的竞争法,并协调各方的执法程序和分享先进做法。在"国有企业"章节中,不仅对国有企业等主要概念进行了统一界定,在"非歧视待遇和商业考虑""非商业援助"等核心条款上更是做了内容一致的规定。例外条款中均要求国有企业不能以主权豁免为由逃避对其的法律诉讼。在"国有企业"问题的基本立场上,美国和欧盟都强调基于公开、公平和竞争性国际市场的共同信念。在协议条款的具体规定上,也体现了高度一致性。比如,三份协定都对什么是安排、商业活动、商业考虑、指定垄断、被授予特殊权利或特权的企业和国有企业等概念做了内容几乎一致的界定。①

竞争中立概念来源于竞争法的"公平竞争"理念,本应是竞争政策的应有之义,国有企业的特殊性本可以通过部分例外条款和限定条款得到解决,但是从目前区域贸易协定的趋势可以发现,竞争中立规范的范围不断被扩大。NAFTA之后的CPTPP第一次将其独立列出,并将其独立纳入争端解决机制,试图将其逐渐从"软法"过渡到"硬法",这种趋势在USMCA和EJEPA被强化。越来越多的区域贸易协定将竞争中立规范作为独立于竞争政策内容专章规定,竞争中立摆脱于传统竞争政策独立发展的趋势越来越清晰和明显。

四、"竞争中立"在区域贸易制度安排中的再定位

(一)纳入竞争政策统一规制

现有的区域贸易制度安排中,竞争中立规则的发展趋势是独立于竞争政策成章。这种独立性不仅体现在形式中,还体现在二者的发展速度和发展预期中。依照现有的趋势,竞争中立将继续扩张其规制范围和约束强度,这种趋势背后主要反映了国际造法过程中大国间的权力博弈,美国在竞争政策和竞争中立规则的国际造法路径中起到了主导作用。实际上,在构建国际统一竞争规则的过程中,美国学界和官员都是持反对意见,他们反对的主要理由是,竞争法必然涉及对此类制度目标可接受的成本的规范判断,而这个判断会因国家而异。美国反托拉斯界对美国法有一种信心,认为美国所接受的基本原则、思维方式以及运作方式是竞争法的"正

① 张久琴:《竞争政策与竞争中立规则的演变及中国对策》,载《国际贸易》2019年第10期。

确”方式,它是具有普遍适用可能性的。① 认为美国的选择是一种客观存在的、可以预见的最优路径,其他国家无须亲自尝试便可复制的正确选择。这种视角使美国评论者不愿意接受一个非绝对根植于美国反托拉斯原则的国际制度。

美国通过反托拉斯法的域外适用扩张其竞争法的管辖权,很多国家开始将美国法院视为潜在的“世界反托拉斯法院”,在美国提起反垄断诉讼甚至作为一种商业策略存在,因为在美国原告可能获得比任何其他国家都高额的损害赔偿。这些诱惑促使外国诉讼者频繁在美国提起诉讼,要求就美国境外反竞争行为遭受的损害寻求救济,这些损害很多时候和美国没有直接联系。美国竞争法的特征使得美国成为反垄断法体系的中心,美国国内的竞争法发展控制着全球竞争秩序。② 美国单边主义倾向导致全球反垄断机制失去了“反馈”机制,全球竞争秩序演变成建立在主权基础上的权力博弈,每个参与者都基于自己的利益单方面做出决定。在这个体系中,每个国家的经济实力决定了对市场的影响,导致全球的竞争模式最终是由几个拥有足够经济或政治实力的国家决定,美国在这个体系中拥有了绝对的优势地位。美国对国际竞争规则的构建一向持消极和反对态度,这也是为什么 WTO 的竞争议题搁置至今的主要原因。美国对于国有企业的竞争政策的大力推崇与其之前在 WTO 上关于多边竞争政策的态度完全不同,美国国际竞争政策咨询委员会(ICPAC)不主张在 WTO 框架内引入统一的竞争政策,认为 WTO 的争端解决机制可能对成员方内部法律制度造成潜在的干涉,游说成员方反对统一国际规则的构建。③

美国对待竞争政策和竞争中立的不同态度也在影响国际竞争规则的构建,竞争中立作为特殊的竞争政策被片面误读,使得国际社会片面地将竞争中立问题狭隘地聚焦在国有企业与私营企业之间,甚至仅限在中国的国有企业与其他的私营企业之间,形成了竞争政策和竞争中立的错位。④ 目前竞争中立的国际造法再次将国际竞争规则构建政治化,将其作为大国间谈判博弈的筹码,这不仅不利于国际竞

---

① See Eleanor M. Fox, *Competition Law and the Agenda for the Wto: Forging the Links of Competition and Trade*, 4 Pac. Rim L. & Pol'y J. 1 (1995).

② 参考[美]戴维·格伯尔:《全球竞争:法律、市场和全球化》,中国法制出版社 2012 年版,第 52 页。

③ 王晓晔、陶正华:《WTO 的竞争政策及其对中国的影响——兼论制定反垄断法的意义》,载《中国社会科学》2003 年第 5 期。

④ 丁茂中:《竞争中立政策走向国际化的美国负面元素》,载《政法论丛》2015 年第 4 期。

争秩序形成以规则为导向的谈判,这种失衡的竞争规则还会带来一系列制度间的冲突。

在制度功能性上,竞争中立应当从属于竞争政策,不过由于其规制对象的特殊性,需要做个别例外处理,如竞争评估制度。但是,竞争中立规则的特殊性并不足以支撑其摆脱传统竞争法理论,其目标依然是指向公平竞争。片面强调竞争中立规则同时抑制竞争政策的国际规范不论在理论自洽还是立法技巧上都存在诸多障碍。基于此,竞争中立规则应当回归竞争政策统一协调,对于跨国案件应当先建立基础的竞争规则,对横向和纵向限制竞争行为适用“本身违法原则”和“合理原则”。适用最低国际标准原则,根据国内竞争法的特点和成本收益实验法进行调整形成对兼并的审查和对滥用市场支配地位的限制。同时规定,国内竞争法不得对出口卡特尔给予豁免,设立政府间的争端解决程序。在基础竞争规范形成后,政府从事的商业行为完全适用此国际竞争规则,不因其特殊身份享有任何竞争优势,同时形成税收中立、商业回报率等竞争评估审查制度。竞争中立规则和竞争政策都应当统一纳入区域贸易协定中的争端解决机制,保持国有企业的“中立性”,不做豁免处理。

(二)形成与反补贴措施的协调机制

如前所述,竞争中立规则和反补贴措施在区域贸易制度安排中可能会形成对国有企业的规制冲突。这种冲突的来源不是偶然的,而是植根于多边贸易的发展历史进程中。“二战”后为筹建国际贸易组织(International Trade Organization,ITO)拟定的《哈瓦那宪章》第5部分第46条至第54条是关于竞争政策的规定[①],由于美国国会拒绝批准《哈瓦那宪章》,使最早可能形成的国际竞争规范中途夭折。《哈瓦

① 《哈瓦那宪章》第5部分是专门调整限制性商业行为的,该章节要求各成员方采取适当的措施,并通过合作来阻止私人或公共商业企业的那些影响国际贸易、限制竞争、限制市场准入或关闭市场的商业行为,只要当这些行为对生产的扩大和贸易产生了有害的后果,并和宪章第1条规定的目标相违背。《哈瓦那宪章》规制的限制性商业行为包括以下几种:(1)通过交易中的利益交换,达成固定价格的协议;(2)滥用市场支配地位的排他性行为,提高市场的准入门槛阻止其他企业进入本土市场;(3)对特定的企业进行歧视;(4)限制生产或者固定生产配额。《哈瓦那宪章》明确规定了禁止成员方反垄断法的域外适用,一切域外行动都是违背协议的,成员之间只能通过政府合作来解决企业反竞争行为的纠纷。如果某一企业的商业行为破坏了其他成员方内的竞争秩序和贸易秩序,依据宪章规定,任何受影响的成员都可以以自己的名义或者代表其管辖范围内的任何受影响的个人或者企业向国际贸易组织提交书面指控。如果协商失败,成员还可以选择将该争端提交联合国执行局申请复议。

那宪章》"流产"后，美国倡导的反托拉斯法域外适用的效果原则虽然逐渐被其他国家被动或主动接受，但这并没有解决竞争法管辖权的冲突问题，反而加剧了国家间的摩擦，澳大利亚、加拿大、新西兰、英国等国纷纷出台了阻却美国反托拉斯法的法律法规。截至目前，WTO 框架下还没有形成关于竞争政策和反竞争行为的协议，但是有关"公平竞争"的理念体现在 WTO 的诸多原则和条款中。①

最惠国待遇原则和国民待遇原则的最终目的都是为全世界不同的国家提供一个自由、平等的竞争平台，要求各国之间不能有选择性歧视，禁止对特定国家实施约束性关税或者数量限制等政策，主要是规范政府的关税行为。实际上，只要政府和企业都能遵守竞争政策的原则，对国外企业和国内企业都一视同仁地适用本国竞争法，就可以最大限度地防止违反 WTO 基本原则的商业行为发生。为所有企业提供公平竞争的环境和 WTO 的非歧视原则是互相促进、互相影响的。WTO 虽然明确将竞争政策单独成章，但是"不得允许企业运用限制竞争措施来建立新的国际贸易壁垒"的理念已经渗透在诸多条款中。从这个意义上来说，竞争政策（公平竞争）已经成为 WTO 协定的一部分，也是反补贴措施追求的目标之一。

反补贴措施是进口国通过调查补贴进口并征收反补贴税来保护受损的国内产业以及恢复公平竞争的行为，这种措施是在缺失统一国际竞争规则时的补救措施。当竞争中立被完全实施后，反补贴措施适用的情形将会大大减少，因为诸多出口国的补贴行为都会通过竞争中立规则被约束。在竞争中立规则被确定和实施的区域，反补贴措施的适用空间会被大大缩小，当国有企业被竞争审查后还作为"公共机构"被反补贴措施救济是不合理的。国有企业之所以被竞争审查是为了让其商业行为不受政府干扰，让其面对和私营企业同等的竞争市场，不享受任何优惠待遇。"竞争中立"规则的最终目的就是通过竞争评估、竞争倡导和竞争执法的制度性改造，去除国有企业参与商业行为可能享受的竞争优势，将国有企业和私营企业放在完全相同的竞争环境中。

---

① 最惠国待遇原则和国民待遇原则的最终目的都是为全世界不同的国家提供一个自由、平等的竞争平台，要求各国之间不能有选择性歧视，禁止对特定国家实施约束性关税或者数量限制等政策，主要是规范政府的关税行为。实际上，只要政府和企业都能遵守竞争政策的原则，对国外企业和国内企业都一视同仁地适用本国竞争法，就可以最大限度地防止违反 WTO 基本原则的商业行为发生。为所有企业提供公平竞争的环境和 WTO 的非歧视原则是互相促进、互相影响的。WTO 中与竞争政策有关的内容不仅体现在基本原则上，还分散在诸多协定中。《与贸易有关的知识产权协定》《补贴与反补贴措施协定》《保障措施协定》《反倾销协定》中的诸多条款中都直接或间接体现了对"公平竞争"的追求。

区域贸易协定中竞争中立规则完全实施后,国有企业作为"公共机构"参与竞争的可能性将大幅度降低,国有企业享受政策特权的环境也并不存在。在这种背景下,还依旧按照美国对"公共机构"的解释方法①来认定补贴,轻易将国有企业与私营企业的商业行为定性为补贴行为,会引发一系列的过度救济措施。尤其是国有银行一旦被定为"公共机构",在银行贷款的私营企业面临的政策风险将无法估量。因此,在适用竞争中立规则的区域内,国有企业需要被谨慎对待,不能随意被扩大解释为"公共机构",应当对"公共机构"的解释进行限缩。未来的制度安排中,竞争中立规则和反补贴措施应当呈现一种良性的互动,随着竞争中立规则的完善,反补贴措施发挥的作用将会越来越少。

① 2012年5月18日,美国商务部就如何确定特定中国实体为"公共机构"发布备忘录,作为其履行中美双反措施案上诉机构裁决的措施之一。备忘录就美国商务部如何确定特定中国实体为"公共机构"进行详细论述,主要有以下三点:第一,特定实体由中国政府拥有多数股权且适用特定政府产业计划即可能被认定为公共机构;第二,如果中国政府对特定实体实施了"有意义的控制",即使中国政府对该特定实体拥有极少股权甚至没有股权也可能被认定为公共机构;第三,对"有意义的控制"的判定取决于一系列因素,如政府是否拥有特定实体高层人事任免权和经营决策权、中国共产党是否在特定实体的董事会中占据明显多数等。

域外新论：数字平台治理

再论美国平台反垄断救济模式的创新*

Herbert Hovenkamp** 著　李中衡*** 译

引　言

在面对数字平台市场时,反垄断政策应当进一步促进竞争吗? 对于就业来说,反垄断政策是不是最好的工具? 若行动势在必行,反垄断的替代性方案即为某种形式的监管。但普遍适用的监管方式对于数字平台市场来说可能并不适用,因为平台企业的商业模式过于不同。对于四家吸引了无数媒体与政治关注的科技巨头——亚马逊、苹果、脸书与谷歌来说,情况便是如此。平台企业拥有不同的输入端(input)。它们售卖不同的产品,纵有产品范围的重叠,这些产品中只有很少一部分是数字产品。平台企业直接与消费者和一系列不同的第三方打交道,它们的共同之处其实在于体量巨大且很大一部分驱动它们运行的技术是数字技术。

这便引申出了第一个问题,即如何在它们所处的市场之中对其所拥有的市场力量进行评估。对于数字平台来说,市场力量是很复杂的,因为每个平台公司都在极广的产品与服务谱系中经营,且使用了多样化的技术手段,双边市场更是带来了许多个性化的问题,因为一方不可能在不考虑与另一方进行互动的情况下去审视其在该市场中的力量。在这种情况下对市场力量进行直接评估,会取得更好的效

---

* 本文原文载 *Yale Law Journal* 2021 年第 130 卷,第 1901 ~ 2001 页,题为"Anti – Trust and Platform Monopoly"(反托拉斯与平台垄断)。因原文内容较长,将译文分为两个部分发表。其中上半部分发表在《竞争法律与政策评论(第 7 卷)》(法律出版社 2021 年版),题为《平台企业的竞争法特性分析》;本文为该文翻译的后半部分。

** Herbert Hovenkamp(中文常用译名为:赫伯特 · 霍温坎普),美国宾夕法尼亚大学凯里法学院教授。

*** 李中衡,上海交通大学凯原法学院 2021 级博士研究生。译者感谢作者的慷慨授权。本译文是国家社科基金重点课题"强化反垄断促进平台经济健康发展研究"(21AZD017)阶段性成果的一部分。

果。此外,在对市场力量进行评估之前,如何识别双边平台市场,其实是一个更加重要的前提问题。双边市场是至少有两个互相依赖的群体的市场,这些群体可以是使用搜索引擎的用户与广告商、网约车软件使用者与司机、信用卡消费者与商家等。商业行为在数字平台进行并不意味着其为双边市场。

双边平台是否处于一个“赢家通吃”的市场也是非常重要的问题,该类市场是以“平衡数值”计的卖家永远只有一个的市场。虽然有大量证据指向相反的结论,数字平台市场却总被认为是一个“赢家通吃”的市场。但该结论很少能成立。即使我们假设一些平台企业所涉市场是“赢家通吃”的,这一认定的政策后果仍不清晰。即使某数字平台企业被认定在一个“赢家通吃”的市场中具有支配地位或自然垄断地位,也非常有必要去区分那些涉及自然垄断的企业资产和运营行为与未涉及的部分。据此不难得出结论,大型数字平台企业必须依靠商业优势进行竞争或通过排他性的商业行为取得与维系支配地位。在这一过程中,平台企业的行为势必会产生限制竞争的可能,对此类行为的救济模式进行反思与创新,也因此有了现实必要性。

当平台企业对其他企业乱用其市场力量,就会产生违法责任,但相应的救济方式却导致另一个难题。在许多案例中,将大型公司进行拆分,不但使之难以从经济规模与范围经济中获益,也会伤害消费者与大部分供应商的利益,包括那些提供劳动力的雇员。一种更好的救济方式应当是管理层重组,而不是公司资产重组。这不仅使平台企业完好无损,也使其决策过程更具竞争性。而另一种比拆分企业更优的救济方式是提高互操作性——在信息产业背景下,其指的是强制信息池化。这些措施可以在促进竞争的同时增加网络效应的价值。

一、驳平台例外主义

在运通案中,最高法院拒绝承认关于相关市场定义的一个基本原则,即相关市场是由具有较强替代性的产品组成的。[1]第一,最高法院将互补产品归入同一相关市场,但在这一过程中,该认定方式阻碍了对相关问题的经济分析。必须重申,即便经营者在双边市场中的一侧存在的市场支配力量,也不能在不分析另一侧市场力量时直接认定市场支配力量。因此,判定支配地位要求事实查明者考虑补偿效应,

① See Hovenkamp, supra note 184, at 14 - 15, 29 - 33.

这种效应有时发生在双边市场的另一侧。①

第二,法院忽视了事实与法律之间的重要区别。对于相关市场边界的确定涉及事实问题。尽管如此,该判决中的多数意见写道——作为法律问题——双边平台市场排他性地与另一个双边平台市场进行竞争。这些判决附带意见会误导下级法院的分析。例如,该判决导致某法院判定某一双边线上航班预订系统与一家更传统的相同业务公司之间的合并不构成竞争者之间的横向合并。②

第三,在没有证据或主张的情况下,即使更先进的评估手段依然存在,法院依然要求诉讼参与人在纵向限制案件中通过参考相关市场间接地证明市场支配力量。直接评估方式在数字平台市场尤为重要,因为重要的数据可以很容易获得,且传统相关市场的定义不可靠。③ 这是事实问题与法律问题的另一个边界。

第四,法院误解了"搭便车"的经济效应,忽视了当企业有能力通过交易弥补其进行投资的支出,"搭便车"就不会是一个问题。

第五,法院疏于基于特定交易进行事实分析,而该类分析对于判定反垄断经济责任至关重要。相反,法院单纯地假设,在没有审查真实交易的情况下,双边市场一侧的损失一定会被另一侧的收益所弥补。④ 运通公司禁止转介的政策对受影响的商户与持卡人都造成了直接的损失。唯一的受益人是其自身,其运营平台确保自己免于竞争。这种竞争本可以惠及持卡人与商户。

所有的市场各有不同。⑤ 这也是为什么我们对一些市场适用反垄断法,对另一些市场适用监管,有时对一些市场双管齐下。

---

① See Hovenkamp, supra note 23; see also Pike, supra note 19, at 15.

② *United States v. Sabre Corp.*, 452 F. Supp. 3d 97, 136 (D. Del. 2020) [引用了 *Ohio v. Am. Express Co.*, 138 S. Ct. 2274, 2287 (2018) ("只有其他的双边平台市场才能与平台市场进行商业竞争"]。Sabre 航空技术服务公司提供的产品促进的是双边平台上两侧用户的互动,Farelogix 航空技术服务公司则向航空公司提供航班与线路规划服务,且同时在其公司网站或通过中间商销售上述服务。See Laura - Lucia Richter, *Analysis: The Sabre/Farelogix Transaction and Why Platform Economics Will Matter*, NERA 3 - 4 (2019), https://www.nera.com/content/dam/nera/publications/2019/PUB_SabreFarelogix%20platforms.pdf [https://perma.cc/PKC5 - RVJN].

③ 参见以下脚注及相关上下文。See Hovenkamp supra note 26, § 2.2c. Hovenkamp & Scott Morton, supra note 6, at 8. Complaint at ¶¶ 12 - 14, Texas v. Google, LLC, No. 4:20cv957 (E.D. Tex. Dec. 16, 2020).

④ See Hovenkamp, supra note 181, at 745 - 47.

⑤ See, e.g., Herbert Hovenkamp, *Regulation and the Marginalist Revolution*, 71 FLA. L. REV. 455, 492 - 95 (2019).

大部分数字平台市场在结构上并不是"赢家通吃"的。大部分具有支配地位的企业不能简单地通过收取一个处于或略低于竞争水平的价格来维持其市场地位。正如其他具有支配地位的企业一样,如果这些企业希望维持市场力量,那么他们必须按策略行事。此外,监管的目的是新古典主义式的逼近竞争性产出;若此,监管支配地位企业的案例法依然较弱。[①] 从经验上看,监管的目的相较于反垄断原理来说更加宽泛,且更加多元。[②] 例如,监管目标或服务对于电信政策、国家安全、隐私保护、礼仪、政治平衡、平权、特定群体利益的保护或其他价值。若监管的目的不仅仅是将产出维持在竞争水平,那么监管必须得到除反垄断法之外的立法支持。

正如数字平台企业并非独角兽,它们也并非一定就是庞然大物:平台企业各不相同。有一些平台的投入与产出主要是由知识产权或其他数字内容构成,这些资源并不互相排斥,且几乎用之不竭。另一些平台市场提供的商品或服务更能被感知,这些市场中排除竞争方式也更不相同。对于一些技术性产品来说,差异化会导致自然垄断难以形成。有些平台企业与更加传统的市场进行竞争,有些则不需要。

因此,对于平台的反垄断诉讼需要依据案情进行事实查明,对竞争伤害进行评估,且量身定制相应救济方式。

二、限制竞争行为

本部分的讨论过于简短,因此无意呼吁对任何特定平台进行反垄断执法。[③] 本部分不讨论并购行为[④]。2020年年末针对脸书与谷歌提出的多宗诉讼主要涉及的是其与多个供应商或商业伙伴的协议关系,其中就包括排他或准排他协议、最惠待遇[⑤]、忠诚行为[⑥]、搭售与其他默认的商业实践[⑦]。一系列诉讼也剑指脸书对应用开

---

① 对于该观点的评述,参见 Alfred E. Kahn, *The Economics of Regulation: Principles and Institutions* 11-12 (1988)。

② See Breyer, supra note 70, at 15-25 (1982).

③ 对于两种执法路径值得借鉴的讨论,参见 Fiona M. Scott Morton & David C. Dinielli, *Roadmap for an Antitrust Case Against Facebook*, Omidyar Network 11, 15 (2020), https://www.omidyar.com/sites/default/files/Roadmap%20for%20an%20Antitrust%20Case%20Against%20FB.pdf [https://perma.cc/3V2N-CCGS]; and Scott Morton & Dinielli, supra note 206, at 13, 15。更多的相关议题的探讨,参见 Areeda & Hovenkamp, supra note 9, passim。

④ 参见本文第三章(讨论平台企业的收购行为)。

⑤ See Areeda & Hovenkamp, supra note 7, ¶¶ 768a6, 1807b1.

⑥ Id., ¶¶ 749, 1821a.

⑦ Id., ¶¶ 1700-1783.

发商的禁止开发可与其竞争之程序与禁止其与苹果竞争者合作的规定。① 根据现行反垄断原则,这些协议都涉嫌违反《谢尔曼法案》。其中的大部分协议是纵向协议,可以合理原则进行审核。不幸的是,联邦法院对于本就不容易成功提起反垄断诉讼的原告适用合理原则举证的门槛极高。② 这很大程度上是源于司法界怠于进行反垄断执法的偏见,即使这种态度已经不再与经济界的共识相一致。③

同时,也存在一些限制竞争的横向协议案件。一宗由州检察长向谷歌提起的诉讼指控谷歌与脸书订立不法协议以约束头部竞价市场。④ 此外,谷歌支付给苹果用于将其浏览器设置为苹果手机默认浏览器的行为,也可能涉及要求苹果不要开发与其竞争的浏览器的承诺。若发现存在相关承诺,这或构成本身违法的划分市场协议。⑤ 在一个相关领域,优步一直在反击主张其限定司机酬劳的指控。⑥ 任何网约车公司都可能与其他公司签署彼此不雇佣对方员工的限制竞争协议。⑦

纵然谷歌与脸书都是网络平台市场中的大公司,所有上述指控均未对平台企业的网络效应进行抨击。网络效应毫无疑问提升了价值,但其也提高了限制竞争行为出现的可能与相关经营行为的成本。⑧ 例如,拒绝交易行为在网络市场或行业

---

① See, e. g. , FTC Facebook Compl. , supra note 33, ¶¶ 139 – 40 (援引了脸书关于应用开发者“不得(在开发应用程序时)进行与和脸书竞争的平台企业相关的整合、连接、推广、分销、引流行为”,并声称这一政策的目的是“伤害与阻止竞争的出现”)。

② See Hovenkamp, supra note 26, § 2. 2c.

③ See Hovenkamp & Scott Morton, supra note 6, at 8.

④ Complaint at ¶¶ 12 – 14, *Texas v. Google, LLC*, No. 4:20cv957 (E. D. Tex. Dec. 16, 2020) (指控谷歌公司与脸书公司之间订立了关于限制“头部竞价”的协议,该协议旨在体系化地通过激励广告商多次出价使广告商之间的投标竞争更加激烈).

⑤ See supra note 204. 本文撰稿之时,有消息称苹果公司正在开发其自己的搜索引擎,部分原因即为与其相关的正在进行的反垄断诉讼。See Tim Bradshaw & Patrick McGee, *Apple Develops Alternative to Google Search*, FIN. TIMES (Oct. 28, 2020), https://www.ft.com/content/fd311801 – e863 – 41fe – 82cf – 3d98c4c47e26 [https://perma.cc/D3NX – AB9F].

⑥ See, e. g. , *Meyer v. Kalanick*, 2020 WL 4482095, at ∗2 – 4 (S. D. N. Y. Aug. 3, 2020) (拒绝驳回仲裁机构作出的有利于被告的决定 refusing to set aside the arbitrator's decision for the defendant); *Meyer v. Kalanick*, 291 F. Supp. 3d 526, 530 (S. D. N. Y. 2018) (认可了限定价格的指控并同意了进行强制仲裁的动议); *Yellow Cab Co. v. Uber Tech. , Inc.* , 2015 WL 4987653, at ∗5 – 6 (D. Md. Aug. 19, 2015) (依据州反垄断法法院拒绝驳回针对出租车司机提起的声称其实施了限制价格行为的指控).

⑦ E. g. , *California v. eBay, Inc.* , 2014 WL 4273888 (N. D. Cal. Aug. 29, 2014) (同意了加州政府提出的在一起涉及易趣与其他公司的有关“禁止挖墙脚”协议的案件中初步批准进行调解的动议).

⑧ See Herbert Hovenkamp, *Frand and Antitrust*, 105 CORNELLL. REV. 1683, 1703, 1716 (2020); see also Areeda & Hovenkamp, supra note 9, ¶ 772(支持在具有网络市场特征的行业加强交易相关义务).

造成的问题肯定会比独立的市场多,因为后者中的企业自产自销。不可能在不评估相关市场中规则的情况下去评估相关市场中的竞争问题。这一理念也一直反映在最高法院对于适用合理原则案件的态度中。例如,在芝加哥交易中心案中,布兰戴斯法官解释了为何通常构成限制价格的协议在该案中的特定相关市场可以促进竞争。① 在全美大学生体育协会案中,法院只有在确认了相关竞争限制多于促进涉案相关市场中的竞争之后,才确认该对于转播比赛的横向限制是违法的。② 但是在关于高通的司法决定中,第九巡回法院并未遵从上述逻辑,其忽视了公平合理非歧视的专利交叉授权体系,将各涉案公司视为独立的竞争者。③ 因此,相应案件判决对于产生了大量创新与发展的充满竞争的网络市场环境造成了巨大威胁。

三、构建新的反垄断救济手段以达到其目标

反垄断法对于平等救济手段的规定极为宽泛,对于救济手段的本质并无清晰限制。④ 授权联邦政府付诸平等救济手段的成文法甚至都没有包含联邦法典条文中常见的对于救济手段诸如"根据衡平法原则实施"这样的限制性字眼。⑤ 简单的禁令,激进地将大企业拆分为多个小企业,或其他种类的救济方式似乎在法律上都是可实现的,只要其在理论上仍属于政府所具有的"阻止与约束"反垄断违法行为的权力的一部分。尽管如此,法院已经为自己确定了反垄断禁令的范围与本质。例如,最高法院经常表明反垄断法的平等救济的目的是"恢复竞争状态"。⑥ 然而,合

---

① *Bd. of Trade of Chi. v. United States*, 246 U. S. 231, 239 (1918)(解释了本案中被指控的定价规则的机制原理).

② *NCAA v. Bd. of Regents*, 468 U. S. 85, 103 –05, 115 (1984)(解释了为何 NCAA 对电视转播球赛的限制行为对于 NCAA 的合理运营来说是不必要的,且这是纯粹的限制性商业行为).

③ *FTC v. Qualcomm, Inc.*, 969 F. 3d 974 (9th Cir., 2020).

④ 15 U. S. C. §25 (2018)(授权政府"阻止并限制"违反反垄断法的行为).

⑤ 例如,相关成文法授权当事人在"其所处的时机、所面临的状况、所被评价的标准与衡平法院在相关程序中对面临可能造成人身损害或财产损失之威胁行为的当事人所给予的禁令救济相同的"情况下获得法院的禁令救济 15 U. S. C. §26 (2018); see also 35 U. S. C. §283 (2018)(授权依据《专利法案》中的"衡平原则发出禁令");15 U. S. C. §1116(授权法院依据与专利侵权相关的"衡平原则发出禁令");17 U. S. C. §1322 (2018)(涉及专利保护的案件,法院可以"依据衡平原则发出禁令")。

⑥ *United States v. Int'l Harvester Co.*, 274 U. S. 693, 698 –706 (1927); see also *United States v. E. I. du Pont de Nemours & Co.*, 366 U. S. 316, 326 (1961)("整个反垄断救济问题的核心当然就是找到能够重新恢复竞争的手段");*United States v. Microsoft Corp.*, 253 F. 3d 34, 47 (D. C. Cir. 2001)(认为政府提出的"救济手段对于恢复市场的竞争环境是必须的且必要的").

适的救济应当"剥夺被告或可享有的自由行为"。[①]

根据消费者福利原则,反垄断法应在维持可持续竞争的情况下尽可能地提高市场产出。新的救济手段应当旨在达成该目标。其中一个重要的考量应当是垄断持续的时间与造成的伤害,另一考量则是救济手段本身的成本与收益。

垄断状态持续的越久,给社会造成的违法成本越高。在大多数情形中,由一家企业保持的只有一年的垄断状态很有可能不会被采取结构性救济手段,这主要是因为相应的反垄断执法成本很高且执行速度较慢。因此,对享有支配地位企业提起的反垄断诉讼通常需要对市场准入门槛进行分析。这考量的是垄断是否有可能被新进入者打破,且有可能的话,这一进程将持续多久。[②]

一个精心设计的企业拆分行动可以提升竞争,反之,则可能剥夺企业的规模经济优势或正网络效应。这种拆分对消费者造成的伤害胜于帮助,拆分甚至可以毁灭一家企业。若原告要求实施拆分,法院应当坚持要求其在主张救济方式的阶段提供有关拆分必须性、有效性及成本的证据。相应地,在微软案中,华盛顿巡回法庭撤销了地区法院的相应救济判决,因其并未就拆分问题举行听证。[③]

反垄断救济手段应当从其所起到的产出增加、价格下降、提升产品质量或促进创新的效果来进行评估。反垄断法的目标不是把企业变小、变得无利可图、变得更低效或造成产品价格上涨、质量或产量下降来伤害消费者。对于隐私、政治权力或社会与经济平等的关注当然与法律政策具有一般性的关联,但在这些议题可能造成产出减少、价格上涨或约束创新的威胁之前,其不应成为反垄断法的议题。

与此同时,反垄断并不是行业监管的别名。不同于指挥控制式的监管,反垄断的逻辑原点是市场趋于自我调控这一假设。只有在竞争被威胁时其才会介入——这才是"恢复竞争"的应有之义。

下文讨论了反垄断案中法庭如何在不伤害消费者或不过分介入正在得到监管的商业行为的情况下促进数字平台市场中的竞争。

---

① *Nat'l Soc'y of Prof'l Eng'rs v. United States*, 435 U. S. 679, 697 (1978).

② See *Microsoft*, 253 F. 3d at 106 – 07.

③ See generally Areeda & Hovenkamp, supra note 9, chs. 6 – 8 (讨论了单边行为); id. chs. 14 – 23 (讨论了涉及订立协议的行为).

(一)结构性救济、默认市场安排以及其他禁令

1. 救济手段与成文法的选择

《谢尔曼法案》第2条直接规制的是单边垄断行为与相应尝试。而第1条规制的是所有约束贸易的协议,且法院经常在市场中并没有任何一家企业具有支配地位时认定违法情况的存在。一般认为,第1条的法律标准比第2条更为激进,但只有在案情涉及符合标准的由两方或多方参与的“协议”时才会被适用。①

2020年年末,针对谷歌与脸书提起的反垄断诉讼的显著特点之一即为《谢尔曼法案》第2条的优先性。② 美国司法部反垄断局对谷歌提起的诉讼完全依据《谢尔曼法案》第2条,科罗拉多州总检察长提起的诉讼也是如此。得克萨斯州的起诉状中确实包含了依据《谢尔曼法案》第1条提起的指控,但该指控涉及苹果与谷歌之间涉嫌违法的横向协议。对于脸书的起诉,联邦贸易委员会只主张其违反了《谢尔曼法案》第2条。③ 州检察长们对脸书提起的诉讼还涉及依据《克莱顿法案》第7条和《谢尔曼法案》第2条涉嫌违法的一宗脸书发起的并购交易,④但他们并未依据《谢尔曼法案》第1条提出任何指控。

上述几乎所有未依据《谢尔曼法案》第1条所提出的指控令人瞩目,粗略统计,这些指控中所提及的至少有2/3的涉案行为涉及某种协议。通常情况下,违反《谢尔曼法案》第1条的行为比违反《谢尔曼法案》第2条的行为更容易被查明。尽管如此,当被告具有市场垄断地位时,依据《谢尔曼法案》第2条提起诉讼成为一种趋势,因为其对违法行为的构成要求不甚严格。⑤ 这就解释了为何各方会同时依据上述各成文法提起诉讼,但这并没有对放弃依据《谢尔曼法案》第1条提起诉讼的趋势给出合理的解释。另一种可能的解释是起诉状起草者认为提出依据《谢尔曼法案》第1条的主张可能会使结构性救济更难被法院批准。再次重申,这也不能被认为是对放弃依据《谢尔曼法案》第1条提起诉讼的趋势所给出的合理解释。

---

① See Areeda & Hovenkamp, supra note 9, ¶¶ 420 – 423.

② United States Google Compl., supra note 96; Colorado Google Compl., supra note 28.

③ See FTC Facebook Compl., supra note 32. 联邦贸易委员会无权直接适用《谢尔曼法案》,而必须经由《联邦贸易委员会法案》第5条来行使相关权利。See 15 U.S.C. §45 (2018).

④ See New York Facebook Compl., supra note 32, ¶¶ 263 – 272 (指控脸书对Instagram公司与WhatsApp公司的收购涉嫌违反).

⑤ See, e.g., *Viamedia, Inc. v. Comcast Corp.*, 951 F.3d 429, 453 (7th Cir., 2020) (注意到了两条文的差异之处).

除了《克莱顿法案》第7条有关并购的反垄断执法规定外，大部分反垄断救济措施都是非结构性的。然而，在运通案中，最高法院与各低级法院均假设若要宣告被告的行为违法，需证明该行为带来了总体价格上涨的结果。[①] 然而，实际上，所有该案中被相应行为影响的交易对于消费者来说都使其支付了更高的价格且使商户减少了利润。[②]

对于收购交易背景之外的大部分反垄断问题，结构性拆分不是有效救济手段。使用各种"去集中"方法作为救济手段的美国反垄断判例史并不光鲜亮丽。[③] 要求已经合并的企业剥离特定工厂或产品会减少其对消费者的吸引力，但并不会在本质上削弱其在特定产品或服务市场中的市场力量。

然而，并购中被企业收购的实体与资产却带来了不一样的问题。在一些案件中，被收购的资产最终完全融入了收购企业之中，以至于若对其进行剥离在本质上无异于从企业内部对该资产进行重组。在另一些案件中，资产融入的速度较慢或被收购的生产线依然保持独立，则此时撤销并购恢复原状是更加可靠的救济手段。例如，在对脸书提起的一宗反垄断诉讼中，联邦贸易委员会要求脸书将 Instagram 公司与 WhatsApp 公司剥离，这两家企业是脸书分别于 2012 年和 2014 年收购的。[④] 这两家公司在随后保持独立用户体系并独立运营。[⑤] 虽然这两家公司与脸书的整合是显著的，某些整合过程直至最近的 2020 年才完成。[⑥] 评论者认为这种整合只

---

① *Ohio v. Am. Express Co.*, 138 S. Ct. 2274, 2287 (2018)（讨论了将信用卡市场两侧市场作为整体评估，价格是否更高这一问题）；see also id. at 2292（Breyer 法官的反对意见，他认为总体来看不存在显示价格更高的证据）.

② See Hovenkamp, supra note 181, at 741 – 742.

③ See generally William E. Kovacic, *Failed Expectations: The Troubled Past and Uncertain Future of the Sherman Act as a Tool for Deconcentration*, 74 IOWA L. REV. 1105, 1105 & n.4 (1989)（"对于大部分反垄断法的学生来说，对于将《谢尔曼法案》所创制的权利进行分散的努力不过在很大程度上反映的是一连串成本高昂的挫败与不足挂齿的胜利。"）.

④ FTC Facebook Compl., supra note 33, at 51.

⑤ See Instagram, https://www.instagram.com; [https://perma.cc/KNX7 – SBXL]; Whatsapp, https://www.whatsapp.com [https://perma.cc/QC67 – 797P].

⑥ See Mike Isaac, *Now You Can Use Instagram to Chat With Friends on Facebook Messenger*, N.Y. TIMES (Sept. 30, 2020), https://www.nytimes.com/2020/09/30/technology/instagram – facebook – messenger – integration.html [https://perma.cc/NPY5 – S3A7].

是为了让拆分更加困难的把戏。① 更具挑战的是有关安卓的问题,谷歌在2005年收购了该公司,当时该公司为数码相机与手机厂商提供软件,其规模尚小且陷入财务问题。② 使其成为一家成熟的智能手机操作系统供应商的事件大部分发生在并购之后。③

对一个公司联合体进行拆分的成功案例是于1982年基于原被告双方同意之判决而实施的美国电话电报公司案。④ 美国电话电报公司的电话网络被认为是一自然垄断市场,但随着无线通信技术进步所带来的技术革新,其已失去相应市场地位。拆分并未改变本地通信服务商的市场境遇,因其向顾客所提供的服务仍然需要依赖有线传输。然而,长距离通信服务与基础设施建设服务的剥离确实带来了竞争。⑤ 美国电话电报公司案给所有考虑对垄断企业采取结构性救济的人带来的重要启示是,找到那些可以产生竞争的市场与资产并进行相应的资产剥离。

对于数字平台企业而言,结构性拆分是一个更严肃的问题。首先,拆分会降低直接与间接的网络效应,导致价值减损。其次,除了收购后并未融入公司的独立资产,平台企业一般是高度整合的。

---

① See Melody Wang, "*Unscrambling the Eggs*": *How to Unwind Harmful Mergers After They Have Closed*, 21 U.C. DAVIS BUS. L. J. 35, 38 (2021)(关注脸书公司先前对于WhatsApp公司与Instagram公司的控制程度,最近脸书开始对两公司的业务进行整合).

② See Ben Elgin, *Google Buys Android for Its Mobile Arsenal*, Bloomberg Businessweek (Aug. 17, 2005), https://web.archive.org/web/20110205190729/http://www.businessweek.com/technology/content/aug2005/tc20050817_0949_tc024.htm [https://perma.cc/QJ9J-YM9M].

③ See Lisa Eadicicco, *The Rise of Android*: *How a Flailing Startup Became the World's Biggest Computing Platform*, BUS. INSIDER (Mar. 27, 2015, 9:37 AM), https://www.businessinsider.com/how-android-was-created-2015-3 [https://perma.cc/G88W-7BJN]; see also Android (Operating System), WIKIPEDIA, https://en.wikipedia.org/wiki/Android_(operating_system) [https://perma.cc/NLA3GMPV].

④ *United States v. Am. Tel. & Tel. Co.*, 552 F. Supp. 131, 141-42 & n.42 (D.D.C. 1982), aff'd subnom. *Maryland v. United States*, 460 U.S. 1001 (1983). 对于相关历史的论述及监管机关视角的论述,参见Gerald R. Faulhaber, *Telecommunications in Turmoil*: *Technology and Public Policy* (1987); and Stephen G. Breyer, *Antitrust*, *Deregulation*, *and the Newly Liberated Marketplace*, 75 CALIF. L. REV. 1005 (1987),两篇文章都提供了早期学界对反垄断法地位的评述。更加生动,但不太学院派的论述,见Steve Coll, The Deal of the Century: The Breakup of AT&T (1986)。更加全景式的再现包括AT&T拆分在内的美国电信行业的历史,见Richard R. John, *Network Nation*: *Inventing American Telecommunications* (2010)。

⑤ 参见Randal C. Picker, *The Arc of Monopoly*: *A Case Study in Computing*, 87 U. CHI. L. REV. 523 (2020)(讨论了AT&T拆分案判决的诸多细节,包括对于西部电力公司的剥离与长距离电话业务市场领域的竞争)。

但拆分并不存在竞争关系的公司下属单元并不必然会促进竞争。若一家制造商生产世界上80%的烤面包机与世界上75%的榨汁机,将这家公司进行拆分只会使市场出现一家生产世界上80%的烤面包机的公司与另一家生产世界上75%的榨汁机的公司。因为这两个业务从一开始就不具有竞争关系,拆分并没有带来更多竞争。

为了达到促进竞争的目的,我们需要拆分的是每个产品的生产线。

拆分任何一家具有高度规模经济优势的平台企业将可能带来极高的社会成本。这将降低经拆分后的所有公司的生产效率并给消费者造成伤害。例如,亚马逊拥有大约67%的电子书市场份额。① 我们或可剥离亚马逊的电子书业务并将其转移给另一家企业。此时此刻,任何用户可以在亚马逊上挑选一本书并选择其可购买的格式:精装本、平装本、Kindle电子书版本或有声书。若对Kindle进行剥离,将会使消费者在想要购买相应格式电子书时必须要登录另一家销售电子书的公司的网站,包括出版社在内的许多中间商都销售电子书。所以拆分带来的首要影响便是使读者在选择书籍格式时更加不便。这不太可能是消费者福利的提升,也不太可能促进电子书市场的竞争。

考虑到规模经济的显著性与网络效应的外部性,更加可靠的救济应当是强制互操作性与强制信息池化。这能为更加势均力敌的公司的出现创造条件,并逐渐瓦解(大公司的)规模经济优势,并可能真正提升正网络效应的范围。② 此外,这些救济手段也都在常规的《谢尔曼法案》所允许的救济手段范围内。

2. 限制竞争的默认市场安排

对于一些平台企业的可靠非结构性救济手段可以是去除默认条款,这种默认的产品选择权本就应当由用户来决断。正如美国司法部于2020年对谷歌所提起的反垄断诉讼中所解释的,谷歌搜索引擎一直作为在美国出售的苹果与安卓手机的默认搜索引擎。③ 而用户已经可以在不付出任何成本的情况下在多个不同搜索引

---

① *Ebook Industry News Feed*, About Ebooks, https://about. ebooks. com/ebook - industry - news - feed [https://perma. cc/N8KV - V7QN].

② See discussion infra Section II. C. 2. b.

③ United States Google Compl., supra note 96, ¶¶ 45 - 47. 欧洲学者的观点,参见 Benjamin Edelman & Damien Geradin, *Android and Competition Law: Exploring and Assessing Google's Practices in Mobile*, 12 EUR. COMPETITION J. 159, 165 - 66 (2016); Alexandre de Cornière & Greg Taylor, *On the Economics of the Google Android Case*, VOX EU (Aug. 15, 2018), https://voxeu. org/article/economics - google - android - case [https://perma. cc/8ZW2 - CNJ4]。

擎竞品之间进行切换。[①] 默认市场安排涉及的一个问题即为作出决定的个体一般不会是受到伤害的个体。例如,个人用户共同作出的对他们来说影响较小的选择某特定默认浏览器的行为或许会导致该浏览器的竞争对手付出被市场淘汰的沉重代价。

此外,并非所有的默认安排都一样高效。[②] 美国政府对谷歌提起的反垄断诉讼中声称其在移动端的默认浏览器安排行为"尤其具有黏性"。[③] 相比之下,笔记本与台式机中预装的 Windows 10 操作系统附带的默认浏览器为微软的 Edge,默认搜索引擎为必应,但数据显示很大一部分 Windows 10 操作系统的用户不会使用必应而会使用谷歌搜索引擎。[④]

美国反垄断法关于默认安排的规定是很保守的,对于相关行为的判定标准取决于相关行为是单边行为还是合意行为。此外,对于单纯的由某制造商对其产品所进行的单边商业安排,在涉及反垄断指控时所需要满足的有关单边交易标准的举证义务是非常高的。

反垄断法中对于默认安排最相近的规定是搭售相关法规,该类法规从历史上

---

① 但谷歌公司也可能实施绝对的搭售行为。See, e. g. , Colorado Google Compl. , supra note 28, ¶¶ 121 - 122. (指控谷歌坚决要求所有安卓设备制造商在其制造的设备中预装谷歌的搜索服务并将之设置为默认选项以使这些设备也同时安装谷歌应用商店——对于手机应用的购买者来说,该商店是"必须安装的"。)

② 对于相关议题颇为值得借鉴的成果颇丰的研究,参见 Jon M. Jachimowicz, Shannon Duncan, Elke U. Weber & Eric J. Johnson, *When and Why Defaults Influence Decisions: A Meta - Analysis of Default Effects*, 3 BEHAV. PUB. POL' Y 159 (2019)。相比之下,社交网站中的默认隐私设置对于消费者作出的最终选择有更大的影响。See Hichang Cho, Sungjong Roh & Byungho Park, *of Promoting Networking and Protecting Privacy: Effects of Defaults and Regulatory Focus on Social Media Users' Preference Settings*, 101 COMPUTERS HUM. BEHAV. 1, 1 (2019) (当把默认设置作为一个用户个性化的背景要素与监管重点进行研究时,其发现默认设置会极大的影响用户的隐私设置偏好); id. ("用户会选择距离他们最近的默认选项或替代选项").

③ United States Google Compl. , supra note 96, ¶ 3; see also Colorado Google Compl. , supra note 28, ¶ 105(提出了更具普遍性的指控,即消费者"更倾向'附着'于"浏览器所提供的默认搜索节点与其他具有搜索功能的程序).

④ 虽然视窗操作系统占有全球各类设备操作系统市场35%的份额,其预装的搜索引擎必应的市场份额只有不到3%。这意味着90%购买了预装 Windows 10 操作系统的用户拒绝使用其默认浏览器而偏好使用谷歌搜索。See *Search Engine Market Share Worldwide—September* 2020, STATCOUNTER, https://gs. statcounter. com/search - engine - market - share [https://perma. cc/KF48 - VDY5]. 对于其他数据,见 Herbert Hovenkamp, *Antitrust and Information Technologies*, 68 FLA. L. REV. 419, 436 & nn. 114 - 16, 437 & nn. 117 - 18 (2016) (以下简称 Hovenkamp, Antitrust and Information Technologies),该文从 *Tech Times*、*ZD Net* 与 *Computerworld* 杂志收集了相关数据。

看已被解释为要求证明存在绝对的限制条件。只是同时提供两种产品而并未强制要求买家同时购买的商业安排并不构成搭售。[①] 最高法院在形容搭售行为时使用的是诸如"强制"或"胁迫"这样的词汇。[②] 另一个在法律上相关而在经济学上不重要的因素即为默认商业安排机制一般不允许用户移除相关默认安排,而只会给有此需求的用户提供额外的选择。例如,普通用户无法从 Windows 10 操作系统中移除必应搜索引擎,虽然他可以将其屏蔽或设置其他搜索引擎为默认搜索引擎。

反垄断法成文法的用语对我们理解默认安排的合法性有所助益。《克莱顿法案》第 3 条似乎完全不适用于默认安排,其要求存在某种"状态、协议或合意"使买家"不会使用卖家竞争者的货物或与卖家的竞争者交易"[③],允许用户使用其他竞争者产品的简单商业安排并不属于上述规定的范畴。而《谢尔曼法案》第 1 条的规定更加宽松,其只规制"约束贸易"的行为,[④]即造成产出减损或更高价格的行为。《谢尔曼法案》第 2 条禁止"垄断",这要求证明存在不合理的排他性商业行为,但并未具体说明这类行为的运行机制。[⑤] 默认商业安排是否能够被《谢尔曼法案》第 1 条或第 2 条管辖,实际上展现的是一个事实问题。在任何情况下,当指控依据《谢尔曼法案》第 2 条向涉嫌垄断的企业提起时,法院对于判定相关行为是否满足搭售或排他交易的构成要件秉持的是较为宽松的标准已经成为一种坚实的传统。[⑥] 终极问题并不是是否存在真正的胁迫行为,而是相应商业行为是否为不合理地排除竞争所服务。以此来看,谷歌在搜索引擎市场的高市场份额使对其提出的诸多指控更具说服力。

---

① *It's My Party, Inc. v. Live Nation, Inc.*, 811 F.3d 676, 685 (4th Cir. 2016)(解释了演唱会的推广方并未将场地服务与推广服务捆绑销售,涉案艺术家们并未强制要求使用相关场地,只有 14% 使用了推广服务的用户也租用了该公司的场地);参见 AREEDA & HOVENKAMP, supra note 9, ¶ 1752e(对胁迫与附条件行为的构成进行了讨论)。

② E.g., *Jefferson Par. Hosp. Dist. No. 2 v. Hyde*, 466 U.S. 2, 12 (1984)(讨论了搭售行为的"强制性");*Times–Picayune Publ'g Co. v. United States*, 345 U.S. 594, 605 (1953)(将搭售行为形容为"胁迫").

③ Clayton Act § 3, 15 U.S.C. § 14 (2018).

④ Sherman Act § 1, 15 U.S.C. § 1 (2018).

⑤ Id. § 2; cf. *United States v. Grinnell Corp.*, 384 U.S. 563, 570–71 (1966) (condemning "the willful acquisition or maintenance of [monopoly] power as distinguished from growth or development as a consequence of a superior product, business acumen, or historic accident"). [谴责"与通过高质量的产品、经营模式或历史性的意外所发展而来的市场力量截然不同的故意获取或维系的(垄断)市场力量"。]

⑥ See Areeda & Hovenkamp, supra note 9, ¶ 777a.

3.业务范围限制

业务范围限制指的是对企业可以参与的活动范围进行合法的限制。从历史上来看,立法机关对企业通过在其合法营业范围之外的市场扩展其经济力量的行为有所忌惮。在19世纪,商业公司只能依据特许状的授权范围经营特定业务。① 该规则在19世纪晚期被推翻,当时的公司法立法者开始主张企业若能参与相邻业务领域则会变得更高效。例如,对于铁路公司来说,同时经营矿产业务或宾馆业务对其是有益的,只要这些业务对其主营业务起到了辅助作用。②对企业扩展业务领域的担忧在20世纪早期烟消云散,当时各国政府开始修订公司法以允许企业参与任何合法的经营活动。③

然而限制公司经营范围的理念在价格管制行业存留至今。争议的焦点又重新回到了交叉补贴与可能发生的一个价格受到管控的市场中的垄断企业,通过进入价格不受管控的市场隐藏其真实成本或补贴其经营成本的行为。对于经营范围限制的争论在美国电话电报公司拆分案中举足轻重,当时的拆分理论认为美国电话电报公司所处的价格受到管制的具有自然垄断特性的有线电话市场应当与其经营的其他不受管制的市场隔离开来。④ 许多经济学家质疑此观点,⑤大部分相应观点在随后的立法中也未被采纳。⑥

对于营业范围的限制是否属于结构性救济取决于具体案情。若限制适用于未来的行为,则其可以通过一纸禁令禁止公司进入新业务领域来实现。而溯及既往的法院命令,则会要求企业剥离若干财产。比如,营业范围限制禁止美国电话电报

---

① See Herbert Hovenkamp, *Enterprise and American Law*, 1836 - 1937, at 59 - 65 (1991).

② E. g., 1 Victor Morawetz, A Treatise on the Law of Private Corporations § § 364, 380 (Bos., Little, Brown, & Co. 2d ed. 1886); see Herbert Hovenkamp, *The Antitrust Movement and the Rise of Industrial Organization*, 68 TEX. L. REV. 105, 158 - 160 (1988).

③ See Herbert Hovenkamp, *The Law of Vertical Integration and the Business Firm*: 1880 - 1960, 95 IOWA L. REV. 863, 879 (2010).

④ E. g., *United States v. W. Elec. Co.*, 894 F.2d 1387, 1391 (D.C. Cir. 1990)(确认了旨在避免子业务交叉的业务领域限制行为);参见 Joseph D. Kearney & Thomas W. Merrill, *The Great Transformation of Regulated Industries Law*, 98 COLUM. L. REV. 1323, 1351 - 53 (1998)。

⑤ E. g., Kenneth J. Arrow, Dennis W. Carlton & Hal S. Sider, *The Competitive Effects of Line - of - Business Restrictions in Telecommunications*, 16 MANAGERIAL & DECISION ECON. 301, 311 (1995)(主张消除剩余的对AT&T施加的业务领域限制是有益的);Daniel F. Spulber, *Deregulating Telecommunications*, 12 YALE J. ON REG. 25, 63 - 66 (1995)(持有相似观点).

⑥ See Howard A. Shelanski, *Adjusting Regulation to Competition*: *Toward a New Model for U. S. Telecommunications Policy*, 24 YALE J. ON REG. 55, 63 - 64 (2007).

公司从事电话设备设施制造业,这使美国电话电报公司必须剥离其分公司——西部电子公司,该分公司随后也完全被剥离。[①] 对于营业范围限制的争论随着大型数字平台企业的出现再次卷土重来并带来了两个相互联系的具体问题:若涉案公司所处行业并未受到价格管制且涉案公司也并未被证实具有垄断地位,对其经济活动进行区隔是否在经济上具有正当性?

亚马逊在其平台同时销售第三方与自营工厂产品的行为就招致了对其平台进行剥离的呼吁。[②] 批评者援引的证据表明亚马逊时常利用在其平台营业的第三方商户的数据来进行产品复制并在其自有品牌进行销售。而亚马逊行为的支持者则观察到该行为的首要影响是迫使品牌商家降价。[③]

虽然尚缺乏研究,但依循直觉不难推测诸如亚马逊倍思这样的平台自有品牌对于市场中已有高销售量与高利润的成熟品牌来说一定会带来棋逢对手的竞争压力。这些成熟品牌或包括金霸王(家用电池)、百得(家用电动工具)、新秀丽(箱包)、3M(消费型办公用品)与喜万年(灯与灯泡)。新进入者更加有利可图,因为市场上既存产品的销量和利润都更高,这些品牌都属于大型公司且都与亚马逊在相应产品市场进行竞争。然而,亚马逊也可以通过复制小品牌的产品并通过低价销售来谋取优势。在其他情况下,当平台外部卖家从一个不同的生产商购入商品时,亚马逊或可直接与该生产商达成交易。[④]

基于这些事实,将全球性的平台公司亚马逊进行拆分是危险且有害的,可能会矫枉过正。此外,我们甚至不清楚这样做是否会带来任何竞争上的益处。若某产品可以被合法复制,复制者并不需要在其拥有的网站上对其进行销售。我们尚不清楚来自非公开渠道的信息——第三方商家给亚马逊供货——是否促成了上述产品复制行为。任何人都可以通过逆向工程复制为目的购买某产品,且亚马逊网站上公开的产品评论也提供了大量相关产品的信息。同样的原理也适用于亚马逊直接与制造商交易以绕开第三方经销商的行为,第三方经销商是否在亚马逊平台进行销售并不影响亚马逊实施该行为。若亚马逊被禁止与其平台上的第三方经销商竞

① See *United States v. W. Elec. Co.*, 569 F. Supp. 1057, 1120 - 23 (D. D. C. 1983).

② See Hovenkamp, supra note 23, at 60 - 61.

③ Id., at 60 - 62.

④ See Dana Mattioli, *How Amazon Wins: By Steamrolling Rivals and Partners*, WALL ST. J. (Dec. 22, 2020), https://www.wsj.com/articles/amazon - competition - shopify - wayfair - allbirds - antitrust - 11608235127 [https://perma.cc/2XTQ - PGFC].

争,亚马逊会更趋向于禁止该类经销商在其平台销售并只销售其自有品牌产品。

其次,亚马逊也没有任何权利侵犯商家的知识产权,这些商家也没有权利在亚马逊未与其竞争的情况下获得高额利润。在相关情况下,知识产权法与侵权法都能够提供合适的救济手段。所以我们依然很难基于(亚马逊)带来更高销售量与更低价格商品的商业行为来依据反垄断法(对亚马逊)进行结构性拆分。

4.量身定制禁令的相对优势

虽然并非所有反垄断禁令对于社会来说都是有益的,禁令的作用范围较之资产剥离更加突出重点,且禁令的效果通常更容易被预测。判断司法强制公司重组的利弊是困难的。此时的重点并非结构性救济本身就是有害的,而是任何反垄断法的救济手段都不应在没有相对清晰竞争效果评估的情况下被强制实施。毕竟所有反垄断救济手段的目标都是提升救济落实后的产出,更高的产出可以惠及消费者、劳动业者与供应商。大多时候,刻意实施的资产剥离或结构性拆分最终会导致适得其反的目标效果。①

合理定制的禁令可以取得比资产剥离更多的效果。例如,我们并不需要使用资产剥离的手段来处理谷歌在安卓系统中预装谷歌搜索引擎的行为。禁止该商业行为并要求新安卓手机购买者可以在手机初始菜单选择预装谷歌搜索引擎竞品的禁令足以成为合适的救济手段。② 这类禁令正是源自欧盟于2018年作出的有关安

① See Robert W. Crandall, *The Failure of Structural Remedies in Sherman Act Monopolization Cases*, 80 OR. L. REV. 109, 197 (2001)(认为反垄断案件中绝大多数资产剥离救济手段并未达到提升竞争或促进消费者福利的目的)。一个常见的例子即为标准石油案中的判决,其将该公司拆分为34个子公司。*United States v. Standard Oil Co. of N. J.*, 173 F. 177, 198 – 99 (E. D. Mo. 1909); see also *Standard Oil Co. of N. J. v. United States*, 221 U. S. 1, 37 n. 1 (1911)(列举了标准石油公司的资产).拆分之后不久,石油价格上涨,但该轮上涨是否由标准石油公司的拆分所引发仍不得而知。See FTC, *Report on the Price of Gasoline in* 1915, at 1 (1917).

② 该提议首次在该文本提出,参见 Hovenkamp, *Antitrust and Information Technologies*, supra note 264, at 436 – 37。

卓系统的决定。[①] 根据该救济方案,在安卓系统第一次在新设备上被启动时,屏幕必须显示"一揽子"常见的搜索引擎,消费者可以选择其一。搜索引擎的显示排序由公开竞标决定。安卓系统自身的信息页面在此过程中会在屏幕上为新用户提供四个搜索引擎选项,它们分别是:雅虎、DuckDuckGo、谷歌与必应。[②] 对于脸书禁止应用开发商开发与其竞争的程序或禁止其向脸书竞争者服务的行为,[③]可以采用相同的救济方式:一个聚焦相关行为的禁令。

资产剥离相较于其欲救济的伤害往往会呈现波及面过宽或过窄的后果。例如,苹果公司与谷歌公司是不同且互相竞争的手机操作系统公司。尽管如此,谷歌搜索还是成为大部分苹果设备的默认搜索引擎[④]——这很有可能是因为谷歌为获得此特权支付了昂贵的费用,正如政府对谷歌提起的诉讼中所指控的那样。[⑤] 谷歌支付相关费用的行为也能够被禁止。相较于资产剥离,禁令可以直接处理相关商业行为。将谷歌搜索剥离也许仅仅只是将其转移给另一家公司,而后这家公司依然会向苹果支付相同的费用。

资产剥离也是一种生硬的救济手段。公司或子公司是通过"一揽子"的合同所

① Case AT. 40099, Google Android, C(2018) 4761, ¶¶ 1214, 1401 (July 18, 2018), https://ec.europa.eu/competition/antitrust/cases/dec_docs/40099/40099_9993_3.pdf [https://perma.cc/P6WJ-U6EZ](注意到在设备中预装多款互相竞争的搜索引擎将会在搜索引擎流量领域制造更多的竞争;谷歌支付大量资金以使其成为诸多设备的默认搜索引擎以及谷歌要求在设备中只安装单一的默认搜索引擎这两个行为都会提升其搜索引擎的流量);see Katie Collins, *Google Won't Be Default Search Engine for Android Users in EU Next Year*, CNET (Aug. 2, 2019, 3:35 AM PT), https://www.cnet.com/news/google-to-prompt-eu-android-users-to-choose-a-search-engine-within-chrome [https://perma.cc/HH8W-CQGT].

② *About the Choice Screen*, ANDROID, https://www.android.com/choicescreen [https://perma.cc/YW42-KUC5]. 该搜索引擎选择界面招致了部分谷歌竞争对手的反对,主要是因为招标流程不公正且界面没有提供足够多的选项,但在本文撰写之时,这些问题并未解决。参见 *Some Google Search Rivals Lose Footing on Android System*, WALL ST. J. (Sept. 28, 2020), https://www.wsj.com/articles/some-google-search-rivals-lose-footing-on-android-system-11601289860[https://perma.cc/5KBN-LCLZ]。

③ See discussion supra notes 220-223.

④ Pinar Akman, *A Preliminary Assessment of the European Commission's Google Android Decision*, COMPETITION POL'Y INT'L ANTITRUST CHRON., Dec. 2018, at 4 n. 13, https://ssrn.com/abstract=3310223 [https://perma.cc/T7AM-499F].

⑤ United States Google Compl., supra note 96, ¶ 119. 此外,2011 年,谷歌公司向 Mozilla 公司支付了十亿美元,以使其成为火狐浏览器的默认搜索引擎。参见 Hanley, supra note 67, at 298-99。

建立的经济合同集合,且这些合同是依据各州公司法中的结构性规定所订立的。[①] 对于子公司或部门业务线的剥离会带来的问题是:其通过将整个合同集合进行分割而阻隔了公司的整体结构,虽然整个合同集合中只有一份或数份合同可能会受到直接的伤害。

反垄断法中的合理原则在被恰当适用时,能够确保法院提供足够聚焦于伤害竞争的特定商业行为的救济。例如,在全美大学生体育协会案中,被诉行为即为全美大学生体育协会限制任何球队可被全国转播的比赛数量的规定。[②]

最高法院在认定全美大学生体育协会的限制行为违法后,原本可以拆分全美大学生体育协会。在一个世纪之前,最高法院在跨密苏里运输协会案中便采用了类似手段,为了管制在许多不同市场高效运行的涉案公司在该案相关市场中的限价行为,法庭拆分了涉案企业联合体。[③] 但将全美大学生体育协会拆分也会彻底抹去其通过大联盟式的协同行动所带来益处——校际运动赛事承办营运市场。[④]

5. 可管理性(Administrability)

结构性救济的支持者一向主张该救济方式所具有的优势即为其允许在不需经历司法行政过程的情况下使竞争再次出现。相比之下,禁令的劣势即为其需要持续的法庭监督。这一论断在某些情况下或成立,但在其他情况下言过其实。法庭的作用应当是设计救济方案以确保市场拥有竞争而不是持续用司法监督来判断救济实施后是否存在竞争。在诸如全美大学生体育协会这样的案件中,判定其限制电视转播的行为违法是较为简单的。介于全美大学生体育协会拥有数量庞大的加盟大学,以及转播比赛数量可随时被观测(这使暗中实施协议变为不可能),一个聚焦涉案行为的禁令足以促进竞争。禁令实施后每所大学都能决定被转播的其所参与

---

① See, e. g., *Oliver E. Williamson*, *The Economic Institutions of Capitalism: Firms, Markets, Relational Contracting* 295 (1985) (分析了合同集合概念背景下的公司结构); Michael C. Jensen & William H. Meckling, *Theory of the Firm: Managerial Behavior, Agency Costs, and Ownership Structure*, 3 J. FIN. ECON. 305, 310 - 311 (1976) (介绍了"合同集合"的概念).

② *NCAA v. Bd. of Regents*, 468 U. S. 85, 88 - 90 (1984).

③ *United States v. Trans - Mo. Freight Ass'n*, 166 U. S. 290, 308, 343 (1897)(批准了政府要求拆分该合营企业的请求,因为该企业限定运费率)。对于 Trans - Missouri 合营企业的行为对效率的影响导致了州际贸易委员会与第八巡回法院最终批准了政府的前述请求,参见 HOVENKAMP, supra note 26, § 5.2(a)(1)。

④ See Brian L. Porto, *The Supreme Court and the Ncaa: The Case for Less Commer - Cialism and More Due Process in College Sports* 75 - 77 (2012).

的比赛数量。总体来说,对于在禁令实施后竞争将很可能再度出现的市场中存在的协同行为,禁令更加有效,正如全美大学生体育协会案所阐释的那样。而对于脸书限制相关应用程序开发者与其竞争的行为,一纸禁令将会使应用开发者拥有选择权。

在其他情况下,对单个企业的行为更难设计与执行禁令救济。例如,法庭或为了救济违法的拒绝交易行为而发出强制交易的禁令。然而,法庭因此不得不对该禁令的范围与适用商品进行划定且在禁令实施过程中几乎不出意外将要处理随之而来的法律争议。① 若如此行事,法庭实际上成为监管者。在这种情况下,支持法庭采取结构性救济以促进市场竞争将会是更有力的主张。

而在其他情况下,行之有效的行政监管手段其实早就存在。例如,在威瑞森电信公司诉柯蒂斯·多林克律师事务所案中,强制进行交易的法庭命令被认为是不必要的,这部分因为类似内容的命令其实已经依据《电信法》得到了监管机关的执行。②相似地,在涉及违反有关授权专利的合理非歧视条款的在先承诺的案件中,要么由地区法院发出禁令,要么在某些案件中依据涉案合理非歧视协议的规定,通过特定仲裁程序以解决相应纠纷。③

若将反垄断法剔除出执法工具箱,即使在涉及竞争伤害或价格上涨的案件中,诸如第九巡回法院在联邦贸易委员会诉高通公司案(高通案)中的判决都会威胁本就破碎的反垄断执法体系。④高通作为具有支配地位的企业,以各种方式违反了其所负有的数项公平非歧视义务,这明显构成了反垄断违法行为,这些行为构成了对地区法院深思熟虑判决的否定。⑤直到现在,私人的公平非歧视协议执行机制已被

① 这些可能的法律争议而后逐步演变为了"关键设施"理论。

② 540 U. S. 398, 413 (2004)(该判决将纽约公共服务委员会与联邦通讯委员会称为受高度监管的通讯领域内"反垄断职能有效的践行者")。

③ See, e. g., *Microsoft Corp. v. Motorola, Inc.*, 795 F. 3d 1024, 1037 – 39 (9th Cir., 2015)(拒绝了当事人对地区法院具有作出某决定之能力的抗议,该抗议涉及法院依据公平合理非歧视原则所确定的当事方可收取的版税数额,之所以作出该决定是因为提出抗议方先前已经同意了地区法院作出的相关决定);*HTC Corp. v. Telefonaktiebolaget LM Ericsson*, No. 6:18 – CV – 00243, 2018 WL 5831289, at * 11 – 12 (E. D. Tex. Nov. 7, 2018)(将依据公平合理非歧视原则所确定的可收取的版税数额之争议提交仲裁机构). 参见 Herbert Hovenkamp, *FRAND and Antitrust*, 105 CORNELL L. REV. 1683 (2020)(讨论了公平合理非歧视原则与反垄断法的关系)。

④ 969 F. 3d 974, 1005 (9th Cir. 2020), rev'g 411 F. Supp. 3d 658 (N. D. Cal. 2019).

⑤ Id. at 986 – 88, 997 – 1003. 对于高通案的反垄断法分析,参见 Hovenkamp, supra note 295, at 1685 – 1695, 1701 – 1704。

证明无法约束相关违法行为。[①]对于联邦贸易委员会明智的做法是不寻求拆分公平非歧视合作体系而是禁止特定的滥用市场地位的行为。在不采取反垄断救济的情况下,很有可能的结果是其他企业也会效仿高通的做法。若如此,公平非歧视体系所欲达到的激励自主创新与分享的目标将无法实现。若这种情况发生,国会绝不会袖手旁观。

(二)更具创造性的替代性救济手段

本节讨论的救济方式并不需要对公司资产进行拆分或对公司除了通过并购获得的部门或子公司进行剥离。准确地说,相应救济措施改变的是公司的所有权性质、管理决策流程、合同、知识产权许可或信息管理方式。与其尝试在享有支配地位的平台企业与其竞争对手之间制造更剧烈的竞争,更好的方式或许是保持该公司的完整性并促进其内部竞争。此外,我们还可以要求这些公司共享更大规模的信息或输入数据,以此来提升互操作性。虽然如今的反垄断法成文法已经赋予法院同等的足以达成这些目标的救济权力,[②]但相关方案实属新颖且可能招致反对意见。

这些救济手段可对具有结构性垄断地位之外的企业适用,也可适用于违反《谢尔曼法案》第1条与第2条的违法行为。虽然相较于企业拆分其侵略性更小,这些救济手段的适用范围应当限制在禁止性禁令单独适用不足的场景下。偶尔实施的非法排他性交易行为、最惠待遇协议[③]或其他限制竞争协议值得适用禁令,但并不值得对行为主体企业进行拆分或对其管理结构进行根本性改变。

传统的反垄断法所实施的结构性救济手段便是拆分企业的物理资产,通过诸

---

① 例如,在由前联邦贸易委员会主席 Timothy J. Muris 先生发表的一份(与案件结果有利害关系的)非当事人意见陈述中,其陈述了高通绕过公平合理非歧视版税要求以收取显著高价的能力。See *Brief of Amicus Curiae Timothy J. Muris in Support of Appellee* at 5 - 6, 12 - 14, Qualcomm, 969 F. 3d 974 (No. 19 - 16122), 2019 WL 6683006.

② See 15 U. S. C. § 25 (2018); supra notes 236 - 239 and accompanying text. The subsequent section, 15 U. S. C. § 26 (2018),为私人主体提供了同样广泛的救济措施,只要"行为有造成财产损失或人身损害的威胁"。

③ 最惠条款(MFN)使处于支配地位的缔约企业所获得的待遇优于其竞争对手。参见 Areeda & Hovenkamp, supra note 9, ¶ 1807(b)(1)。对于大型数字平台企业使用最惠条款的讨论,参见 Jonathan B. Baker & Fiona Scott Morton, *Antitrust Enforcement Against Platform MFNs*, 127 YALE L. J. 2176, 2181 - 2186 (2018)。

如将工厂、产品或子公司进行资产剥离的手段完成。① 若拆分会干扰企业的生产与经营,这会带来诸如成本上升与企业内部协调效率损失的问题。对于单一平台企业这种整合性的生产平台来说尤其如此。华盛顿特区巡回法院正是因为在微软案中有此关切而拒绝了政府提出的拆分请求。②

1.促进平台内部竞争

对于资产剥离的替代性救济方案是保持平台企业物理资产和企业结构的完整性,但也可改变其所有权或管理结构以使其内部富于竞争。平台企业或组织本身就能够成为一个允许竞争发生的"市场"。在这种情况下,反垄断法可管辖企业内部作出的商业决定,在不限制规模经济或有益网络效应的情况下促进竞争。

通常来说,子公司之间的协议或企业下属部门之间的协议被认为是企业内部的单边协议并被视为企业内部事务。③ 这是企业内部所有权与控制权分离带来的直接后果。然而,与之相关的最重要的前提条件是,企业的核心管理层是企业唯一的经济相关决定作出者。若非如此,企业内部子机构之间的协议都能够被视为卡特尔。

以如此方式构建所有权的企业仍然可以保持巨大的体量并大都具有大企业所具有的特征及其带来的优势。一方面,这一安排可以打消人们对拆分大企业所带来的规模经济与范围经济减损的顾虑,也可打消人们认为拆分一定会带来更高产出与更低价格的幻想。另一方面,这不足以打消那些认为"为大不仁"的人的顾虑。④

---

① 对于最高法院所作出的一系列反垄断资产剥离判决的综合分析,参见 E. Thomas Sullivan, *The Jurisprudence of Antitrust Divestiture*: *The Path Less Traveled*, 86 MINN. L. REV. 565, 568 - 569 & n. 15 (2002)。

② *United States v. Microsoft Corp.*, 253 F. 3d 34, 105 - 06 (D. C. Cir. 2001)(注意到微软在该案中的证词,即微软既不是一系列公司并购与收购交易的产物,也不以产品线来构建公司架构;公司在一个单一的综合体中运作).

③ See, e. g., *Copperweld Corp. v. Indep. Tube Corp.*, 467 U. S. 752, 771 (1984)("为了达成《谢尔曼法案》第1条的立法目的,母公司及其全资拥有的子公司所实施的协同行为必须被视为单一公司实体的行为。");*Siegel Transfer, Inc. v. Carrier Express, Inc.*, 54 F. 3d 1125, 1135 - 1137 (3rd Cir., 1995)(该案认为企业无法与其雇员实施合谋行为,即使雇员和与其雇主竞争的企业之间具有利益往来);*Borg - Warner Protective Servs. Corp. v. Guardsmark, Inc.*, 946 F. Supp. 495, 499 (E. D. Ky. 1996) (判决认为,为了达成《谢尔曼法案》第1条的立法目的,企业不具有与其雇员进行共谋的能力), aff' d, 156 F. 3d 1228 (6th Cir., 1998). 对于公司内部共谋问题的判例法讨论,参见 AREEDA & HOVENKAMP, supra note 9, ¶¶ 1463 - 1474。

④ See supra note 3 and accompanying text.

对于统一的生产资料共同管理的历史可以回溯至中世纪。农民、大农场经营者与渔民在许多“共有土地”或所有权被众多所有者共享并服从于共同管理规则的设施上共同养殖牛、羊与鱼。① 许多这类生产行为以一种既包含个人独立生产常见产品(如农作物)又包含集体共同对牛或其他牲畜进行放牧的混合模式进行。

对于诸如牛或鱼这种可以移动的产品,共同管理的成本比划定边界各自管理的成本更低。但对于小麦或萝卜这种农作物来说却不是如此。所以,与其将大型牧场或海湾划分为100块以栅栏相区隔的小地块,不如把所有财产所有者的牧场或海湾作为同一经济单元进行运营,如此就可以管理成本替代扎栅栏的成本。正如对于任何一家企业来说,其体量和结构也是通过比较不同企业组织形式的成本与利弊来决定的。②

所以虽然共有土地可以成为非常大的农场,其依然可以由彼此竞争的实体以相互合作的方式共同运营而不是由单一个体运营。另外,若市场是由多家活跃的商业参与者所经营的合资企业所控制的,则相应的限价行为会受到有关禁止合谋的法律的规制。这类合营企业的排除竞争行为也会受相对于单边禁止交易行为而言更激进地针对合谋拒绝交易行为的反垄断标准的检视。③ 该合营企业和许多企业一样是依据州法成立运营并不会使其获得差别待遇。在反垄断法视野下其依旧是共谋行为。

公司制度的原理排除了认定一家公司与其各子公司、高级管理人员、股东或雇员达成垄断合谋的可能性。大部分法律将公司认定为单一实体,而不是其股东或分支机构构成的卡特尔;这一立场证明上述论断的合理性。公司法便是如此保留了公司与市场之间的界限。④

但存在重要的例外情况。虽然依据大部分反垄断法的规定公司是单一实体,

① See, e.g., Elinor Ostrom, *Governing the Commons: The Evolution of Institutions for Collective Action* 61 - 65 (1990)(描述了曾经生活在瑞士Törbel地区的居民如何设计制度以共同管理财产).

② See generally R. H. Coase, *The Nature of the Firm*, 4 ECONOMICA 386, 390 - 398 (1937)(解释了驱动公司制度形成的市场动力)。对于共同管理财产行为的另一种分析,参见Christina Bohannan & Herbert Hovenkamp, *Creation Without Restraint: Promoting Liberty and Rivalry in Innovation* 327 - 338 (2012)。

③ 对于法律如何规制这类行为的更多讨论,参见Areeda & Hovenkamp, supra note 9, ¶¶ 2220 - 2224。

④ See Edward B. Rock, *Corporate Law Through an Antitrust Lens*, 92 COLUM. L. REV. 497, 505 - 519 (1992).

但若其股东为了其个人业务而经营公司,相关行为有可能受到《谢尔曼法案》第1条的管辖。卡特尔即使被组织化为一个公司,其依然为卡特尔。

对于这种合谋结构的经典阐释案例即为1918年的芝加哥交易所案,该案首次确立了反垄断法中的合理原则。① 正如霍姆斯法官13年前对于该案的描述,②这家依据伊利诺伊州州法设立的拥有1600余名会员的交易所中所有会员都以自有账户进行交易,并同时享有排他的在该交易所的交易大厅从事交易的权利。③ 本案中的"叫价规则"(call rule)禁止交易所会员在除交易时间外的其他时段进行合谋定价,该单边行为本无法被反垄断法所规制。任何企业都可随心所欲地设定非掠夺性价格,且所有会员都由一家交易所管理。尽管如此,出于彼此间相互交易的目的,这些会员都被视为独立个体。基于该理论,美国政府以涉嫌在竞争者间限定价格为由起诉该"叫价规则"。④

不仅实体法对上述合谋行为的态度较其对待单边行为的态度更加强硬,相应的救济手段问题也更易应对。若企业单边设定了违法价格,法院一定会命令其设定不同价格,但因此法院也将自己置于监管者的位置。相比之下,由多个独立主体合谋实施的限价行为可通过简单地要求每位参与者独立定价,并不得命令他人进行定价的禁止限价的禁令予以救济。最高法院最终认定芝加哥交易所的叫价规则合法。如若不然,最高法院将会发出禁止实施该规则的禁令,要求各成员自己决定价格。事实上,这正是美国政府在诉讼中提出的救济方案。⑤

对拒绝交易行为也适用相同的原理。若某企业实施单边拒绝交易行为,即使按照更严苛的相关法律标准进行审视,其需要承担法律责任的可能性也很小,尤其

① *Bd. of Trade of Chi. v. United States*, 246 U. S. 231, 238 (1918)(陈述了合理原则的构成要件)。

② *Bd. of Trade of Chi. v. Christie Grain & Stock Co.*, 198 U. S. 236, 247 (1905)["(交易所)本身就是一个巨大的市场,通过其1800多名会员,其交易的粮食在世界粮食贸易市场中占据巨大份额。"]。霍姆斯法官还注意到该交易所"依据伊利诺伊州的特别法成立。"Id.,at 245. 该交易所依据特别法设立意味着其是由州立法机构创制而不是依据普通的公司法创立。在1918年的决定中,布兰戴斯法官依据霍姆斯法官早先作出的决定对交易所的公司结构与运营方式进行了描述。See *Bd. of Trade of Chi.*, 246 U. S. at 235 – 236.

③ *Bd. of Trade of Chi.*, 246 U. S. at 235 – 236.

④ See id.,at 237(注意到根据叫价规则在闭市之时"成员不得以闭市价格以外的任何价格购买或发出要约")。

⑤ Id.(将本案形容为"禁止叫价规则的实施,指控其违反反垄断法"。)

在相关市场并不存在历史交易的情况下。① 此外,在许多情况下,法院可通过仅设定交易价格与相关条款来强制交易的实现。相比之下,若拒绝交易的实体由活跃经营者组成的团体经营,其拒绝交易的行为可受《谢尔曼法案》第 1 条的管辖。法院一般采取的措施无外乎是发出一份针对拒绝交易协议的禁令。即使在拒绝交易者均属于同一商业实体的情况下也会如此,如报业协会案涉及 1200 多家会员报社的纽约公司。② 政府指控该报社协会以"紧密合作"的方式禁止向非会员报社出售新闻并使新兴报社更难与既存报社进行竞争。③ 法院依据《谢尔曼法案》对这些限制性规则发出了禁令。④

现代商业世界提供了太多类似的组织性结构情境。例如,全美大学生体育协会的 1200 所会员高校均作为独立实体对本校教育、学生住宿、纪律、财务状况等方面进行管理。相比之下,对于运动队成员的招募与设施维护、薪资、日程安排、运营、比赛规则等事项,则需要通过集体协商作出决定。⑤ 虽然各学校在招募运动员与教练、提高现场与电视转播比赛关注度、获得知识产权许可等方面互相竞争,其竞争行为均受到全美大学生体育协会规则的约束并能够被反垄断法管辖。尤其是涉及转播比赛数量之决定⑥;教练薪资⑦与球员薪资⑧之决定;队员个人姓名、图像、肖像

① See *Verizon Commc' ns, Inc. v. Law Offices of Curtis v. Trinko, LLP*, 540 U. S. 398, 409 (2004) (限制了不法单边拒绝交易行为的范围);Areeda & Hovenkamp, supra note 9, ¶ 772(d)(3).

② 报业协会 *v. United States*, 326 U. S. 1, 3 -4 (1945)。

③ Id., at 6.

④ Id., at 23. 相同的情况依据《联邦贸易委员会法案》也发生在 *Fashion Originators Guild of Am., Inc. v. FTC*, 312 U. S. 457 (1941), 该案涉及一家拥有 15 位会员的纽约公司。再一次,法院对于合谋拒绝交易行为发出了禁止令。See *Brief for the FTC*, *Fashion Originator's Guild of Am. v. FTC*, 312 U. S. 457 (1941) (No. 537), 1941 WL 76666, at *4(对公司的结构进行了描述).

⑤ *Membership*, *NAT' L COLLEGIATE ATHLETIC ASS' N* (NCAA), https://www.ncaa.org/about/who-we-are/membership [https://perma.cc/4C73-4NVV].

⑥ *NCAA v. Bd. of Regents*, 468 U. S. 85, 88 (1984).

⑦ *Law v. NCAA*, 5 F. Supp. 2d 921, 933 -934 (D. Kan. 1998)(认定限定较低级篮球教练工资的行为违法)。

⑧ See *Alston v. NCAA* (In re NCAA), 958 F. 3d 1239, 1243 -44 (9th Cir., 2020) (认定会员教育机构"限制其向学生运动员提供的与教育相关的福利的规则"违法), cert. granted, No. 20 -512, 220 WL 7366281 (Dec. 16, 2020); *O' Bannon v. NCAA*, 802 F. 3d 1049, 1052 -53 (9th Cir., 2015)(认定限制学生运动员补偿的行为违法)。Alston 案中的调卷令涉及合理原则的适用,并不涉及 NCAA 作为单一实体的法律地位问题。

授权之决定[①]均受到《谢尔曼法案》第1条的管辖。当违法行为被认定,救济手段即为允许各球队独立作出相应决定。

相同的分析也出现在美国棒球帽公司案中。该案是一宗涉及美式足球大联盟的拒绝交易案件。[②] 美式足球大联盟是由32家独立美式足球俱乐部控制的非公司社团,每家公司所有权均独立。美式足球大联盟资产公司是一家独立在纽约注册并受美式足球大联盟控制的企业。每支球队都是美式足球大联盟资产公司的会员并共同控制所有球队共有与每支球队各自拥有的知识产权授权。本案中,各球队投票批准美式足球大联盟资产公司以独占性许可的方式授权锐步公司为所有32支球队出售带有美式足球大联盟标志的头部穿戴设备(如头盔、帽子)。[③] 是故,本案原告,美国棒球帽公司作为一家与锐步竞争的制造商主张该协议具有排他性效力。[④]

最高法院需要判定美式足球大联盟资产公司的独家许可授权行为是美式足球大联盟资产公司的单边行为还是32支球队共同的行动,最终法院认为本案属于后一种情况。[⑤] 以公司法的视角进行审视,涉案拒绝交易行为似属单边行为。美式足球大联盟资产公司作为授权方,只是一家公司。初审中的低级法院基于第七巡回法院早先的判决认定职业体育联盟依据该案的相关情况应当被认定为单一实体。[⑥] 最高法院判决与之相反,但与早先在丝涟案[⑦]和崇越案[⑧]中作出的决定是一致的。在这两个案件中,法院认定即使某实体为股份公司,其依然可以被认定实施了由其所有的互相竞争的活跃股东实施的合谋行为。在丝涟案中,每个成员都是公司的股东,他们共同拥有丝涟公司的股票。[⑨] 在崇越案中,涉案的25名成员每人都拥有

① See *In re NCAA Student - Athlete Name & Likeness Licensing Litig.*, 37 F. Supp. 3d 1126, 1155 (N. D. Cal. 2014).

② *Am. Needle, Inc. v. NFL*, 560 U. S. 183, 189 - 96 (2010).

③ Id., at 187 - 188.

④ Id., at 187.

⑤ Id., at 196.

⑥ *Am. Needle, Inc. v. NFL*, 538 F. 3d 736, 738 (7th Cir., 2008) [援引 *Chicago Professiona'l Sports Ltd. v. NBA*, 95 F. 3d 593, 597 - 600 (7th Cir., 1996)].

⑦ *United States v. Sealy, Inc.*, 388 U. S. 350, 351 - 358 (1967) (认定一家由成员共有但依据公司法注册成立的合营企业所实施的地域限制与价格限定行为违法).

⑧ *United States v. Topco* 案 *Assocs., Inc.*, 405 U. S. 596, 612 (1972) (认定一家联合采购公司的地域限制行为违法)。

⑨ Sealy, 388 U. S. at 352.

等量的某公司具有投票权的普通股,他们同时拥有全部的不具有投票权的与他们的销售额成比例的优先股份额。①

注册成立的房地产公司董事会的股东或活跃成员也会被如此检视。作为单一实体,董事会负责决定哪些房产被挂牌、出售条件、公布标准化的房产出售表格与销售协议,并控制房产销售人员的大部分行为。在这种模式下,作为股东的销售人员各自行动向客户推销房产并赚取交易佣金。在该组织性结构中,每一家不动产销售网点不仅是股东与合伙人,而且与其他不动产销售者进行竞争。

即使在没有讨论上述单一实体案例的1950年,最高法院认定由属于同一注册委员会的房地产中介人员之间的限价行为是违法的合谋行为。② 随后的重要判例涉及 Realty Multi - List 公司,其为一家在佐治亚州设立并由数位独立地产销售商所有的公司。③ 根据企业章程,任何一位股东都可挂牌由其他股东成员掌握的房源。④ 第五巡回法院认定成员之间限定佣金比率的协议以及其对于那些不遵守这一佣金比例的销售人员的排他性与纪律性惩罚规则违反了《谢尔曼法案》第1条的规定。⑤

在2000年之初,政府起诉了多家提供挂牌服务的私人公司,指控它们排除其他房地产销售者的行为违法。⑥ 第四巡回法庭最终适用了美国棒球帽公司案的判决,否决了不存在合谋行为的主张,因为涉案被告作出的决定是以"一家企业的多位代理人的身份"作出的。⑦ 其他若干涉及价格限定与合谋排除竞争的案件均得出了相

---

① See *United States v. Topco*案 *Assocs.*, *Inc.*, 319 F. Supp. 1031, 1033 - 34 (N. D. Ill. 1970), rev'd on other grounds, 405 U. S. 596。

② *United States v. Nat'l Ass'n of Real Estate Bds.*, 339 U. S. 485, 495 (1950); see id. at 487 n. 1 (注意到华盛顿不动产交易所是注册成立的法人组织).

③ *United States v. Realty Multi - List, Inc.*, 629 F. 2d 1351, 1355 (5th Cir., 1980). 根据被告的内部章程,每位成员都必须至少购买公司一股股份。Id., at 1358.

④ Id., at 1355 - 1356.

⑤ Id., at 1388 - 1389.

⑥ See, e. g., *United States v. Consol. Multiple Listing Serv.*, *Inc.*, No. 3:08 - CV - 01786 - SB, 2009 WL 3150388, at *1 (D. S. C. Aug. 27, 2009).

⑦ *Robertson v. Sea Pines Real Estate Cos.*, 679 F. 3d 278, 285 (4th Cir., 2012).

似结论。①

医院医师执业委员会也提供了相似的样本。医院通常通过这类委员会决定哪些医师可在医院执业。若各自提供不同医疗服务的委员会成员们拒绝允许某医师执业，他们的行为或许更应当被认定为合谋，而不是单一实体的行为。②

即使是股份制自然垄断企业，若其由具有不同商业利益的股东所共同所有也能够被《谢尔曼法案》第 1 条管辖。该议题首先在 1912 年的铁路终端案中被提及。③ 横跨密西西比州的铁路桥建造公司极有可能是一家具有自然垄断地位的公

---

① See, e. g., *Freeman v. San Diego Ass'n of Realtors*, 322 F. 3d 1133, 1144 - 1147 (9th Cir., 2003)（该案认定由不动产中介机构组成的团体制定的要求限定、统一服务费率的行为构成限定价格行为）；*Thompson v. Metropolitan Multi - List, Inc.*, 934 F. 2d 1566, 1579 - 1582 (11th Cir., 1991)（认定某不动产交易机构的下属机构实施的限制会员资格的政策在该下属机构拥有实质性市场力量的情况下构成非法的集体抵制行为）；*Park v. El Paso Bd. of Realtors*, 764 F. 2d 1053, 1062 - 63 (5th Cir., 1985)（判决一个理性的陪审团会认定由于物业公司也实施了以特定方式挂牌不动产的行为，该物业公司也是非法集体抵制合谋的参与者）；*Klickads, Inc. v. Real Estate Bd. of N. Y., Inc.*, 2007 WL 2254721 (S. D. N. Y. Aug. 6, 2007)（认定销售人员通过交易委员会实施的排他行为也可能构成合谋行为）；cf. *McLain v. Real Estate Bd. of New Orleans, Inc.*, 444 U. S. 232, 241 - 47 (1980)（假定关于贸易条款的指控中有关价格限定的涉诉事项都是有效的）；*Logue v. West Penn Multi - List, Inc.*, No. 10 - cv - 0451, 2010 WL 2720787, at *2 (W. D. Pa. July 8, 2010)（同时拒绝了要求驳回起诉的动议以及要求不对涉案合谋行为进行指控的动议）。对于依据州政府法律设立的由活跃企业成员控制的企业的法律状态，参见 Herbert Hovenkamp & Christopher R. Leslie, *The Firm as Cartel Manager*, 64 VAND. L. REV. 813, 824 - 25 (2011)。

② See, e. g., Boczar v. Manatee Hosps. & Health Sys., Inc., 993 F. 2d 1514, 1517 (11th Cir., 1993)（认定医院与在医院执业的个体医师之间存在进行合谋的能力）；*Bolt v. Halifax Med. Ctr.*, 891 F. 2d 810, 827 (11th Cir., 1990)，该案判决部分地被下述判决所推翻 *Columbia v. Omni Outdoor Advert., Inc.*, 499 U. S. 365 (1991)，该案所涉争议在下述案件再次被提及 *Williamson Oil Co. v. Philip Morris USA*, 346 F. 3d 1287, 1319 (11th Cir., 2003)；*Vakharia v. Swedish Covenant Hosp.*, 824 F. Supp. 769, 779 (N. D. Ill. 1993)（认定医院与医院中独立执业的医师可进行合谋）。虽然一些法庭认可前述案件判决，但却附加了适用条件，即虽然医师因其独立执业而具有与医院进行合谋的能力，但若涉案决定所欲谋求之利益与医院的利益相违背，则医院不可被认定为相应决定的合谋者。参见 *Weiss v. York Hosp.*, 745 F. 2d 786, 828 (3d Cir., 1984)。对于上述议题的值得借鉴的综合讨论，参见 Peter J. Hammer & William M. Sage, *Antitrust, Health Care Quality, and the Courts*, 102 COLUM. L. REV. 545 (2002)。

③ *United States v. Terminal R. R. Ass'n*, 224 U. S. 383 (1912). 对于案情的全面描述，见地区法院的评述，148 F. 486, 486 - 88 (E. D. Mo. 1906)。

司,因为所有需要渡河的交通工具都需要经过类似于"瓶颈"的铁路桥。[1] 然而,该公司是股份公司,其股东由企业与自然人构成,共计38位持股者,这些持股者的组织人是铁路资本家杰伊·古尔德。[2] 该组织依据密苏里州法律为独资公司,但其由多位活跃的股东管理,每一位股东都拥有自己独立的经营业务,它们包括:经营不同地区的铁路、轮渡、路桥、"站点体系"与若干独立站点。[3] 这一组织因此控制了极为庞大的铁路运输、中转及仓储网络,以至于所有美国东西部之间的交通运输都不得不经过其治下的密西西比河铁路桥。[4]

法庭的决定非常有趣,而且直击如今平台企业垄断问题的核心。法庭拒绝了政府要求拆分该企业的主张。法庭认为拆分企业对于消除铁路桥的"瓶颈"作用于事无补。[5] 取而代之的是,法庭要求地区法院设计一个能使所有船运货物经营者,无论他们是否属于上述组织,都能够依据公平与合理的条款,以"使所有企业都能够得到与所有和被告企业相关的公司几乎同等的开销与收费待遇"为目的的"重组计划"。[6] 只有在涉案当事人拒绝接受这一计划时,法庭才会命令进行强制企业拆分。[7]

铁路终端案的判决对我们救济在并未损失运营效率的情况下代理多家销售者的大型数字平台公司的限制竞争行为提供了一种思路。与其剥离具有生产力的资

---

① 正如法院所叙案情,虽然共计有24条铁路线经过圣路易斯市,没有一条横穿该市。大约一半铁路线将其终点设于伊利诺伊州一侧的河岸,其余自北方与西方而来的铁路,则将终点站设于市区内或城市北郊。密西西比河横跨圣路易斯市,圣路易斯市在河道通商方面占尽地利。然而现在,河岸两边铁路终点站之间的互联互通与无法顺利通过西边的铁路进入市区已构成了该区域运输交通的巨大阻碍。建造与维护横跨密西西比河的铁路桥的成本非常高昂,以至于要求所有铁路运营者都在河上建造自己的铁路桥变得不切实际。显而易见的解决方案即为将涉案铁路桥向所有铁路经营者以同等条件开放。*Terminal R. R.*, 224 U. S. at 395.

② Id., at 391. On Jay Gould's role in financing railroad associations, see Edward J. Renehan, JR., *Dark Genius of Wall Street: The Misunderstood Life of Jay Gould, King of the Robber Barons* 215 – 227 (2006).

③ *Terminal R. R.*, 224 U. S. at 390 – 92; id. at 390 n. 1(本案将被告列为多个并列的独立实体).

④ Id., at 392.

⑤ Id., at 409 – 410.

⑥ Id., at 411.

⑦ Id., Douglas法官在报业协会 *v. United States* 案中发表的同意意见对救济手段进行了比较——到底是禁止原告的限制性会员条款——还是采用 *Terminal Railroad* 案中"给所有铁路运营商同等通过权"的救济手段。326 U. S. 1, 25 (1945) (Douglas, J., concurring); see supra notes 315 – 317 与相关上下文。

产并且接受总会由此类救济手段导致的涨价,我们可以重组企业的所有权与管理权结构。诸如亚马逊这样的大型公司可以获得竞争对手无法匹敌的规模经济与范围经济优势。此外,通过同时在其网站销售其自有品牌与第三方品牌的产品,亚马逊使消费者、大部分供货商和劳动业者获益。亚马逊展示了如何通过销售自有品牌以瓦解名声在外的品牌的市场力量。①

问题并不在于亚马逊的销售额太高,而是亚马逊的所有权与管理权结构使亚马逊在作出优待其自有品牌产品并给予第三方卖家歧视性待遇时或与其他独立销售商签订限制竞争协议时有利可图。拆分亚马逊或者强制区隔其自有品牌销售渠道与第三方品牌销售渠道意味着放弃有利于消费者的激烈的品牌竞争。

设想法院要求亚马逊将其重要的商业决定权交由一个由亚马逊的活跃合作伙伴组成的委员会来决定,这些合作伙伴或是在亚马逊上销售自己的产品,或从亚马逊购买产品,或就辅助性服务与亚马逊合作。通过共同协作,它们可以控制产品的选择、分销、消费者协议、广告、线上产品研发以及亚马逊自有品牌的定价。该委员会的决定可以受到《谢尔曼法案》第1条的严格审核。

上述救济手段在涉及拒绝交易的场景中将尤为有用。为了阐明这一主张,不妨参考欧盟于2020年11月发布的针对亚马逊的异议函,其中欧盟声称亚马逊在既存在其自有品牌又存在第三方品牌的销售市场中"人为地优待其自有品牌销售者"。② 企业在其自有品牌与第三方品牌销售者之间进行单边歧视行为并不违反现行美国反垄断法。这正是多林克案中的焦点议题,即具有垄断地位的威瑞森公司歧视第三方运营商并优待其自有公司。③

若相关决定委托由包括亚马逊与第三方卖家组成的委员会共同作出,《谢尔曼法案》第1条的法律标准可适用于这些决定。斯卡利亚法官在多林克案中通过援引铁路终端案的判决观察到最高法院只有在政府的指控是存在涉嫌违法的协同行

① See supra notes 277 - 280 与相关上下文。

② See *Press Release*, *European Commission*, *Antitrust*: *Commission Sends Statement of Objections to Amazon for the Use of Non - Public Independent Seller Data and Opens Second Investigation into its E - commerce Business Practices* (Nov. 10, 2020), On the basic issue of platform separation, see supra notes 277 - 280 与相关上下文。

③ *Verizon Commc' ns*, *Inc. v. Law Offices of Curtis v. Trinko*, *LLP*, 540 U. S. 398, 404 (2004)(讨论了针对 Verizon 公司提出的——作为系统性的阻止消费者使用其竞争对手服务之计划的一部分——其以一种"歧视性的方式"整理订单)。

为而不是单边行为时,才会在类似案情中对涉嫌违法行为的主体施加非歧视义务。① 此外,若涉案行为确实有合谋的嫌疑,"有效的救济手段并不需要通过对自由市场的力量进行司法评估来实现,简单地要求市场外的待进入者获得进入市场的非歧视准入待遇即可"。②

上述委员会成员的人数与多样性可因情况而异,但其成员数量与多元代表性确保委员会不太可能作出具有限制竞争效果的全体同意的决定。其成员可以包括向亚马逊供货的独立经销商、亚马逊的主要股东,甚至可以包括消费者与其他相关主体。委员会必须依据客观标准作出有关产品选择的决定。

成员的数量以不影响委员会的运行效率为准。芝加哥交易所案中的涉案委员会在1918年拥有共计1800名交易会员和决策者,当时他们的组织规则与流程依然通过纸笔记录的方式进行管理。③ 全美大学生体育协会拥有超过1200所会员学校,④1945年报业协会案中的委员会拥有超过1200家加盟会员报社。⑤ 终端铁路案中的终端铁路协会拥有38位股东会员,但法院判决要求以非歧视的方式对待所有希望参与相关市场经营的非股东成员。⑥ 上述案例中涉及的芝加哥房地产经纪协会是一家大型房地产销售委员会,拥有超过15 500名会员。⑦

被指定作出决定的委员会成员不需要是亚马逊的股东,只需要它们拥有独立的商业利益并在亚马逊平台运营。事实上,州公司法或组织法通常并不会干扰联邦反垄断法的实施。例如,在上述提及的诸如终端铁路案、⑧丝涟案⑨与崇越案⑩

---

① See id. at 410 n.3.("被上诉人也依据 *United States v. Terminal Railroad Assn. of St. Louis* 与 *Associate Pressed v. United States* 案进行辩护,这些案件都涉及极有可能具有限制竞争效果的合谋行为"。)

② Id.

③ See *Bd. of Trade v. Christie Grain & Stock Co.*, 198 U.S. 236, 246-247 (1905).

④ *Membership*, NCAA, http://www.ncaa.org/about/who-we-are/membership [https://perma.cc/3D8T-JKWG].

⑤ *Associated Pressed v. United States*, 326 U.S. 1, 3-4 (1945).

⑥ *United States v. Terminal R.R. Ass'n of St. Louis*, 224 U.S. 383, 390, 411-412 (1912).

⑦ *About Us*, CHI. ASS'N REALTORS, https://chicagorealtor.com/about-us [https://perma.cc/YP4N-R7PS]. 委员会列明了21位主管,每位主管直接与特定的不动产中间人业务相关联。See *Board of Directors*, CHI. ASS'N REALTORS, https://chicagorealtor.com/about-us/board-of-directors [https://perma.cc/FMS9-SUDT].

⑧ See *Terminal R.R.*, 224 U.S. at 396-400.

⑨ *United States v. Sealy, Inc.*, 388 U.S. 350, 352-353 (1967).

⑩ *United States v. Topco* 案 *Assocs.*, *Inc.*, 405 U.S. 596, 598-600 (1972)。

中,相关的决定作出者都拥有相应公司的股权。在美国棒球帽公司案中,涉案企业NFLP是一家有限责任公司,[①]其没有股东但拥有类似合伙制的"成员所有者"(owner - member)。相似地,在报业协会案中,法院查明依据《纽约州会员制公司法》注册成立的涉案公司在性质上属于合作社。[②]

法院在案件中适用本身违法原则还是合理原则取决于被告涉嫌违法行为的性质。在全美大学生体育协会案中,最高法院认为必须适用合理原则审查涉案协会实施的所有限制竞争行为,因为涉案市场中的产品——校际运动比赛——必须通过学校间的相互合作才能实现。[③] 但对于亚马逊平台中的产品销售市场而言,情况并非如此。相反,传统的采取直接竞争限制与辅助竞争限制的"二分法"更加适用。限价行为与没有正当理由的产出限制行为将会受到重点怀疑。[④] 另外,规范货物分销与解决消费者投诉的统一商业规则显然是合理的并因此具有合法性。合谋拒绝交易行为可以涵盖从由价格驱动的联合抵制行为(本身违法)[⑤]到设定合理标准的行为(合理原则),[⑥]并应当按相应司法标准审核。

这种方法显然不是以企业体量本身作为依据的。一个拥有竞争性管理结构的亚马逊可以保持现有体量,甚至可以拥有更大的体量。限制产出并促进企业内部竞争的卡特尔与垄断者可以继续发展。亚马逊因此可以继续保持源于其规模优势与范围优势的高效率。我们可以有效地将平台的内部工作流程转变为一个市场。若实施了这一方案后该企业依然实施歧视其他经营者的行为或将不接受其成员资格或规则的产品排除出市场,那么《谢尔曼法案》第1条将会得到适用。

2. 强制的互操作性与信息池化

重组管理层并不是促进平台市场竞争的唯一方式。本节简要探讨了强制互操作性与信息池化这两种可以削弱平台企业支配地位并同时提升市场总体表现的救济手段。"互操作性"发生在不同企业的技术或系统以一种允许用户同时使用这些技术或在这些系统中下达指令的方式进行连接之时。"池化"意味着相似信息的聚

---

① See *NFL Properties LLC*, BLOOMBERG, https://www.bloomberg.com/profile/company/0425424D:US [https://perma.cc/WJ72 - TSUK].

② 报业协会 *v. United States*, 326 U.S. 1, 3 - 4 (1945)。

③ *NCAA v. Bd. of Regents*, 468 U.S. 85, 101 (1984)(解释了为何在"产品能够向所有人供应的情况下,对竞争施加横向限制事关重大",此时进行分析就需要适用合理原则).

④ See Areeda & Hovenkamp, supra note 9, ¶¶ 2004 - 2006.

⑤ Id., ¶ 2203.

⑥ Id., ¶¶ 2230 - 2033.

集,并更加强调对这些信息的分享。[①] 两种方案都是在网络市场内提升竞争,而不是以拆分网络市场或以其他方式来剥离资产。

通过减损企业的规模经济优势与范围经济优势所进行的企业拆分时常带来成本的增加或产品质量的降低,而互操作性的提升与信息池化可以更高效地扩大企业规模——即使企业身处一个竞争更加激烈的环境中。达成前述目标主要通过提升双边平台市场一侧或两侧的用户基数。具体来说,有三家互相兼容的电话系统,分别拥有500名、300名与200名用户,通过将其技术兼容并将用户信息汇总,得益于网络效应,这个拥有1000名用户的新系统的价值将胜于三个系统用户人数的简单相加。此外,这三家平台之间将不再存在用户基数数量上的优劣之分。也许有些信息共享救济方案会很复杂,但大可不必如此。[②] 强制将数据以通用格式进行池化或已足够。此外,提升互操作性并不需要对企业进行拆分,虽然有时为了恢复竞争资产剥离会作为该救济方式的辅助手段。例如,联邦贸易委员会针对脸书提起的诉讼要求剥离苹果收购的两家企业 Instagram 与 WhatsApp。[③] 将两家已经部分融入脸书的企业剥离会带来许多棘手的问题。一种可行的解决方案即为赋予脸书与被剥离后的公司完全与即时地获取全部数据的权限,这种权限只受制于用户个人拒绝提供信息的决定。事实上,脸书正在小范围内进行类似的尝试。虽然 Instagram 拥有独立的计算机身份,但出于种种原因,脸书与 Instagram 平台上的用户与信息完全是跨平台交互的。[④] 若一家独立的企业可以同时聚合前述三个平台的资源,即使分散这三家企业的所有权给不同的所有者,除非市场中的竞争更加激烈,否则它们

---

① 然而,信息池化一词("Pooling")同样也可以指技术分享。例如,当所有主体彼此交叉将专利授权给其他主体,它们便创造了一个所有主体都拥有使用权的专利池。See, e. g. , *Josh Lerner & Jean Tirole*, *Efficient Patent Pools*, 94 AM. ECON. REV. 691, 691 (2004).

② 对于欧盟竞争法中有关信息互操作性所起到的作用的值得借鉴的研究,参见 Jörg Hoffmann & Begoña Glez Otero, *Demystifying the Role of Data Interoperability in the Access and Sharing Debate* (Max Planck Inst. for Innovation & Competition Research Paper No. 20 – 16, 2020), https://ssrn.com/abstract=3705217 [https://perma.cc/L4H4 – XAYS]。

③ FTC Facebook Compl. , supra note 33, at 51.

④ See Jon Porter, *Instagram is Testing the Ability to Share Your Precise Location History with Facebook*, VERGE (Oct. 5, 2018, 6:48 AM EDT), https://www.theverge.com/2018/10/5/17940364/instagram – location – sharing – data – sharing – facebook – test [https://perma.cc/8ASJ – MA86]; see also Matthew Wille, *Great, Now Even WhatsApp Requires Data – Sharing with Facebook*, INPUT (Jan. 6, 2021, 12:36 PM), https://www.inputmag.com/culture/great – now – even – whatsapp – requires – data – sharing – with – facebook [https://perma.cc/9PKX – W675] (讨论了 WhatsApp 公司与脸书公司之间的数据分享行为).

依然可以实施相同的行为。

另一个在技术上有显著区别的案例是保险服务公司(ISO),其从参加灾害险的承保人处收集精确的数据。数据汇总池化后会形成一个更大的有关保险损失的预期成本的数据库,这使承保人可以更加准确地计算保险费率。[①] 另一个例子是西文过刊库(Journal Storage, JSTOR),其为一个汇总2000余种不同杂志授权文章的数字平台,平台被许可人可查阅期刊并同时在这些期刊中进行搜索。[②] 最后,以参与者自愿缔结分享协议为开端、以法院发出反垄断判决强制要求对协议进行修改为结束的案例是数字化音乐总许可制度。[③] 总许可制度允许被许可人获得免责的、即时的与范围非常广泛的录制音乐资源,这些音乐资源的相关权利由数千家诸如广播音乐公司与美国作曲家,作家与出版商协会这样的音乐公司所拥有。[④] 这一情况最终导致了诸如声破天与苹果音乐这样的音乐资源分享网站的出现,它们作为大型被授权方再将权限转授权于用户。用户随后就可以歌曲名、艺术家或其他分类方式在整个数据库中进行搜索,搜索结果也会汇总所有数据库中的信息。

所有这些例子都表明互操作性与信息池化可以采取许多形式,具体形式取决于相关工业领域的技术、能够提升参与者绩效的分享种类以及不同供应商货币化其服务的独立系统的情况。这类分享通过扩大直接与间接正网络效应的范围可以提高资产的聚合价值。因此,在一个运行良好的市场,可以期待相互竞争的企业主动分享信息。绝大部分的例证为前述观点提供了证据。

相比之下,具有支配地位的企业时常为了保护其市场地位而不希望信息被分享。[⑤] 这便是当年美国电话电报公司作为具有市场支配地位的运营商时所持的立

---

① 最高法院在一起反垄断案件中对保险服务公司的(ISO)的服务流程进行了描述。*Hartford Fire Ins. Co. v. California*, 509 U. S. 764, 772 – 73 (1993);另见 *Insurance Services Office (ISO)*, VERISK, https://www. verisk. com/insurance/brands/iso [https://perma. cc/794Z – 442N] (描述了 ISO)。

② See *About JSTOR*, JSTOR, https://about. jstor. org [https://perma. cc/VB9H – 8W85].

③ 数字音乐的统一许可涉及双方同意的以非独占方式进行授权并强制以非歧视条款进行分销。参见 Michael A. Einhorn, *Intellectual Property and Antitrust: Music Performing Rights in Broadcasting*, 24 COLUM. VLA J. L. & ARTS 349, 350 – 351 (2001)。

④ See *Broadcast Music, Inc. v. Columbia Broad. Sys., Inc.*, 441 U. S. 1, 5 – 6 (1979).

⑤ See Michael L. Katz & Carl Shapiro, *Network Externalities, Competition, and Compatibility*, 75 AM. ECON. REV. 424, 425 (1985). (“拥有良好商誉或建立已久的大型网络平台的企业趋向于反对提升产品兼容性,即使如此会提升总体福利。相比之下,拥有较小网络平台或商誉的公司则偏好提升产品兼容性。”)

场,其毅然决然地推行将"外部连接"排除出其运营网络的政策。[①]菲奥娜·斯科特·莫顿教授与戴维·迪内利教授注意到脸书在具有市场支配地位前进行了大量有关互操作性的发明,随后其停止了相应行为。[②] 具有消除支配地位的能力使强制提升互操作性成为可对抗实施非法排他行为的具有支配地位之企业的行之有效的救济手段。

提升互操作性和数据池化与多生态不同。多生态系统的转换成本很低,用户可以轻易且便宜地从一个平台转换到另一个平台,如在不同网约车服务或搜索引擎服务之间转换。[③] 虽然转换很容易,但用户每次只会使用一种服务。例如,在缺乏互操作性的情况下,某用户会在其电脑中同时安装 Gmail 与 Outlook 电子邮箱服务,但他需要通过 Gmail 邮箱与其他 Gmail 邮箱的用户进行通信,其使用 Outlook 邮箱时也是如此。优步公司与来福车公司作为两家最大的网约车服务商,具备多生态系统的特征但相互之间不存在互操作性。虽然你可以在智能手机上同时安装两款软件,但必须分开使用。

互操作性与信息池化也与数据可迁移性不同,后者是由欧盟的《通用数据保护条例》(GDPR)所倡导的概念,其不仅保护数据安全,还旨在给予消费者使用便捷且可分享的数据格式的权利。[④] GDPR 的首要目的是保护消费者隐私,其同时也为了使消费者可以在不同服务平台之间更便捷地转移数据。

对于诸如搜索引擎这种基于海量用户数据的技术,数据池化作为反垄断救济手段可以将相关数据汇总为可被所有搜索引擎企业平等获取的受制于用户权利的数据库。这将提升所有人的搜索结果质量,并因此提升消费者福利。搜索引擎公司可以继续在搜索算法、广告竞价、搜索结果排名、隐私保护或其他方面进行竞争。

反垄断判决成功落实的互操作性提升的例子来自美国的手机系统市场。在无

---

① E. g., *Phonetele, Inc. v. Am. Tel. &Tel. Co.*, 664 F.2d 716 (9th Cir., 1981)(认定 AT&T 禁止企业将设备连接其网络的政策并不适用反垄断政策豁免).

② See Scott Morton & Dinielli, *Roadmap for an Antitrust Case Against Facebook*, supra note 220, at 2, 17.

③ See discussion supra Section I. C. 1.

④ See Paul de Hert et al., *The Right to Data Portability in the GDPR: Toward User – Centric Interoperability of Digital Services*, 34 COMPUT. L. & SEC. REV. 193, 193 – 96 (2018). 对于竞争法执法机构如何使用 GDRP 以更好的提升互操作性,参见 Oscar Borgogna & Giuseppe Colangelo, *Data Sharing and Interoperability: Fostering Innovation and Competition Through API's*, 35 COMPUT. L. & SEC. REV. 1, 11 – 15 (2019)。

线技术到来之前,手机系统市场被认为是与无线传输广播市场不同的天然垄断市场(当然,现在看来并非如此)。① 确实,在一纸得到原被告同意的要求同时对涉案企业进行拆分并提升互操作性的反垄断判决作出前,手机操作系统市场在许多年间一直被当作一个只存在单一受监管的垄断企业的市场。② 最终,1996 年实施的《通信法案》瓦解了这一市场,法案广泛地强制手机操作系统互联互通,并通过强制性的私人协议或得到联邦通信委员会和相应州执法机关监督的仲裁决定来推广实施。③

虽然美国电话系统市场由数百家企业参与,其依然保持了一个统一的网络。其享受了源于拥有一个单一且巨大的网络所带来的网络外部性。用户可以在俄勒冈州利用三星牌手机上由威瑞森公司提供的无线网络服务,拨通位于北卡罗来纳州由边疆固定电话公司提供服务的伟易达牌座机。④ 在同一地理范围提供服务的移动电话运营商可以在数据传输速度、传输范围、通信设施、服务条款、服务价格等方面进行竞争,但它们不需要在参与哪个网络或网络规模方面进行竞争。这是因为所有网络中的用户都能够与彼此联通,无论它们的运营商是哪家公司。

斯蒂格勒中心(Stigler Center)发布的《2019 年数字平台企业最终报告》简要讨论了以强制提升互操作性终结网络市场中企业支配地位的方案。⑤ 报告援引了以

① See, e. g. , *GTE Serv. Corp. v. FCC*, 474 F. 2d 724, 735 (2d Cir. 1973)(注意到联邦通讯委员会认为电话市场是自然垄断市场):*Gen. Tel. Co. v. United States*, 449 F. 2d 846, 856, 859 (5th Cir. , 1971)(认可了电话公司有关其所处市场为自然垄断市场的观点及政府认为无线广播市场非自然垄断市场的观点);*Nat'l Assn. of Theatre Owners v. FCC*, 420 F. 2d 194, 203 (D. C. Cir. 1969)(认定电话市场为自然垄断市场但商业广播市场则不是);另见 Stephen R. Barnett, *Cable Television and Media Concentration*, 22 STAN. L. REV. 221, 240 (1970)(作出了相同的区分——除了认定有线电视市场,不同于无线广播市场,有可能也是自然垄断市场)。

② See *United States v. Am. Tel. & Tel. Co.* , 552 F. Supp. 131, 226 – 27 (D. D. C. 1982).

③ E. g. , *Telecommunications Act of* 1996, 47 U. S. C. § 251(c) (2018); 另见 *Verizon Commc'ns, Inc. v. Law Offices of Curtis Trinko, LLP*, 540 U. S. 398, 402 (2004)(讨论了运营商依据《1996 电信法案》所负的与竞争者分享电话网络的义务)。

④ 这一监管计划在下述案件中被讨论:*Verizon Communications Inc. v. Law Offices of Curtis Trinko, LLP*, 540 U. S. 398, 405 – 406 (2004).

⑤ See *Stigler Comm. on Digital Platforms*, *Final Report*, *Chicago Booth*: *Stigler CTR. for the Study of the Econ. & The State* 16 (2019), https://research. chicagobooth. edu/ – /media/research/stigler/pdfs/digital – platforms – – – committee – report – – – stigler – center. pdf [https://perma. cc/C96V – 75KF].

脸书为代表的社交网络平台作为其说明提升互操作性的范例。① 若诸如脸书或谷歌这样依赖海量用户数据的企业被强制将其收集的数据公共池化,那么这些数据所创造的任何正外部性不仅不会消失而且还会因此而放大。隐私将依然得到保护,用户也依然有权利选择退出数据收集或分享计划。企业依然可以在除了消费者数据收集以外的领域进行竞争。

另外一个必须要被考虑的问题是“搭便车”现象。投资较小的落后企业依然可以在市场领导者的平台上发布它们的信息。然而各类公共平台的存在与蓬勃发展证明相关问题并不是不能克服的,但它们的解决确实需要有效的政府监管。②

在一个所有交易都会被货币化的市场中,“搭便车”可能引发的问题更小。例如,假设优步公司与来福车公司通过一个名为“优来”的手机应用实现了互操作性,这个手机应用可同时显示双边市场一侧的两家网约车服务公司可提供服务的车辆的供应情况,以及实时价格与双边市场另一侧的所有潜在乘客的池化数据。在这种情况下,乘客依然可以选择特定出行服务,交易也会在乘客作出选择的那一刻发生。如此这般的互操作性场景其实已经在商户终端与在线支付领域得到了实现。③

网络效应的存在可能成为一个可怕的市场准入壁垒,但互操作性的提升可以促进参与者进入市场并帮助小企业生存。简单来说,一个网约车平台必须拥有足够多的司机与乘客才能够正常运行。而互操作性的提升可以使所有乘客与司机被汇总于同一网络,正如电话系统那样。理论上说,任何独立拥有一辆车的司机都能够参与该系统,提供共享出行服务。而在保险公司数据分享的例子中,即使是一家

---

① See id.;另见(1)拒绝要求驳回起诉之动议的法庭命令与(2)部分同意部分拒绝要求更具体的陈述诉由之动议的法庭命令 at 2, 4-9, *Facebook, Inc. v. Power Ventures, Inc.*, No. 5:08-cv-05780-LHK, 2009 WL 1299698 (N.D. Cal. May 11, 2009)(拒绝了要求驳回脸书针对Power Ventures公司提出的后者通过脸书网站收集用户信息的行为违反联邦法的动议)。第九巡回法庭最终认定Power Ventures公司侵犯脸书公司计算机的行为违反了《计算机欺诈与滥用法案》。参见 *Facebook, Inc. v. Power Ventures, Inc.*, 844 F.3d 1058, 1065-66 (9th Cir., 2016)。

② See OSTROM, supra note 305, at 58-61. 对于被提议规则的一个版本,参见 Michael Kades & Fiona Scott Morton, *Interoperability as a Competition Remedy for Digital Networks* 7-27 (Wash. Ctr. for Equitable Growth, Working Paper), https://equitablegrowth.org/working-papers/interoperability-as-a-competition-remedy-for-digital-networks [https://perma.cc/MXR3-4KN7]。

③ See also Filip Caron, *The Evolving Payments Landscape: Technological Innovation in Payment Systems*, 20 IT PROF. 53 (2018)(对支付领域的技术创新与新挑战进行了综合性概述)。对于相关市场的监管困境,见 Yesha Yadav, *Fintech and International Financial Regulation*, 53 VAND. J. TRANSNAT'L L. 1109, 1135-1142 (2020)。

小型保险公司也可以获得高质量的在所有承保者之间分享的风控数据。[①] 独立录制唱片音乐人可以将其作品授权给美国作曲家,作家与出版商协会并因此加入总授权系统。[②] 总之,高效的互操作性可以显著降低规模经济与正网络效应所可能带来的排他效应,并显著提升市场中竞争公司的数量。

对于互操作性的关注也与一些横向的排他性商业安排相关,尤其是在媒体市场中。首先面临的问题便涉及知识产权的问题。以电影或电视剧这样的商业视频内容为例。授权他人获得相关内容的边际成本是非常低的。此外,数字视频内容的这类授权是非竞争性的,这意味着权利人可以在不损耗剩余商业价值的情况下进行不限次数的授权。这使只拥有视频内容的公司发展出了一种野蛮的战略:给所有愿意支付超过授权成本价格的客户以相应授权。在这种情况下,观看一部流行电影并不需要订阅电视台或购买卫星服务。

而对上述视频内容广泛传播的首要威胁为横向的排他性行为,其可通过排他交易协议或横向并购来实现。例如,假设内容所有者被一家诸如卫星电视公司这样的视频发行公司收购(或其收购了这样的公司)。此时,该公司的视频内容就能够作为吸引用户选择该电视网络的"杠杆"。在这种情况下,该公司就有可能拒绝试图在其他发行公司的平台观看该视频内容的请求,或拒绝试图支付更高费用观看该视频的请求以此吸引其他平台的客户。[③] 对此,最好的救济手段就是对该限制竞争的独家交易行为或并购交易下达禁令。

---

① See, e. g. , *Amica Mut. Ins. Co. v. Farhar*, No. 05 – cv – 00162 – REB – MJW, 2006 WL 8454578, at ∗3 (D. Colo. Feb. 17, 2006)(注意到一些小的承保人依赖 ISO 提供的风险数据);Daniel Schwarcz, *Ending Public Utility Style Rate Regulation in Insurance*, 35 YALE J. REG. 941, 968 – 972 (2018).

② See *ASCAP Payment System: Registering Your Music with ASCAP*, ASCAP, https://www. ascap. com/help/royalties – and – payment/payment/registering [https://perma. cc/4UJ4 – L34P].

③ 政府在 AT&T 与时代华纳并购案中发起了多项并未得到法院认可的指控。参见 *United States v. Am. Tel. & Tel. Co.*, 290 F. Supp. 3d 1, 2 – 3, 5 (D. D. C. 2018), aff'd, 916 F. 3d 1029 (D. C. Cir. 2019)。反垄断执法部门最近发布的《2020 纵向并购指南》,对可能导致这种拒绝行为的问题进行了规定。参见 U. S. DOJ & FTC, *VERTICAL MERGER GUIDELINES* (June 30, 2020), https://www. ftc. gov/system/files/documents/reports/us – department – justice – federal – trade – commission – vertical – merger – guidelines/vertical_merger_guidelines_6 – 30 – 20. pdf [https://perma. cc/Y5BS – M4NN]; see also AREEDA & HOVENKAMP, supra note 9, ¶ 1000(d) (讨论了《2020 纵向并购指南》的用词用语与其他显著特征)。见 Herbert Hovenkamp, *Competitive Harm from Vertical Mergers*, REV. INDUS. ORG. (将于 2021 年发表), https://ssrn. com/abstract = 3683386 [https://perma. cc/P8RR – TTTA](以《克莱顿法案》第 7 条的视角检视了《2020 纵向并购指南》)。

(三)不牺牲结构效率的情况下强制提升网络市场的竞争

资产剥离作为反垄断救济手段收效甚微的原因之一即为其过于关注对于资产的拆解,而这往往会减损资产的规模与范围效应。我们应当对那些能够使公司在竞争更激烈的市场表现得更好的救济手段予以关注。其中一种可行的救济手段即为将公司的内部决定权转移给公司运营的活跃参与者,公司作出的决定也因此可以受到《谢尔曼法案》第1条的规制。随着市场竞争越来越激烈,市场的汇总产出会增加。另一种救济手段则为推广增加而非减损数字平台市场无处不在的正网络效应,实施促进互操作性的行业规范。前一种救济手段对于亚马逊这样的平台企业或具有最好的规制效果,因为经销商对各类传统有形货物的竞争性销售均在亚马逊这一平台上实现。后一种救济手段对于谷歌或脸书公司更为适用,因其涉及海量数字化信息数据库。

是要审理反垄断案件的法院采取这些救济手段,还是需要成文法规范来如此执法?使用反垄断判例法的一个弊端即为其只能适用于能够被法院管辖的公司。相比之下,成文法则能够普遍适用。但当这些救济的落实能够给所有人带来益处时,这一区别并没有那么重要。例如,若谷歌或脸书被命令必须分享用户的信息,信息分享的对象必须是同意以相同方式分享信息的谷歌或脸书的竞争者。而改变亚马逊公司的内部商业结构以促进竞争也不大可能让其在面对其他竞争者时处于劣势。

结　语

反垄断法基于案情的分析方法对于构建合理的救济手段也至关重要。救济手段的目标应当与反垄断法的提升市场总体产出的目标相一致。以一纸禁令作为救济手段永远是值得考虑的。在施予救济的同时对相关企业的效率、产业链或对企业运行的市场造成很小或不造成伤害不难做到。并且这些救济手段的效果也更容易预测。

反垄断法百年历史告诉我们对资产进行拆分是危险的因为其会造成规模经济和范围经济减损的威胁。其他更有效的救济手段或包括重组企业管理层、强制提升互操作性与强制信息池化。重组企业管理层可以使企业以更富竞争性的方式运作,因其内部决定的作出对象本身就被认为构成一个相关市场并因此可以受到反垄断法的管辖。在案情合适的情况下,互操作性的提升可以在不伤害企业内部效率的情况下扩大网络效应惠及的范围。

数字平台市场带来的竞争问题呈现了一些全新的挑战,但大部分挑战依然在反垄断法的制度框架之内。法院和反垄断政策的制定者应当直面数字平台企业的真实面目——它们拥有独特性,但没有独特到面对它们时,我们必须抛弃我们在高科技和产品高度差异化的市场领域所经年积累的有关竞争与反垄断法的知识。

欧盟数字市场法案:一场立足于传统的革命

Pierre Larouche, Alexandre de Streel[*] 著 王颂扬[**] 译

在过去的三年里,欧洲的科技监管立法进程加速,并出现了欧盟平台法。① 这在 2022 年 7 月达到了高潮,欧盟立法者通过了《欧盟数字市场法》(Digital Markets Act)。②《欧盟数字市场法》的适用分为三个阶段,每个阶段大概为六个月。在第一阶段,欧盟委员会将通过一项程序性法规;第二阶段,2023 年夏天,欧盟委员会将指定 10 ~ 15 个数字"守门人",这些"守门人"将受到禁止和义务清单的约束;第三阶

---

* Pierre Larouche,蒙特利尔大学法律与创新教授;Alexandre de Streel,那慕尔大学欧盟法教授,欧洲监管中心(CERRE)学术联合主任,欧盟网络平台经济观察站专家组主席。本文是基于 P. Larouche & A. de Streel, *The European Digital Markets Act: A Revolution Grounded on Traditions*, 12(7) Journal of European Competition Law & Practice (2021) 的翻译稿。对原文作者专门针对《欧盟数字市场法》的颁布内容进行了更新,并针对中国平台反垄断的最新发展进行了修改。

** 王颂扬,上海交通大学凯原法学院 2021 级硕士研究生。

① 其中包括,Directive (EU) 2018/1808 of the European Parliament and of the Council of 14 November 2018 amending Directive 2010/13 on the coordination of certain provisions laid down by law, regulation or administrative action in Member States concerning the provision of audio – visual media services (Audiovisual Media Services Directive) in view of changing market realities [2018] OJ L303/69; Directive (EU) 2018/1972 of the European Parliament and of the Council of 11 December 2018 establishing the European Electronic Communications Code, OJ [2018] L321/36 (以下简称"EECC"); Directive (EU) 2019/790 of the European Parliament and of the Council of 17 April 2019 on copyright and related rights in the Digital Single Market and amending Directives 96/9 and 2001/29 [2019] OJ L 130/92; Regulation (EU) 2019/1150 of the European Parliament and of the Council of 20 June 2019 on promoting fairness and transparency for business users of online intermediation services [2019] OJ L186/57。

② Regulation 2022/XXX of the European Parliament and of the Council on contestable and fair markets in the digital sector and amending Directives 2019/1937 and 2020/1828 (Digital Markets Act). 同时,欧盟立法者就《数字服务法》(DSA)达成一致,该法处理社交网络上的非法内容和市场上的非法产品、推荐系统和在线广告问题: Regulation 2022/XXX of the European Parliament and of the Council on a Single Market For Digital Services (Digital Services Act) and amending Directive 2000/31。

段,2024年年初被指定的"守门人"将必须遵守义务并定期向欧盟委员会提交合规报告。

该新法案旨在提高数字经济的市场可竞争性和公平性,将适用于被视为"守门人"的公司,这些公司提供十种数字服务(包括应用商店和市场、搜索引擎、社交网络和操作系统等中介服务)中的一种或多种,即所谓的"核心平台服务"(CPS)。这些"守门人"将受到"注意事项"清单中规定的共计22项义务和禁令的约束。[①] 这个新规定可能会对全球最大的公司的一些商业模式产生重大的甚至是革命性的影响。然而,欧盟立法者在设计和制定《数字市场法》过程中作出的政策选择有时不甚清楚,并不像人们可能认为的那样具有革命性。

本文旨在解读这些政策选择,并表明其大体上符合欧盟的监管传统。本文的结构如下:在这个简短的介绍之后,下文涉及欧盟立法者作出的五个主要政策选择:第一,以监管补充竞争法;第二,为持续性创新和颠覆性创新开放所有路径;第三,优先考虑行为性救济措施而非结构性救济措施;第四,选择制定详细的规则而不是灵活的标准;第五,更具有开拓性地选择欧盟层面的集中执法。最后,本文将简要地进行总结。

一、竞争法和监管:进退两难

第一个主要的政策选择是基于《欧盟运行条约》(TFEU)第114条将《欧盟数字市场法》作为一种经济监管工具,而不是竞争法的实施。[②] 具体来说,《欧盟数字市场法》表现为对竞争法的补充,而非替代。本文首先将研究这种定位是否与欧盟经济监管的总体结构相一致,其次再探讨《欧盟数字市场法》在多大程度上可以真正脱离竞争法。

---

① 关于《欧盟数字市场法》的详情,see Peter Alexiadis and Alexandre de Streel, *The EU's Digital Markets Act – Opportunities and Challenges Ahead* (2021) Business Law International 23(2): 163 – 201。关于对《欧盟数字市场法》合理性的良好分析,see Filomena Chirico, *Digital Markets Act: A Regulatory Perspective* (2021) 12 Jour. European Competition Law & Practice 7, 493 – 499。

② 《欧盟数字市场法》本可以基于《欧盟运行条约》第352条实施竞争法,该条是所有与条约目标有关但不属于其他法律依据的事项的剩余法律依据。另一种可能性是基于《欧盟运行条约》第103(c)条,涉及"第101条和第102条规定范围内的各经济部门"的定义。关于法律依据的问题,see Alfonso Lamadrid de Pablo and Nieves Bayón Fernández, *Why The Proposed DMA Might Be Illegal Under Article 114 TFEU, and How to Fix It* (2021) 7 Jour. European Competition Law & Practice, 12, 576 – 589。

(一)作为经济监管工具的《欧盟数字市场法》

欧盟经济监管很好地体现了行业监管与一般竞争法之间的互补关系。诚然,从业者和学者们有时认为竞争法和行业监管是相互替代的,换言之,二者都有各自的领域,排斥另一方的实施。① 在这种观点下,主要的挑战在于如何将具体的问题和争端正确地归类为竞争法或行业监管。可以想见的是,这种观点受到了美国法的影响。在美国,监管被认为是反托拉斯法的替代品,主要判例法倾向于认为反托拉斯和监管是相互排斥的。②

然而,对欧盟法律的理论分析以及实践和判例法的重要性都表明,行业监管和竞争法应该被视为互补关系,尽管两者采用不同的手段,有不同的特殊优势,但都追求类似的目标。③ 若试图划分两者各自的领域,会发现这些领域是重叠的。理论分析的基础是欧盟法律的架构。归根结底,欧盟所有的法律工具都是为了追求《欧盟条约》(TEU)第3条(以及第27号议定书)中列出的总体目标,包括建立一个竞争不被扭曲的内部市场。这些目标为欧盟一级法律的主要条款以及用于制定二级法律的相应法律基础提供了依据,前者如TFEU中关于竞争的第101条或第102

---

① 这是围绕行业监管的未来的讨论的突出特点,与有时过度区分事前与事后有关,经济学家尤其如此。例如,see Marc Bourreau and Pinar Doğan, *Regulation and Innovation in the Telecommunications Industry* (2001) 25 Telecommunications Policy 167 or David Newbery, *Regulation and Competition Policy: Longer-term Boundaries* (2004) 12 Utilities Policy 93。在法律方面,see Stephen Breyer, *Regulation and Its Reform* (Harvard University Press 1982)(美国的观点);Niamh Dunne, *Competition Law and Economic Regulation* (Cambridge University Press 2015)(欧盟的观点)。

② Howard Shelanski, *The Case for Rebalancing Antitrust and Regulation* (2011) 109 Michigan Law Review 638(记录并批评了美国的两个主要案例), *Verizon Communications v. Trinko* 540 US 398 (2004) 和 *Credit Suisse v. Billing* 551 US 264 (2007);另见 OECD, *Regulated Conduct Defence in Antitrust Cases* DAF/COMP(2011)3。请注意,细致解读 *Trinko* 案后发现,美国联邦最高法院在得出排除适用反托拉斯法的结论之前谨慎地指出,之前的监管过程"履行了反托拉斯的功能"。

③ See Pierre Larouche and Alexandre de Streel, *The Integration of Broad and Narrow Market Investigations in EU Economic Law*, in Massimo Motta, Martin Peitz and Heike Schweitzer (eds.), *Market Investigations: A New Competition Tool for Europe?* (Cambridge University Press, 2022, 164-215)(本节部分内容来自此处); See also Dunne (n ①) and Martin Hellwig, *Competition Policy and Sector-specific Regulation in Network Industries*, in Xavier Vives, *Competition Policy in the EU: Fifty Years on from the Treaty of Rome* (Oxford University Press 2009). 这也是一些美国学者的观点,如 Dennis W. Carlton and Randall C. Picker, *Antitrust and Regulation* in Nancy L. Rose, *Economic Regulation and Its Reform: What Have We Learned?* (U of Chicago Press 2014),指出"反托拉斯法和监管可以被看作是互补关系,根据各自的相对优势将竞争的控制权分配给法院和监管机构。反托拉斯也可以成为监管机构行为的一种约束"。

条，或关于内部市场的第 34 条、第 45 条、第 49 条、第 56 条或第 63 条，后者包括 TFEU 第 103 条、第 114 条或第 352 条。基于这些法律基础的二级法律旨在促进这些总体目标的实现。换句话说，欧盟法律的架构连接了所有这些制度，并将它们归于共同的目标。因此，将这些制度视为一个统一整体，即欧盟经济监管体系的组成部分，不仅是可能的，更是可取的。因此，多年来人们习惯于将竞争法作为该经济监管体系中一般的、全面的组成部分，而在该体系之外，还有一些涉及具体行业或问题的具体监管制度。[①]

过去几十年的实践，证明了经济监管制度之间存在重叠和互补性，电子通信监管提供了许多实例。1998 年《接入通知》已经详细说明了竞争法和行业监管在 20 世纪 90 年代新兴竞争实践中的相互作用。[②] 21 世纪初，一连串备受瞩目的拒绝交易和利润挤压案件进一步强调了竞争法和行业监管之间的关系。[③] 其他行业也有这样的例子。在邮政行业，跨境邮件服务的自由化是通过适用《邮政服务指令》和竞争法实现的。[④] 在能源行业，对主要网络运营商实施 TFEU 第 102 条，决定性地推动了行业指令中规定的网络（传输和分配）与生产的分拆。[⑤] 金融行业也是如此，如

---

① Pierre Larouche, *Competition Law and Regulation in European Telecommunications* (Hart Publishing 2000).

② Commission Notice on the Application of the Competition Rules to Access Agreements in the Telecommunications Sector [1998] OJ C265/2.

③ Case C – 280/08P *Deutsche Telekom v. Commission*, EU:C:2010:603; Case C – 52/9 *Konkurrensverket v. TeliaSonera*, EU:C:2011:83; Case C – 295/12P *Telefonica v. Commission*, EU:C:2014:2062. Alexandre de Streel, *The Antitrust Activism of the Commission in the Telecommunications Sector*, in Philip Lowe and Mel Marquis, *European Competition Law Annual* 2012: *Competition, Regulation and Public Policies* (Hart Publishing 2014)(分析了这些案例所设定的竞争法和监管之间的关系)，最近的案例有，Case C – 165/19P, *Slovak Telekom v. Commission*, EU:C:2021:239。

④ Directive (EC) 97/67 of the European Parliament and of the Council of 15 December 1997 on Common Rules for the Development of the Internal Market of Community Postal Services and the Improvement of Quality of Service [1997] OJ L15/14，经修订；Damien Geradin, *Enhancing Competition in the Postal Sector: Can We Do Away with Sector – Specific Regulation*? (2006) TILEC Working Paper, available at: https://ssrn.com/abstract=909008.

⑤ Now Directive (EU) 2019/944 of the European Parliament and of the Council of 5 June 2019 on Common Rules for the Internal Market for Electricity OJ [2019] L158/125. See Leigh Hancher and Pierre Larouche, *The Coming of Age of EU Regulation of Network Industries and Services of General Economic Interest*, in Paul Craig and Gráinne de Búrca (eds.), *The Evolution of EU Law* (2nd ed, Oxford University Press 2011).

保险业内部市场的实现就是竞争法和行业指令互动的结果。[①] 特别是,当竞争法被证明不能有效地解决结构性竞争问题时,欧盟法律长久以来都依靠着补充性监管。这种情况发生在电信行业对国际漫游费的监管上,[②]以及金融行业对信用卡交换费的监管上。[③] 在所有这些例子中,从欧盟总体目标的角度来看,竞争法和行业监管之间的重叠和互补性正是成功的基础。

《欧盟数字市场法》与欧盟经济监管的整体结构相当吻合,但并非天衣无缝。与上面列出的所有行业规定相比,《欧盟数字市场法》缺乏明确的行业重点。其涉及"核心平台服务"和"守门人",但这不能真正地被视为一个经济部门。在《欧盟数字市场法》中,"核心平台服务"和"守门人"不是作为一个经济部门的划分概念,而是作为整个经济中存在的一种现象的关键特征。[④] 同样地,正如下文第五部分要讨论的,《欧盟数字市场法》的机构设置与大多数行业监管使用的传统模式不同,其实施和执行都集中在欧盟层面而非成员方层面。

另外,《欧盟数字市场法》可以与其他一般的监管框架同属于广义上的经济监管,如消费者保护立法、数据保护法、电子商务法条例或数字市场场法等。这些其他的框架与竞争法距离较远(从而加强了互补关系),通常围绕着一系列具体的政策目标而构建,而且对称地全面适用于所有公司。

相比之下,《欧盟数字市场法》引入了一个不对称的框架,其政策目标更接近于竞争法的目标。事实上,《欧盟数字市场法》的标题就提出了数字领域的"可竞争性"和"公平性"这两个首要目标。然而,这两个目标并不像《欧盟数字市场法》中所说的那样与竞争法相去甚远,而应被理解为竞争政策的重要组成部分。[⑤] 简言之,可竞争性是指确保市场对新进入者保持开放,尽管存在一个具有"守门人"权力的

---

① 行业集体豁免发挥的作用就是最好的例证,最近的 Commission Regulation (EU) 267/2010 of 24 March 2010 on the Application of Article 101(3) TFEU to Certain Categories of Agreements, Decisions and Concerted Practices in the Insurance Sector [2010] OJ L83/1 (现已过期),在该行业的自由化和保险公司在业务某些方面的合作需要之间达成了平衡。

② Regulation (EU) 531/2012 of the European Parliament and of the Council of 13 June 2012 on Roaming on Public Mobile Communications Networks [2012] OJ L172/10, as amended.

③ Regulation (EU) 2015/751 of the European Parliament and of the Council of 29 April 2015 on Interchange Fees for Card – based Payment Transactions [2015] OJ L123/1.

④ 《数字市场法》, Recital 2, 3, 12, 13, 15.

⑤ Heike Schweitzer, *The Art to Make Gatekeeper Positions Contestable and the Challenge to Know What is Fair: A Discussion of the Digital Market Act Proposal* (2021) ZEuP, 503 – 544.

平台,这符合 TFEU 第 102 条的总体目标,即尽可能保持市场的竞争性。[①] 至于公平性,虽然可以有多种解释,但在与"守门人"的 B2B 关系中,应将其解释为"守门人"没有利用市场力量进行剥削,因而其也属于 TFEU 第 102 条的范围(即使剥削性滥用是一个被忽视的法律领域)。

因此,《欧盟数字市场法》虽然属于经济监管的范畴,但不能轻而易举地归入既定的一般或特定行业的类别。当然,这可能是《欧盟数字市场法》实质内容的内在新颖性造成的,但也可能表明其与竞争法的关系比提案中所称的更密切。

(二)《欧盟数字市场法》在竞争法中的尴尬定位

基于上文,《欧盟数字市场法》和竞争法之间的密切关系完全符合欧盟经济监管的一般框架,为竞争法和监管之间的大量重叠提供了空间。然而,欧盟立法者却不遗余力地在该新法和欧盟竞争法之间拉开距离。如前所述,《欧盟数字市场法》是基于 TFEU 第 114 条,该条表明提案的目的是协调各国法律,以消除内部市场的障碍或对竞争的扭曲。[②] 人们可以争论法律基础的选择;而与立法程序有关的考虑可能发挥了作用。[③] 同时,拟议的《欧盟数字市场法》及其附带文件中提出的理由[④]确实表明,欧盟委员会选择将提案置于竞争法之外也是出于实质性原因。

《欧盟数字市场法》突破竞争法的最详细理由可以在《影响评估》中找到。[⑤] 欧盟委员会指出,两种广泛的市场失灵对"守门人市场"的运作产生了不利影响:大量因素导致进入壁垒,[⑥]以及商业用户为接触消费者而对守门人的经济依赖性。[⑦] 欧

---

① See the statements of the CJEU in Case C – 209/10, *Post Danmark*, EU:C:2012:172, paras 20 and 24(大法庭重申消费者的福利并没有取代市场竞争成为 TFEU 第 102 条的主要目标).

② Among others, Case C – 376/98, *Germany v. Parliament and Council* EU:C:2000:544.

③ 欧盟委员会选择的法律基础,即 TFEU 第 114 条,遵循普通的立法程序,而讨论最多的替代法律基础,即 TFEU 第 352 条,则需要理事会的一致同意,使得欧洲议会仅发挥咨询作用。如果欧盟委员会想把《欧盟数字市场法》作为对竞争法原则的直接实现,也可以选择 TFEU 第 103 条,该条不需要理事会的一致同意。

④ 《欧盟数字市场法》Proposal, Recital 5。

⑤ Impact Assessment Report accompanying the document "Proposal for a Regulation of the European Parliament and of the Council on Contestable and Fair Markets in the Digital sector (Digital Markets Act)" SWD(2020) 363 final (以下简称《欧盟数字市场法》Proposal Impact Assessment).

⑥ 《欧盟数字市场法》Proposal Impact Assessment. at para. 73 and ff(欧盟委员会列举了规模经济和范围经济、高启动成本、高固定运营成本、纵向一体化、单一归宿、转换成本、多面性、网络效应、零价格市场、信息不对称、数据依赖和行为偏差)。

⑦ 《欧盟数字市场法》Proposal Impact Assessment, at para. 85 – 88。

盟委员会称,欧盟竞争法不足以处理这些市场失灵问题,因为一方面,从实质上看,欧盟竞争法不适用于没有支配地位(TFEU 第 102 条)和没有反竞争协议(TFEU 第 101 条)的情况。另一方面,其程序冗长,部分原因是需要进行详细的经济和法律分析。[①] 特别是,欧盟委员会指出:(1)由进入壁垒和倾销引起的市场失灵并不总是涉及可以根据竞争法提起诉讼的具体行为;[②](2)"守门人"的不公平商业行为可能因为缺乏反竞争效果(或目的,视情况而定)而逃避欧盟竞争法的规制;[③](3)现有的救济途径,包括行业调查和临时措施,都不足以解决这些市场失灵问题;[④](4)目前正在进行的对欧盟竞争法文书(集体豁免、《相关市场通知》)的审查都不太可能改变这种状况。[⑤]

乍看之下,这些理由中有许多似乎无法令人信服,与欧盟委员会在数字经济领域的决策实践形成了鲜明对比。自微软案以来,欧盟委员会在认定根据拟议的《欧盟数字市场法》将成为"守门人"的公司在其核心市场上具有支配地位方面,没有遇到任何困难。[⑥] 即使具体案件涉及企业拥有支配地位的市场以外的其他市场,欧盟委员会通常也会使用杠杆理论将支配地位与相邻市场上的被指责行为联系起来,尽管该理论在经济文献中存在争议。[⑦] 同样地,无论公司的行为如何,即使结构性特征足以使市场容易发生倾覆,但倾覆通常会导致支配地位的产生。从那时起,占支配地位的公司很可能会从事一些可以被称为滥用的行为。如果像竞争法中的一般情况一样,责任来自可能的而不是实际的反竞争效果,那么上述情况就更有可能发生。事实上,根据欧盟委员会的决策实践和欧洲法院的判例法,欧盟委员会对于"守门人"的不良行为可能会因为没有 TFEU 第 102 条规定的反竞争效果而逃避竞争法的担忧似乎被夸大了。人们可能希望欧盟竞争法对当局的要求更高,因为需

---

① 《欧盟数字市场法》Proposal Impact Assessment, at para. 119。

② Ibid., at para. 120.

③ Ibid., at para. 121.

④ Ibid., at para. 122.

⑤ Ibid., at para. 123.

⑥ 参见主要的判例:*Microsoft* (Case COMP/AT. 37792) Commission Decision of 24 March 2004; *Microsoft* (*Tying*) (Case COMP/AT. 39530) Commission Decision of 16 December 2009; *Google Search* (*Shopping*) (Case COMP/AT. 39740) Commission Decision of 27 June 2017; *Google Android* (Case COMP/AT. 40099) Commission Decision of 18 July 2018.《欧盟数字市场法》Proposal Impact Assessment, at 53 - 60(列出了涉及可能成为"守门人"的公司的其他未决案件)。

⑦ 上一注释所列的四起案件都涉及杠杆作用的元素,即通过捆绑/搭售或自我优待行为,从被告占支配地位的市场进入其不占支配地位的市场。

要建立一个令人信服的损害理论来将支配地位、行为和反竞争效果联系起来,但在目前的法律状况下,门槛仍然相当低。

《影响评估》的表格中有证据可以证明,欧盟竞争法与《欧盟数字市场法》之间的距离比欧盟委员会声称的要小得多。① 这些表格不仅清楚地表明,在《欧盟数字市场法》下对"守门人"施加的义务直接来自竞争政策的辩论和实践(在欧盟层面,也在欧盟成员方、美国层面),而且对于导致这些义务的不良行为,已经发生并仍在进行大量竞争执法。

针对欧盟竞争法处理《欧盟数字市场法》所涉及的问题的能力和充分性,在所有提出的反对意见中,最有说服力的不是关于法律的实质,而是关于执行法律的程序和制度框架。欧盟委员会认为,事前的监管优于事后的竞争法。首先,令人震惊的是,事前/事后的说法尽管不准确,但仍然存在。欧盟竞争法的许多内容实际上都是事前的,从兼并控制到适用准则、通知、集体豁免等,到包括许多关于 TFEU 第 102 条的案件,这些案件在被指控的行为完全产生实际效果之前就已经作出了决定。同样,正如《欧盟数字市场法》本身所表明的,经济监管倾向于对观察或察觉到的不良行为,或对从以往经验中确定的其他形式的市场失灵做出反应。

从《欧盟数字市场法》的字里行间来看,欧盟委员会认为,真正使竞争执法不合格的并不是分析和救济措施的时间——如事前与事后的区别,而是竞争法程序的持续时间使竞争法似乎总是落后于市场发展。② 在如今的数字经济中,竞争法案件的金额轻易就达到了数十亿欧元的规模。可以预见,被告公司会不惜一切代价,试图通过一切可用的法律手段来对抗执法机构,这是被告公司在欧盟法律体系下有权做的(即使被告没有真正的胜算)。随着经济分析与经济专家被引入诉讼程序,"更经济的方法"给竞争法程序带来了更多的复杂性。③ 在 21 世纪,竞争案件已成为耗费执法资源的旷日持久的斗争。执法机构陷入了似乎无休止的争论之中。执法官员不堪重负,精疲力竭,因此更有可能(或更害怕)犯下错误,导致法院在上诉

① 《欧盟数字市场法》Proposal Impact Assessment, at p. 53 – 60;另见《欧盟数字市场法》proposal, Recital 33。

② Philip Marsden and Ruprecht Podszun, *Restoring Balance to Digital Competition – Sensible Rules, Effective Enforcement* (2020) Konrad – Adenauer – Stiftung, ch. 1(也提到了这一点)。

③ As illustrated by Case C – 413/14P *Intel*, EU:C:2017:632. See the discussion in Wouter J. Wils, *The Judgment of the EU General Court in Intel and the So – Called More Economic Approach to Abuse of Dominance* (2014) 37 World Competition 405. 关于欧盟竞争法演变的精彩叙述, see Pablo Ibanez Colomo, *The Shaping of Competition Law* (Cambridge University Press 2018)。

或司法审查中撤销执法决定。可以理解的是,欧盟委员会当然会发现这种情况从长远来看是不可持续的,并会提议转而采用更简易的程序。

同时,竞争法程序的功能确实超出了保障辩护权(以及开启拖延战术的大门)的范围。竞争法程序也是对执法机构分析的现实检验,或者说是竞争法认识论的一个关键因素。① 鉴于竞争法的核心条款措辞非常笼统而存在多种解释,当局需要在个案中与不利的证据和反驳进行坚实的对抗,以限制自由裁量权。接触被告(和其他利益相关者)的立场可以改善当局的分析,这样可以发现弱点,并在可能的情况下进行补救。如果做不到这一点,则要摒弃不可持续的推理思路(特别是在预见最终决定的上诉或审查程序的情况下)。在这个过程中,决定的认识论价值有所提高,成为一个更有价值的先例。我们似乎可以寻求一种妥协,从而在不完全失去对抗的好处的情况下,遏制一些当代的程序性问题,如将经济分析限制或引导到案件中最相关的问题。

令人担忧的是,《影响评估》中许多支持《欧盟数字市场法》的裁定(关于核心平台服务清单和对"守门人"施加的两份义务清单)来自仍在进行中的竞争法案件,竞争当局尚未完成文件并处理完被告和其他利益相关者的论点。例如,苹果应用商店的几个案件才发生不久,只有一个案件进展到了异议声明阶段。② 苹果公司提出了一些表面上可信的安全问题来支持其不允许第三方应用商店在其 iOS 平台上运行的决定,这些问题将在诉讼程序中进行辩论。然而,欧盟委员会委员 Vestager 已

---

① See Pablo Ibáñez Colomo, *The Draft Digital Markets Act: A Legal and Institutional Analysis* (2021) 7 Jour. European Competition Law & Practice, 12, 561 - 575; Pierre Larouche, *A Closer Look at Some Assumptions Underlying EC Regulation of Electronic Communications* (2002) 3 Journal Network Industries 129. 有趣的是,历任竞争委员会委员的政策都受到他们各自对这些与认识论有关的问题的看法的影响。委员 Monti(1994—2004 年在任)倾向于通过政策文件和软法工具而非案例开展工作:在他的任期内,欧盟委员会发布了与第 1/2003 号条例配套的一系列通知,以及《合并控制条例》下的一套新通知。相比之下,委员 Kroes(2004—2010 年在任)将重点重新放在利用案例来推动法律的演变上,在她的任期内,微软案和英特尔案等重大案件得到了裁决。委员 Almunia(2010—2014 年在任)同样朝这个方向努力,但其更偏好以和解或承诺而不是决定的方式来结束案件。现任委员 Vestager(2014 年至今在任)继续依靠案例来发展法律,她选择对抗性的路径来结束谷歌购物案,然后开启了几个针对根据拟议的《欧盟数字市场法》必然成为"守门人"的公司的案件。

② *Apple - App Store Practices* (*music streaming*) (Case COMP/AT. 40437) Statement of Objections of 30 April 2021. 还有三起针对苹果公司的有关应用程序商店的案件(Cases COMP/AT. 40452, 40652 and 40716)仍处于调查阶段。

经表示,她希望本案能够为第三方应用商店打开大门,[①]《欧盟数字市场法》就包括一个与此有关的义务。[②]

欧盟竞争法的标准做法是,一般文书应以个案经验为基础。集体豁免(及其附带的指南)是这种做法的典范。[③] 当代的竞争政策则提供了一些反面例子,其中欧盟委员会发布的一般文书要么打破了惯例,要么没有依靠任何先前经验。这些文书在竞争法界往往褒贬不一,并且在法庭上也面临一些阻力。[④]《关于 TFEU 第 102 条的指南文件》(以下简称《指南文件》)也许是这些反例中最著名的。[⑤] 如果《欧盟数字市场法》是一个竞争法文书,那么在结构上最接近于集体豁免,因为《欧盟数字市场法》被设定为在一个确定的子集(核心平台服务和"守门人")内对 TFEU 第 102 条的详细描述,并列出了被视为违反该条款的行为清单(以对"守门人"施加义务的形式)。然而,在实质上,《欧盟数字市场法》与《指南文件》相似,因为其领先于竞争法的发展,旨在先发制人地制定法律。[⑥]

最后,《欧盟数字市场法》处于一个困难的且也许是不好的认识论地位。一方面,它不像大多数行业法规那样,建立在一套合理的、明确的政策目标之上,并可以

---

① Kara Swisher, *Meet Big Tech's Tormenter in Chief*, Podcast Interview with Margrethe Vestager (10 June 2021).

② 《欧盟数字市场法》, Art. 6(4)。

③ As mentioned in the recitals of Council Regulation 19/65 of 2 March 1965 on the application of Article [101(3) TFEU] to certain categories of agreements and concerted practices [1965] OJ 36/533. 每项集体豁免所附的指南说明了集体豁免在哪些方面以及如何建立在现有实践的基础上。

④ See Oana Andreaa Stefan, *European Competition Soft Law in European Courts: A Matter of Hard Principles?* (2008) 14 European Law Journal 753 and Zlatina Georgieva, *Soft Law in EU Competition Law and Its Judicial Reception in Member States: A Theoretical Perspective?* (2015) 16 German Law Journal 223 and *Competition Soft Law in National Courts: Quo Vadis?* (2016) TILEC Discussion Paper 2016 – 038, available at: https://ssrn. com/abstract = 2888000.

⑤ Guidance on the Commission's enforcement priorities in applying Article [102 TFEU] to abusive exclusionary conduct by dominant undertakings [2009] OJ C45/7. 但是该指南并不是唯一的:见 2004 年 MCR 改革后发布的新合并指南:Guidelines on the assessment of horizontal mergers under the Council Regulation on the control of concentrations between undertakings [2004] OJ C 31/5 and Guidelines on the assessment of non – horizontal mergers under the Council Regulation on the control of concentrations between undertakings [2008] OJ C 265/6。最近的 Case T – 399/16 *CK Telecoms UK Investments Ltd. v. Commission*, EU:T:2020:217 表明,在没有产品差异化的寡头垄断市场的合并方面缺乏既定的惯例,欧盟普通法院难以处理横向合并指南的新内容。

⑥ 《指南文件》的正式内容是欧盟委员会的执法重点,但其最初被认为是对法律的重述,而且在实践中经常被这样对待,尽管后来被重新命名为执法重点指南。

从中演绎出具体的执行措施。另一方面,它也不像大多数竞争法文书那样,受益于个案的经验和实践。[①]然而,作为一个欧盟法律问题,应该强调的是,没有什么能阻止欧盟立法者使用第 114 条作为工具来跳出竞争法,以便在竞争法所涵盖的其他领域制定法律,当然前提是满足第 114 条的适用条件。在这个意义上,《欧盟数字市场法》与竞争法之间的关系是 30 年前第 114 条与第 106(3)条指令之间的关系的镜像。[②] 当时,一些利益相关者对依据第 106(3)条颁布指令的做法提出了质疑,这些指令与根据 TFEU 第 114 条通过的电信《开放网络供应》指令基本重叠。欧盟法院确认,尽管存在实质性的重叠,但只要满足各自的要求,这两种法律依据可以并行使用。[③]

二、目标:淡化创新的权衡

与目标相关的第二个政策选择是为创新者开辟不同的道路。创新者要么在同一价值网络内追求持续性创新(正如受监管的数字"守门人"已经开发的那样),要么在现有价值网络之外追求颠覆性创新,旨在用新的数字服务取代在位者。

(一)竞争与创新的一般关系

在《欧盟数字市场法》及其《影响评估》中,欧盟委员会重申了其核心信念,即竞争与创新存在直接关系:更多的竞争会带来更多的创新。[④] 类似的说法在欧洲各地竞争机构发布的决定和软法文书中随处可见。人们可能会指责欧盟委员会对竞争与创新的关系采取了貌似强烈的阿罗的观点,[⑤]而忽略了熊彼特的观点[⑥](提出了一种反向关系)和以阿基翁为首的一群作者所作的当代综合分析(提出了一种倒 U

---

① Nicolas Petit, *The Proposed Digital Markets Act: A Legal and Policy Review* (2021) 7 Jour. European Competition Law & Practice, 12, 529 – 541.

② 这两个法律依据分别见于当时《欧洲经济共同体条约》第 90(3)条和第 100a 条。

③ Case C – 202/88 *France v. Commission* EU:C:1991:120 and Case C – 271/90 *Spain v. Commission*, EU:C:1992:440.

④ 《欧盟数字市场法》Proposal Impact Assessment, para. 279。

⑤ Kenneth J. Arrow, *Economic Welfare and the Allocation of Resources for Invention*, in Richard R. Nelson, *The Rate and Direction of Inventive Activities: Economic and Social Factors* (Princeton University Press 1962).

⑥ Joseph A. Schumpeter, *Capitalism, Socialism and Democracy* (Harper and Brothers 1942).

关系）[①]。在竞争法的背景下，当局通常处理的是竞争减弱而非过度竞争的市场。因此，实践中采取阿罗还是阿基翁的理论观点可能并不重要，因为在所有的情况下，当局都是在倒U曲线向上倾斜的部分活动，而阿罗还是阿基翁的观点在此是一致的。

在《欧盟数字市场法》的背景下，执法工作也应在倒U曲线向上倾斜的部分进行。然而，不能排除在某些情况下竞争已经很激烈了，所以当局可以在倒U曲线向下倾斜的部分采取行动，此时更多的竞争不再能促进创新。[②] 的确，在分析更详细的部分，欧盟委员会表明其意识到竞争和创新的关系并不那么简单。其中涉及一些权衡，特别是一旦把核心平台服务的具体特征纳入考虑范围，即考虑规模经济和范围经济、网络效应（因多面性而加剧）、锁定效应、缺乏多重归属、纵向一体化和数据驱动的优势。创新可以来自平台本身与控制平台的公司（“守门人”），也可以围绕平台产生，通常由使用平台将发明推向市场的公司（“用户”）驱动。欧盟委员会清楚地知道，《欧盟数字市场法》可能会减少“守门人”的创新动力；那么问题就变成了这能得到什么回报。然而，分析一旦达到这一复杂程度，就开始向不同方向延伸。正如下文段落所示，在《欧盟数字市场法》中，几个不同的创新方案被捆绑在一起。[③]

（二）用户在核心平台服务上的持续性创新

欧盟委员会首先认识到，网络平台已经被证明是创新的温床，创新源于整个平台生态系统，不仅来自“守门人”本身，也来自平台用户、企业和个人。[④] 平台用户通过引进互补产品进行创新，如移动操作系统的游戏或生产力应用程序。然而，互联

---

① Philippe Aghion et al., *Competition and Innovation: An Inverted – U Relationship* (2005) 120 Quarterly Journal of Economics 701.

② 对于法律人来说，使用倒U模型的主要困难之一是，阿基翁等人使用的是“竞争”的一个复合概念，其被定义为一种受到一些不同法律体系影响的经济状态，包括竞争法和知识产权法。倒U模型假定“竞争”可以随意调高或调低，法（包括立法、监管和执法）则是调节的主要方法之一。然而，法律人难以想象如何以某种方式协调所有相关的法律机构，并根据早先的竞争水平使“竞争”调节器向正确的方向移动，以便最大限度地实现创新。然而，作为理解“竞争”和创新之间的关系和权衡的一般框架，倒U模型仍然非常有用。

③ Pierre Larouche and Alexandre de Streel, *Will the Digital Markets Act Kill Innovation in Europe?* Competition Policy International, 19 May 2021.

④ Michael G. Jacobides, Carmelo Cennamo and Annabelle Gawer, *Towards a Theory of Ecosystems* (2018) 39 Strategic Management Journal 2225; Carmelo Cennamo and Juan Santaló, *Generativity Tension and Value Creation in Platform Ecosystems* (2019) 30 Organization Science 447.

网早期的辉煌时代已经过去。在目前的情况下,欧盟委员会指出,有证据表明,控制主要网络平台的强大“守门人”的崛起导致了次优的创新水平。在本质上,“守门人”和用户的创新动机错位,“守门人”开始将部分努力转移到阻止或占有他人带来的创新上。例如,平台运营商的某些行为阻碍了企业用户,对其创新动机产生了不利影响。最终,这些企业拒绝或被阻止向市场提供创新产品。

这种情况下,主要的担忧在于——平台“守门人”会不遗余力地控制其平台上的创新流动。“守门人”封锁用户的创新产品当然是可能的,但更有可能的行为是利用捆绑或自我优待来排除有创造力的用户,并通过自己的竞争产品来获取创新利润,这在很多案例中都可以看到(从微软案到谷歌购物案和谷歌安卓案)。[①]《欧盟数字市场法》中的大部分义务都是为了解决这一问题,包括禁止使用非公开数据与商业用户竞争或在搜索排名中自我优待,以及有义务对APIs和其他互操作性特征给予平等访问权。[②] 此外,《欧盟数字市场法》特别保护一些相邻市场免受“守门人”行为的影响,即识别服务、应用程序和应用程序商店以及支付服务市场。[③]

就创新理论而言,这种情况通常涉及围绕现有核心平台服务的增量创新(如Novell和Sun的服务器操作系统与微软的Windows服务器操作系统)。此外,这种创新也将是持续性创新,因为将保持在价值网络或由平台创建的架构内。例如,增量创新包括在iOS或安卓等智能手机操作系统平台上运行的应用程序;通过谷歌等一般搜索引擎访问的专门搜索引擎(或另一种辅助服务,如地图);或在亚马逊等在线零售平台上经营的零售业务。

作为一个规范性问题,欧盟立法者为保障第三方围绕核心平台服务进行增量创新的能力而进行干预是无可厚非的。增量创新在数字经济中很普遍,其可以极大地促进消费者福利。从微软案开始,尽管没有被明确指出,但欧盟的竞争法执行

① *Microsoft* (Case COMP/AT.37792) Commission Decision of 24 March 2004, confirmed in appeal by the General Court in Case T-201/04 *Microsoft v. Commission*, EU:T:2007:289; *Microsoft* (*Explorer*) (Case COMP/AT.39530) Commission Decision of 16 December 2009; *Google Search* (*Shopping*) (Case COMP/AT.39740) Commission Decision of 27 June 2017; *Google Android* (Case COMP/AT.40099) Commission Decision of 18 July 2018.

② 《欧盟数字市场法》, Art.6(2), 6(5), 6(7)。

③ 《欧盟数字市场法》, Art.5(7)(涵盖了身份识别服务), Art.5(8), 6(3), 6(4), 6(7)(延伸至应用程序和应用程序商店)。

工作已经保护了数字经济中的增量创新。① 在这方面，《欧盟数字市场法》只是扩展了竞争法执行中的创新政策选择。

虽然第一种创新情况在欧盟委员会的《影响评估》中有所阐述，并体现在适用于“守门人”的义务和禁令清单中，但其并不完全符合《欧盟数字市场法》中定义的“可竞争性”“公平性”目标。②《欧盟数字市场法》将公平性定义为“守门人”和用户各自的权利和义务之间的合同不平衡。③ 第一种创新情况更多的是关于竞争机会的平等，并不符合这一定义。④ 至于可竞争性，《欧盟数字市场法》几乎总是将其定义为与核心平台服务有关，这与经济理论相一致，即可竞争性是垄断市场的一个可取之处。⑤ 然而，就分析和救济义务而言，第一种创新情况与核心平台服务的可竞争性没有什么关系：相反，该情况遏制“守门人”的权力，防止其对核心平台服务生态系统中的相邻市场产生不利影响。

（三）核心平台服务的创新和颠覆性创新

核心平台服务的可竞争性将促进另一种创新情况，但《欧盟数字市场法》的准备文件并没有充分发展这种情况。《影响评估》中提到，“守门人”为了“争夺市场”，将其资源从研发转移到并购上。同时，众所周知，“大量的创新是由颠覆性公司推动的”，因此法律“旨在保护颠覆性公司挑战现状的竞争过程”。⑥ 这些段落暗示了颠覆性创新，但并没有深入分析。欧盟委员会误解了颠覆性创新，将其与“争夺市场”的竞争相联系。就《欧盟数字市场法》意义上的“守门人”而言，争夺市场的竞争已经无法实现，因为“守门人”已经充分利用了核心平台服务的特点，建立了一

---

① Pierre Larouche, *The European Microsoft Case at the Crossroads of Competition Policy and Innovation* (2009) 75 Antitrust Law Journal 933.

② Jacques Cremer et al., *Fairness and Contestability in the Digital Markets Act* (2021) Yale Tobin Center of Economic Policy: Digital Regulation Project Policy, Discussion Paper 3, available at: https://tobin.yale.edu/digital-regulation-project.

③ 《欧盟数字市场法》Recital. 33。

④ 在 Case C-280/08P *Deutsche Telekom*, EU:C:2010:603 之后，竞争机会平等从《欧盟运行条约》第 106(1) 条判例法渗入第 102 条的分析。

⑤ 《欧盟数字市场法》Recital 32. William J. Baumol, John C. Panzar and Robert D. Willig, *Contestable Markets and the Theory of Industry Structure* (Saunders College Publishing/Harcourt Brace 1982)。本文在此假设，欧盟委员会是将“可竞争性”作为一个专门术语，与经济学中的既定用法一致。

⑥ 《欧盟数字市场法》Proposal Impact Assessment, para. 280, 282-3, 322; see also Recital 17 of the DMA proposal。

个准不可动摇的地位。一个新的搜索引擎要超越谷歌,一个竞争性的社交网络要赶走脸书,或者一个替代性的网络商务和零售平台要超越亚马逊,都几乎没有希望。

更有可能的情况不是正面竞争,而是侧面竞争,即核心平台服务被搁置,对用户来说不那么重要("市场上"的竞争)。[①] 这种侧面竞争通常涉及技术意义上的颠覆性创新,该概念由克里斯滕森提出,后由甘斯更新。[②] 在这种创新中,在位企业尽管有所成功,但还是被打了个措手不及并受到了惩罚。颠覆从来不是正面攻击:其涉及将消费者与特定产品空间联系起来的价值网络的转变,或供应商在该空间使用的主导架构的转变。近年来,我们见证了数字经济中的一些颠覆,通常对竞争政策有积极影响。例如,谷歌预示着以互联网为中心的计算技术的兴起,把客户端操作系统(如 Windows)变成了一个旁观者。又如,脸书将一个社交媒体平台变成了谷歌等搜索引擎的替代门户,限制了谷歌支配地位的影响。再如,以 iPhone 为首的智能手机的兴起不仅重新洗牌了移动设备市场,也使得计算机变得不再那么重要,从而降低了 CPUs 支配地位的影响。

如果颠覆性创新不涉及正面竞争而使在位者不知所措,那么这些在位者能否采取措施来避免?可能的防御策略包括试图阻止潜在的颠覆者(在可以发现的范围内)站稳脚跟——就像微软在 20 世纪 90 年代看到来自网景的威胁时所做的那样——或者收购有潜在威胁的公司以遏制任何颠覆行为。[③]

正如正在进行的美国各州和联邦贸易委员会对脸书的反托拉斯案所表明的那样,现在已经很清楚,脸书收购 Instagram 和 WhatsApp 是后一种策略的典型案例。[④]《数字市场法》中提到了战略收购有义务向欧盟委员会通报意图进行的集中,但这

---

① Pierre Larouche, *Platforms*, *Disruptive Innovation and Competition on the Market* Competition Policy International, 14 February 2020; Nicolas Petit, *Big Tech and the Digital Economy*: *The Moligopoly Scenario* (Oxford University Press 2020).

② Clayton M. Christensen, *The Innovator's Dilemma* (Harvard Business School Press 1997); Joshua Gans, *The Disruption Dilemma* (MIT Press 2016).

③ Giulio Federico, Fiona M. Scott Morton and Carl Shapiro, *Antitrust and Innovation*: *Welcoming and Protecting Disruptions*, in Josh Lerner and Scott Stern (eds.), *Innovation Policy and the Economy* (University of Chicago Press 2019).

④ *FTC v. Facebook* Civil Action 20 – 3590 (DC Dist Ct); *New York v. Facebook* Civil Action 20 – 3589 (DC Dist Ct). 尽管地方法院于 2021 年 6 月 28 日批准了脸书在这两起案件中的驳回请求,但在这两起收购中,联邦贸易委员会针对脸书的指控仍然没有定论。See also Elena Argentesi at al. *Merger Policy in Digital Markets*: *An Ex – Post Assessment* (2021) 17 Journal of Competition Law and Economics 95.

是一个相对薄弱的条款。[①] 结合新的《关于向委员会移交案件的指导意见》,[②]该条款可以巧妙地变通为通知门槛。然而,即使欧盟委员会最终能够审查这些战略收购,它们仍然是现行合并控制法中的一个空白。许多问题仍未得到解决,比如,用哪种损害理论证明阻止此类收购是正当的,以及应该适用哪种证明标准(盖然性平衡或损害平衡)。

至于防御性排他策略,即使在《欧盟数字市场法》中没有发展出颠覆性分析,一些义务也会使"守门人"容易受到颠覆:包括保持广告市场透明的义务,向用户提供数据并允许数据可移植性,不使用最惠国待遇条款和引导,以及向第三方搜索引擎提供访问搜索引擎数据的权限。[③] 从这些义务的理由和措辞中可以看出,它们是为了支持与有关核心平台服务的正面竞争。然而,这些义务也可以为颠覆性创新者提供掩护,使其接近"守门人",从而使颠覆者可以利用"守门人"的地位作为垫脚石,改变价值网络或主导架构。举例而言,与数据可移植性有关的义务,或与通过商业用户活动或由商业用户活动产生的数据可用性有关的义务,[④]可以被用来使谷歌、脸书或亚马逊的正面竞争者(无论多么不可能)通过其用户从这些"守门人"那里获得的数据而生存。但是,这些义务——取决于在实践中是如何详细描述的——也可以被用来将数据输送给试图颠覆价值网络或主导架构的创新进入者:假设商业用户可以成功地将从亚马逊获得的数据转移给一个致力于二手销售和交易、本地采购或道德采购的平台供应商,那么就可能会颠覆网络零售业。

为了完整起见,应该补充的是,颠覆也可能来自围绕核心平台服务的互补产品的创新者(在上述第一种情况下),这种产品将从单纯的互补产品演变为颠覆性产品。例如,网景公司最初的网络浏览器就是这种情况,其开始是对 Windows 等操作系统的补充(使其能够向网络开放),后来成为颠覆性的生存威胁,引发了微软为保护自身地位的反竞争反应。因此,围绕第一种情况的义务不仅可以保护核心平台服务的持续性创新,还可以开辟一条颠覆性的道路。

---

① 《欧盟数字市场法》, Art. 14。

② Guidance on the application of the referral mechanism set out in Article 22 of the Merger Regulation to certain categories of cases [2021] OJ C113/1.

③ 分别见于《欧盟数字市场法》, Art. 5(9) and Art. 5(10), Art. 6(9), Art. 5(3), Art. 5(4) and Art. 6(11)。

④ 分别见于《欧盟数字市场法》, Art. 6(9) and Art. 6(10)。

(四)决定创新的权衡

《欧盟数字市场法》能否实现所有这些对创新的不同影响?也许不能,因为它们之间存在矛盾,权衡是不可避免的。尤其是,有三个权衡很突出。首先,最明显的权衡是在“守门人”和用户的激励之间。《欧盟数字市场法》似乎优先考虑用户而不是“守门人”,其假设“守门人”保有足够的激励进行创新,因为“守门人”需要保持地位,并根据自己的商业模式与自己的现有基础竞争。如果“守门人”的行为使用户的创新动力有限或没有动力,那么社会就会失去源自用户活动的创新利益。这不仅关系到结果,也关系到过程:享有市场权力的公司可能会假设消费者的偏好,但这些偏好最好是通过竞争过程直接表达,而不是由占支配地位的公司或“守门人”单方面决定。①

其次,《欧盟数字市场法》可能也会意外地影响持续性创新和颠覆性创新的权衡。颠覆性创新的《数字市场法》路径从一开始就受到了阻碍,因为其在分析上不够完善。相比之下,持续性创新的路径在分析上是合理的,并且在实际提案中得到了很好的体现。事实上,《欧盟数字市场法》非常精确,以致其通过规定一套静态的受监管的核心平台服务和监管义务,有可能抑制发展活力。这样就会激励潜在的进入者在《欧盟数字市场法》创建的框架内走更容易的持续性创新的道路,而放弃任何高风险、高收益的颠覆性战略。虽然这样的结果在“公平”方面可以得到很好的评价,但其不会产生太多的可竞争性(除非正面竞争以某种方式获得成功)。

最后,在过去的20年里,欧盟的竞争政策倾向于更多地关注短期的福利效应(包括危害和效率),而不是长期的结果(竞争或创新)。这种演变有多种原因,包括倾向于静态的经济理论的影响越来越大,以及证明标准的提高使得证明长期影响更加困难。一方面,如果《欧盟数字市场法》最终促进了持续性创新和对稳定的平台生态系统的增量改变,那么这种趋势可能会加强。另一方面,如果《欧盟数字市场法》实现了其可竞争性的目标,则可能预示着一种再平衡,即摆脱这种短期偏向,同时为了长期的活力而尽可能地保持市场开放。

然而,有一个强有力的论点表明,《欧盟数字市场法》不需要解决这些权衡问题,而应该同时追求所有这些对创新的影响。这要归结为创新固有的深层不可预

① 正如欧盟委员会和普通法院在微软案中所指出的,n ①。

测性。① 在大多数主流创新理论中,创新不仅包括一个好的想法(发明),还包括该发明在市场上成功推出并被用户采用(当然,创新也应该对公共政策目标和福利产生积极影响,但这由其他监管工具处理)。因此,监管机构预测创新,不仅需要准确地猜测发明过程如何开展,而且还需要猜测传播和采用是否会成功。只关注市场的公司几乎无法对发明和传播作出有根据的猜测,而在颠覆的情况下,则完全无法预料将要发生的事情。因此,监管机构在仲裁创新权衡方面将面临巨大的困难。简言之,《欧盟数字市场法》的公平性和可竞争性目标是尽可能保持市场开放和竞争的监管目标的简称。从这个角度来看,《欧盟数字市场法》将符合改进后的自由主义传统,该传统仍然是欧盟竞争法和经济监管的基础。② 这种21世纪的自由主义以活力和创新为核心,正是市场应该保持开放和竞争的主要原因。③ 从这个角度来看,《欧盟数字市场法》不会扼杀而是会促进欧洲创新的多样性,并提高创新水平。

三、救济措施:认真对待监管

上面讨论的两个政策选择对《欧盟数字市场法》的救济部分有影响。首先,虽然《欧盟数字市场法》被表述为具体监管而不是一般竞争法,但其定位在两者之间摇摆。特别是在救济措施方面,《欧盟数字市场法》坚持走竞争法的老路。可以说,其未能完全利用具体监管的定位所提供的机会。其次,与淡化权衡和追求所有创新情况的选择一致,《欧盟数字市场法》实际上对"守门人"施加了完全是行为上的因而也是相对有限的救济负担,这大概是为了维持它们的创新动力。本部分将讨论《欧盟数字市场法》救济措施的这两个方面,首先是后者。

《欧盟数字市场法》重点关注"守门人"的行为,也即欧盟委员会文件中所称的"守门人"的实践。救济措施与这些实践密切相关,因为《欧盟数字市场法》第5~7

---

① Wolfgang Kerber, *Competition, Innovation, and Competition Law: Dissecting the Interplay* in Damien Gerard, Eric Morgan de Rivery and Bernd Meyring, (eds), *Dynamic Markets, Dynamic Competition and Dynamic Enforcement*, (Bruylant 2018), 33-62.

② Walter Eucken, *The Foundations of Economics: History and Theory in the Analysis of Economic Reality* (Springer 1992); David J. Gerber, *Law and Competition in the Twentieth Century Europe* (Oxford University Press 1998).

③ Alexandre de Streel, *Should Digital Antitrust Be Ordo-liberal?* (2020) Concurrences 2; Pierre Larouche and Maarten Pieter Schinkel, *Continental Drift in the Treatment of Dominant Firms: Article 102 TFEU in Contrast to § 2 Sherman Act*, in Daniel Sokol and Roger Blair (eds.) *Oxford Handbook of International Antitrust Economics-Vol. 2* (OUP 2014).

条基本上对“守门人”规定了一系列义务或禁令,旨在防止或打击不良做法。从竞争法的角度来看,这些救济措施是行为性的,而不是结构性的。结构性救济措施包括各种形式的拆分(法律、功能或结构),也包括资产剥离。《欧盟数字市场法》第18条提到了这些救济措施是“守门人”系统性违规情况下的最后手段,如果这对确保有效遵守是合比例的和必要的。① 简言之,《欧盟数字市场法》规定了行为性救济措施,在系统性违规的例外情况下可以用更多的行为性救济措施或结构性救济措施作为补充。这种方式借鉴了第1/2003号条例,②是在尊重比例原则的情况下提出的。③

这也表明了符合电子通信行业监管传统的一种政策选择,即允许具有强大市场力量的参与者保持纵向和跨相关市场的一体化,但以行为性救济措施为代价,目的是确保第三方竞争对手可以公平竞争。20世纪80年代末,当欧洲电信行业自由化时,《开放网络供应》(ONP)方案④允许电信运营商保持纵向一体化,但以向较小进入者开放其网络为代价。这一政策选择在欧盟电子通信政策的各种迭代中一直保持不变。⑤ 同样地,《欧盟数字市场法》试图保留综合平台的好处,即这些平台将连接用户及其数据所产生的巨大网络效应内部化,同时降低了有害行为对福利的风险。

然而,救济方式这种明显的连续性掩盖了最终政策目标的分歧。在电信行业实施的行为性救济措施旨在第一阶段保护和刺激基于服务的或平台内的竞争,然

---

① 《欧盟数字市场法》, Art. 18(1)。

② 《欧盟数字市场法》Proposal Impact Assessment, para. 168 – 172。欧盟委员会指出,在第1/2003号条例生效后的15年多的时间里,至今没有实施结构性救济措施。

③ Ibid. 比例原则载于TEU第5(4)条,被认为是欧盟法律的一般原则。

④ Towards a Dynamic European Economy: Commission Green Paper on the Development of the Common Market for Telecommunications Services and Equipment, COM(87) 290 final. 一个例外是同时提供有线电视接入的电信供应商——这些运营商被迫剥离其有线电视基础设施。

⑤ Directive 2009/140 of the European Parliament and of the Council of 25 November 2009 amending Directives 2002/21/EC on a common regulatory framework for electronic communications networks and services, 2002/19/EC on access to, and interconnection of, electronic communications networks and associated facilities, and 2002/20/EC on the authorisation of electronic communications networks and services [2009] OJ L 337/37, Art. 2(10)(在2009年提出了在接入案件中实施功能拆分作为最后的救济措施的可能性)。同一条款还设想了自愿的结构性拆分。这些规定现在见于EECC第77条和第78条。这些条款很少被使用。

后在第二阶段促进向基于基础设施的或平台间的竞争过渡。[①] 其最终目标是促使市场转向竞争性基础设施,因为基于基础设施的竞争被认为比基于服务的竞争更丰富、更有效。相比之下,《欧盟数字市场法》所规定的义务主要是为了实现平台上和平台周围的竞争。[②] 如上所述,尽管《欧盟数字市场法》的目标是市场可竞争性,但其不太可能产生那种会导致多个竞争性 CPS 平台的正面竞争。因此,《欧盟数字市场法》最好是规定结构性救济措施,或者至少比提案中的规定更接近结构性救济措施。

然而,上文的创新分析可以证明《欧盟数字市场法》的选择是合理的:颠覆性创新的潜在途径之一是通过现有的平台运营商(包括"守门人"),以颠覆"守门人"的方式扩展到新的活动(或重塑其业务)。举例来说,网飞从 DVD 租赁业务的大型企业转为流媒体的先驱,然后转向原创节目,颠覆了内容传播和生产。在某种程度上,谷歌、亚马逊、脸书、苹果和微软在其历史上的某个时刻都彼此扮演着颠覆者的角色。[③] 如果按照这种分析思路,摒弃结构性救济措施而让"守门人"有能力扩展到相邻市场是非常明智的,这样可以保持积极的福利效应。这种效应可以直接来自服务的捆绑,也可以来自"守门人"利用相邻市场作为跳板,破坏另一个"守门人"的 CPS 业务。

在第 6 条和第 7 条中加入互操作性的义务也是合理的。为了说明为什么这些救济措施是适当的和合理的,有必要回到世纪之交,回顾促成根据《欧盟数字市场法》现在有资格成为"守门人"的公司崛起的一些事件。[④] "守门人"的出现可能源于 CPS 的特点,但这并不是一个注定的结果,而是取决于一些监管决定和其他因素。

谷歌和脸书等巨头是在 20 世纪 90 年代和 21 世纪初大量风险资本涌入的情况

---

① EECC, Rec. 27(表示出倾向于基于基础设施的竞争). Martin Cave, Christos Genakos and Tommaso Valletti, *The European Framework for Regulating Telecommunications: A 25 – year Appraisal* (2019) 55 Review of Industrial Organisation 47(解释了从基于服务的竞争到基于基础设施的竞争的逐步转变,并将基于基础设施的竞争定义为"黄金标准").

② 这代表一种平台内的竞争,在一个更复杂的生态系统中围绕平台建立相邻的竞争市场(而不是基于与平台有关的各种批发进入产品的零售服务竞争)。

③ Petit 分析的一个核心要点,n ①。

④ 已经有几本关于这个主题的书,包括 Margaret O'Mara, *The Code – Silicon Valley and the Remaking of America* (Penguin 2019), Scott Galloway, *The Four – The Hidden DNA of Amazon, Apple, Facebook and Google* (Portfolio 2017) and Jonathan Taplin, *Move Fast and Break Things* (Little Brown 2017)。

下建立的。这两个公司花了很多年才实现盈利:事实上,谷歌和脸书一开始都没有商业模式。但很明显的是,它们由于服务很好而且是免费的,所以发展得非常快,投资者被巨大的消费者基础的前景吸引而纷纷涌入,谷歌和脸书最终找到了方法来实现货币化。[①] 亚马逊的故事与此类似,但不完全相同。[②] 政府当局没有看到且不可能看到,此种无限的融资、有吸引力的免费服务以及与CPS有关的所有特征的结合,将促成这些公司不仅成为准垄断者,而且成为事实上的标准制定者。“谷歌”甚至已经成为一个动词,是“在线搜索”的同义词;脸书则为社交网络设定了标准;亚马逊也是所有网络零售的典范。

另一个使这些公司直到最近才受到监管审查的因素是,人们认为它们只是通过互联网提供服务。通过互联网提供的服务被认为是竞争激烈的,部分原因是没有理解上一段描述的商业模式的含义。在监管界,网络效应曾被视为主要与物理网络有关,即与传播通信的电线和无线电线路有关。按照网络行业的惯例,电子通信监管包括所谓的主要互连义务,以确保物理网络可以互连和互操作。在拥有强大的市场力量的情况下,网络运营商会被施加额外的接入和互连义务,这也是为了确保公司不能利用网络效应来加强其市场地位。从概念上来说,对服务层面出现的虚拟网络采用同样的方法似乎是合乎逻辑的:毕竟,网络效应在虚拟网络(如脸书或谷歌用户的网络)上以同样的方式发挥作用。然而,互连和互操作性义务却只限于物理网络层面(和相关设施),从未对服务层面的虚拟网络施加过。因此,网络效应在服务层面得到了充分的发挥,并促成了CPS“守门人”的崛起。

改写过去是不可能的,但上述段落旨在表明CPS本可以被引导到另一条道路上。它们本可以变成多个运营商基于标准化产品或组件进行竞争,且互连和互操作性(通过商业利益或通过监管义务)得到保证的市场行业。在数字经济中,这种行业的例子包括移动通信(设备和服务)、视频会议服务、互联网浏览器(如果没有陷入反竞争的捆绑)或在线支付(通过一些监管干预来诱导互操作性)。

这就是《欧盟数字市场法》规定“守门人”有义务确保与竞争的CPS提供者互连和互操作的理由。《欧盟数字市场法》规定,“守门人”应允许访问用于提供辅助

① 由于受困于零价格政策,谷歌和脸书不得不转向基于广告的模式,通过消费者基础来盈利。

② 虽然亚马逊的服务对消费者来说不是免费的,但其零售价格在早年是亏损的(或者更准确地说,是亏本的),直到亚马逊达到的规模能够广泛地分摊成本,才开始盈利。此外,多样化的云计算(亚马逊网络服务)产生了巨大的利润。

服务的技术功能,[①]允许访问其持有的、由企业和用户提供或产生的数据,[②]在搜索引擎的情况下允许访问与搜索有关的数据。[③] 其出于通信应用程序实现和提供横向互操作性的义务的目的补充了这些义务。[④]

然而,《欧盟数字市场法》可以走得更远,对其他 CPS 施加这样的义务。例如,使一个竞争的社交网络能够与脸书互操作,并提供一个没有广告资助的社交网络,让喜欢这种选择的人还可以与脸书上的朋友互动。[⑤] 更大胆的是,这也可以扩展到一个竞争的搜索引擎供应商可以从谷歌获得有机搜索结果,并整合到其产品中,以便为用户提供谷歌用户界面之外的替代选择。这种义务的确切描述将因不同的 CPS 而不同,但总的方向是通过减少或挫败市场结果中作为重要因素的网络效应来促进可竞争性。

《欧盟数字市场法》还可以通过借鉴标准化生态系统的经验来引入"治理救济措施",从而更具创新性。标准是许多经济行业的核心,可以产生强大的结构化效应:通过取消某些参数的竞争,使其他参数的竞争得以蓬勃发展。如果没有标准,一些市场甚至不会存在。举个突出的例子,移动通信标准(现在进入 5G)使手机和设备、网络设备(细分为塔台设备、交换机等)、通信服务等的独立市场得以出现,每个市场在知道整个系统会运作的情况下都有竞争的环境。理想情况下,标准应该是非竞争性和非排他性的,从而发挥公益功能。标准由各利益相关者在不同的"标准制定组织"(SDO)中制定,其管理虽不统一,但可以系统化。[⑥] SDO 通常遵循一套符合贸易和竞争法的管理原则,包括透明、公开、非歧视、利益平衡和共识决策。

---

① 《欧盟数字市场法》, Art. 6(7)。

② 《欧盟数字市场法》, Art. 6(10)。

③ 《欧盟数字市场法》, Art. 6(11)。

④ 《欧盟数字市场法》, Art. 7。这项义务是对欧盟电信法中规定的类似义务的补充。EECC 第 61(2)(c)条规定,在满足一些相当严格的条件之后,可以对独立于号码的人际通信服务的提供者施加互操作性义务, see clauses (i) and (ii) under Article 61(2), as well as Rec. 149 - 151 EECC。

⑤ Jacques Crémer, Yves - Alexandre de Montjoye and Heike Schweitzer, *Competition Policy for the Digital Era* (European Commission, 2019) and David Dinielli et al., *Equitable Interoperability: the "Super Tool" of Digital Platform Governance* (2021) Yale Tobin Center of Economic Policy: Digital Regulation Project, Policy Discussion Paper 4, available at: https://tobin.yale.edu/digital - regulation - project and Marc Bourreau et al., Interoperability in digital markets, CERRE Report, 2022(讨论了这种类型的义务)。

⑥ See Justus Baron et al., *Making the Rules - The Governance of Standard Development Organisations and their Policies on Intellectual Property Rights* JRC Science for Policy Report (European Commission 2019).

在一些情况下,CPS已经成为事实上的标准,在这些CPS的管理中引入SDO治理的一些元素是相当有效的救济措施。[①] 从本质上来讲,现在成为事实上的标准的CPS将被置于一个为标准设计的治理制度之下。与其他方法相比,这种救济措施将是有益的。根据《欧盟数字市场法》,"守门人"的CPS将受到第5~7条规定的许多详细义务的约束。这些义务可能会被证明是过度的,也可能还不够;只有时间才能证明。此外,正如下文进一步讨论的那样,在大多数情况下,这些义务可能需要大量的进一步发展才能履行,从而会导致冗长和昂贵的行政程序。将这些CPS置于类似SDO的治理之下可能是一个更有吸引力的选择:虽然"守门人"将失去单方面决定CPS的能力,但其将参与到利益相关者驱动的过程中,该过程更类似于商业谈判,而不是一个更僵硬和资源密集的公法行政程序。例如,如果像标准一样治理底层操作系统,可能会更好地解决围绕应用程序商店的棘手问题:安全和隐私问题可以通过利益相关者的共识来解决,而更多的商业问题(佣金水平等)可以置于类似FRAND的制度下,据此"守门人"将承诺遵守某些原则来管理其商业政策。[②] 作为将用户和操作系统之间的接口置于类似于SDO的治理之下的回报,守门人也许可以免除允许创建竞争的应用程序商店的义务。

从政府当局的角度来看,通过与守门人的紧张互动(以及与其他利益相关者的不断联络)来弄清第5~7条的实质性细节是非常漫长的过程,而将《欧盟数字市场法》的实施变成一个在治理救济措施框架下监督私人谈判的过程则更为轻松。此外,从社会的角度来看,在治理救济措施下,利益相关者之间的谈判结果也许比政府当局的裁决更有可能是福利最优的,因为政府当局由于信息不足而存在错误风险。

四、执行:规则与标准之间

载于第5~7条逐项清单中的规定性义务,反映了支持《欧盟数字市场法》的第四个政策选择。该政策选择与监管设计和执行有关,即倾向于详细的规则而不是

① Baron et al., ibid(来自标准化的移植已经出现在拟议的《欧盟数字市场法》第6(1)(j)条和第(k)条,其借用了FRAND概念,但没有将其嵌入类似SDO的治理结构中。即使FRAND承诺制约着SEP许可的双边私人谈判,利益相关者也会在SDO内部互动,从而影响FRAND的进一步发展和规定。近年来,SDO管理FRAND承诺体系的方式引起了大量的争论。

② 可以想象,如果有足够的保障措施来避免价格操纵问题,这些商业问题甚至可以由利益相关者集体解决。在这种情况下,治理救济措施将在"守门人"和用户之间创建一种集体谈判制度。

灵活的标准。

(一)规则和标准的比较优势

在监管文献中,规则和标准之间的权衡是众所周知的,前者是立法机构直接在法律中制定详细的规定,后者是立法机构仅仅制定包含规范性目标的标准来指导执法机构和法院的行动。① 在具体的竞争政策制定中,本身违法原则和合理原则之间也有类似的权衡。② 规则有以下优点:提高了法律的确定性和可预测性;便于被监管者的遵守和监管者的执行;减少了对司法审查的需求和寻求司法审查的动机;在欧盟的特定背景下,以分散的方式适用规则减少了差异化解释和执行的风险。而标准有以下优点:允许根据具体情况详细说明,因此可以减少第一类(过度执法)和第二类(执法不力)的错误风险;更加灵活,因而更容易适应市场演进和执法经验("通过监管学习")。

鉴于规则和标准各自的比较优势,在任何情况下,使用规则或标准都不是最好的设计选择。选择最合适的方案还需要平衡立法机构的相对质量(在基于规则的方法中更重要)与执法机构和法院的质量(在基于标准的方法中更重要)。纯粹的基于规则或基于标准的方法是两个极端;最佳的方法通常位于两者之间,在最大限度地降低监管成本(包括错误、遵守和执行的成本)的同时,该方法是有效的。③

此外,法律是动态的,可以将不同的方法结合起来。就竞争法而言,执行已经从更基于规则的方法演变为更基于标准的方法,美国在芝加哥学派的影响下从本身违法原则转变为合理原则,欧盟则引入了"更经济的方法"。④ 关于电信行业监管,20 世纪 90 年代的第一代欧盟指令遵循了基于规则的方法,立法中直接界定受监管

---

① See Louis Kaplow, *Rules versus Standards: An Economic Analysis* (1992) 42 Duke Law Journal 557(开创性贡献).

② 尽管其名称为"合理规则",但类似于一个标准。Frank Easterbrook, *Ignorance and Antitrust*, in Thomas M. Jorde and David J. Teece (eds.) *Antitrust, Innovation, and Competitiveness* (Oxford University Press 1992) 119.

③ Louis Kaplow, *A Model of the Optimal Complexity of Legal Rules* (1995) 11 Journal of Law, Economics, and Organization, 150. 关于竞争法,see Arndt Christiansen and Wolfgang Kerber, *Competition Policy with Optimally Differentiated Rules Instead of "Per Se Rules vs. Rule of Reason"* (2006) 2 Journal of Competition Law and Economics 215。

④ See n 40.

的市场,并设定干预的门槛,以在预先界定的市场中占25%的市场份额。①超过这个门槛的运营商都要履行同一套准入义务。之后,随着执法机构获得了更多的经验和专业知识,监管转向基于标准的方法,向当代竞争法的方法论看齐。②

(二)《欧盟数字市场法》的选择

在《欧盟数字市场法》的《影响评估》中,欧盟委员会将规则和标准之间的权衡限缩到干预速度和灵活性之间的平衡,规则可以加快干预速度,而标准可以增加灵活性。③欧盟委员会还认识到,在纯粹基于规则(被称为“非动态”)和纯粹基于标准(被称为“完全动态”)的选择之间,可以采取一种中间方法。欧盟委员会决定在其立法提案中采用这种中间方法(“半动态”选项),并得到了欧盟立法者的支持。事实上,《欧盟数字市场法》依赖于规则,因为其规定了含22项义务和禁令的封闭式清单,这些义务和禁令(在不同程度上)都是详细的,旨在可以自我执行。欧盟委员会解释道,之所以选择这些义务,是因为“考虑到数字行业的特点以及在执行欧盟竞争规则等方面获得的经验,它们对企业用户和终端用户有特别负面的直接影响,因此被认为是不公平的”。④

然而,欧盟委员会并没有选择纯粹的或绝对的基于规则的设计,因为《欧盟数字市场法》本身规定,第6条的义务可能需要欧盟委员会的进一步详细说明才能充分地、有效地执行。在这一具体化过程中,欧盟委员会应当与被监管的“守门人”密切对话,调整必要的措施以确保符合具体情况。⑤ 此外,《欧盟数字市场法》还有一个弹性条款,允许欧盟委员会在完成市场调查后,通过授权法案在第5~7条的22

① Directive 97/33 of the European Parliament and of the Council of 30 June 1997 on interconnection in Telecommunications with regard to ensuring universal service and interoperability through application of the principles of Open Network Provision (ONP) [1997] OJ L199/32, esp. art. 4.

② 这一转变是随着2002年的改革而发生的:Directive 2002/21 of the European Parliament and of the Council of 7 March 2002 on a common regulatory framework for electronic communications networks and services (Framework Directive) [2002] OJ L108/33. 关于这一转变的描述, see Hancher and Larouche (n 12)。

③ 《欧盟数字市场法》Proposal Impact Assessment, para. 159 – 164.

④ 《欧盟数字市场法》Proposal Impact Assessment, para. 153. Also《欧盟数字市场法》, recital 33. 这些义务中有一半不是针对CPS的,适用于所有指定的“守门人”,而另一半是针对CPS的,只适用于提供这些CPS的指定的“守门人”。

⑤ 《欧盟数字市场法》, Art. 8。

项义务清单中增加新的义务。[①] 更根本的是,纯粹的基于规则的方法是不可能实现的,因为立法不可能完全自我执行,法律规则总是有一些开放和解释的空间。在某种程度上,通过增加规则的精确性来扩展规则的内容甚至会导致更多争议。鉴于利害关系,在任何文本中都有可能"发现"解释上的困难:文本越多,出现争议的机会就越大。[②] 当规则必须在快速发展的数字经济中执行时,情况更是如此。这一点充分体现在执行《不公平商业惯例指令》[③]中有关数字平台实践的黑名单中。黑名单必须首先在欧盟委员会的指南中得到阐明,[④]然后通过欧盟消费者保护机构网络对一些数字平台以协调行动的形式进行"软"执法行动。[⑤]

《欧盟数字市场法》中作出的倾向于规则的温和选择,与竞争法和一些复杂的监管制度(如目前的电信监管框架)的当代做法形成了对比。该选择也与其他司法管辖区域监管大型科技公司的选择形成了对比。德国立法机构在通过新的《德国竞争法案》第 19a 条时采用了基于标准的方法。[⑥] 英国 CMA 数字市场工作组在给英国政府的建议中也提出了基于标准的方法。[⑦] 美国旨在监管大科技公司的不同法案中预知的许多义务也是以比较笼统的方式起草。[⑧]

一些作者支持《欧盟数字市场法》的这一选择,认为其促进了被监管的"守门人"的合规性和欧盟委员会的执法,因为在学者、执法者和政策制定者日益认识到

---

① 《欧盟数字市场法》, Art. 12。

② 关于在高风险背景下创造性律师业务的准超现实的例子, see Case C – 6/98, *ARD v. PRO Sieben* ECLI:EU:C:1999:532, 该案例涉及根据当时的《电视无国界指令》计算电视节目中广告时段的数量。

③ Directive 2005/29/EC of the European Parliament and of the Council of 11 May 2005 concerning unfair business – to – consumer commercial practices in the internal market ("Unfair Commercial Practices Directive")[2005] OJ L 149/22, Annex I.

④ Commission Staff Working Document of 25 May 2016 on Guidance on the implementation/application of the Directive 2005/29 on Unfair commercial practices, SWD(2016) 163, Section 5.2.

⑤ 消费者保护合作(CPC)网络采取的协调行动:https://ec.europa.eu/info/live – work – travel – eu/consumer – rights – and – complaints/enforcement – consumer – protection/coordinated – actions_en。

⑥ 关于《欧盟数字市场法》提案与德国和英国制度的比较, see Marco Botta, *Sector Regulation of Digital Platforms in Europe: Uno, Nessuno e Centomila* (2021) 7 Jour. European Competition Law & Practice, 12, 500 – 512。

⑦ https://www.gov.uk/cma – cases/digital – markets – taskforce#taskforce – advice.

⑧ Monika Schnitzer et al., *International Coherence in Digital Platform Regulation: An Economic Perspective on the US and EU Proposals* (2021) Yale Tobin Center of Economic Policy: Digital Regulation Project Policy, Discussion Paper 5, available at: https://tobin.yale.edu/digital – regulation – project.

第二类错误风险的情况下,欧盟委员会将不得不面对世界上最强大的公司。[①] 事实上,在"守门人"的地位已经根深蒂固而且可能进一步扩展的市场上,不作为会带来严重的风险,因此需要快速干预。这反过来又要求规则不至于太过开放,以便企业和监管机构都能简单地遵守和执行。然而,其他作者则对倾向于规则持批评态度,因为数字市场是复杂的、充满权衡的、快速变化的,并且包含了各种具有不同商业模式和特征的数字平台。因此,如果规则是"快速和粗糙的",那么不可能不会带来过高的第一类或第二类错误风险。

虽然笔者认为实现合规性并在必要时迅速执行是至关重要的,但是《欧盟数字市场法》本可以稍微向增加灵活性的方向调整,从而适应具体情况并减少错误风险。[②] 要做到这一点,本可以让"守门人"在下列情况下要求欧盟委员会对拟议的《欧盟数字市场法》中规定的义务作出"豁免决定":(1)在守门人或 CPS 的特殊情况下,施加该义务会破坏而不是加强可竞争性或公平性;(2)适用于某一特定守门人的其他义务的累积效应,使得施加该特定义务对于实现可竞争性或公平性的目标是不必要的或不符合比例的。

此外,第5条和第6条的两个基于规则的清单本可以由一个新的基于标准的条款来补充,其中包含更多的一般性禁令。这将"概括"第5条和第6条针对的一些主要行为方式。[③] 因此,它本可以禁止以下行为:(1)阻止商业用户或终端用户进行转移或多重归属;(2)旨在不公平地包围新市场,如通过捆绑使现有或潜在的竞争者处于不利地位;(3)不公平地歧视和偏袒"守门人"的服务而不是其他平台提供的服务。由于这些禁令比较笼统,在执行之前,欧盟委员会需要明确义务的范围和采取的措施。并且,这些禁令应对各个守门人个案适用,而不是对所有守门人"一刀切"。此外,由于禁令的定义比较笼统,"守门人"相应地应该有更多的可能性来提出可竞争性和公平性的辩护。

---

① Chirico (n 3); Wolfgang Kerber, *Taming tech giants with a per – se rules approach? The Digital Markets Act from the "rules vs. standard" perspective* (2021), available at SSRN: https://ssrn.com/abstract=3861706; Luis Cabral et al., *The EU Digital Markets Act: A Report from a Panel of Economic Experts* (2021) Joint Research Centre of the European Commission; Schweitzer (n 21).

② Also: Alexandre de Streel, Richard Feasey, Jan Krämer and Giorgio Monti, *Making the Digital Markets Act More Resilient and Effective* (CERRE Recommendations Paper 2021); Schweitzer (n 21).

③ 结合基于规则的方法与基于标准的方法在欧盟法律中并不罕见。例如,《不公平商业惯例指令》包含一份27种误导性做法和8种攻击性做法的清单(基于规则的方法),并由误导性和攻击性做法的更一般的定义(基于标准的方法)加以补充。

五、制度设计:欧盟委员会作为欧盟数字监管机构

第五项政策选择与制度设计有关,即选择在欧盟层面集中执法,而不是在国家层面分散或平行执法。与其他选择相反,这个选择打破了传统,代表了欧洲一体化前进的一大步。欧洲现在有一个欧盟层面的针对大型数字"守门人"的监管机构,仅次于2008年金融危机后在欧洲中央银行设立的欧盟层面的系统性银行监管机构。①

(一)集中执法和分散执法的比较优势

财政联邦主义理论是确定最佳治理水平的主流经济理论,解释了集中执法和分散执法的比较优势。② 集中执法的好处有以下几点:(1)跨国外部性的内部化,当服务(如数字服务)可以很容易地在整个内部市场跨成员进行交易时,这一点可能特别重要;③(2)消除监管重复(一站式服务),受监管的平台节约了成本;(3)规模经济以及监管机构在监管设计和实施方面节约了交易成本;(4)额外的承诺和一致性,因为集中执法机构可能更加独立,不容易被地方运营商和政府俘获。

然而,集中执法也会带来一些成本,原因在于:(1)信息不对称,中央层面的信息不对称通常高于地方层面;(2)丧失监管实验和创新,无法探索并不可能趋向于最有效的监管解决方案;(3)在某些情况下,中央层面的反应能力和灵活性低于地方层面;(4)各成员偏好的异质性无法反映在单一的中央政策中。

(二)《欧盟数字市场法》的选择

根据财政联邦主义的观点,《欧盟数字市场法》正确地选择通过欧盟委员会集

① Council Regulation (EU) 1024/2013 of 15 October 2013 conferring specific tasks on the European Central Bank concerning policies relating to the prudential supervision of credit institutions [2013] OJ L 287/63.

② Alberto Alesina, Ignazio Angeloni and Ludger Schuknecht, *What does the European Union do?* (2005) 123 Public Choice, 275; William Oates, *Towards a Second - Generation Theory of Fiscal Federalism* (2005) 12 International Tax and Public Finance 349.

③ 当A国的监管(或没有监管)对B国的消费者和/或企业的福利产生重大影响,而A国的监管机构没有考虑到这种影响时,就会出现这种外部性。

中执法,因为被监管的“守门人”很少且具有泛欧洲甚至全球的影响力。①欧盟委员会将拥有以下广泛的监管权力:认定“守门人”,并在必要时详细说明对其施加的义务;监督遵守情况,并制裁不遵守的“守门人”;进行市场调查,这可能导致公司被认定为守门人、将《欧盟数字市场法》扩展到新的CPS、增加新的义务、制裁系统性违规的“守门人”。然而,为了受益于国家监管机构的知识和专长,《欧盟数字市场法》设立了一个由五个欧盟国家监管机构网络组成(负责电信、数据保护、竞争法、消费者保护和媒体)的《欧盟数字市场法》高级小组,②以及由成员方代表组成的委员会,称为数字市场咨询委员会(《欧盟数字市场法》)。③ 这两个专家小组将支持欧盟委员会执行《欧盟数字市场法》。

这种集中执法的选择与欧盟法律中的通常做法形成鲜明对比,欧盟法律受间接管理原则支配。根据这一原则,在欧盟层面发布的立法由国家机构执行。尤其是,大多数欧盟经济监管框架是由专门的国家机构执行的。鉴于在整个内部市场有效地、无歧视地实施经济监管的重要性,欧盟法律通常对这些国家机构提出严格的要求,特别是在独立性、问责制、专业知识、程序保障和救济权利方面,④这些要求由法院严格执行。⑤ 为了保证欧盟法律的一致适用和国家监管机构之间某种程度的协调,欧盟行业监管制度往往会为国家独立机构建立一个欧盟层面的论坛,形式为网络、机构或者其他。一般来说,欧盟委员会在这些网络中发挥着非常积极的作用。此外,在某些情况下,国家独立机构的决定要接受欧盟委员会或欧盟一级的论

① 《欧盟数字市场法》Proposal Impact Assessment, paras 102 – 107 and 192. Chirico (n 3) and Giorgio Monti, *The Digital Markets Act – Institutional Design and Suggestions for Improvement* (2021) TILEC Discussion Paper 2021 – 04(也支持这一政策选择)。

② 《欧盟数字市场法》, Art. 40。

③ 《欧盟数字市场法》, Art. 50。

④ Pierre Larouche, Chris Hanretty and Andreas Reindl, *Independence, Accountability and Perceived Quality of Regulators* (2012) CERRE Report. See for instance, EECC, Art. 6 – 9; Directive 2019/944 on common rules for the internal market for electricity [2019] OJ L 158/125, Art. 57.

⑤ 例如,关于电信监管机构:Case C – 424/15 *Ormaetxea Garai et al. v. Administración del Estado* ECLI:EU:C:2016:780; 关于国家电信监管机构独立性的判例法的全面介绍, see Alexandre de Streel and Christian Hocepied, *The Regulation of Electronic Communications Networks and Services*, in Laurent Garzaniti et al. (eds.), *Electronic communications, Audiovisual Services and the Internet: EU Competition Law and Regulation* (4th ed., Elgar Publishing, 2019) at 37 – 38。关于能源监管机构, see Case C – 378/19 *Prezident Slovenskej Republiky* EU:C:2020:462; Case C – 767/19 *Commission v. Belgium* EU:C:2020:984。关于数据保护机构, see Case C – 518/07 *Commission v. Germany* EU:C:2010:125。

坛在欧洲层面的审查,甚或否决。①

随着欧盟委员会成为欧盟层面的数字市场监管机构,按照其他行业监管领域的国家监管机构模式,欧盟委员会应该结合独立性、问责制和专业知识。其一,欧盟委员会届时不仅应该独立于被监管的"守门人"(如现在的情况),而且应该独立于政治权力。这种独立性要求可能与欧盟委员会日益渴望发挥的地缘政治作用相冲突。因此,随着欧盟委员会获得更多的监管权力,同时又希望变得更加政治化,关于欧盟委员会竞争总署的独立性以及是否需要建立一个单独的欧盟反垄断机构的旧有争论可能会卷土重来。随着权力不断增加,欧盟委员会也应该日益负起责任,这可能意味着更多的审查,包括欧洲议会对负责《欧盟数字市场法》的欧盟委员会部门进行听证,以及欧盟法院对该部门的决定进行严格的司法审查。

其二,欧盟委员会还应该有足够的预算和人力资源。欧盟委员会最初预计,到2025 年将有一个由 80 名全职工作人员组成的团队来执行《欧盟数字市场法》,②但是这可能并不够,尤其是考虑到欧盟委员会必须遵守的严格期限。此外,工作人员的组成与规模同样重要,因为《欧盟数字市场法》的一个主要特点是赋予欧盟委员会对数据库和算法的广泛调查权。鉴于数据和算法在第 5 ~ 7 条所涉及的被指责行为过程中的重要性,该新权力将非常有用。然而,只有当拥有分析和解释平台提供的大量和各样数据的人力和技术能力时,欧盟委员会才能有效行使该调查权力。③其三,欧盟委员会将拥有并存的监管权力,除了是欧盟主要的竞争管理机构外,还负责《欧盟数字市场法》和 DSA 的监管工作。这些不同的权力之间有明显的范围经济和协同效应,但欧盟委员会应该清楚并预测如何运用和结合这些权力。

欧盟委员会的执法可以最大限度地发挥集中化的好处,而在国家机构参与支持欧盟委员会的工作的情况下,分权也可以获得一些好处。④ 国家机构在以下工作中将特别有帮助,并且可能比欧盟委员会更有优势。首先,国家机构比欧盟委员会

---

① 在电信监管方面就是如此:EECC, Arts. 32 - 34。

② Commission Explanatory Memorandum to the DMA Proposal, p. 11.

③ 例如,在谷歌购物案反垄断调查中,欧盟委员会需要分析非常大量的真实数据,包括谷歌 5.2 太字节的实际搜索结果(约 17 亿次搜索查询):Commission press release IP/17/1784 of 27 June 2017, Antitrust: Commission fines Google € 2.42 billion for abusing dominance as search engine by giving illegal advantage to own comparison - shopping service。

④ 正如国家机构自己所指出的:Joint paper of the Heads of the National Competition Authorities of the EU of 22 June 2021 on how national competition agencies can strengthen the DMA and BEREC proposal of 11 June 2021 on the set - up of an Advisory Board in the context of the Digital Markets Act, BoR (21) 93。

更具有地方性,因此可能更容易接收来自小型和地方企业用户的投诉。① 其次,国家机构在详细说明第6条义务时可能具备有用的专业知识和经验。事实上,一些国家机构拥有处理数字平台以及数据和算法的专业知识,也有履行与《欧盟数字市场法》类似的义务的经验,如互操作性、数据访问或数据可移植性方面的义务。最后,国家机构可能更接近"实地",更容易监督被施加义务的正确实施。

六、结论

虽然《欧盟数字市场法》将是大型科技公司监管中的一场革命,但其还是主要建立在其他欧盟经济监管框架中曾经作出的传统政策选择之上。事实上,《欧盟数字市场法》是一个补充竞争法的监管工具;尽管从认识论的角度来看,这两者之间的定位有些别扭。《欧盟数字市场法》的目的是为持续性创新和颠覆性创新开辟道路。它设想的主要是行为性干预,只有在非常特殊的情况下才适用结构性干预。它依赖比灵活的标准更容易执行的详细规则。《欧盟数字市场法》只有一个选择是真正具有突破性的,那就是依赖欧盟委员会的集中执法,而不是由成员国的独立机构分散执法。

然而,《欧盟数字市场法》若要成功地为新进入者创造更多的创新机会,并在数字"守门人"与其商业用户之间建立更公平的关系,就需要对监管双方都作出文化上的改变。数字平台需要改变,应接受更多的行为约束,并为维护市场可竞争性承担更多责任。欧盟委员会也需要改变,必须向将要监管的平台学习,如通过开发人工智能工具来处理需要审查的无数数据点,或者在设计救济措施时更具有实验性。在实践中,欧盟委员会需要从更传统的官僚文化转向更类似于"极客"文化。

《欧盟数字市场法》的成功或失败,为世界上其他司法管辖区在监管大科技平台方面作出政策选择提供了参考。特别是,中国于2021年10月发布了《互联网平台分类分级指南》与《互联网平台落实主体责任指南》两个立法草案,并向公众征求意见。这两个指南对大科技平台进行分类并施加新的义务,其中的一些条款与《欧盟数字市场法》中的条款相似,包括基于财务、用户规模和"守门权"结合的标准指

① 《欧盟数字市场法》, Art. 27。

定受监管平台,也包括一些禁令,尤其是禁止自我优待,[①]以及为鼓励互操作性的义务。[②]就像其他新制定的法规一样,一个司法管辖区的经验将对其他司法管辖区提供有益的参考。

① Draft platforms liability guidelines, Art. 2.

② Draft platforms liability guidelines, Art. 3.

学位论文选登

拒绝许可商业秘密的反垄断法规制

吴佩乘*

一、问题的提出

现代商事实践中，商业秘密逐渐成为企业的重要资产和竞争工具，甚至被称为公司无形资产中“皇冠上的明珠”。① 国际商会（International Chamber of Commerce，ICC）的数据显示，企业重要的无形资产中接近70%是通过商业秘密形式予以保护。② 自2018年中美贸易摩擦开始以来，两国对贸易纠纷的关注点已经从最初单纯的贸易逆差转向对技术转让、商业秘密、知识产权等更为制度性、结构性的问题。商业秘密不仅是宏观层面两国较量的领域，更是美国重点对我国企业进行法律挑战的方面。2020年年初中美两国政府签订的第一阶段贸易协议中，加强商业秘密保护成为该协议第一章首先涉及的实体贸易问题，足以说明商业秘密已然成为企业和国家间竞争的核心因素。

既有法学理论对商业秘密的研究主要集中在商业秘密保护及其衍生出的行政和司法保护程序方面。随着商业秘密价值性的不断凸显，企业在不断加强商业秘密保护的进行同时，也需要主动利用商业秘密，从而获取商业利益。例如，在技术转让过程中，企业可以通过许可或转让技术秘密从而实现技术流通。因此，司法和执法实践不仅需要关注如何对商业秘密进行保护，也需要关注商业秘密使用行为的

---

* 吴佩乘，上海交通大学法学博士。本文是笔者2022年5月通过答辩的博士学位论文的一部分。笔者博士学位论文为英文论文，本文参考原文内容重新组织整理完成。

① Karl Jorda, *Trade Secrets and Trade – Secret Licensing*, in Krattiger A, Mahoney R. T. and Nelsen L. eds., Intellectual Property Management in Health and Agricultural Innovation: A Handbook of Best Practice, MIHR: Oxford, 2007, p. 1043, 1046.

② Jennifer Brant and Sebastian Lohse, *Trade Secrets: Tools for Innovation and Collaboration*, ICC (Web Page), https://iccwbo.org/publication/trade – secrets – innovation – process/.

合法性。在一定程度上,商业秘密保护和商业秘密使用正是权利人实现秘密信息商业化价值“一体两面”的不同维度。

当商业秘密权利人具有市场支配地位时,其对商业秘密的使用行为可能构成滥用市场支配地位,危害市场竞争秩序。2012年,时任欧盟委员会副主席兼竞争事务专员 Joaquín Almunia 认定微软公司拒绝向竞争对手披露互操作性秘密信息的行为构成滥用市场支配地位,并强制要求其向竞争对手披露。① 这一案件也成为比较竞争法领域滥用商业秘密市场支配地位的典型案例。② 随着经济全球化的逐渐发展,中国作为世界市场的重要组成部分,也经历着国内竞争国际化和国际竞争国内化的过程。③ 在国内、国际商业合作日益紧密的情形下,中国市场同样面临垄断企业滥用商业秘密市场支配地位的潜在威胁。④ 由此,一个现实的问题是,我国反垄断法如何对滥用商业秘密市场支配地位案件进行法律分析?

鉴于此,与传统商业秘密法律规范相区别,本文主要侧重对商业秘密使用行为可能产生的排除、限制竞争行为进行研究,并选取了具有市场支配地位的企业拒绝许可商业秘密这一典型滥用行为进行分析。本文分为五个部分,其中第二部分主要论述作为研究客体的商业秘密在我国是一种知识产权,商业秘密的反垄断分析应当遵循知识产权反垄断规制的一般框架。第三部分主要对两大反垄断司法辖区(美国和欧盟)的拒绝许可商业秘密案例进行比较并对其适用路径进行理论分析。在比较竞争法的基础上,本文结合我国现有拒绝许可知识产权的理论与实践,对拒绝许可商业秘密的反垄断法规制提出完善建议。

二、商业秘密是一种特殊的知识产权

从比较法上考察,商业秘密在全球范围内大致有三种规范路径。第一种是欧陆法系为代表的以反不正当竞争法为核心的规范体系,即将侵害商业秘密的行为

---

① *Statement by Vice President Joaquín Almunia following General Court Judgement in Case T-167/08 Microsoft vs Commission*, European Commission (Web Page), https://ec.europa.eu/commission/presscorner/detail/en/MEMO_12_498.

② 欧盟微软案的主要内容可参见王先林:《知识产权与反垄断法——知识产权滥用的反垄断问题研究》(第3版),法律出版社2020年版,第11-14页。

③ 参见王先林:《经济全球化背景下反垄断的国内因应和国际协调》,载《学术界》2017年第12期。

④ 事实上,我国反垄断执法机关自2014年起也在对微软在中国境内涉嫌的垄断行为进行调查,其中也包括和欧盟委员会认定类似的拒绝披露互操作性信息问题。参见《工商总局对微软的反垄断调查正深入进行》,载中国政府网,http://www.gov.cn/xinwen/2014-08/26/content_2739925.htm。

认定为一类不正当竞争行为,这种体系的主要代表是《德国反不正当竞争法》。但是近年来,欧洲主要国家对统一商业秘密法律制度的呼声愈加强烈,并直接导致欧盟于 2016 年制定了单独的《欧盟商业秘密保护指令》。作为欧盟成员方,德国也将商业秘密法律制度从《德国反不正当竞争法》中剥离出来并制定了专门的《德国保护商业秘密法》。[①] 第二种是以美国为代表的将商业秘密作为和专利、商标、著作权相同的知识产权进行保护的模式。[②] 此外,英国、澳大利亚等传统普通法体系中并没有商业秘密的概念,而是通过信赖关系保护商业和个人秘密信息。[③]

正是因为商业秘密保护制度在各法域间存在明显区别,作为世界贸易组织项下的《与贸易有关的知识产权协议》(Agreement on Trade - Related Aspects of Intellectual Property Rights,TRIPs)中使用了"未披露信息"(undisclosed information)这样中性的词汇形容商业秘密,[④]从而避免地区间达成该协议的分歧。自加入世界贸易组织体系以来,我国不断完善商业秘密法律制度,这主要体现在:其一,在立法体例上我国做法与传统欧陆立法相似,主要在《反不正当竞争法》中规定了商业秘密保护;其二,为履行 TRIPs 的规定,我国《反不正当竞争法》中商业秘密保护的规定基本与 TRIPs 第 39 条相一致,规定了不为公众所知悉、具有商业价值并经权利人采取相应保密措施的信息是商业秘密。

尽管我国传统上一直适用反不正当竞争法规制商业秘密侵权行为,但立法和学术界普遍认为商业秘密是一类特殊的知识产权。特别是我国《民法典》第 123 条明确将商业秘密列举为知识产权的客体,在民事基本法层面确认了商业秘密的知识产权属性。中美贸易摩擦以来,包括商业秘密在内的技术转让问题成为焦点问题之一。《中美贸易协定》用较大篇幅规定了我国需要加强商业秘密保护的方面,并转化于《反不正当竞争法》的相关条款中,促进我国商业秘密保护水平已经基本

---

① 参见吴佩乘:《欧盟与德国商业秘密立法及对中国的借鉴》,载方小敏主编:《中德法学论坛》(第 16 辑下卷),法律出版社 2019 年版。

② Mark Lemley, *The Surprising Virtues of Treating Trade Secrets as IP Rights*, 61 Stanford Law Review 311(2008).

③ Michael Browne, *United Kingdom* in Pranvera Këllezi, Bruce Kilpatrick and Pierre Kobel (eds.), *Abuse of Dominant Position and Globalization & Protection and Disclosure of Trade Secrets and Know - How*, Springer, 2017, p. 605.

④ Unctad - Ictsd, et al., *Resource Book on TRIPS and Development*, Cambridge University Press, 2005, p. 521.

接近典型知识产权的保护水平。[①]

尽管各法域对商业秘密保护方式存在差异,但世界主要司法辖区在处理有关反垄断问题时一般均将商业秘密认定为一类特殊的知识产权。例如,欧盟《关于技术转让协议适用条约第81条第3款的772/2004号条例》(TTBER)即将商业秘密作为和专利与版权相同的知识产权对待。[②] 美国司法部和联邦贸易委员会共同发布的《知识产权许可的反垄断指南》特别表明该指南的适用对象包括了专利、版权和商业秘密。我国国务院反垄断委员会发布《关于知识产权领域的反垄断指南》中虽未明确指出知识产权的具体种类,但按照《民法典》关于知识产权的一般规定,该指南应当适用于包括商业秘密在内的各项知识产权。因此,对拒绝许可商业秘密的反垄断研究也需要按照拒绝许可知识产权反垄断的一般分析框架进行。

值得注意的是,作为一种特殊的知识产权,商业秘密和以专利为代表的典型知识产权仍有显著区别,并可能会对拒绝许可商业秘密的反垄断分析产生影响。这主要表现在以下两个与商业秘密有关的特征:

首先,秘密性是商业秘密的核心构成要件。以专利为代表的知识产权通常采取以公开换独占的方式进行保护,即专利权人需要将其专利内容(权利要求、说明书等)向公众披露,从而获取国家授予其对特定专利的独占权。但是,权利人必须采用保密方式保护其商业秘密,社会公众一般不能获取商业秘密的内容。但是,商业秘密"秘密性"的特征并不要求对相关信息采取"绝对"保密,而仅仅是"相对"保密即可。[③] 因此,商业秘密权利人可以通过许可秘密信息并签订保密协议的方式对秘密信息进行商业利用,无须担心相关信息丧失"秘密性"而失去商业秘密保护。[④]

其次,和其他典型知识产权相比,商业秘密的专有性受到一定限制。以专利权

---

① Peicheng Wu and Charlie Xiao - chuan Weng, *Implications of the China - US Trade Agreement on the Civil Protection of Trade Secrets in China: Is it a Game Changer?* 28 Asia Pacific Law Review 316 (2020).

② Commission Regulation No 772/2004 on the Application of Article 81 (3) of the Treaty to Categories of Technology Transfer Agreements (TTBER).

③ Unctad - Ictsd, et al., *Resource book on TRIPS and development*, Cambridge University Press, 2005, p. 529.

④ 最高人民法院《关于审理侵犯商业秘密民事案件适用法律若干问题的规定》第3条规定:"权利人请求保护的信息在被诉侵权行为发生时不为所属领域的相关人员普遍知悉和容易获得的,人民法院应当认定为反不正当竞争法第九条第四款所称的不为公众所知悉。"据此,在商业秘密许可关系中,当许可人和被许可人对秘密信息进行保密约定时,商业秘密仍然"不为公众所知悉"并未丧失秘密性。

为例，除非在极为特殊的情形下（如强制许可），任何人未经专利权人许可均不能使用相关专利，这是专利权强专有性的具体体现。相较之下，商业秘密也具有专有性，其他经营者不得通过非法方式窃取行为人的秘密信息。但是，由于其他经营者可以通过自行研发或者反向工程的方式获取商业秘密，[①]商业秘密的专有性是有限的。此时，自行研发或者反向工程商业秘密的难度越大，商业秘密的专有性也就越强；反之亦然。

三、拒绝许可商业秘密：美国和欧盟的比较经验

（一）美国的“必需设施”理论和 Trinko 案

尽管美国司法领域还没有直接涉及拒绝许可商业秘密的反垄断案件，但是作为拒绝许可的上位概念，美国法院对涉及拒绝交易的反垄断纠纷有相对清晰的裁判思路，特别是美国法院在裁判过程中发掘出的“必需设施”理论成为时至今日仍然被广泛争议的热点问题之一。

现代法治强调意思自治，特别是在商事交易领域，商业主体一般拥有自由选择交易对象的权利。也正因如此，拒绝交易的反垄断规制实质是在合同自由与竞争秩序间寻求平衡的过程。在 1919 年的 Colgate 案中，美国最高法院强调企业原则上有权自由决定其交易对象和方式，但在企业有意追求垄断时拒绝交易可能构成违法。[②] 在之后 1985 年的 Aspen Skiing 案中，美国法院认为涉案的多功能登山票构成一种“必需设施”，被告有义务对“必需设施”进行交易，被告拒绝交易的行为构成违反美国《谢尔曼法》第 2 条的滥用市场支配地位行为。[③] 美国第七巡回法院在 MCI 案中进一步指出了“必需设施”理论的适用条件：（1）由垄断者掌控着“必需设施”；（2）其他竞争者事实上没有能力复制该“必需设施”；（3）垄断者拒绝向其他竞争者提供“必需设施”；（4）垄断者有条件提供“必需设施”。[④] 自美国法院通过判例的形式承认“必需设施”理论以来，竞争法学界就一直质疑该理论。美国著名反垄断法学者 Hovenkamp 称“必需设施”理论为行为人设置了“最麻烦、不和谐和不可操作

---

① 最高人民法院《关于审理侵犯商业秘密民事案件适用法律若干问题的规定》第 14 条第 1 款规定：“通过自行开发研制或者反向工程获得被诉侵权信息的，人民法院应当认定不属于反不正当竞争法第九条规定的侵犯商业秘密行为。”

② United States v. Colgate & Co. , 250 U. S. 300 (1919).

③ Aspen Skiing Co. v. Aspen Highlands Skiing Corp. , 472 U. S. 585 (1985).

④ MCI Communications Corp. v. AT & T Co. , 708 F. 2d 1081 (7th Cir. 1983).

的"反垄断义务,并认为"反垄断的世界如果没有该理论将变得非常完美"。①

迄今为止,美国最高法院于2004年裁决的Trinko案②仍是美国司法史上关于拒绝交易最重要的判例。该案中,由美国著名保守派人物斯卡利亚大法官(Justice Scalia)发表的裁决意见认为,企业的垄断势力及其由此获得的垄断价格是自由市场体系的重要组成部分,企业的私有设施是其获得市场势力的重要工具。斯卡利亚大法官列举了强迫企业将重要设施与竞争者交易的三项劣势:首先,强制交易将使得垄断者不愿意继续投资,从而阻碍创新;其次,强制交易将要求法院对交易条件和价格进行确定,而反垄断法官并不适合从事此类定价工作;最后,强制竞争者与垄断者进行交易协商将可能带来垄断协议等更为严重的反竞争后果。美国最高法院在该案中同时对"必需设施"理论进行了讨论,认为所谓"必需设施"理论主要由下级法院创造,最高法院从未承认过该理论,而拒绝交易构成滥用市场支配地位仅在极为特殊的情形下才成立。

在Trinko案后,美国多数法律学者均认为"必需设施"理论和拒绝交易制度本身在美国反垄断司法领域都将逐渐淡化,③实证研究的结果也表明美国法院在Trinko案之后基本没有再支持过有关拒绝交易的诉请。④ 至于涉及拒绝许可商业秘密领域,正如美国反垄断学者Eleanor Fox所言,如果在不涉及知识产权领域经营者都不再有反垄断法上的交易义务,那么经营者当然也没有强制许可知识产权(含商业秘密)的义务。⑤

(二)欧盟的拒绝许可商业秘密实践

欧盟—微软案是比较竞争法领域一起典型的拒绝许可商业秘密案件。在该案

① Herbert Hovenkamp, *Federal Antitrust Policy: The Law of Competition and Its Practice*, 6th edition, West Academic Publishing, 2020, p.401.

② Verizon Communications v. Law Offices of Curtis v. Trinko, LLP, often shortened to Verizon v. Trinko, 540 U.S. 398 (2004).

③ Roger van den Bergh, Peter D Camesasca and Andrea Giannaccari, *Comparative Competition Law and Economics*, Edward Elgar Publishing, 2017, p.309.

④ Damola Adediji, *United State's Law on Refusal to Deal after the Trinko Decision of the Supreme Court* (Seminar Paper, Intellectual Property and Competition Law Seminar under the Direction and Tutelage of Professor Dr. Josef Drexl, July 2016).

⑤ Eleanor Fox, *Monopolization, Abuse of Dominance, and Refusal to License Intellectual Property to Competitors - Do Antitrust Duties Help or Hurt Competition and Innovation? How do We Know?* European Competition Law Annual 633(2005).

之前,欧盟法院和欧盟委员会已经通过一系列案件对拒绝交易的反垄断案件形成了较为成熟的分析框架,并进而认定欧盟竞争法可以适用于拒绝许可知识产权的案件。

在欧盟法背景下的拒绝交易案件,法院和执法机关通常针对的是企业间的垂直关系,即在上游市场具有支配地位的企业拒绝向下游竞争者交易的案件。在 Oscar Bronner 案①中,欧盟法院提出了拒绝交易构成滥用市场支配地位的三项要求(Bronner Test):第一,涉案的拒绝交易行为必须要有可能消除下游市场的所有竞争;第二,拒绝交易行为没有正当理由;第三,拒绝交易的标的是从事相关行业业务必需的。② 在欧盟竞争法项下,拒绝交易的标的不仅可能是实体物或服务,也可能是知识产权等无形财产,欧盟法院在 Magill 案和 IMS 案中就对拒绝许可知识产权的反垄断问题进行处理。③ 与 Bronner Test 的三项要求相比,欧盟法院在认定拒绝许可知识产权构成滥用市场支配地位时通常会新增一项要求,即拒绝许可知识产权阻碍了“新产品”的研发。④

在欧盟—微软案⑤中,欧盟竞争执法机构和法院进一步直面了拒绝许可商业秘密的反垄断问题。在对微软案的处理过程中,欧盟法院在考虑到商业秘密特性的情形下进一步发展了拒绝许可知识产权的理论和实践。欧盟微软案发轫于 21 世纪初期,当时微软旗下的 Windows 系统占据了电脑操作系统绝对优势的市场份额,甚至被认为构成个人电脑操作系统产品“事实上的标准”(*de facto* standard)。⑥ 欧盟委员会在对微软的调查中区分了两个垂直的上下游市场,即上游的个人电脑操作系统市场和下游的工作组服务器操作市场。微软将其用以接入 Windows 系统的互操作性信息作为商业秘密予以保护,软件提供商只有在获取秘密的互操作性信息

① Case C-7/97, Oscar Bronner GmbH & Co. KG v. Mediaprint EU:C:1998:569.

② 值得注意的是,欧盟法院在阐述拒绝交易反垄断适用条件时一般用 indispensable 一词指代“必需”,而非美国法院采用的“essential”一词,但两者所指代的含义基本相同。

③ 关于 Magill 案和 IMS 案的有关情况,参见侯利阳、王继荣:《欧盟必需设施原则考析:兼论对我国的启示》,载王先林主编:《竞争法律与政策评论》(第 1 卷),上海交通大学出版社 2015 年版,第 48-55 页。

④ Liyang Hou, *The Essential Facilities Doctrine – What Was Wrong in Microsoft?* 43 IIC International Review of Intellectual Property and Competition Law 451(2012).

⑤ Microsoft v. European Commission (T-201/04) [2007] ECR II-3601.

⑥ Gintare Surblyte, *The Refusal to Disclose Trade Secrets as an Abuse of Market Dominance – Microsoft and Beyond*, Stämpfli, 2011, p. 8.

时才能与Windows系统进行互通,从而提供软件服务并盈利。在本案发生前,微软曾经在多年内向工作组服务器软件提供者免费许可互操作性信息,从而使第三方软件能够顺利接入Windows系统。但是在微软开始研发自己的工作组服务器软件时,其开始拒绝向其他竞争者提供互操作性信息。欧盟委员会及欧盟法院认定微软拒绝许可商业秘密的行为已经构成滥用市场支配地位,并强制要求微软向竞争者提供互操作性信息从而使竞争性软件产品顺利与Windows系统匹配。

欧盟委员会在该案中认定以商业秘密形式保护的互操作性信息构成竞争者在下游工作组服务器操作市场经营所必不可少的信息内容,特别是从消费者角度考虑,和Windows系统不兼容的软件基本不可能被消费者选择。欧盟竞争执法者在该案中对前期判例所确定的标准作出了两项重要的变更:其一,微软在该案中声称下游市场中仍然存在少量竞争者,微软的拒绝许可行为并未消除下游市场的全部竞争。欧盟法院则认为,竞争法(特别是禁止滥用市场支配地位)在下游市场全部竞争都被排除前就应当适用,而不是坐等滥用行为消灭所有的竞争。[①] 基于此,欧盟法院修改拒绝许可商业秘密的适用条件为拒绝许可将消除下游市场的有效竞争。其二,微软向欧盟法院抗辩的另一个理由是,微软的拒绝交易行为并没有阻碍"新产品"的产生,相反微软在下游市场可以提供和竞争者同类的产品。欧盟法院指出,《欧盟运行条约》(TFEU)第102条(b)项意在防止具有市场支配地位的企业妨碍"技术发展从而危害消费者"。之前法院判例中出现的"新产品"要求仅是针对个案中妨碍技术发展的情形,并不具有普遍适用的效力。在微软案中,欧盟委员会及欧盟法院结合对用户的实际问卷调查,认为非微软出品的软件在技术上优于微软提供的产品,且一旦其他竞争者能够获取互操作性信息连接Windows系统,他们也不会简单复刻微软的软件,而是会提供更加多元化的技术先进产品。欧盟法院因此重新回归《欧盟运行条约》的规定,指出拒绝许可商业秘密阻碍技术发展是违反欧盟竞争法的一个重要条件。

除此之外,微软提出了两项和商业秘密有关的抗辩事由,用以证明其拒绝交易行为的合理性。首先,微软提出其互操作性信息受商业秘密保护,因此有权拒绝许可。欧盟法院驳回该项请求并指出知识产权保护本身不是充足的抗辩事由。其次,和斯卡利亚大法官在Trinko案中提出的观点类似,微软也认为强制要求其披露互

① Eleanor Fox and Daniel A Crane, *Global Issues in Antitrust and Competition Law*, West, 2017, p. 85.

操作性信息将损害其创新动力。欧盟法院同样驳回了该项抗辩,并认为微软并未举证证明披露商业秘密为何会损害其创新能力。此外微软在开发自身软件进入下游市场之前也曾经长期向其他软件提供者披露互操作性信息,在该案发生前微软从未声称其创新能力受到损害。

(三)对美国和欧盟反垄断实践的比较分析

作为全球两大主要的反垄断司法辖区,美国和欧盟竞争执行机构对待拒绝许可商业秘密呈现两种截然不同的态度。美国在 Trinko 案后基本不再支持拒绝交易构成反垄断违法的情形,即更注重对包括垄断企业在内的经营主体交易自由的保护。欧盟委员会及欧盟法院则不仅认定拒绝交易有形财产可能构成滥用市场支配地位,还在拒绝许可知识产权(含商业秘密)领域阐述一系列裁判规则。

从比较法角度分析,美国对交易自由的过度保护有其固有缺陷并集中体现在 Trinko 案的裁决理由中。美国最高法院在 Trinko 案中的核心观点在于,拒绝交易将损害创新激励。这一观点时至今日仍深刻影响着美国反托拉斯司法,如戈萨奇(Neil Gorsuch,现为美国联邦最高法院大法官)法官认为如果对垄断者施加强制分享的义务,则很可能危害垄断者的投资、创新以至于一切创造知识的原动力。[①] 在美国法院看来,垄断者由于具有更强的物质、科技等综合实力,因此具有更为优越的创新能力。但是,正如德国著名知识产权与竞争法学者 Josef Drexl 教授批评的那样,美国法院的观点是一种静态和单向的创新观念,如果垄断企业没有竞争压力,那么即使其自身条件优越也不可能有足够的动力进行技术研发。[②] 而反垄断的强制交易义务是为了保持相关市场中始终存在竞争压力。

美国最高法院在 Trinko 案中还认为,强制交易可能会促进经营者串谋(collusion),且不论该理由是否具有足够的实证研究支持,该项裁决本身也同美国最高法院在 Aspen Skiing 案中的意见相矛盾。在 Aspen Skiing 案中,当事人之间原先是具有交易关系的,仅仅是因为掌握了"必需设施"的垄断者希望进入次级市场进行竞争,垄断者才开始拒绝交易,从而达到排除、限制竞争的目的。在该案中强制交易同样引发了可能促使垄断者与其他竞争者同谋的顾虑,但美国最高法院在该案中却

---

① Novell v. Microsoft, 731 F. 3d 1064 (10th Cir. 2013).

② Josef Drexl, *IMS Health and Trinko - Antitrust Placebo for Consumers Instead of Sound Economics in Refusal - to - Deal Cases*, 35 IIC 759 (2004).

对此不以为意,并不认为存在同谋的可能。①

此外,美国最高法院认为反垄断法官不适宜对强制交易的条件和价格进行确定,因而也不应该强制经营者之间进行交易。这一理由至少在拒绝许可知识产权领域很难成立。当垄断企业拒绝许可知识产权构成滥用市场支配地位时,反垄断执法机构或法院将强制企业许可知识产权作为竞争违法的救济手段。但是,强制许可制度本身并非反垄断实体制度,引发强制许可救济制度的原因也并非只有反垄断违法一种形式。作为协调国际知识产权制度的重要文本,TRIPs 确立了知识产权强制许可制度,意在平衡知识产权私有保护和公共利益之间的需求平衡。依照 TRIPs 规定,许可行为具有反竞争性、为了公众健康等公共利益原因均可能导致强制许可知识产权的后果。② 可见,强制许可制度是知识产权领域一项成熟且具有广泛共识的基础制度,各国对强制许可情形下的交易条件确定也早已积累了相当的经验。

与美国几乎不再适用拒绝许可反垄断规制的态度相比,欧盟的法律实践则更显平稳。一方面,欧盟竞争法承认经营者自由选择交易对象的普遍权利和合同自由的重要性;另一方面,欧盟法律实践亦认为在特殊情形(exceptional circumstances)下拒绝许可商业秘密等知识产权可能构成滥用市场支配地位,并可能导致强制许可的法律后果。欧盟竞争执法机构和法院继而通过一系列案件,并最终在微软案中确立了拒绝许可商业秘密违法的判定标准,从而为企业技术许可实践提供了稳定预期。

欧盟法律实践有其固有的法理基础,即所谓竞争法和知识产权法的互补性理论(theory of complementarity)。③ 依照互补性理论,知识产权的专有性(包括商业秘密的有限专有性)将阻止其他竞争者使用相同种类知识产权,从而一定程度上限制竞争。但是,知识产权的专有性却不能阻碍其他竞争者开发更具技术优势的技术或产品,从而参与市场竞争。有学者将前一种基于知识产权专有性阻碍的竞争称

---

① Herbert Hovenkamp, *Federal Antitrust Policy: The Law of Competition and Its Practice*, 6th edition, West Academic Publishing, 2020, p. 382 – 383.

② 参见 TRIPs 第 8.2 条和第 31 条。我国《专利法》中也有类似规定,如《专利法》第 53 条规定了未充分实施专利和行使专利权构成垄断行为时的强制许可,第 54 条规定了在国家出现紧急状态或者非常情况时的强制许可,第 55 条规定了为了公共健康目的的强制许可制度。

③ Josef Drexl. *Abuse of Dominance in Licensing and Refusal to License – A "More Economic Approach" to Competition by Imitation and to Competition by Substitution The Interaction between Competition Law and IP Law*, Hart publishing, 2007, p. 647 – 648.

作“以模仿为基础的竞争”(competition by imitation),而将后者基于研发创新的竞争称为“以替代为基础的竞争”(competition by substitution)。[①] 在互补性理论下,竞争法应当适用的是知识产权许可行为阻碍“以替代为基础的竞争”的情形。

互补性理论可以合理解释为何欧盟法院在微软案中要求拒绝许可商业秘密的行为会造成对技术进步的阻碍。表面上看,“阻碍技术发展”这一法律要件是《欧盟运行条约》的实体规定。但从法理角度考察,这一要求是保证欧盟竞争法仅在拒绝许可行为危害“以替代为基础的竞争”时才适用的体现,从而确保商业秘密保护和反垄断法干预的合理界限。这也可以解释为何欧盟法院在微软案中修正了之前判例中“新产品”标准。其主要原因在于,技术发展与新产品间没有直接的关联关系,在个案中“新产品”可能代表了技术创新发展,但在其他案件中的技术发展完全可能体现在功能迭代等其他方面。因此,欧盟法院在微软案中重新回归了“技术发展”标准并指出之前判例的“新产品”标准不具有普遍适用意义。

四、对我国拒绝许可商业秘密反垄断规制的建议

(一)我国的法律实践现状

我国《反垄断法》第22条第1款规定,具有市场支配地位的经营者没有正当理由拒绝与交易相对人交易属于滥用市场支配地位行为。在我国反垄断司法和执法实践中已经形成了对一般情形下的拒绝交易比较成熟的判定标准。例如,在徐书青与深圳市腾讯计算机系统有限公司滥用市场支配地位案[②]中,最高人民法院指出分析违反《反垄断法》的拒绝交易一般要考虑的几项因素:垄断行为人是否在适当的市场交易条件下能够进行交易却仍然拒绝交易;拒绝交易是否实质性地限制或者排除了相关市场的竞争并损害了消费者利益;拒绝交易缺乏合理理由。[③] 拒绝许可知识产权虽然是拒绝交易的一种特殊形式,但因其同时涉及《反垄断法》对知识产权行使的限制,对拒绝许可知识产权的反垄断分析在我国也更显复杂。目前为止,我国反垄断执法机构及最高人民法院尚没有认定拒绝许可知识产权(或商业秘

① Josef Drexl. *Abuse of Dominance in Licensing and Refusal to License – A "More Economic Approach" to Competition by Imitation and to Competition by Substitution The Interaction between Competition Law and IP Law*, Hart publishing, 2007, p. 647 – 648.

② 参见最高人民法院民事裁定书,(2017)最高法民申4955号。

③ 中国世界贸易组织研究会竞争政策与法律专业委员会编著:《中国竞争法律与政策研究报告2018 – 2019年》,中国商务出版社2019年版,第126页。

密)构成滥用市场支配地位的案例。

在立法方面,国家市场监督管理总局《关于禁止滥用知识产权排除、限制竞争行为的规定》第7条规定了具有市场支配地位的经营者在知识产权可能构成生产经营活动的"必需设施"时,拒绝许可可能构成滥用市场支配地位。显而易见,该规章借鉴了比较法上"必需设施"理论并认为知识产权也可能构成"必需设施"。2017年国务院反垄断委员会公布《关于滥用知识产权的反垄断指南(征求意见稿)》也采用了类似的"必需设施"理论。在该指南征求意见的过程中,美国方面提交的意见强烈反对中国在知识产权领域适用"必需设施"理论,并认为这种做法将严重削弱知识产权的独占性,损害创新激励,①其理由与Trinko案中美国最高法院的意见大致相同。在最终公布的国务院反垄断委员会《关于知识产权领域的反垄断指南》中删除了知识产权构成"必需设施"的情形,但同时指出拒绝许可知识产权可能构成滥用市场支配地位。②

由此可见,我国反垄断法律实践对拒绝许可商业秘密在内的拒绝许可知识产权制度存在以下几个显著特征:首先,司法和执法案例较少,尚未形成完善的规则解释体系;其次,我国立法上对拒绝许可知识产权作为一个统一的概念看待,而较少考虑包括商业秘密在内的不同形式知识产权的特点对反垄断分析的影响;最后,我国反垄断法律实践中对是否需要在知识产权领域适用"必需设施"仍存在较大争议。

(二)对拒绝许可商业秘密反垄断法适用的建议

美国和欧盟对于拒绝许可的反垄断法适用存在截然不同的实践路径。美国在Trinko案之后几乎不再支持原告以拒绝交易提出的相关诉请,但正如前文所述,斯卡利亚大法官在该案中表明的最高法院意见并不具有足够的法理支撑。反观以欧盟竞争法为代表的执法实践,其在承认交易自由的同时亦表明竞争法在特殊情形下的适用条件,为反垄断法的适用创造了稳定的可预期性。

我国《反垄断法》明确规定了没有正当理由的拒绝交易可能构成滥用市场支配

---

① See *Comments of the American Bar Association Sections of Antitrust Law, Intellectual Property Law, and International Law on the Draft Anti-monopoly Guidelines on abuse of IP Rights*, ABA (Web Page), https://www.americanbar.org/news/abanews/aba-news-archives/2017/04/aba_sections_comment/.

② 参见国务院反垄断委员会《关于知识产权领域的反垄断指南》第16条。

地位，这从立法上就已然承认了拒绝交易（包括知识产权领域的拒绝许可）在特定情形下的违法性。因此，我国反垄断执法实践难以采纳和美国司法判例类似的消极态度。① 我国法律实践应当坚持的是，任何经营者（即使是具有市场支配地位的经营者）在大部分情形下拥有选择交易对象的权利，②仅在极为特殊的情形中才会适用《反垄断法》并要求经营者强制交易（许可）。即便如此，出于对商事交易稳定性的考虑，我国反垄断执法机构可以有效借鉴欧盟竞争法的分析思路，通过规则解释的方式进一步明确拒绝许可构成违法的法律适用要件，促进经营者行使知识产权的可预期性。

此外，我国反垄断执法实践需要澄清有关“必需设施”理论的争议。“必需设施”理论发轫于美国法院的相关判例，并为其他反垄断司法辖区所继受。“必需设施”理论的核心在于一旦垄断企业的某项财产（含知识产权）被认定为“必需设施”并拒绝许可该设施，反垄断执法机构就可能认定其构成滥用市场支配地位并赋予强制交易的反垄断义务。事实上，比较竞争法上从未对所谓“必需设施”的构成要件达成一致，甚至在欧盟法院处理的案件中均没有使用过“必需设施”这一用语。③在拒绝许可的反垄断案件中，是否使用“必需设施”的概念并不重要，但执法机构或法院确需将涉案的知识产权是否对其他竞争者的经营活动具有不可替代性作为考察因素之一，并结合其他因素和垄断企业的抗辩事由合理确定拒绝许可的法律要件和后果。本文下一部分将结合商业秘密的特性对拒绝许可商业秘密的反垄断法适用进行分析。

前文已论及，商业秘密作为一种特殊的知识产权，企业不仅对其有保护的需

---

① 近年来，美国国内对 Trinko 案及其背后的反垄断消极执行的批评不绝于耳。美国国会众议院相关部门的报告对 Trinko 案提出了直接批评，并认为应当重新复兴“必需设施”理论。参见 Subcommittee on Antitrust Commercial and Adminis－trative Law of the Committee on the Judiciary, *Investigation of Competition in Digital Markets* (2020), https://judiciary. house. gov/uploaded les/competition_in_digital_markets. pdf。

② 国务院反垄断委员会《关于知识产权领域的反垄断指南》第 16 条规定：“拒绝许可是经营者行使知识产权的一种表现形式，一般情况下，经营者不承担与竞争对手或者交易相对人进行交易的义务。……”

③ 当然，欧盟法院在其处理的拒绝许可案件（Magill, IMS 和 Microsoft）中都考察了涉案知识产权是否是下游竞争必不可少的要素。因此，有学者称欧盟法院适用了“有限制”的“必需设施”理论。参见 Josef Drexl, “*Abuse of Dominance in Licensing and Refusal to License－A ‘More Economic Approach’ to Competition by Imitation and to Competition by Substitution*”, *The Interaction between Competition Law and IP Law*, Hart publishing, 2007, p. 661。

求,在商业实践中还需要通过许可(或转让)等方式进行主动利用。如果具有市场支配地位企业不当行使商业秘密,其行为就可能构成滥用市场支配地位,而拒绝许可商业秘密则是企业不当行使商业秘密的一种可能的行为方式。[①] 结合比较竞争法上特别是欧盟微软案的相关经验,本文尝试对拒绝许可商业秘密的反垄断法认定进行分析。

反垄断执法机构在处理涉及商业秘密的拒绝许可案件时,应当考虑的第一项因素是该秘密信息对下游市场的竞争者是否必不可少,或可理解为商业秘密能否构成"必需设施"。虽然认定"必需设施"的情形应当依据个案而论,但欧盟微软案无疑提供了一个典型的场景,即商业秘密在构成"事实上的标准"时将成为相关市场竞争者从事经营活动必不可少的基础设施。在专利领域,同行业生产产品必须使用的标准必要专利一般可以被认定是"必需设施",[②]拒绝许可标准必要专利的行为也因此往往受到反垄断法关注。[③] 商业秘密的"秘密性"决定了其和专利具有重要区别。由于专利的内容均是公开的,因此技术标准化组织可以依照公开的专利选出适合行业普遍使用的标准必要专利。但由于商业秘密处于保密状态,因此不可能由标准化组织等选定类似标准必要专利的"标准必要秘密"。尽管如此,正如欧盟微软案所呈现的,当商业秘密(互操作性信息)构成"事实上的标准"时,即其他竞争者只有获得秘密信息才能够与 Windows 系统交互使用时,该商业秘密也可以成为竞争者从事经营活动必不可少的基础设施。此外,商业秘密的有限专有性同样可能影响对秘密信息是否构成必要设施的认定。如前所述,商业秘密法并不禁止其他竞争者通过反向工程或自主研发获取商业秘密。因此,如果具有市场支配地位经营者的商业秘密可以较为轻易地以反向工程等形式被其他竞争者获取,此种商业秘密就不大可能构成"必需设施",即使有个别竞争者无法获取商业秘密,商业秘密权利人也不负有向其许可的义务。

反垄断执法机构应当考虑的第二项因素是拒绝许可商业秘密是否会消除下游

---

① 本文讨论的是滥用市场支配地位情形下的拒绝许可商业秘密,因此行为人首先应当在相关市场具有市场支配地位。商业秘密的特性同样会对市场界定和市场势力的反垄断分析产生影响,由于本文主要就拒绝许可这一行为展开分析,因此对涉及商业秘密的市场界定和市场支配地位认定不作过多展开。

② 除了标准必要专利外,其他专利在特定情形下也可能成为竞争不可缺少的基础设施,有观点称其为"商业必需专利"。参见孙牧然:《必需设施理论与商业必需专利》,载王先林主编:《竞争法律与政策评论》(第7卷),法律出版社2021年版。

③ 参见罗蓉蓉:《论标准必要专利拒绝许可行为的规制——兼谈〈专利法〉第48条第2款强制许可的适用》,载《时代法学》2020年第3期。

的有效竞争。仅仅考察商业秘密是否构成“必需设施”不足以说明拒绝许可行为的反竞争属性。反垄断执法机构还应当考察拒绝许可商业秘密是否会严重限制竞争，而这往往依赖于反垄断执法机构对秘密信息“不可缺少”程度的考察以及实证调研的结果（如在欧盟微软案中反垄断执法机构通过发放行业问卷的方式进行调查）。互补性理论指出，在处理知识产权领域的反垄断问题时，反垄断法应当在行使知识产权行为损害“以替代为基础的竞争”时进行适用。因此，在拒绝许可商业秘密会阻碍技术发展时，反垄断执法机构才应当认定这种拒绝许可违法。换言之，即使商业秘密构成“必需设施”，竞争者如果只是希望获取秘密信息从而向市场提供和商业秘密权利人基本相同的产品，那么商业秘密权利人也有权拒绝许可，更没有义务披露秘密信息。

此外，具有市场支配地位的商业秘密权利人也有权举证证明其拒绝许可商业秘密行为具有合理性。例如，商业秘密保护可能构成一项重要抗辩事由，这与商业秘密的特性密切相关。一般情形下，正如欧盟法院在微软案中指出的那样，知识产权保护（包括商业秘密保护）本身并不能作为竞争法适用的抗辩事由。但是，商业秘密的“秘密性”特征却可能引发其与专利等典型知识产权不同的反垄断后果。这里以专利和商业秘密的区分为例进行简要解释：当专利权人的拒绝许可行为构成滥用市场支配地位时，反垄断执法机构可能强制要求专利权人许可专利，但由于专利本身即是公开的，专利权人在强制许可的情形下也并未丧失其专利权，亦有权收取合理的专利许可费。商业秘密则不同，如果商业秘密的内容被公开，其结果是相关信息丧失“秘密性”从而也不再具有受法律保护的商业秘密，这也意味着原商业秘密权利人在此之后再也无法从该信息中获取收益。因此，反垄断执法机构在个案中应当平衡商业秘密保护和公平竞争之间的利害关系，特别是在适用强制许可的救济措施可能导致商业秘密“秘密性”完全丧失时，应当谨慎赋予商业秘密权利人强制许可的反垄断义务。①

① 前文已论及，商业秘密的“秘密性”是相对秘密性，在与商业秘密被许可人约定保密义务的情形时商业秘密仍然具有秘密性。但是如果商业秘密强制许可将导致相关信息为所属领域的相关人员普遍知悉和容易获得，此时相关信息因不具有秘密性而丧失商业秘密保护。因此，反垄断执法机构在认定拒绝许可商业秘密及赋予强制许可义务时，有必要考虑强制许可的范围从而确定商业秘密是否可能因丧失秘密性而消失。

五、结语

商业秘密已经成为现代社会企业的重要无形资产和竞争工具。作为一项特殊的知识产权,企业不仅需要对商业秘密进行保护,还可以通过许可等方式主动利用商业秘密,商业秘密的不当使用可能引发反竞争效果。与专利等典型知识产权相比,商业秘密具有的秘密性和有限专有性等特征可能会对商业秘密滥用的反垄断分析产生影响。具有市场支配地位的商业秘密权利人拒绝许可商业秘密可能构成滥用市场支配地位。结合比较竞争法的经验,我国应当合理平衡合同自由、商业秘密保护和公平竞争之间的权益关系,并结合商业秘密区别于其他知识产权的特征分析认定拒绝许可商业秘密的考察因素,从而为企业正常行使商业秘密提供稳定的法律预期。

论反垄断法视角中的创新

方 翔*

一、反垄断法所关注的创新:基本内涵阐释

如何理解创新的概念和基本内涵,是本文的研究起点。“创新”一词在当今社会被频繁地使用。英文单词中的“创新”(innovation),最早源于拉丁语“*innovare*”,意为“创造新事物”。根据《牛津英语词典》的释义,创新就是“新事物的引入”,它不仅包括独立的创新,还包括建立在既有创新基础上的创新。① 在现代汉语中,“创新”同样具有“抛开旧的,创造新的”之意。

创新是一个多层面的现象,很多学科都对其展开不同视角的研究,并逐步形成一个由经济学、管理学、地理学、生物学、历史学、社会学、哲学、工程学等多学科支撑的创新学理论体系。② 在不同学科的语境下,创新的内涵亦有所不同。例如,哲学上认为创新是人的一种实践行为,是人类对于物质世界的再创造,并由此形成新的物质形态。而社会学意义上的创新,主要是指人们为了发展需要,运用已知的信息和条件,发现或产生某种新颖、独特的有价值的新事物、新思想的活动。③ 从管理学的研究视角出发,创新过程的核心是有能力发现机会并创造新的方法来利用这些机会,创新的本质是一种创业精神④,如何改变企业在市场中的地位以及如何产生创新思想,成为管理学研究创新的重中之重。

---

* 方翔,苏州大学王健法学院讲师,上海交通大学法学博士。

① Oxford English Dictionary Online, http://www.oed.com/view/Entry/96311.

② 参见张治河、潘晶晶:《创新学理论体系研究新进展》,载《工业技术经济》2014 年第 2 期。

③ 刘武朝、杨茂喜:《经营者集中反垄断审查与企业创新——挑战及制度因应》,知识产权出版社 2016 年版,第 3 页。

④ 参见[美]乔·蒂德、约翰·贝赞特:《创新管理》(第 6 版),陈劲译,中国人民大学出版社 2020 年版,第 5 页。

素有“经济宪法”之称的反垄断法,是为规制市场垄断行为、保护市场公平竞争秩序而制定的法律,其对创新的关切,主要是指经济意义上创新。因此,作为本文研究对象的“创新”,对其内涵的讨论理应基于经济学的视角展开。但需要说明的是,经济学对创新的关注聚焦于创新资源配置及其经济效果,①而创新的过程本身具有复杂性、模糊性和不确定性,且反垄断法对创新关注的落脚点是如何认识并促进市场主体(主要是企业)的创新活动,因此,对创新的内涵阐释,还需借助管理学等其他学科领域的研究作为补充。

经济学家约瑟夫·熊彼特(Joseph Schumpeter)在《经济发展理论》中所提出的“创新理论”(inovation theory),对经济学意义上的“创新”进行了系统的理论阐释,并一直享有盛名。熊彼特从“动态”和“发展”的观点分析了“创新”。按照熊彼特的观点,所谓“创新”,就是“建立一种新的生产函数”,也就是说,把一种从来没有过的关于生产要素和生产条件的“新组合”引入生产体系。在熊彼特看来,“企业家的职能”就是重新组合资源以实现“创新”,进而推动经济发展。熊彼特所说的“创新”、“新组合”或“经济发展”,包括以下五种情况:一是采用一种新的产品,即消费者还不熟悉的产品或是一种产品的一种新的特性;二是采用一种新的生产方法,即在有关的制造部门中尚未通过经验检定的方法,这种新的方法不需要建立在科学上新的发现的基础之上,并且也可以存在于商业上处理一种产品的新的方式;三是开辟一个新的市场,即有关国家的某一制造部门以前不曾进入的市场,无论这个市场以前是否存在过;四是掠取或控制原材料或半制成品的一种新的供应来源,不问这种来源是已经存在的,还是第一次创造出来的;五是实现任何一种工业的新的组织,比如,形成一种垄断地位(如通过“托拉斯化”)或打破一种垄断地位。② 熊彼特首次揭示了创新与经济发展的内在规律,提出了创新推动经济发展,奠定了西方创新理论的基础。其论述主要有两点:其一,创新的主体是作为生产者的企业,尤其是那些具有冒险精神的企业家,即创新不仅是科学家、技术人员的任务。其二,创新的实质是将生产要素进行新的组合,不仅是反映科学技术的变革的技术创新,还包括企业组织结构、管理模式等方面的创新。③ 熊彼特运用“变动”和“发展”的观点,强

① 参见[挪]詹·法格博格、[美]戴维·C.莫利、[美]理查德·R.纳尔逊:《牛津创新手册》,柳卸林等译,东方出版社2021年版,第4页。

② [美]约瑟夫·熊彼特:《经济发展理论》,何畏、易家详等译,商务印书馆2020年版,第76页。

③ 王俊豪主编:《产业经济学》(第3版),高等教育出版社2016年版,第115~116页。

调“创新”是一个“内在的因素”,“经济发展”也是“来自内部自身创造性”的一种变动,从而又强调了社会经济制度“内在因素”的作用,这对当前社会经济发展依然具有重要现实意义。

到了20世纪60年代,随着新技术革命的迅猛发展,熊彼特创新理论得到了新发展,主要集中在技术创新的维度。美国经济学家华尔特·惠特曼·罗斯托(Walt Whitman Rostow)在《经济成长的阶段》中提出了著名的“起飞”六阶段理论,其认为人类社会经济发展可以划分为传统社会阶段、为起飞创建前提阶段、起飞阶段、成熟阶段、高额群众消费阶段和追求生活质量阶段。[①] 该理论将熊彼特的“创新”概念发展为“技术创新”,进而把“技术创新”提高到“创新”的主导地位,这也是经济“起飞”的重要动力源。[②] 曼斯菲尔德(Mansfield)和乌特巴克(Utterback)等学者对技术创新的内涵进行了界定,认为创新应该包括新思想创造、研发与问题解决、商业应用三个环节,前两个环节属于技术范畴,是指产品技术功能上的改进,第三个环节要求技术创新必须与商业应用相结合。除此之外,诸如索罗(S. C. Solow)、伊诺思(J. L. Enos)、弗里曼(C. Freeman)、林恩(G. Lynn)、缪尔赛(R. Mueser)等学者,基于不同层次和不同视角,均对技术创新的概念作出了界定。[③] 总体而言,技术创新的概念是动态变化的,从其理论发展的历程看,可以区分为广义与狭义的概念。广义的技术创新是指创造新技术及其市场化的活动,包括为创造新技术而进行知识准备的科学研究活动,以及将新技术引入产品工艺或商业系统之中。而狭义的技术创新,则是指将发明和新产品引入生产,实现新技术的商业化。[④]

21世纪以来,在全球范围内对创新概念趋于一致的认识,是以经济合作与发展组织(Organization for Economic Co – operation and Development,OECD)发布的《奥斯陆手册》(*Oslo Manual*)为基础的。该手册自1992年首次发布以来,已经历四次修订,业已成为国际普遍认可的创新调查指南,也是世界各国测度创新必备的指南。根据《奥斯陆手册》对创新作出的一般定义,创新是指“实施新的或显著改进的产品(货品或服务)、工艺流程、新的营销方法或新的组织方法”。据此,OECD区分

① 范家骧、高天虹:《罗斯托经济成长理论(上)》,载《经济纵横》1988年第9期。

② 厉以宁:《技术创新经济学——它的由来和当前研究的问题》,载《科技导报》1990年第2期。

③ 参见张凤海、徐丽娜、侯铁珊:《关于技术创新概念界定的探讨》,载《生产力研究》2010年第3期。

④ 张杰军:《反垄断、创新与经济发展》,知识产权出版社2008年版,第38页。

了四种主要类型的创新,包括产品创新、工艺创新、营销创新和组织创新。① 事实上,该定义沿袭了熊彼特的创新理论,并结合技术创新的新发展,进一步充实了创新的内涵。

综合以上讨论不难发现,创新本身是一个开放性的概念。仅在经济学领域,对其内涵的阐释就经历了不断发展的过程。反垄断法所要关注的创新,即经济学意义上的创新,具体可以包括对现有产品(服务)、工艺、技术、营销等内容的改进。这些创新可通过最具"破坏性"的方式进行,为新产品创造一个全新的市场;或者通过渐进的、连续的方式进行,从而改变现有市场的竞争态势。② 但不容否认的是,无论人们主张何种创新定义,创新都可能改变市场或至少改变市场中的竞争态势。因而,如何在反垄断法的理论与制度框架中考虑创新因素,是十分必要而重大的研究议题。

二、创新与竞争关系的反垄断法解读

竞争与创新的关系是经济学尤其是产业组织理论中最富争议的论题。对于这一问题的讨论,有着迥然各异的回答,最具代表性的理论有"熊彼特假说""阿罗式创新"和"阿吉翁模型"等。此后,还诞生了专门以创新为主要研究对象的新经济学流派——创新经济学,其对反垄断理论和政策的发展产生重要影响。再度检视经济学领域这场旷日持久的跨世纪论辩,对于反垄断法如何正确认识创新、考量创新,具有重要的启示意义。

(一)创新与竞争关系的经济学争论

人们通常认为,"熊彼特假说"在竞争与创新之间建立了负相关关系。根据熊彼特的理论,垄断是创新的基础和催化剂,市场中更少的竞争会给企业提供更多激励和动力去参与创新活动,更高的市场集中度和更大的企业规模,将对创新产生积

① OECD, *Oslo Manual:Guidelines for Collecting*, Reporting and Using Data on Innovation(4th Edition), https://www.oecd.org/science/oslo-manual-2018-9789264304604-en.htm.

② European Commission, Competition policy brief, *EU merger control and innovation*, April 2016, available at http://ec.europa.eu/competition/ publications/cpb/2016/2016_001_en.pdf.

极影响。① 在熊彼特看来，市场集中度可以使创新努力所产生的收益（增加垄断租金）内部化，因而市场集中度、研发的规模经济以及卓越的风险管理均有助于企业创新。首先，市场集中度高的大企业拥有投资于昂贵且不确定的研发所必需的资金和资源，且更有能力筹集外部资金，因而能够在产品研发中实现重要的规模经济，而这是小企业难以做到的；其次，垄断市场中的大企业能够从创新努力中获得回报，从而用累积的垄断利润为持续的研发提供资金；②最后，创新后市场竞争的减少会促使垄断企业投身更多的事前创新活动，这种来自市场力量得以维持或强化的愿景，会成为垄断企业创新的重要激励。因此，也有学者指出，熊彼特所专注的是创新后的市场结构。③ 正如欧盟委员会在 2016 年一份文件中对熊彼特思想的归纳："更少的竞争会增加创新者的创新后奖励，从而提升他们参与研发（Research and Development，R&D）的动力。即使市场中的价格竞争水平不高，试图取代领先供应商的企业之间的创新竞争（争夺市场的竞争），也会激励当前的市场领导者在创新方面进行投资以维系其市场地位，否则其市场地位将被竞争对手夺去。"④

美国经济学家肯尼斯·阿罗（Kenneth Arrow）与熊彼特持相反观点，其认为，垄断抑制了企业进一步创新的投资，竞争压力才是创新投资的关键。在没有竞争力的市场，垄断者不会因为研发失败而受到相应的惩罚。⑤ 对于占有支配地位和高市场份额的企业而言，无论是通过降低成本、提高质量还是创造新产品，都很难为其带来新的业务增长，因此，它将更倾向于维持现有的市场优势，不太可能成为颠覆性创新的发起者。垄断者的这种创新动机也被称为"阿罗效应"（Arrow effect）或

① See Wolfgang Kerber, *Competition, Innovation, and Competition Law: Dissecting the Interplay* (October 6, 2017). MAGKS Joint Discussion Paper Series in Economics, 42 - 2017, Available at SSRN: https://ssrn.com/abstract=3051103.

② See Markus Glader, *Innovation Markets and Competition Analysis. EU Competition Law and US Antitrust Law*, Edward Elgar Publishing, Cheltenham, 2006, p. 59.

③ See Ioannis Kokkoris & Tommaso Valletti, *Innovation Considerations in Horizontal Merger Control*, 16 Journal of Competition Law & Economics 220 (2020).

④ European Commission, Competition policy brief, *EU merger control and innovation*, April 2016, available at https://ec.europa.eu/competition/publications/cpb/2016/2016_001_en.pdf.

⑤ See Kenneth. J. Arrow, *Economic Welfare and the Allocation of Resources for Invention*, in R. Nelson, *The Rate and Direction of Inventive Activity: Economic and Social Factors*, Princeton University Press, 1982.

"替代效应"(replacement effect)。[①] 相比之下,规模较小的竞争者通过创新活动,可以从竞争对手那里吸引市场份额,带来更高的产量,从而增加创新激励。阿罗从创新前市场结构的分析视角,认为创新激励不仅取决于创新后的利润本身,还取决于创新后与创新前的利润对比差异。[②] 基于这些原因,市场中的竞争压力本身就会激励企业参与更具创新性的实践,更少的竞争(垄断)只会降低创新激励。欧盟委员会将阿罗式创新归纳为:"不同于竞争水平更低的市场结构,在竞争性环境中,一种新发明的产品不会蚕食发明企业自身的利润。在竞争性市场中,一项发明将使发明企业可以从竞争对手那里夺得销售额,带来更高的产量。创新激励不仅取决于创新后的利润本身,还取决于创新后与创新前的利润差异。基于这些原因,市场中更少的竞争会降低创新激励。"[③]

另一个具有代表性的理论是哈佛大学菲利普·阿吉翁(Philippe Aghion)等人提出的"倒 U 型模型"。为提供更加可信的经验证据,阿吉翁分别从市场竞争的各种表现形式入手(包括市场一体化、新进入者威胁、出口贸易等),为竞争与创新之间的关系提供更可靠的数据支撑。[④] 大量实证数据表明,创新率会伴随市场中企业数量的变化而变化,在适度集中的市场中创新率最高,当市场趋向垄断或更激烈的竞争,创新率则会逐渐下降。[⑤] 这意味着,竞争不足和竞争过度都不利于创新。正如阿吉翁等人建议的那样,竞争可能会增加创新带来的增量利润("逃避竞争效应"),但也可能减少落后者的创新动机("熊彼特效应")。激烈的产品市场竞争降低了创新前租金(pre - innovation rents),从而促进了创新并成为领导者的增量利润,这就是所谓的"逃避竞争效应"。另外,这些模型还预测了非均衡行业落后企业的"熊彼特效应",即竞争的加剧降低了落后企业的创新后租金(post - innovation rents),从而降低了他们追赶领导者的动机。但是,一旦落后者赶上了该领域的领导

---

① See Jonathan B. Baker, *Beyond Schumpeter vs. Arrow: How Antitrust Fosters Innovation*, 74 Antitrust Law Journal 575(2007).

② See European Commission, Competition Policy Brief, *EU Merger Control and Innovation*, April 2016, available at https://ec.europa.eu/competition/publications/cpb/2016/2016_001_en.pdf.

③ European Commission, Competition Policy Brief, *EU Merger Control and Innovation*, April 2016, available at https://ec.europa.eu/competition/publications/cpb/2016/2016_001_en.pdf.

④ 参见雷鹏飞:《菲利普·阿吉翁对创新经济学的贡献》,载《国外社会科学》2020 年第 3 期。

⑤ See Philippe Aghion, Nick Bloom, Richard Blundell, Rachel Griffith & Peter Howitt, *Competition and Innovation: An Inverted - U Relationship*, 120 Quarterly Journal of Economics 701 (2005).

者，这种影响将被预期的“逃避竞争效应”所抵销。①

总的来说，目前经济学领域的许多研究结果表明，至少在已经高度集中的市场，进一步缺乏竞争会降低企业的创新动力，但在个别情况下，市场集中度提高也可能对创新动机产生积极影响。既往的经济学文献传达了一个清晰的信号，竞争与创新之间的关系是动态而复杂的，并取决于许多具体条件。譬如，在特定的分析中，运用不同的经济模型，得出的结论会存在很大差别，并且不同行业领域的研发投资水平、研发强度、所处行业结构与发展阶段、制度环境等因素的差异，也会导致创新的保护水平和激励程度的不同。② 显然，我们很难从现有的经济学理论与实证文献中找到强有力的论据，为上述三个经典理论提供普遍而稳定的支撑。有学者甚至直言，创新与市场结构或特定行业的市场力量之间并不存在联系，现有的理论假说和实证研究，充其量只能表明两者间的一种微弱影响。③

（二）创新经济学的最新发展及其反垄断主张

长期以来，反垄断政策及其理论受不同经济学派的影响亦发展成不同的流派。自21世纪以来，一种新的经济学说——创新经济学，开始通过一系列学者的著述发展起来。作为一种新的经济理论，创新经济学重新构造了传统的经济增长模型，知识、技术、企业家精神和创新等要素被置于模型的中心。创新经济学建立在两个基本原则的基础之上：一是经济政策的中心目标应该是促进更高的生产率和更大的创新；二是仅依靠价格信号的市场在刺激更高的生产率和更大的创新方面并不总是有效。④ 这与新古典经济学和凯恩斯主义经济学的基本观点相反。创新经济学家认为，知识和信息技术时代的经济增长并不是新古典主义者所声称的由资本积

① See Philippe Aghion, Stefan Bechtold, Lea Cassar, & Holger Herz, *The Causal Effects of Competition on Innovation: Experimental Evidence*, NBER Working Paper No. 19987 (2014), https://www.nber.org/papers/w19987.pdf.

② See Raymond De Bondt & Jan Vandekerckhove, *Reflections on the Relation Between Competition and Innovation*, 12 Journal OF Industry Competition and Trade 7 (2010).

③ See J. Gregory Sidak & David Teece, *Dynamic Competition in Antitrust Law*, 5 Journal of Competition Law and Economics 581(2009).

④ Dan Robles, *A Definition for Innovation Economics*, https://www.ingenesist.com/a-definition-for-innovation-economics/，最后访问日期：2020年9月16日。

累主导,而是包括新产品、新工艺以及新商业模式在内的创新。[①] 创新经济学致力于理解和塑造这些有益于创新行为的因素和力量,并主张经济增长的主要驱动力是生产效率(组织以最大的产出量进行生产的能力)和适应效率(经济和机构随时间变化以响应接连不断的新情况的能力,主要通过发展和采用创新技术),其研究重点和最关心的问题是对社会如何创造新的生产方法、产品和商业模式的研究,从而扩大财富和生活质量。[②]

创新经济学为反垄断政策和反垄断法理论注入新的血液,并形成所谓的"创新学派"(The Innovation School)。该学派认为,促进创新应成为反垄断法的基本目标。其对传统的哈佛学派以及受新古典经济学启发的芝加哥学派、后芝加哥学派提出以下批评和主张:

第一,反垄断法的重点应更多地放在刺激公司生产率和创新上,而不必担心配置效率。所谓配置效率(allocative efficiency),是指边际成本尽可能接近边际收益的产出水平,从而实现投入要素与产出数量的最优(最少的投入实现最大的产出),效率在此情形下即会提高。但在很多情况下,因配置效率低下所造成的损失(由于在完全竞争激烈的市场中价格较低而导致的损失)很小,其与生产力和创新的收益相形见绌。[③] 正如波特(Michael Porter)所说:"由于竞争的作用是通过生产率的增长来提高一个国家的生活水平和长期的消费者福利,因此反垄断的新标准应该是生产率的增长,而不是价格/成本利润率。"[④]

第二,新古典主义的芝加哥和后芝加哥学派对静态、短期的配置效率给予了过度的关注,突显出对动态创新市场的考虑不足。创新经济学认为,尽管市场有时候存在均衡状态,但在新的知识经济体系中,随着企业市场份额的增加,这种均衡转瞬即逝。新创企业的进入、颠覆性创新的发生、商业模式的变化等都会不断地影响

---

① Michael E. Porter, *Competition and Antitrust: Toward a Productivity - based Approach to Evaluating Mergers and Joint Ventures*, Antitrust Bulletin 46 (2001), https://www.isc.hbs.edu/Documents/pdf/053002antitrust.pdf,最后访问日期:2020年9月15日。

② Robert D. Atkinson, David B. Audretsch, *Economic Doctrines and Approaches to Antitrust*, The Information Technology &Innovation Foundation, January 2011.

③ Robert D. Atkinson, David B. Audretsch, *Economic Doctrines and Approaches to Antitrust*, The Information Technology &Innovation Foundation, January 2011.

④ Michael E. Porter, *Competition and Antitrust: Toward a Productivity - based Approach to Evaluating Mergers and Joint Ventures*, Antitrust Bulletin 46 (2001), https://www.isc.hbs.edu/Documents/pdf/053002antitrust.pdf,最后访问日期:2020年9月15日。

市场,使其难以持续稳定状态,特别是在创新水平较高的行业,这一现象尤为普遍。此时,反垄断法应更多地关注市场中潜在的动态性和破坏性影响,将关注的焦点放在商品价值和价格的长期轨迹上,而不仅仅是在静态环境中分析研判短期价格所衡量的消费者福利。事实上,反垄断经济学家很容易预测出一种特殊的排他性做法会降低产量和抬高价格,但可能无法预测垄断者的创新收益是否会远远大于这些短期的损失。① 例如,尽管一项合并增强了企业的市场支配力,但同时又增加了用于研究和开发新产品的投资利润,那么这项合并是合理的,因为它对社会的长期福利可能是巨大的。②

第三,创新学派更倾向于将公司间的合作视为积极的。对于企业间的协作活动,创新经济学更倾向于持有一种积极的观点。其认为,“有效的经济不仅仅是企业之间的竞争,相反,创新和经济增长通常会带来挑战,需要竞争的公司通过合作的方式应对。尽管传统经济学理论将市场机制视为协调经济活动的最有效方式,但在创新经济学家看来,在对新产品和新工艺的特征没有完全了解的情况下,市场必须赋予组织间协作的空间,从而实现协调效率”。③

第四,创新学派认为不同行业具有不同的动态特征,因此需要不同的反垄断方法。创新学派主张着眼于每一个具体案例,根据它在多大程度上促进了创新和生产力来进行分析判断。芝加哥学派和创新学派会对同一案件进行针锋相对的解读,根源在于其竞争分析的框架究竟着眼于当前市场利益还是长远利益,④显然,创新学派会支持后者。由此观之,创新学派会坚持对每个案例进行单独分析,并根据行业、地理位置和时代的不同而异。

创新学派与其他学派主张的比较如表 1 所示。

---

① Herbert J. Hovenkamp, *Schumpeterian Competition and Antitrust*, Faculty Scholarship at Penn Law, 1788(2008).

② Carl Shapiro, *Antitrust, Innovation, and Intellectual Property*, November 8, 2005, https://faculty.haas.berkeley.edu/shapiro/amcinnovation.pdf, 最后访问日期:2020 年 9 月 17 日。

③ Allan Naes Gjerding, *Innovation Economics*: Part I: An Introduction to Its Birth and International Context, https://core.ac.uk/display/60295414, 最后访问日期:2020 年 9 月 16 日。

④ 参见李胜利:《美国联邦反托拉斯法百年——历史经验与世界性影响》,法律出版社 2015 年版,第 125 ~ 126 页。

表1　创新学派与其他经济学派反垄断政策主张的比较

比较内容	民粹主义（哈佛学派）	芝加哥学派	后芝加哥学派	创新学派
主要目标	消费者公平	配置效率	配置效率	创新、生产力、全球竞争力
时间焦点	短期	短期	短期	长期
竞争范围	国家	无关	国家	全球
对企业合作的观点	怀疑为反竞争共谋	可以,除了固定价格和其他严重行为	怀疑为反竞争共谋	可能是企业应对集体挑战的方法
市场力量来源和规制	不公正和排他性行为(本身违法原则)	卓越的公司绩效或政府干预(合理原则)	不公正和排他性行为,自然垄断(本身违法原则和合理原则)	不公正行为,卓越的公司绩效和自然垄断(多数情况下适用合理原则)
进入壁垒	高	低或不存在	常为中或高	取决于行业,但创新可以刺激进入和转型
政府干预效率	高	低	高	变化
对买方势力的关注	高	低	中等	低
掠夺性定价	可能	不太可能	可能	个案分析
超额利润作为存在市场力量的证据	是	是	是	有关
学说的普遍性	高	高	中等	低,视地点、时间和产业的情况而不同

资料来源:Robert D. Atkinson, David B. Audretsch, *Economic Doctrines and Approaches to Antitrust*, The Information Technology & Innovation Foundation, January 2011.

尽管创新学派在当前的反垄断经济学领域难以构成主流学说,但其基本主张依然是富有价值的。基于表1对不同学派的观点比较可以看出,创新经济学更加关注企业行为对生产力和创新的影响,对短期价格的关注度则明显低于芝加哥学派和后芝加哥学派,甚至在市场配置效率遭受损失的情形下,依然优先考察创新效率。这事实上也为反垄断法正确认识创新带来新的启发,因为它不同于既往的产业组织理论研究,其将关注点从何种市场结构更有利于创新逐渐转换到企业行为对创新的影响。同时,它也和其他反垄断经济学流派产生鲜明对比,为反垄断法的经济分析引入更动态化、更长远的视角。

(三)反垄断法解读创新与竞争关系的新视角

尽管竞争与创新的关系之争在经济学领域聚讼纷纭,但不意味着反垄断法就此陷入束手无策的困境,更不能据此主张反垄断法不应关注创新、介入创新。反垄断法要超越当前无休止的经济学论争,需要澄清一些认识误区,尝试在经济学的论辩中凝聚共识,并由此建立反垄断法对创新的全新认识视角,重新解读竞争与创新的关系。

回顾经济学关于竞争与创新关系的论争,其焦点在于何种市场结构或市场集中度最有利于创新。其中既有截然相反的观点(如熊彼特与阿罗之争),又有二者的折中说(如阿吉翁),但实际上,西方经济学提出的四种市场结构,即完全竞争、垄断竞争、寡头竞争和完全垄断,都不完全与创新有着清晰、稳定的联系。① 种种迹象表明,市场结构与创新并非简单的单向因果联系,而是一种双向互动关系。也就是说,既可能是市场结构影响了创新,也可能是创新引发了市场结构的变化。这一现象在具有网络效应的数字经济市场更为明显,正是数字技术和商业模式的创新造就了互联网平台的高市场集中度。需要指出的是,这种垄断地位的取得是企业创新与竞争的产物,系市场过程所内生,其与市场公平竞争、经济运行效率并不矛盾。② 但由于既往的经济学研究过于关注市场结构如何影响创新这一单向因果联系,导致竞争与创新的关系紧张乃至冲突对立,进而否定反垄断法与创新的联系,尤以"熊彼特假说"的信奉者为典型代表。他们认为,反垄断法对创新没有多大作用,因为垄断对创新是必要的,且垄断只是暂时的,其会在创造性破坏的过程中被

① 参见[德]乌尔里希·施瓦尔贝、丹尼尔·齐默尔:《卡特尔法与经济学》,顾一泉、刘旭译,法律出版社2014年版,第25、32、39、55页。

② 参见陈林、朱卫平:《创新竞争与垄断内生——兼议中国反垄断法的根本性裁判准则》,载《中国工业经济》2011年第6期。

迅速取代。①

对此,需要澄清的是,经济学意义上的垄断与反垄断法语境下的垄断并非同义,前者更关注市场结构面向的垄断地位,但反垄断法"反"的不是垄断地位本身,而是滥用垄断地位的行为,其最终目的是市场中的竞争者(包括创新者)提供发展的机会。在反垄断法看来,企业基于创新竞争而获得的垄断地位不仅合法,而且值得保护,这也是其维护规模经济效益和追求创新效率的重要方式。② 因此,反垄断法承认并保护企业基于创新竞争所获取的垄断地位,不能据此割裂反垄断法与创新的基本联系,忽视竞争与创新的双向互动关系。

无论采纳何种经济学说,创新都可以从反垄断法所维护的竞争机制中受益。如果选择赞成阿罗和阿吉翁的观点,毋庸讳言,反垄断法所保护的竞争是创新的重要驱动力,创新也可在反垄断法所保护的竞争过程中得到激励。即使遵循"熊彼特假说",具有垄断地位的大企业是创新的重要源泉,反垄断法也并不像其支持者声称的那样对于创新毫无作用。相反,反垄断法对熊彼特提出的创造性破坏具有重要保护作用,因为它的激进性质对在位企业的威胁更大,反垄断法可确保创造性破坏的过程不会受到处于被破坏风险的在位企业的阻碍。③

事实上,熊彼特与阿罗的观点并非完全剑拔弩张,理论界已开始尝试建构新的理论框架,以实现上述经济学争论的统一。著名经济学家、美国司法部前首席反垄断经济学家卡尔·夏皮罗(Carl Shapiro)提出了三项基本原则,可以在竞争政策中兼容熊彼特与阿罗的思想。④ 一是可竞争性原则(contestability),即市场需要保持竞争才能使创新蓬勃发展,而两套理论实际上均认为市场需要保持可竞争性,创新者之间的竞争也会激发他们各自对研发投资的动机。⑤ 二是专有性原则(appropri-

---

① 参见韩伟主编:《数字市场竞争政策研究》,法律出版社2017年版,第25页。

② 参见王先林:《反垄断法与创新发展——兼论反垄断与保护知识产权的协调发展》,载《法学》2016年第12期。

③ See Howard A. Shelanski, *Information, Innovation, and Competition Policy for the Internet*, 161 University of Pennsylvania Law Review 1663 (2013).

④ Carl Shapiro, *Comepetition and Innovation. Did Arrow Hit the Bull's Eye?*, in Josh Lerner & Scott Stern, *The Rate and Direction of Inventive Activity Revisited*, University of Chicago Press, 2002, p. 361 - 410.

⑤ Competition Directorate - General of the European Commission, Competition Policy Brief: EU Merger Control and Innovation (April 2016), https://ec. europa. eu/competition/publications/cpb/2016/2016_001_en. pdf.

ability),即企业在多大程度上可以获取创新带来的价值并保护创新相关的竞争优势,将提升创新的能力。在实践中,专有性在很大程度上取决于企业可以保护与其创新相关的竞争优势的程度。如果模仿速度很快,那么成功创新的企业无法在产品上脱颖而出,或者无法在竞争中获得明显的成本优势,事后利润将很低,创新激励将被淡化。三是协同性原则(synergies),即整合互补性资产可增强创新能力,从而刺激创新。协同性原则强调,企业通常无法孤立地进行创新。特别是在信息和通信技术以及需要整合多个组件的系统才能创造价值的行业中,寻求协同尤其重要。① 夏皮罗的上述观点得到了欧盟委员会竞争总司的赞同,其在官方文件中认为,当竞争政策促进竞争性(通过保持市场竞争力)而又不过度阻碍专有性时,将实现熊彼特与阿罗的观点兼容,从而激励创新。② 其中,可竞争性和专有性原则与创新动机有关,协同性原则与创新能力有关。③

反垄断法所维护的竞争机制和对知识产权"合法垄断"的许可,恰能实现创新所需的市场可竞争性和企业特定的专有性利益。同时,在不少国家或地区的反垄断法中,都明确规定了对企业研发合作的支持,甚至其可以构成卡特尔协议的豁免情形,这有利于实现协同性原则。由此观之,反垄断法有能力成为促进创新的法律工具,其通过为潜在的创新者(既可能是垄断者,也可能是竞争者)保持市场开放来保护创新的过程,并致力于防止市场创新活动被反竞争行为所制约。

总之,创新是一个非线性、动态复杂的过程,其将一项发明转化为推向市场的商业化产品,固然需要一定的垄断激励,反垄断法亦承认并保护这种依靠创新竞争获得的垄断地位。但鉴于市场结构与创新之间的模糊关系,反垄断法不宜通过采取干预市场结构的方式介入创新的实现,这实际上也是逻辑关系的颠倒。因此,就反垄断法而言,无须拘泥于垄断还是竞争的市场结构更有利于创新的经济学桎梏,避免以一种结构性视角作出僵化的前提预设,而应基于更广阔的视角理解竞争与创新的关系,将视点对焦在创新实现的过程,专注于保持市场竞争力,保障企业的

---

① OECD, Roundtable on Refusals to Deal - Note by the European Commission, DAF/COMP/WD(2007)100 (October 4,2007), http://ec.europa.eu/competition/international/multilateral/2007_oct_refusals_to_deal.pdf. para 18.

② Competition Directorate - General of the European Commission, Competition Policy Brief: EU Merger Control and Innovation (April 2016), https://ec.europa.eu/competition/publications/cpb/2016/2016_001_en.pdf.

③ Ariel Ezrachi & Maurice E. Stucke, *Digitalisation and Its Impact on Innovation*, https://www.sipotra.it/wp-content/uploads/2020/09/Digitalisation-and-its-impact-on-innovation.pdf.

创新活动不受垄断行为的妨碍,为企业创新发展营造自由公平的市场竞争环境。申言之,反垄断法欲实现对经济学论争的超越,需要摆脱基于市场结构分析的静态视角,引入动态化的过程视角,正确理解"竞争促进创新、创新加剧竞争"的良性互动关系。

三、创新视野下反垄断法的发展沿革

(一)域外反垄断法回应创新的立法发展

1890年美国《谢尔曼法》自诞生以来,创造了丰富的理论和实践经验。其不仅成为美国反垄断法和政策的全部历史,也是全世界范围内反垄断法和政策的最完整的历史。国外学者将美国反垄断法的历史发展概括为五个重要阶段,[①]其中,20世纪70年代是一个重要的转折点。第二次世界大战后,在美国企业的规模和技术领先优势不断被缩小、经济逐渐进入低速增长阶段乃至发生滞胀、新政以来确立的管制体制趋于崩溃的情况下,芝加哥学派迅速崛起并逐渐影响到联邦反托拉斯执法机构以及联邦法院的行动。[②] 该学派逐渐取代哈佛学派在反垄断经济学分析中的位置,成为主流的反垄断思想,其中关于技术创新对经济具有重大推动作用的创新经济学观点也开始为人们所接受。[③] 进入20世纪90年代,新经济和知识经济浪潮的爆发,使反垄断法保护创新的任务日趋重要,并促使人们深入思考反垄断法与知识产权法的关系。在这样的社会经济背景下,创新成为美国反垄断法分析框架中的核心要素,并在相关立法、执法和司法中有所体现。

美国1982年《并购指南》标志着反垄断政策与经济学分析相结合的开端,这也是芝加哥学派思想影响的象征。自20世纪80年代开始,美国陆续出台的反垄断指南认为,过去将重点放在现有产品市场来评估交易的竞争效应的方法过于狭隘,有时还需要分析对相关技术市场和创新市场的影响。与这一发展有关的是美国1984年的《国家合作研究法》(National Cooperative Research Act,NCRA),国会宣布,如果

---

① Nicola Giocoli, *Competition vs Property Rights: American Antitrust Law, The Freiburg School and the Early Years of European Competition Policy*, https://mpra.ub.uni-muenchen.de/33807/1/MPRA_paper_33807.pdf, 最后访问日期:2020年9月15日。

② 李胜利:《美国联邦反托拉斯法百年——历史经验与世界性影响》,法律出版社2015年版,第52页。

③ 刘武朝、杨茂喜:《经营者集中反垄断审查与企业创新——挑战及制度因应》,知识产权出版社2016年版,第13页。

研发合资企业造成反竞争风险,那么这些风险最有可能来自适当界定的相关研发市场的竞争影响。自1993年以来,当修正后的法案成为《国家合作研究和生产法》(National Cooperative Research and Production Act,NCRPA)时,企业的竞争效果将根据"在适当界定的相关研究、开发、产品、工艺和服务市场"的理性规则进行评估。

在创新与反垄断交叉的知识产权领域,美国反垄断执法机构和司法机构逐步改变了在知识产权领域严格适用反垄断法的传统认识和做法,以保护其对技术创新、技术推广和商业化的热情。① 为此,美国司法部和联邦贸易委员会在1995年4月6日联合颁布了《知识产权许可的反托拉斯指南》(Antitrust Guidelines For the Licensing of Intellectual Property),其认为知识产权法与反垄断法的共同目标是促进创新和提高消费者福利。基于这个前提,该指南提出对知识产权领域中排除限制行为进行反垄断法分析的三个一般原则:一是对于知识产权与其他财产权利同等对待,适用相同的反垄断法原则;二是拥有知识产权不应被假定为当然具有市场支配力;三是知识产权许可使企业能够将互补的生产要素结合起来,通常具有促进竞争的效果。② 在分析模式方面,执法机构也改变了过去类似"本身违法"原则的、僵化的规范分析方式,而采用了以合理原则为指导的、结合具体案件情况的、灵活的要素分析方式。值得关注的是,该指南还提到了"创新市场"的概念。"如果许可协议可能对开发或改进产品、工艺的竞争产生不利影响,执法机构可以将这种影响作为相关产品或技术市场中的单独竞争效应加以分析,或是单独在创新市场中加以分析……创新市场包括针对特定新的或改进的产品或工艺的研发,以及这种研发的紧密替代品。"③

相比美国,欧盟竞争法对创新的关注起步较晚。一直以来,欧盟委员会认为竞争法的最终目标是保护消费者福利,促进资源的有效配置,④但是欧盟法院对这一目标的表述有所不同,强调竞争法保护"市场结构"、"竞争机制"或"竞争本身"。⑤

---

① 刘武朝、杨茂喜:《经营者集中反垄断审查与企业创新——挑战及制度因应》,知识产权出版社2016年版,第13~14页。

② US 1995 Antitrust Guidelines for the Licensing of Intellectual Property, § 2.0.

③ US 1995 Antitrust Guidelines for the Licensing of Intellectual Property, § 3.2.3.

④ Victoria Daskalova, *Consumer Welfare in EU Competition Law: What Is It (Not) About?*, 11 Competition Law Review 131 (2015).

⑤ Paul Nihoul, Pieter Van Cleynenbreugel, *The Roles of Innovation in Competition Law Analysis*, Edward Elgar Publishing, 2018.

最近欧盟委员会提到了通过竞争法来实现条约的其他平行目标,如支持经济增长、就业和欧盟经济的竞争力以及培育竞争文化,进一步强化了这一提法。① 竞争执法者应该保护经济效率以外的其他价值。② 牛津大学的阿里尔·扎拉奇(Ariel Ezrachi)教授通过对欧盟竞争执法案件的梳理发现,实践中已经存在多项价值目标,包括消费者福利,有效竞争性结构,效率与创新,公平,经济自由、多元与民主。③ 其认为,创新所带来的动态效率比单纯的静态效率具有更大的增进社会福利的能力,因而创新是现代竞争法的主要目标之一。④ 事实上,在欧盟的系列指南和官方文件中,已明确提出应考虑创新。例如,2004年《欧盟横向合并指南》⑤要求,合并控制要分析的影响之一是"对创新的影响",将创新减少带来的竞争损害与商品和服务的价格上涨或产量、选择、质量的降低等同起来。该指南提出,"在创新是一种重要竞争力量的市场上,合并可能增加企业将创新带入市场的能力和动力,从而增加竞争对手在该市场上创新的竞争压力。或者,两个重要的创新者之间的合并可能严重阻碍有效的竞争,例如,两家公司之间拥有与特定产品市场有关的'管线产品'(pipeline products)。同样地,一个市场份额相对较小的公司,如果拥有有前途的管线产品,也可能是一个重要的竞争力量"。⑥

最近10年以来,特别是进入数字经济高速发展的新阶段,创新对反垄断立法及其实践产生重大影响。在平台经济领域,由于互联网巨大的网络效应和规模效应,创新往往发展很快,企业甚至必须依靠创新而生存,鼓励和促进创新成为平台经济良性发展的内在需求。而从全球范围看,一些大型互联网平台却正在成为创新的阻碍者,并试图通过破坏新进入者和潜在竞争者的商业模式等行为,来巩固和维持

① Commission Staff Working Paper Accompanying the Report From The Commission on Competition Policy 2011, p. 3.

② Federico Ferretti, *EU Competition Law*, The Consumer Interest and Data Protection: The Exchange of Consumer Information in the Financial Sector (Springer, 2014).

③ Ariel Ezrachi, *EU Competition Law Goals and The Digital Economy*, Oxford Legal Studies Research Paper No. 17/2018.

④ Ariel Ezrachi, Mariateresa Maggiolino, *European Competition Law*, *Compulsory Iicensing*, *and Innovation*, 8 Journal of Competition Law & Economics 595(2012).

⑤ Guidelines on the assessment of horizontal mergers under the Council Regulation on the control of concentrations between undertakings, OJ C 31/5 (2004).

⑥ Guidelines on the assessment of horizontal mergers under the Council Regulation on the control of concentrations between undertakings, OJ C 31/5 (2004), §38.

其市场地位。[①] 全球主要的反垄断司法辖区对创新问题的重视程度也在不断提升，人们越发认识到，对创新的限制很可能比传统的垄断行为更具危害性。德国联邦卡特尔局曾在2017年组织召开专题工作会议，围绕“创新—竞争法实践的挑战”展开激烈辩驳，德国联邦卡特尔局副局长康拉德(Konrad Ost)教授提道：“创新对于经济增长和企业的竞争力至关重要。在竞争法实践中，我们不应再局限于短期价格效应。竞争旨在确保企业的自由、消费者的选择以及保护和增加创新潜力，这不仅适用于传统行业，也适用于当前的平台经济，创新和竞争法问题对我们而言将变得更加重要。”[②]

(二)创新视野下我国《反垄断法》的立法发展

我国《反垄断法》于2008年正式实施，其在维护市场公平竞争，推动形成统一开放、竞争有序的市场体系建设中发挥了重要作用，并在激励市场主体创新、保障经济创新发展方面作出积极努力，取得了一定成效。从中国反垄断立法的发展过程看，其对创新的回应重点体现在以下三个方面。

第一，《反垄断法》的立法条文蕴含了对创新的追求。我国《反垄断法》第1条确定的立法目的是通过“预防和制止垄断行为，保护市场公平竞争”达到“提高经济运行效率，维护消费者利益和社会公共利益，促进社会主义市场经济健康发展”。虽然在现有的立法目的条款中未直接提及对创新价值目标的追求，但有学者提出这些目标的实现以一种隐含的方式强调了对创新的要求，其结果体现了对创新的促进。[③] 同时，在《反垄断法》分则的部分条文中也可以窥见其对创新的考虑。例如，在《反垄断法》第20条中，将“为改进技术、研究开发新产品的”“为提高产品质量、降低成本、增进效率的”垄断协议排除在被禁止的范畴之外，体现了《反垄断法》对企业创新的激励和追求。又如，《反垄断法》第33条规定，审查经营者集中应当考虑的因素包括经营者集中对市场进入、技术进步的影响，其通过保持市场向具有

① Andrea Coscelli, *using our existing tools and emerging thoughts on a new regime*, https://www.gov.uk/government/news/andrea - coscelli - calls - for - new - digital - markets - regulatory - regime，最后访问日期：2020年12月8日。

② *Innovations and competition law practice – meeting of the Working Group on Competition Law*, https://www.bundeskartellamt.de/SharedDocs/Meldung/EN/Pressemitteilungen/2017/09_10_2017_Professorentagung.html，最后访问日期：2020年12月12日。

③ 参见王先林：《反垄断法与创新发展——兼论反垄断与保护知识产权的协调发展》，载《法学》2016年第12期。

更新技术的进入者开放以促进创新。

第二,加强知识产权与反垄断在激励创新方面的协调作用。反垄断法旨在防止垄断和其他排他性行为对竞争的损害,而知识产权制度则相反,其通过授予创新主体排他权和市场支配力以实现激励创新之目的。因此,在过去常认为知识产权与反垄断是相互冲突的,甚至被称为"知识产权—反垄断悖论"。① 为有效破解两者间的紧张关系,中国反垄断执法机构作出了努力。2018 年新的统一的反垄断执法机构国家市场监督管理总局成立后,国务院反垄断委员会在前期工作的基础上,于 2019 年审议通过了《关于知识产权领域的反垄断指南》。该指南第 1 条明确提出"反垄断与保护知识产权具有共同的目标,即保护竞争和激励创新,提高经济运行效率,维护消费者利益和社会公共利益",并对可能排除、限制竞争的知识产权协议,涉及知识产权的滥用市场支配地位行为和经营者集中,以及专利联营、标准必要专利、著作权集体管理等作出具体规则指引,全面加强了知识产权与反垄断在激励创新方面的协调作用。

第三,完善数字经济反垄断规则以回应其对创新发展的内在需求。数字经济被视为熊彼特式创新过程的结果,诸多数字化技术和产品(服务)创造了新的市场、新的商业模式乃至新的行业。颠覆性创新技术的孕育和大型数字平台企业的崛起,引发了各国竞争主管机构对反垄断法能否应对数字经济挑战的追问,特别是反垄断法主要侧重于价格对现有市场影响的传统理论能否应对数字经济中的创新竞争。对此,国务院反垄断委员会于 2021 年 2 月发布了《关于平台经济领域的反垄断指南》(以下简称《平台反垄断指南》),深度结合了当前平台经济的发展规律和特点,对《反垄断法》的相关制度进行了细化,及时回应了社会公众对"二选一""大数据杀熟""扼杀性并购"等新型垄断行为的关切,鲜明地传递出要不断强化平台经济领域反垄断监管、维护消费者利益和社会公共利益的决心。《平台反垄断指南》特别强调了维护平台经济领域公平竞争对激发创新创造活力的重要作用。从监管的基本原则到垄断行为的具体制度规定,"创新"在《平台反垄断指南》中被着重提及 11 次,明确指出反垄断执法机构对平台经济领域开展反垄断监管要坚持"激发创新创造活力"的基本原则。事实上,该原则的具体内容也表明了中国反垄断执法机构对待创新与反垄断法关系的基本认识,即通过反垄断执法维护平台经济领域公平

---

① See Gregory Day, *How Antitrust Affects Innovation*, https://clsbluesky.law.columbia.edu/2017/10/17/.

竞争，来引导和鼓励平台经营者将更多的资源用在技术创新、质量提升、服务改进和模式创新上，防止排除、限制竞争行为对平台经济的创新发展造成的阻滞，从而有效激发全社会的创新创造动力，打造经济社会发展的新优势和新动能。

研究咨询报告

中国反垄断行政执法年度报告(2021 年)*

林　文**

第一部分　2021 年反垄断年度回顾

一、2021 年反垄断监管概述

作为中国反垄断新起点,2021 年反垄断行业发生了许多大变革。2021 年 4 月 22 日,全国市场监管系统反垄断工作会议指出,2021 是反垄断“大年”,将进一步加强反垄断监管执法,强化竞争政策基础地位,完善公平竞争制度体系,提升反垄断监管能力水平。

2021 年也是“十四五”开局之年,全面建设社会主义现代化国家的新征程开启。“十四五”规划纲要中明确提出,要依法依规加强互联网平台经济监管,明确平台企业定位和监管规则,完善垄断认定法律规范,打击垄断和不正当竞争行为。构建与数字经济发展相适应的政策法规体系。健全共享经济、平台经济和新个体经济管理规范,清理不合理的行政许可、资质资格事项,支持平台企业创新发展、增强国际竞争力。在市场体系一章中,规划纲要指出,要强化竞争政策的基础性地位,坚持鼓励竞争、反对垄断。完善竞争政策框架,构建覆盖事前、事中、事后全环节的竞争政策实施机制。加大反垄断和反不正当竞争执法司法力度,防止资本无序扩张。推进能源、铁路、电信、公用事业等行业竞争性环节市场化改革,放开竞争性业务准入,进一步引入市场竞争机制,加强对自然垄断业务的监管。

---

* 本文为 2021 年年度报告,但鉴于本书出版时,《反垄断法修正草案》已通过,对文中涉及该修正案且正式通过的内容,统一表述为“修正后的《反垄断法》”。——编者注

** 林文,北京金诚同达(上海)律师事务所合伙人律师,擅长知识产权和竞争法实务。

二、反垄断法修正及政策概述

2021年10月23日,全国人民代表大会常务委员会向社会公布了《中华人民共和国反垄断法(修正草案)》(以下简称《反垄断法修正草案》)。《反垄断法修正草案》明确了竞争政策的基础性地位以及公平竞争审查制度的法律地位,在法律的层面明确建立健全公平竞争审查制度。同时要求充实监管力量,加强反垄断执法。针对目前反垄断法实施过程中存在的突出问题,进行了完善,同时新增了"停表制度""安全港制度"等相关内容。

2021年2月7日,国务院反垄断委员会《关于平台经济领域的反垄断指南》(以下简称《平台经济指南》)发布。该指南的发布,进一步凸显了中国政府强化监管力度、引领监管模式,提高反垄断透明度和可预期性的决心,标志着中国互联网领域反垄断监管进入新阶段。在《平台经济指南》中,国家市场监督管理总局系统性地阐述了对互联网平台垄断行为的监管思路,并对行业重点关注的竞争问题和以往执法实践中暴露的难点问题进行了回应,强调《反垄断法》及配套法规规章适用于所有行业。

2021年6月29日,国家市场监督管理总局、商务部等部门联合发布《公平竞争审查制度实施细则》(以下简称《实施细则》),聚焦行政垄断。《实施细则》增强了公平竞争审查的可操作性及可预测性,确保政府出台的措施能够满足公平竞争的要求,为经营者提供权利保护,维护其参与市场公平竞争的合法权益。

2021年8月30日,中央全面深化改革委员会第二十一次会议通过《关于强化反垄断深入推进公平竞争政策实施的意见》,强调要加强反垄断、反不正当竞争监管力度。

2021年11月15日,国家市场监督管理总局《企业境外反垄断合规指引》及国务院反垄断委员会《关于原料药领域的反垄断指南》发布。至此,国家市场监督管理总局已经在垄断协议执法、滥用市场支配地位执法、经营者集中等方面分别出台了相关配套性规定,并对重点监管领域和行业,如互联网平台经济、汽车、原料药、知识产权等制定了反垄断指南。

2021年11月18日,国家反垄断局正式挂牌,这标志着中国反垄断执法机构提升到了前所未有的地位,体现出国家对反垄断执法工作的高度重视和加强反垄断执法的决心。

三、2021 年反垄断行政处罚概述

根据国家市场监督管理总局反垄断局的官网、各省市级市场监督管理局官网公布的反垄断行政调查处罚信息,2021 年全年共有 46 件反垄断行政处罚案件(见表 1)①,其中包含横向垄断协议 33 件,纵向垄断协议 2 件,滥用市场支配地位 11 件,处罚涉及医药、餐饮、电器、建材、物流、互联网零售等多个行业(本报告基于国家市场监督管理总局反垄断局和各省市级市场监督管理局官网已经公布的案件数据进行统计分析)。

表 1　2021 年度反垄断案件统计

序号	案　号	案件名称	执法机构
1	国市监处〔2021〕1 号	先声药业集团有限公司滥用市场支配地位案	国家
2	国市监处〔2021〕28 号	阿里巴巴集团控股有限公司滥用市场支配地位案	国家
3	国市监处〔2021〕29 号	扬子江药业集团有限公司垄断协议案	国家
4	国市监处〔2021〕74 号	美团滥用市场支配地位案	国家
5	津市监垄处〔2021〕1 号	天津天药药业股份有限公司垄断协议案	天津
6	津市监垄处〔2021〕2 号	天津太平洋化学制药有限公司垄断协议案	天津
7	津市监垄处〔2021〕3 号	深圳市富海通医药有限公司垄断协议案	天津
8	沪市监反垄处〔2020〕06201901001 号	上海食派士商贸发展有限公司滥用市场支配地位案	上海
9	沪市监反垄处〔2021〕3220190101511 号	南京宁卫医药有限公司滥用市场支配地位案	上海
10	浙市监案〔2021〕4 号	公牛集团股份有限公司垄断协议案	浙江
11	浙市监案〔2021〕5 号	日邮汽车物流(中国)有限公司垄断协议案	浙江

① 本报告在统计执法机构查处的垄断案件数量时,以案件当事人为统计标准,一位受罚当事人计一件案件(便于后续分析执法机构在反垄断执法时适用没收违法所得、罚款等行政处罚的情况)。此外,行政性垄断案件将在下文另行成文,其数量单独统计分析。因经营者集中未申报案件逐年增多,本报告不再将其纳入。

续表

序号	案　号	案件名称	执法机构
12	浙市监案〔2021〕6号	宁波蓝盾志御国际物流有限公司垄断协议案	浙江
13	浙市监案〔2021〕7号	天门市三邦物流有限公司垄断协议案	浙江
14	苏市监反垄断案〔2021〕1号	梧州黄埔化工药业有限公司垄断协议案	江苏
15	苏市监反垄断案〔2021〕2号	苏州优合科技有限公司垄断协议案	江苏
16	苏市监反垄断案〔2021〕3号	江苏嘉福制药有限公司垄断协议案	江苏
17	苏市监反垄断案〔2021〕4号	宜兴港华燃气有限公司滥用市场支配地位案	江苏
18	云市监价处〔2021〕1号	蒙自四通泰兴供水有限公司滥用市场支配地位案	云南
19	云市监价处〔2021〕2号	中国航空油料有限公司云南分公司滥用市场支配地位案	云南
20	渝市监处字〔2021〕7号	巫山县江北令金液化气有限责任公司垄断协议案	重庆
21	渝市监处字〔2021〕8号	巫山县圣兴石化有限责任公司垄断协议案	重庆
22	渝市监处字〔2021〕9号	巫山县通辉江南石化有限公司垄断协议案	重庆
23	渝市监处字〔2021〕10号	巫山县兴隆石化有限责任公司垄断协议案	重庆
24	渝市监处字〔2021〕11号	巫山永盛石化有限责任公司垄断协议案	重庆
25	渝市监处字〔2021〕41号	重庆江都建材有限公司垄断协议案	重庆
26	渝市监处字〔2021〕42号	重庆建典混凝土有限公司垄断协议案	重庆
27	陕市监反垄断处罚字〔2021〕1号	陕西省水务集团泾阳县供水有限公司滥用市场支配地位案	陕西
28	豫市监处字〔2021〕1号	商丘市新先锋药业有限公司滥用市场支配地位案	河南
29	川市监处〔2021〕2号	富顺天然气有限公司滥用市场支配地位案	四川
30	赣市监反垄断处〔2021〕1号	丰城市预拌混凝土协会垄断协议案	江西
31	赣市监反垄断处〔2021〕2号	丰城市闽邑建材有限公司垄断协议案	江西
32	赣市监反垄断处〔2021〕3号	丰城市俊祥建材有限公司垄断协议案	江西

续表

序号	案　号	案件名称	执法机构
33	赣市监反垄断处〔2021〕4 号	丰城市政云混凝土有限公司垄断协议案	江西
34	赣市监反垄断处〔2021〕5 号	丰城市中港建材有限公司垄断协议案	江西
35	赣市监反垄断处〔2021〕6 号	丰城市金基建材实业有限公司垄断协议案	江西
36	赣市监反垄断处〔2021〕7 号	丰城市丰宇建材有限公司垄断协议案	江西
37	赣市监反垄断处〔2021〕8 号	丰城市晨峰建材有限公司垄断协议案	江西
38	赣市监反垄断处〔2021〕9 号	江西强胜建筑材料有限公司垄断协议案	江西
39	鲁市监行处字〔2021〕11 号	淄博联合水泥企业管理有限公司垄断协议案	山东
40		山东宝山科技有限公司垄断协议案	山东
41		山东东华水泥有限公司垄断协议案	山东
42		山东山铝环境新材料有限公司垄断协议案	山东
43		淄博鲁中水泥有限公司垄断协议案	山东
44		山东崇正特种水泥有限公司垄断协议案	山东
45		淄博山水水泥有限公司垄断协议案	山东
46		临朐山水水泥有限公司垄断协议案	山东

第二部分　反垄断行政处罚分析

一、行政处罚地域分布

如图 1 所示，2021 年度市场监督管理局公布的 46 件案件中，按照被处罚相对人所在地区进行区分，江西省的案件数量排名第一，共 9 件，约占 20%；排名第二的是山东省，案件数量共计 8 件，约占 17%；排名第三的是重庆市，共计 7 件，约占 15%；排名第四的是江苏省，共计 6 件，约占 13%。其余省份的反垄断行政处罚案件数量均在 5 件以下，共计 16 件。

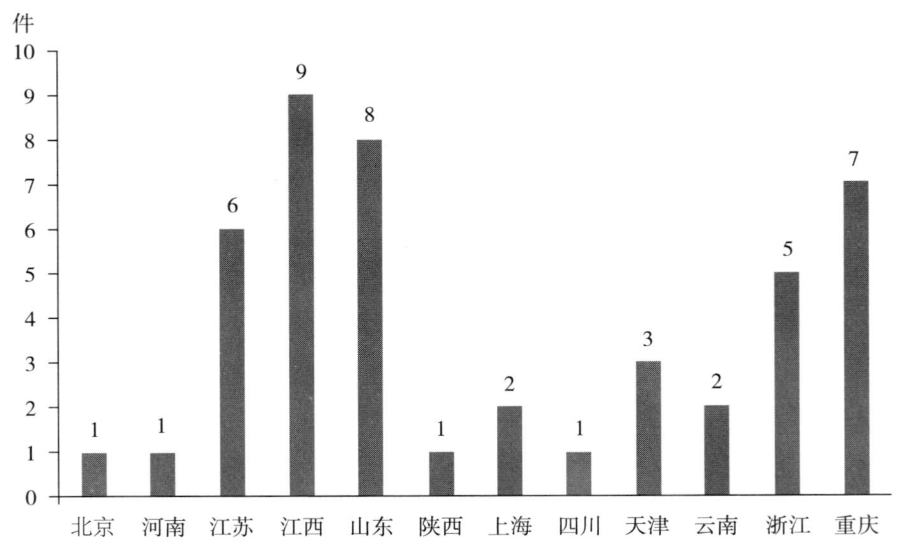

图1　反垄断处罚案件地域分布

从图1中的统计数据可知,2021年反垄断行政处罚案件数量最多的省份为江西省,原因系江西省市场监督管理局查处了丰城市预拌混凝土协会与8家建材公司横向垄断协议案。在该案中,由丰城市预拌混凝土协会牵头,多次组织其会员单位达成横向垄断协议,且会员单位在各自经营活动中也实施了多次固定及变更混凝土价格、统一原材料采购、分割销售市场、联合抵制交易等行为,排除和限制了正常的市场竞争。

山东省的案件数量排名第二,是因为其在2021年查处了淄博联合水泥企业管理有限公司等8家企业横向垄断协议案。该案涉及山东省淄博市的8家水泥公司,通过设立联合公司的方式达成并实施了固定商品价格、分割销售市场等多项违法行为。

2020年度市场监督管理局反垄断行政处罚案件共计143件,其中案件数量排名第一的是广东省,共计47件,约占33%;排名第二的是海南省,共计22件,约占15%;排名第三的是浙江省,共计18件,约占13%。① 根据上述数据可知,相较于

① 林文:《中国反垄断行政执法数据分析报告(2020)》,载王先林主编:《竞争法律与政策评论》第7卷,法律出版社2021年版。

2020 年,反垄断行政调查处罚案件数量排名第一的地区发生了变化,由广东省变化为江西省,其他省市的案件数量也有不同幅度的变化。

从年度案件数量上来看,各省市案件数量均大幅降低,主要有以下两点原因:其一,2020 年所查处的案件多为横向垄断协议案件,此类案件涉及的被调查处罚对象往往较多,其中仅惠州市机动车检测站垄断协议案就涉及 30 个行政相对人。而 2021 年度并未出现涉及范围如此之广的案件,因此案件数量相对较少。其二,随着反垄断工作的开展,企业对于反垄断合规的重视程度日渐提升,实践中部分企业在日常经营活动中已经能对部分垄断行为进行识别并尽量避免实施。

二、行政处罚行业分析

(一)行业处罚总体情况

如图 2 所示,2021 年各市监督管理局查处的总计 46 件反垄断行政处罚案件分布在 8 个行业中,其中建材行业、医药行业、燃气行业占据了行业前三的地位,分别为 19 件、10 件、7 件,占比分别约为 41%、22%、15%,剩余的 10 件案件分布在其他 5 个行业中,共占比约 22%。

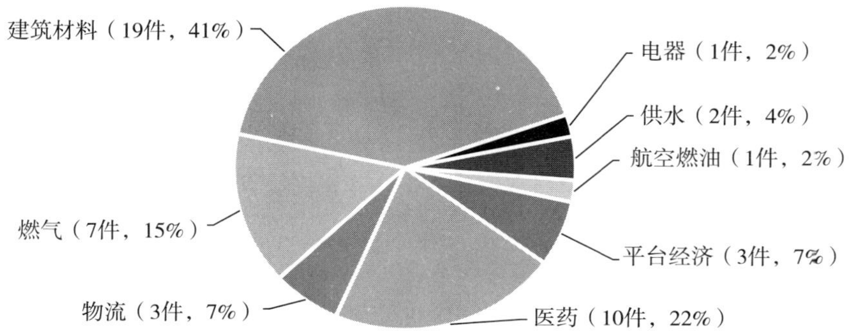

图 2　反垄断处罚案件行业分布

2020 年市场监督管理局查处的 143 件反垄断行政处罚案件中,检测服务行业数量排名第一,为 31 件,约占 22%;排名第二的是汽车销售行业,为 29 件,约占 20%;排名第三的是建筑行业,共计 23 件,约占 16%[①]。2019 年各市场监督管理局

① 林文:《中国反垄断行政执法数据分析报告(2020)》,载王先林主编,上海交通大学竞争法律与政策研究中心、上海市法学会竞争法研究会组编:《竞争法律与政策评论》第 7 卷,法律出版社 2021 年版。

查处的总计87件反垄断行政处罚案件中,建筑材料行业数量排名第一,为44件,约占51%;其次是服务行业,为22件,约占25%①。

从以上数据可知,与前两年相比,除建筑材料行业的案件数量仍位居前列外,其他行业的排名均有明显变化。但作为往年执法热点的医药、燃气、供水、建材等民生领域被重点关注,反垄断执法力度不断加强。此外,餐饮外卖、互联网零售是本年度被查处的新领域,可见反垄断执法覆盖的行业范围越来越广。

(二)平台经济领域处罚情况

随着网络通信技术和数字经济的迅猛发展,互联网平台成为数字经济发展的重要组织形式,其规模和影响力也呈爆发性增长态势。平台经济在促进经济结构调整、加快经济转型的同时,也对市场秩序的健康发展提出了诸多挑战。随着平台经济的发展,"大数据杀熟""二选一""平台封禁"等竞争问题不断引起关注。

2021年被称为"平台经济反垄断元年"。2月7日,国务院反垄断委员会《关于平台经济领域的反垄断指南》发布;4月13日,国家市场监督管理总局、中央网信办、税务总局联合召开互联网平台企业行政指导会,会议贯彻落实中央经济工作会议和中央财经委员会第九次会议部署,肯定了平台经济的积极作用,分析了存在的突出问题,明确提出互联网平台企业要知敬畏守规矩,限期全面整改"二选一"等突出问题,建立平台经济新秩序。在10月23日公布的《反垄断法修正草案》中也明确规定:"具有市场支配地位的经营者利用数据和算法、技术以及平台规则等设置障碍,对其他经营者进行不合理限制的,属于前款规定的滥用市场支配地位的行为。"

2020年年底,召开的中央经济工作会议在提出"要加强规制,提升监管能力,坚决反对垄断和不正当竞争行为"的总态度和总要求的同时,又明确提出"国家支持平台企业创新发展、增强国际竞争力"等要求。这表明,"支持平台企业创新发展"仍是国家的基本定位,同时要求"要依法规范发展",并将"完善平台企业垄断认定"等明确为平台企业反垄断的工作重点。②

① 林文:《中国反垄断行政执法数据分析报告(2019)》,载王先林主编,上海交通大学竞争法律与政策研究中心、上海市法学会竞争法研究会组编:《竞争法律与政策评论》第6卷,法律出版社2020年版。

② 孔祥俊:《论互联网平台反垄断的宏观定位——基于政治、政策和法律的分析》,载《比较法研究》2021年第2期。

2021 年,平台经济领域共有 3 件反垄断行政处罚案件,分别为阿里巴巴滥用市场支配地位案、美团滥用市场支配地位案和上海食派士商贸发展有限公司滥用市场支配地位案。

作为平台经济领域的首例行政处罚案件,阿里巴巴案引起了空前的关注。在该案中,国家市场监督管理总局反垄断局认定阿里巴巴在中国境内的网络零售平台服务市场具有支配性地位。自 2015 年以来,阿里巴巴为了限制其他竞争性平台发展,维持、巩固自身市场地位,滥用其市场支配地位,通过禁止平台内经营者在其他竞争性平台开店和参加其他竞争性平台促销活动等方式,限定平台内经营者只能与当事人进行交易,并以多种奖惩措施保障行为实施,形成了锁定效应,减少其自身的竞争压力,不当地维持、巩固其自身的市场支配地位,背离了平台经济开放、包容、共享的发展理念,排除、限制了相关市场竞争,损害了平台内经营者和消费者的利益,削弱了平台经营者的创新动力和发展活力,阻碍了平台经济规范有序创新健康发展。在综合考虑当事人违法行为的性质、程度和持续的时间后,国家市场监督管理总局对其处以 182.28 亿元的高额罚款。

2021 年另一件引起广泛关注的平台经济垄断案件是美团滥用市场支配地位案。国家市场监督管理总局反垄断局于 2021 年 4 月起就美团涉嫌滥用市场支配地位的行为开展了调查。经调查,自 2018 年以来,美团为了阻碍其他竞争性平台发展,进一步提升、维持、巩固自身市场地位,滥用其在中国境内网络餐饮外卖平台服务市场的支配地位,系统、全面实施“二选一”行为,阻碍平台内经营者与其他竞争性平台合作,限定平台内经营者只能与其进行交易,并以多种措施保障行为实施。上述行为限制、排除了网络餐饮外卖平台服务市场的竞争,损害了平台内经营者的正当利益,最终被罚款 34.4 亿元。

平台经济领域的案件数量虽然不多,但其涉案金额巨大,影响范围极为广泛,成为政府和公众的关注焦点,归结其原因,主要有以下几点:一是数字平台的市场认定尚无规范方法或是成熟经验,对于滥用市场支配地位的行为的判断也没有公认的标准。例如,美团案中美团与用户之间签订的“二选一”排他协议虽然违反了自由交易原则,并且削弱了平台之间的竞争,但是该协议对于消费者和商家的损害或是实质性影响难以事前评估。二是各类新型的垄断行为不断涌现,传统的反垄断经验无法完全适用,准确识别的困难加大。部分新兴互联网平台的经营模式已经不同于传统企业经营模式,导致反垄断执法机构在对其进行调查时,难以通过传统经验直接预判其行为的后果。三是不断扩张的“数字寡头”对于经济社会的影响力加速抬升,任何潜在的垄断行为或者是治理不当都可能会产生难以预测的后果。①

在平台经济领域,平台经营者与消费者之间的关系更加直接,垄断对于消费者的损害也更为明显。一些传统企业中发生过的问题出现在数字时代,就会变得更复杂、更隐蔽,影响范围也更广,并导致一些传统的法律法规、治理方式及监管手段难以适应。因此,反垄断法要实现对消费者利益的保护,必须不断发展出更加有效的制度工具。②

为了面对平台经济这一反垄断新领域出现的问题,2021 年 2 月 7 日,国务院反垄断委员会公布了《关于平台经济领域的反垄断指南》,以反垄断法为依据,结合互联网平台的特征,集中阐释了反垄断法在平台经济领域适用的基本原则和具体规则。这为今后反垄断执法机构调查平台经济领域案件提供了依据,也为互联网平台企业规范自身行为提供了准绳。

此次查询案件中,平台经济反垄断案件如表 2 所示。

表 2　平台经济反垄断案件

序号	案号	案件名称	执法机构
1	国市监处〔2021〕28 号	阿里巴巴集团控股有限公司滥用市场支配地位案	国家
2	国市监处〔2021〕74 号	美团滥用市场支配地位案	国家
3	沪市监反垄处〔2020〕06201901001 号	上海食派士商贸发展有限公司滥用市场支配地位案	上海

(三)建筑材料行业处罚情况

近几年来,建筑行业的市场垄断问题都非常突出,反垄断行政处罚案件数量均处前列。相较于 2020 年,2021 年度建筑行业发生的垄断案件件数有所下降,但其占比有所提高,共计 19 件,占 2021 年度行政处罚案件数量的 41%。

2021 年 7 月 23 日,江西省市场监督管理局发布丰城市预拌混凝土协会及其会

① 熊鸿儒:《我国数字经济发展中的平台垄断及其治理策略》,载《改革》2019 年第 7 期。

② 张江莉、张镭:《平台经济领域的消费者保护——基于反垄断法理论和实践的分析》,载《电子政务》2021 年第 5 期。

员横向垄断案的行政处罚决定书。在该案中,丰城市闽邑建材公司等6家混凝土公司共同成立了丰城市预拌混凝土协会,并按照其签订的《丰城市商砼自律小组运营管理办法》,实施了固定商品价格、限制商品生产数量、分割销售市场、联合抵制交易等垄断协议,排除、限制了丰城市预拌混凝土市场的正常竞争,持续时间较长,社会影响十分恶劣。此外,该协会为达到垄断丰城市预拌混凝土市场的目的,以协会为依托,多次组织并使用暴力手段干扰、阻碍市场竞争,违法犯罪的刑事案件、事件多达30余起,涉及组织、领导黑社会性质组织罪及故意毁坏财物罪、寻衅滋事罪、强迫交易罪、破坏生产经营罪等多项罪名。在被查处后,丰城市预拌混凝土协会被处以50万元罚款,其余7家(丰城市晨峰建材有限公司在上述6家公司达成垄断协议后被胁迫加入该协议)参与垄断协议的公司被没收违法所得257,423万元,并共计被罚2809.3万元。

而在山东省市场监督管理局于2021年1月28日查处的8家水泥企业垄断协议案中,山东省淄博市7家水泥企业于2017年2月共同发起成立了淄博联合水泥企业管理有限公司,而后以联合公司为平台,共同达成并实施了固定商品价格的垄断协议,造成相关区域内水泥价格上涨,影响到了下游企业的正常经营,最终被没收违法所得8657.2万元,并被罚款14,172万元。

上述两起案件均为建筑材料行业发生的横向垄断协议案件,上述案件涉及的当事人较多,涉案金额较大,并且对于正常的市场竞争秩序造成了影响,还对经济运行产生了较大的负面影响。例如,限制市场竞争的行为可能会导致部分建筑材料质量下降,影响到工程建设质量。此外,部分建材企业通过垄断协议控制建筑材料产量,导致市场供应不足,导致部分建筑企业不得不停工待料。由此可见,建材行业的横向垄断案件值得引起注意。

建材行业垄断问题高发的原因主要有以下几点:首先,建材市场具有明显的地域性,虽然建筑行业市场集中度并不高,但受运输半径小影响,部分地区的区域市场集中度较高,为企业操控市场、实施垄断行为制造了条件。其次,行业协会在此类案件中发挥着至关重要的作用。我国建材行业的行业协会较为活跃,往往由一些龙头企业的高层管理人员担任会长,具有较大的市场影响力。行业协会作为重要的社会中介组织,在推动行业自律、维护市场秩序方面发挥着重要的作用,但部分地区的行业协会存在公平竞争意识不足的情况,在对反垄断法缺乏了解的情况下,可能成为企业实施垄断行为的“桥梁”。[①] 上述丰城市混凝土行业协会及淄博联合水泥企业管理有限公司,就在上述案件中起到了联合当地企业的作用,为涉案企业达成垄断协议提供了便利。最后,建材行业的准入门槛较高,存在一定的市场壁垒。建材行业从申请到审批的流程较为复杂,往往还需要获得环保证书等各种相关的生产经营执照,这一流程可能长达几年,因此新企业想要加入竞争有一定的难度,市场竞争进一步减弱。

为了改善建材行业垄断案件多发的情况,应当坚持企业内部自律与监管机构执法并举。首先,应当强化企业的公平竞争意识,由市场监管部门督促相关企业开展反垄断教育工作,使企业认识到垄断行为对于市场秩序的危害,能够自我识别并避免实施垄断行为。尤其要加强对于建材行业协会的反垄断教育,使其带领成员企业自觉遵守反垄断法,自觉维护公平竞争的市场环境。此外,反垄断执法机构应当加强对于建材企业的反垄断执法,并坚持公开相关行政处罚案件,震慑相关企业,引起企业对反垄断合规的重视。对于有举报线索的案件要及时展开调查,并鼓励达成垄断协议的成员提供线索,争取宽大处理。

此次查询的案件中,建筑材料行业反垄断案件如表3所示。

表3　建筑材料行业反垄断案件

序号	案　号	案件名称	执法机构
1	渝市监处字〔2021〕41号	重庆江都建材有限公司垄断协议案	重庆
2	渝市监处字〔2021〕42号	重庆建典混凝土有限公司垄断协议案	重庆
3	赣市监反垄断处〔2021〕1号	丰城市预拌混凝土协会垄断协议案	江西
4	赣市监反垄断处〔2021〕2号	丰城市闽邑建材有限公司垄断协议案	江西
5	赣市监反垄断处〔2021〕3号	丰城市俊祥建材有限公司垄断协议案	江西
6	赣市监反垄断处〔2021〕4号	丰城市政云混凝土有限公司垄断协议案	江西
7	赣市监反垄断处〔2021〕5号	丰城市中港建材有限公司垄断协议案	江西
8	赣市监反垄断处〔2021〕6号	丰城市金基建材实业有限公司垄断协议案	江西
9	赣市监反垄断处〔2021〕7号	丰城市丰宇建材有限公司垄断协议案	江西
10	赣市监反垄断处〔2021〕8号	丰城市晨峰建材有限公司垄断协议案	江西

① 刘黄娟:《建材行业垄断行为特点及其反垄断规制研究》,载《中国物价》2021年第5期。

续表

序号	案　号	案件名称	执法机构
11	赣市监反垄断处〔2021〕9 号	江西强胜建筑材料有限公司垄断协议案	江西
12	鲁市监行处字〔2021〕11 号	淄博联合水泥企业管理有限公司垄断协议案	山东
13		山东宝山科技有限公司垄断协议案	山东
14		山东东华水泥有限公司垄断协议案	山东
15		山东山铝环境新材料有限公司垄断协议案	山东
16		淄博鲁中水泥有限公司垄断协议案	山东
17		山东崇正特种水泥有限公司垄断协议案	山东
18		淄博山水水泥有限公司垄断协议案	山东
19		临朐山水水泥有限公司垄断协议案	山东

(四)医药行业处罚情况

作为集高附加值与社会效益于一体的高新技术产业,医药一直是我国的重点支柱产业。同时,在新冠肺炎疫情的影响下,居民对于健康的重视极大提升了,刺激了医药行业的产品需求。

20 世纪 90 年代以前,美国和欧洲地区是全球主要的化学原料药生产地,生产规模大且技术水平先进。20 世纪 90 年代开始,由于环保、成本等原因,全球化学原料药的生产重心逐步转移至中国、印度等发展中国家。随着中国、印度的原料药厂商不断增加研发投入、优化生产工艺、提高技术水平,其在原料药行业的竞争地位不断提升。目前,中国已经成为全球主要的原料药生产基地。

原料药市场一直是反垄断案件的高发领域。2021 年的 10 件医药行业反垄断行政处罚案件中,涉及原料药的就有 9 件,药品零售领域仅有扬子江药业集团有限公司纵向垄断协议案 1 件。美国已有百余年的反垄断历史,但药品反垄断案相当少,迄今尚未发现有药品拒绝交易的反垄断案件。欧盟虽有原料药反垄断案件,但其在半个世纪内的药品反垄断案件数量却远不及我国 10 年间的案件数量。

2020 年 9 月起,国家市场监督管理总局依法对先声药业集团有限公司涉嫌滥用市场支配地位进行调查。经调查,先声药业滥用其在中国巴曲酶浓缩液原料药销售市场的支配地位。作为国内唯一一家销售巴曲酶浓缩液原料药的企业,先声药业集团正在研究巴曲酶注射液,是巴曲酶注射液市场的潜在进入者。自2019年11月以来,下游企业多次对其进行询价,希望购买巴曲酶原料药,但先声药业集团以下游制剂企业面临众多诉讼、债务负担沉重、曾被纳入失信被执行人、需要面谈等理由,始终不予报价。这导致下游制剂企业被迫停产,市场上的巴曲酶注射液不能稳定供应。这一行为属于无正当理由拒绝与交易当事人进行交易,最终导致排除市场竞争,损害了消费者的合法权益。先声药业集团因此被处以1.007亿元的罚款。

在扬子江药业集团有限公司纵向垄断协议案中,扬子江药业集团有限公司自2015年至2019年,在全国范围内的药品零售渠道与交易相对人就蓝芩口服液、百乐眠胶囊、黄芪精、依帕司他片、苏黄止咳胶囊等药品达成并实施固定价格的垄断协议。为了实施该垄断协议,当事人在公司内部设置了定价委员会,负责产品销售定价管理以及在全国范围内统一实施价格政策,并且针对交易相对人制定了精细的监督机制和惩罚措施,维护固定和限定价格体系。扬子江药业集团有限公司的上述行为排除、限制了市场竞争,损害了消费者的利益,最终被罚款7.64亿元。

在医药行业,还有部分企业为了获取超额利润,与具有竞争关系的经营者达成横向垄断协议。例如,天津天药药业股份有限公司、天津太平洋化学制药有限公司和深圳市富海通医药有限公司,作为醋酸氟轻松原料药销售市场的竞争者,连续、多次达成并实施了划分市场、固定醋酸氟轻松原料药价格的垄断协议。上述行为严重破坏了醋酸氟轻松原料药销售市场的竞争秩序,涉案的三家企业均被没收违法所得并处以罚款。

医药行业垄断行为多发,究其原因有以下几点:第一,原料药生产环节高度集中。根据国家发展和改革委员会介绍,在我国1500种化学原料药中,有上百种原料药仅由三家以内的企业取得审批资格可以生产,这使下游制剂或是原料药的价格容易被少数企业操控,为部分企业实施垄断行为留下了较大空间。第二,医药领域的市场进入壁垒较高。中国原料药市场存在严格的管制措施,在中国生产销售原料药必须获得有关部门颁发的批文、药品生产许可证等资质,需满足注册检验、专家评审、临床测试、定期检查等监管要求,国外生产的原料药在中国市场上销售也需要获得药品进口批文。申请获得相关资质并满足监管要求需要较长的时间。第三,现阶段我国药品价格监管政策有所放松。[①] 1984 年前,我国的药品价格由政府直接管制;而 1984 ~ 1996 年则改由药企自主定价;1996 ~ 2015 年则采用政府定价与市场定价相结合的政策。到 2015 年,中共中央、国务院推出了新的药品价格监管政策:除麻醉药品和第一类精神药品外,取消药品政府定价,药品的实际交易价格主要由市场竞争形成,国家主要通过药品集中采购、医保控费、价格执法、反垄断执法等市场或者法律手段确保药品价格的稳定。[②] 自此,国家对药品价格的干预从直接管控转化为间接管控,药品价格监管政策有所放松。而上述药品集中采购与医保控费制度对于原料药经营者并无直接的约束力,因而部分原料药经营者为了获取高额垄断利润,滥用其定价自主权,实施了垄断行为。

在医药行业的垄断案件中,原料药企业控制价格的行为增加了制剂企业的生产成本,而制剂企业又将该成本转嫁给患者,使患者的用药成本增加。而部分原料药企业拒绝交易的行为则会使部分制剂企业停产、歇业,导致药品短缺,消费者利益受损。药品价格切实关系到民生,涉及减轻群众就医负担、增进民生福祉、维护社会和谐稳定等重大问题。近年来,党中央、国务院采取一系列措施深化医疗保障制度改革,治理药品价格虚高等问题。但药品作为一种特殊商品,大部分消费者会遵医嘱或按照药剂师的推荐选择相应药品,加之对药品需求的紧迫性,导致消费者对药品价格变化的敏感度不高,往往利益受损而不自知。因此,医药行业的反垄断规制是维护医药市场正常交易秩序必不可少的手段。

为了预防和制止原料药领域垄断行为,引导原料药领域经营者守法合规经营,2021 年 11 月 15 日,国务院反垄断委员会印发《关于原料药领域的反垄断指南》(以下简称《原料药指南》)。《原料药指南》结合原料药行业特点,对涉及原料药的垄断协议表现形式、相关市场确定、常见的滥用市场支配地位行为、行政垄断、经营者集中申报等作出了细化的指引。《原料药指南》的出台,进一步完善了反垄断监管制度规则,有利于增强原料药领域反垄断执法的统一性、科学性和有效性,提高反垄断执法的可预期性和透明度,同时,也有利于医药行业的经营者明确其自身的行为界限,依法加强合规自律,降低其违法风险。

---

① 郑鹏程:《论拒绝交易反垄断规制的立法完善——原料药反垄断执法为切入点》,载《市场经济法治》2021 年第 5 期。

② 参见中共中央、国务院《关于推进价格机制改革的若干意见》(中发〔2015〕28 号);国家发展和改革委员会等 7 部门《关于印发推进药品价格改革意见的通知》(发改价格〔2015〕904 号)。

此次查询的案件中,医药行业反垄断处罚案件如表4所示。

表4 医药行业反垄断处罚案件

序号	案 号	案件名称	执法机构
1	国市监处〔2021〕1号	先声药业集团有限公司滥用市场支配地位案	国家
2	国市监处〔2021〕29号	扬子江药业集团有限公司垄断协议案	国家
3	津市监垄处〔2021〕1号	天津天药药业股份有限公司垄断协议案	天津
4	津市监垄处〔2021〕2号	天津太平洋化学制药有限公司垄断协议案	天津
5	津市监垄处〔2021〕3号	深圳市富海通医药有限公司垄断协议案	天津
6	沪市监反垄处〔2021〕3220190101511号	南京宁卫医药有限公司滥用市场支配地位案	上海
7	苏市监反垄断案〔2021〕1号	梧州黄埔化工药业有限公司垄断协议案	江苏
8	苏市监反垄断案〔2021〕2号	苏州优合科技有限公司垄断协议案	江苏
9	苏市监反垄断案〔2021〕3号	江苏嘉福制药有限公司垄断协议案	江苏
10	豫市监处字〔2021〕1号	商丘市新先锋药业有限公司滥用市场支配地位案	河南

(五)行业协会处罚情况

在2021年反垄断执法机构查处的46件案件中,1件案件的被调查主体为行业协会,该案为丰城市预拌混凝土协会垄断协议案。在该案中,丰城市预拌混凝土协会组织成员在经营活动中共同实施固定及变更商品价格、限制商品生产数量、分割销售市场、联合抵制交易等行为。此外,该行业协会还多次组织并使用暴力手段干扰、阻碍市场竞争,违法犯罪的刑事案件多达30余起,涉及组织领导黑社会性质组织罪及故意毁坏财物罪、寻衅滋事罪、强迫交易罪、破坏生产经营罪等多项罪名。江西省市场监督管理局最终对其处以50万元的顶格罚款。

行业协会是以同一行业共同的利益为目的,以为同行业提供各种服务为对象,以正义监督下的自治行为为准则,以非官方机构的民间活动方式的非营利的法人组织。[1] 行业协会介于政府与市场主体之间,既独立于政府,又独立于市场主体,是联系政府与市场主体的桥梁和纽带。行业协会是非营利性的企业自我管理、自我服务的自律性组织,但其成员一般是竞争型的、营利性的,企业很可能通过行业协会进行通谋以固定价、限制产量、瓜分市场等,所以要对其加以控制。[2]

我国《禁止垄断协议暂行规定》《禁止滥用市场支配地位行为暂行规定》明确了行业协会与经营者的行为"边界":行业协会应当加强行业自律,引导本行业的经营者依法竞争,维护市场竞争秩序,不得组织本行业的经营者从事禁止的垄断行为,如组织本行业的经营者达成垄断协议的,反垄断执法机构可处50万元以下的罚款;情节严重的,社会团体登记管理机关可以依法撤销登记。

从行业协会对市场竞争的作用来看,行业协会是一个非常矛盾的组合体。它基于协会企业成员的集体性利益而诞生,这样的共同利益决定了行业协会的存在能够有效降低企业之间的竞争成本,同时也天然地接近于限制竞争行为中的联合行为(垄断协议)。在实践中,部分行业协会滥用其行政权力,沦为行政垄断的附庸;另一些行业协会没有划清合法与非法的界限,为了协会利益或会员企业利益而损害竞争机制;更有部分行业协会可能会组织成员之间达成横向垄断协议,而有时行业协会也可能被市场份额较大的几个竞争者利用,迫使或引导其他成员达成横向垄断协议。

鉴于行业协会实施垄断行为的严重性和危害性,修正后的《反垄断法》加大了对行业协会的处罚。2008年《反垄断法》第16条规定,行业协会不得组织本行业的经营者从事本章禁止的垄断行为。而修正后的《反垄断法》将其修改为,行业协会不得组织经营者从事本章禁止的垄断行为,这进一步扩大了行业协会组织垄断协议行为的范围。此外,在惩罚力度上,修正后的《反垄断法》也加重了对于行业协会组织实施垄断行为的处罚。2008年《反垄断法》规定,行业协会违反本法规定,组织本行业的经营者达成垄断协议的,反垄断执法机构可以处50万元以下罚款。而在修正后的《反垄断法》中则将该罚款上限提高到300万元,是前版规定的6倍。这将会对行业协会组织垄断协议行为具有更强的限制和震慑作用。

对此,行业协会应当高度重视其自身的合规建设,制定协会活动反垄断合规指引。此外,在组织会员单位活动前对活动的反垄断合规性预先自查,形成合规流程

① 梁上上:《论行业协会的反竞争行为》,载《法学研究》1998年第4期。
② 王先林:《知识产权滥用的反垄断法研究》,法律出版社2001年版,第253页。

并建立记录制度,积极规避反垄断风险。

(六)公用企业处罚情况

公用企业是指涉及公用事业的经营者,包括供水、供电、供热、供气、邮政、电信、交通运输等行业的经营者。公用企业往往采用特许经营制度,因而在其所在行业具有合法的独占地位。虽然具有合法的独占地位,但公用企业若是对其独占地位进行滥用,仍然会受到《反垄断法》的规制。

2021年反垄断执法机构查处的公用企业垄断案件共9件,主要涉及供水、供气等企业。其中除巫山县江北令金液化气有限公司等5家企业横向垄断协议案外,其余均为滥用市场支配地位的案件。

2020年被处罚的143件案件中,有6件被处罚对象为公用企业,约占4%。其中5家为天然气生产和供应企业,另外1家为自来水生产供应企业。可见,2021年公用企业的查处案件数量有所上升。

2019年7月3日,国家发展和改革委员会、住房和城乡建设部、市场监督管理总局联合发布《关于规范城镇燃气工程安装收费的指导意见》(发改价格〔2019〕1131号)。该意见提出,执法机构规范该领域的目的之一,是要加快建立完善公平开放的燃气工程安装市场,鼓励具备燃气工程安装施工能力的企业依法取得相应市政公用工程施工资质后参与市场竞争,鼓励具备安装资质的企业跨区域开展工程安装和改造业务,促进市场竞争。该意见明确要求,市场监管部门要持续开展城镇燃气工程安装领域反垄断执法,严厉打击垄断协议和凭借市场支配地位垄断燃气工程安装市场或指定利益相关方进行施工等行为。因此,燃气行业是近几年反垄断执法的重点领域。2021年度被查处的9件公用企业反垄断案件中,有7家燃气企业,包括宜兴港华燃气有限公司滥用市场支配地位案、巫山县5家石化企业横向垄断协议案以及富顺天然气有限公司滥用市场支配地位案。

在重庆市市场监督管理局查处的5家石化企业横向垄断协议案中,涉及巫山县江北令金液化气有限责任公司、巫山县圣兴石化有限公司、巫山县通辉江南石化有限公司、巫山县兴隆石化有限公司、巫山县永盛石化有限公司5家企业。液化气销售价格实行市场调节价,即由经营者自主制定,通过市场竞争形成价格。经调查,5家企业多年来恶性竞争、互相杀价,导致全县的液化气充装价格相比于周边区县,一直处于低位,企业利润薄弱。因此,5家企业于2020年1月18日签订了《经营者集中协议》,约定共同使用兴隆公司的场地和机器设备进行经营,其余4家企业停止经营。这一行为实际造成了巫山县液化气充装价格的唯一性,限制、排除了市场竞争,损害了公平竞争的市场秩序,侵害了巫山县区域内瓶装供应站的企业利益,以至其失去对于液化气冲装的选择权和议价权。最终涉案的5家企业均被处以2019年年度销售额3%的罚款。

2019年1月8日,江苏省市场监督管理局根据举报,对于宜兴港华燃气有限公司涉嫌滥用市场支配地位行为启动了调查。经调查,宜兴港华燃气有限公司在宜兴市范围内的管道天然气供应市场上具有支配地位,其利用在管道天然气供应及管道设施安装服务市场的支配地位,实施了以不公平的高价销售商品、无正当理由限定交易相对人只能与其进行交易以及无正当理由在交易时附加不合理的交易条件等行为。具体而言,宜兴港华燃气有限公司在购入暖气表的成本价格并没有发生明显变化的情况下,向用户收取的安装费用涨幅达900%;并且在其与非居民用户签订的《天然气供应合同》中,将优惠气价为研判条件,以合同形式明确当事人为用户为宜气源或燃料的供应商。此外,江苏省市场监督管理局在调查中还发现,政府及有关部门的相关文件违反了公平竞争审查要求,宜兴市政府已经对相关文件进行清理。

对于供水、供气企业来说,因其需要建立大量的基础设施,因此在一定的管辖地域内往往只有一家相关企业,这也是此类公用企业自有的垄断性质。也因此在实际执法过程中,相较于其他垄断案件,此类案件的相关市场界定往往更加容易。相应地,公用企业在日常运营中违反《反垄断法》的规定、实施滥用市场支配地位的风险也相对更高。例如,限定交易、附加不合理条件等行为,在反垄断执法机构既往查处的大量公用企业案件中并不鲜见。

此次查询的案件中,公用企业反垄断处罚案件如表5所示。

表5 公用企业反垄断处罚案件

序号	案　号	案件名称	执法机构
1	苏市监反垄断案〔2021〕4号	宜兴港华燃气有限公司滥用市场支配地位案	江苏
2	云市监价处〔2021〕1号	蒙自四通泰兴供水有限公司滥用市场支配地位案	云南
3	渝市监处字〔2021〕7号	巫山县江北令金液化气有限责任公司垄断协议案	重庆

续表

序号	案　号	案件名称	执法机构
4	渝市监处字〔2021〕8号	巫山县圣兴石化有限责任公司垄断协议案	重庆
5	渝市监处字〔2021〕9号	巫山县通辉江南石化有限公司垄断协议案	重庆
6	渝市监处字〔2021〕10号	巫山县兴隆石化有限责任公司垄断协议案	重庆
7	渝市监处字〔2021〕11号	巫山永盛石化有限责任公司垄断协议案	重庆
8	陕市监反垄断处罚字〔2021〕1号	陕西省水务集团泾阳县供水有限公司滥用市场支配地位案	陕西
9	川市监处〔2021〕2号	富顺天然气有限公司滥用市场支配地位案	四川

三、垄断行为类型分析

(一)垄断行为类型整体情况

根据《反垄断法》的规定,我国反垄断案件类型包括垄断协议案件、滥用市场支配地位案件和行政垄断。其中垄断协议案件又可分为横向垄断、纵向垄断。如图3所示,在2021年的反垄断行政处罚案件中,占比最大的垄断类型为横向垄断,共计33件,约占72%;滥用市场支配地位垄断案件有11件,约占24%;纵向垄断的案件有2件,约占4%。

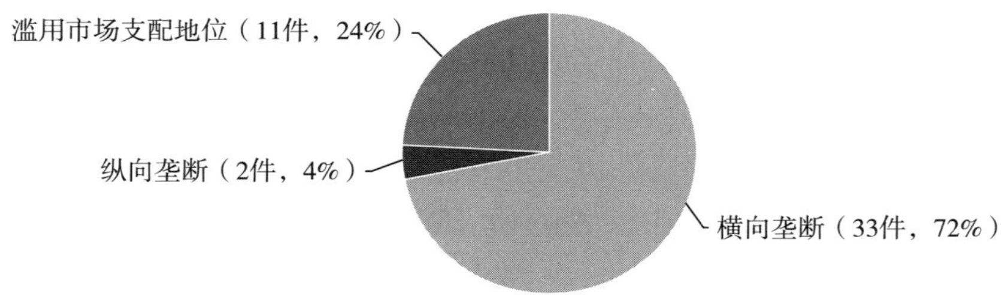

图3　垄断行为类型

在2020年的反垄断行政处罚案件中,共有132件横向垄断案件,约占93%;滥用市场支配地位垄断案件有10件,约占7%;纵向垄断的案件有1件,约占1%。①

① 林文:《中国反垄断行政执法数据分析报告(2018)》,载王先林主编,上海交通大学竞争法律与政策研究中心、上海市法学会竞争法研究会组编:《竞争法律与政策评论》第5卷,法律出版社2019年版。

从以上分析可以得出。横向垄断仍然是反垄断执法机构查处的重点。横向垄断协议,是指具有竞争关系的经营者之间达成的具有排除、限制竞争的协议、决定或者其他协同行为。横向垄断的主体往往位于同一经营阶段,是同一经营领域的竞争者。横向垄断在医药行业和建筑材料行业较为常见。医药行业的横向垄断表现形式主要包括固定或提高药品价格、串通分割原材料销售或采购市场、联合抵制交易等。建筑材料行业的横向垄断则通常表现为限制商品生产数量、分割销售市场、固定或提高商品价格等。

从案件分析来看,横向垄断涉及的当事人较多,但查处难度往往低于纵向垄断。横向垄断的经营者之间通常既有利益关系,又有利益冲突,容易导致举报和投诉,在查处时相对容易获得证据。此外,由于横向垄断协议具有发生量大、涉及面广、对市场影响速度快等特点,对有序市场竞争的破坏具有普遍性和持续性,所以反垄断执法机构对横向垄断协议查处的力度更大。

此外,在2021年度市场监督管理局查处的46件垄断案件中,多起案件不止有一种违法行为,常常呈现复合态势。例如,在丰城市预拌混凝土协会垄断协议案中,江西省市场监督管理局认定,被处罚的行政相对人同时实施了组织共同变更商品混凝土价格、限制商品生产数量、分割销售市场和原材料采购市场、联合抵制交易等行为。又如,宜兴市港华燃气有限公司滥用市场支配地位案中,陕西省市场监督管理局认定该行政相对人滥用其市场支配地位,不仅实施了以不公平的高价销售商品,还实施了限定交易相对人只能与其进行交易、在交易时附加不合理条件等行为。在行政处罚决定书中,行政执法机构对于行政相对人的每一项违法行为都进行了精确划分,并详细说明,这在一定程度上反映了我国反垄断行政执法精确化、透明化的导向。

2021年10月23日全国人大常委会公布的《反垄断法修正草案》将一般经营者组织、帮助其他经营者达成垄断协议的行为纳入规制范围。2008年《反垄断法》中仅规定了禁止行业协会组织、帮助其他经营者达成垄断协议,并未明确禁止一般经营者组织或帮助其他经营者达成垄断协议的行为。而实践中,竞争者间通过与居间方(如上下游企业)沟通或意思联络,最终达成横向垄断协议的情况时有发生,这类垄断协议也被称为“轴辐协议”。尤其是在互联网平台经济快速发展的背景下,“轴辐协议”将可能基于新技术或算法达成及实施,更具隐蔽性。修正后的《反垄断法》明确禁止一般经营者实施此类行为,并且在罚则部分明确了参照垄断协议的规定进行处罚。

(二)横向垄断协议

2021年的33件横向垄断协议①案件涉及的违法行为包括固定或变更商品价格、限制商品的生产数量或销售数量、分割销售市场或原材料采购市场、联合抵制交易等,经营者在达成垄断协议后大都实施了复合行为。其中所有达成横向垄断协议的经营者都实施了固定或变更商品价格的行为(如图4所示)。

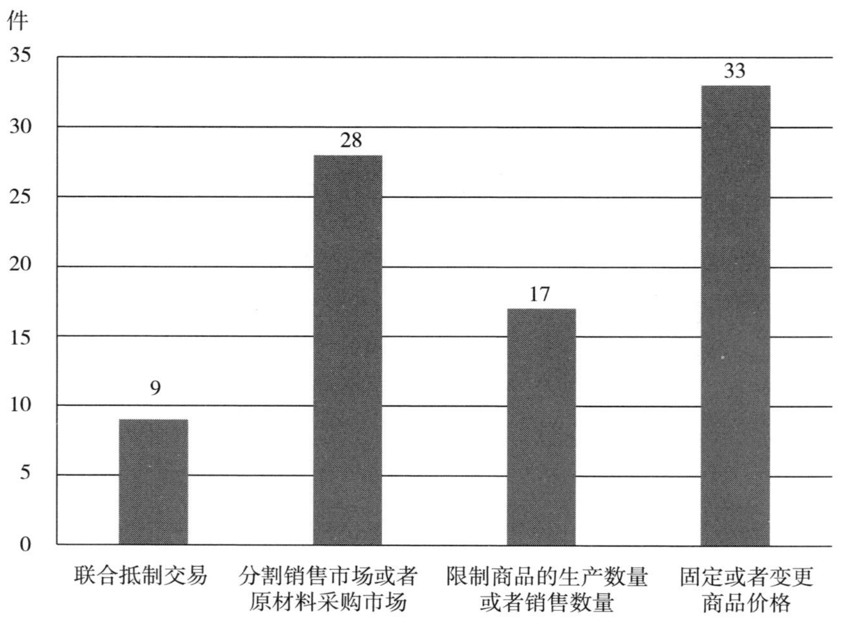

图4 横向垄断行为类型

作为最常见的横向垄断类型,固定或者变更商品价格协议的表现形式多样。最简单、最基本的方式如经营者之间通过协议统一确定、维持商品的价格,或统一提高商品价格。例如,海南省消防协会联合几家消防安全检测公司,制定行业标准价格,达成垄断协议。也有的表现为非绝对地限制经营者的定价自由,而是对经营

① 《反垄断法》第13条规定:"禁止具有竞争关系的经营者达成下列垄断协议:(一)固定或者变更商品价格;(二)限制商品的生产数量或者销售数量;(三)分割销售市场或者原材料采购市场;(四)限制购买新技术、新设备或者限制开发新技术、新产品;(五)联合抵制交易;(六)国务院反垄断执法机构认定的其他垄断协议。本法所称垄断协议,是指排除、限制竞争的协议、决定或者其他协同行为。"

者定价过程设定统一的限制条件，从而实现固定价格、限制竞争的目的。无论是哪种方式，只要限制了竞争，就可导致价格不合理。这种不合理价格，会导致消费者的收入被不公平地转移到联合抬价的经营者手中，侵害消费者的合法权利。

此次查询的案件中，横向垄断协议案件如表 6 所示。

表 6　横向垄断协议案件

序号	案　号	案件名称	执法机构
1	津市监垄处〔2021〕1 号	天津天药药业股份有限公司垄断协议案	天津
2	津市监垄处〔2021〕2 号	天津太平洋化学制药有限公司垄断协议案	天津
3	津市监垄处〔2021〕3 号	深圳市富海通医药有限公司垄断协议案	天津
4	浙市监案〔2021〕5 号	日邮汽车物流（中国）有限公司垄断协议案	浙江
5	浙市监案〔2021〕6 号	宁波蓝盾志御国际物流有限公司垄断协议案	浙江
6	浙市监案〔2021〕7 号	天门市三邦物流有限公司垄断协议案	浙江
7	苏市监反垄断案〔2021〕1 号	梧州黄埔化工药业有限公司垄断协议案	江苏
8	苏市监反垄断案〔2021〕2 号	苏州优合科技有限公司垄断协议案	江苏
9	苏市监反垄断案〔2021〕3 号	江苏嘉福制药有限公司垄断协议案	江苏
10	渝市监处字〔2021〕7 号	巫山县江北令金液化气有限责任公司垄断协议案	重庆
11	渝市监处字〔2021〕8 号	巫山县圣兴石化有限责任公司垄断协议案	重庆
12	渝市监处字〔2021〕9 号	巫山县通辉江南石化有限公司垄断协议案	重庆
13	渝市监处字〔2021〕10 号	巫山县兴隆石化有限责任公司垄断协议案	重庆
14	渝市监处字〔2021〕11 号	巫山永盛石化有限责任公司垄断协议案	重庆
15	渝市监处字〔2021〕41 号	重庆江都建材有限公司垄断协议案	重庆
16	渝市监处字〔2021〕42 号	重庆建典混凝土有限公司垄断协议案	重庆
17	赣市监反垄断处〔2021〕1 号	丰城市预拌混凝土协会垄断协议案	江西
18	赣市监反垄断处〔2021〕2 号	丰城市闽邑建材有限公司垄断协议案	江西
19	赣市监反垄断处〔2021〕3 号	丰城市俊祥建材有限公司垄断协议案	江西
20	赣市监反垄断处〔2021〕4 号	丰城市政云混凝土有限公司垄断协议案	江西

续表

序号	案　号	案件名称	执法机构
21	赣市监反垄断处〔2021〕5 号	丰城市中港建材有限公司垄断协议案	江西
22	赣市监反垄断处〔2021〕6 号	丰城市金基建材实业有限公司垄断协议案	江西
23	赣市监反垄断处〔2021〕7 号	丰城市丰宇建材有限公司垄断协议案	江西
24	赣市监反垄断处〔2021〕8 号	丰城市晨峰建材有限公司垄断协议案	江西
25	赣市监反垄断处〔2021〕9 号	江西强胜建筑材料有限公司垄断协议案	江西
26	鲁市监行处字〔2021〕11 号	淄博联合水泥企业管理有限公司垄断协议案	山东
27		山东宝山科技有限公司垄断协议案	山东
28		山东东华水泥有限公司垄断协议案	山东
29		山东山铝环境新材料有限公司垄断协议案	山东
30		淄博鲁中水泥有限公司垄断协议案	山东
31		山东崇正特种水泥有限公司垄断协议案	山东
32		淄博山水水泥有限公司垄断协议案	山东
33		临朐山水水泥有限公司垄断协议案	山东

(三)纵向垄断协议

2021 年度共有 2 件涉及纵向垄断协议的案件,分别为扬子江药业集团有限公司垄断协议案以及公牛集团股份有限公司垄断协议案。其行为皆属于与交易相对人达成并实施固定和限制价格的垄断协议,此种行为也被称为“纵向价格限制”。

纵向价格限制,是指卖方在向买方出售产品时,对后者将这些产品向第三方转售时的价格进行限定,要求其不得低于卖方所规定的水平。学界也将其称为“转售价格维持”。此时买卖双方之间并存两项纵向协议关系:一是双方的商品买卖协议,二是买方同意遵守卖方所规定的转售价格协议。通常情况下,后一项协议会表现为买卖协议中的部分条款,但在实际意义上其构成一项独立协议,若其中所含的限制会对竞争造成负面影响,则其会被纳入反垄断法的规制范围。①

① 许光耀:《纵向价格限制的反垄断法理论与案例考察》,载《政法从论》2017 年第 1 期。

例如,在公牛集团股份有限公司垄断协议案中,公牛集团股份有限公司自 2014 年至 2020 年,在全国范围内的转换器、墙壁开关插座、LED 照明、数码配件等电源连接和用电延伸性产品销售渠道与经销商达成并实施固定和限制价格的垄断协议。具体而言,公牛集团股份有限公司在与经销商签订的《经销合同》中约定,经销商"服从甲方的价格管理和总体市场管理",且"应严格执行在公司备案的或者公司要求的加价率"。此外,经销商在签订《经销合同》的同时,还要与公牛集团股份有限公司签订《承诺书》,承诺其遵守公牛集团股份有限公司的价格管控体系。

在扬子江药业集团有限公司垄断协议案中,扬子江药业集团有限公司不仅与其经销商签订了固定和限制价格的经销协议,还制定了精细的绩效考核制度和监督机制,以激励各级销售人员和各级经销商严格执行固定和限制价格政策。此外,扬子江药业集团有限公司还制定了一定的惩罚措施,一旦经销商出现乱价、窜货等行为时,会受到漏发奖金、停止报销费用、断货等惩罚,这一惩罚措施也是为了维护和限定其搭建的价格体系。

上述行为是典型的"纵向价格限制"行为,此种行为会使市场价格完全由当事人操控,严重限制、排除了竞争,会导致涉案商品的市场价格显著提升,也损害了消费者的合法权益以及社会公共利益。

(四)滥用市场支配地位

如图 5 所示,在 2021 年处罚的 11 件滥用市场支配地位案中,有 6 件案件的当事人实施了搭售或附加不合理的交易条件行为,有 3 件案件中的当事人实施了限定交易行为,此外还有 5 件案件的当事人实施了以不公平的高价销售商品的行为。部分案件中的当事人实施了复合行为。例如,宜兴港华燃气有限公司滥用市场支配地位案中,港华燃气有限公司就滥用其在宜兴市天然气供应市场的支配地位,实施了以不公平的高价销售商品、无正当理由限定交易相对人只能与其进行交易以及无正当理由在交易时附加不合理条件等复合垄断行为。

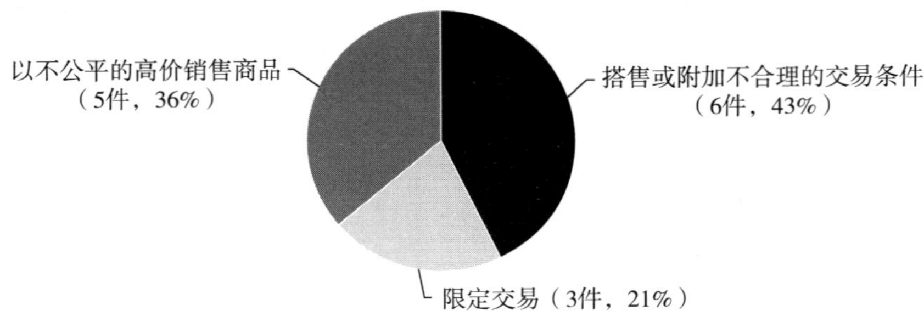

图5　滥用市场支配地位分类

由图5数据可知,滥用市场支配地位案件中最常出现的行为类型是搭售或附加不合理的交易条件。搭售行为,是指具有支配地位的企业强迫交易对方购买从性质、交易习惯上均与合同无关的产品或服务的行为。而搭售的目的是将市场支配地位扩大到被搭售产品的市场上,或者妨碍潜在的竞争者进入。

在蒙自四通泰兴供水有限公司滥用市场支配地位案中,蒙自四通泰兴供水有限公司在红河州政府划定的供水区域内拥有独家供水的市场地位,该供水公司在居民对其提出首次用水申请时,要求居民与其签订《供水合同》,并在供水合同中将委托其建设供水设施作为供水和抄表到户的必需条件,对不认同预算报价而未与其签订《供水合同》的住宅项目,拒绝办理抄表到户手续。蒙自四通泰兴供水有限公司作一家城市供水企业,其所销售的商品为商品水,而城市供水工程的建设服务与其提供的商品水之间并无必然联系,因此其将上述供水工程建设服务与抄表到户服务捆绑的行为缺乏合理性,而且其行为对于建筑项目和用水用户的利益均造成了损害,是典型的"没有正当理由搭售商品,或者在交易时附加其他不合理的交易条件"的情形。

此外,限定交易行为在2021年的滥用市场支配地位案件中也多次出现,如引起社会各界关注的"阿里巴巴案"和"美团案"的行为模式均属于限定交易。限定交易行为在国外又称排他交易行为(exclusive dealing),是指交易一方对于交易的另一方行为进行限制,要求另一方只能或者主要与其进行交易。该行为一旦实施,就基本排除了与第三方交易的可能性。

在电子商务平台,限定交易行为成被称为"二选一"。自2010年起,电子商务领域以"二选一"为代表的限定交易行为不断升级,从"双11""618"等集中促销期间的"二选一"到非促销期间的"二选一",从小规模的"二选一"到大规模的"二选一”,渐趋常态化,甚至还出现了“无平台不二选一”的趋势。但并非所有“二选一”行为都属于反垄断法意义上的限定交易行为,只有享有市场支配地位的企业实施限定交易行为才可能构成垄断。

此次查询的案件中,滥用市场支配地位案件如表 7 所示。

表 7 滥用市场支配地位案件

序号	案 号	案件名称	违法事实
1	国市监处〔2021〕1 号	先声药业集团有限公司滥用市场支配地位案	没有正当理由,拒绝与交易相对人进行交易
2	国市监处〔2021〕28 号	阿里巴巴集团控股有限公司滥用市场支配地位案	没有正当理由,限定交易相对人只能与其进行交易
3	国市监处〔2021〕74 号	美团滥用市场支配地位案	没有正当理由,限定交易相对人只能与其进行交易
4	沪市监反垄处〔2020〕06201901001 号	上海食派士商贸发展有限公司滥用市场支配地位案	没有正当理由,限定交易相对人只能与其进行交易
5	沪市监反垄处〔2021〕3220190101511 号	南京宁卫医药有限公司滥用市场支配地位案	以不公平的高价销售商品、没有正当理由在交易时附加不合理的交易条件
6	苏市监反垄断案〔2021〕4 号	宜兴港华燃气有限公司滥用市场支配地位案	滥用市场支配地位,以不公平高价销售商品、无正当理由限定交易相对人只能与其进行交易、无正当理由在交易时附加其他不合理条件
7	云市监价处〔2021〕1 号	蒙自四通泰兴供水有限公司滥用市场支配地位案	滥用市场支配地位,无正当理由搭售商品,或者在交易时附加其他不合理条件
8	云市监价处〔2021〕2 号	中国航空油料有限公司云南分公司滥用市场支配地位案	滥用市场支配地位,无正当理由搭售商品,或者在交易时附加其他不合理条件
9	陕市监反垄断处罚字〔2021〕1 号	陕西省水务集团泾阳县供水有限公司滥用市场支配地位案	滥用市场支配地位,无正当理由搭售商品,或者在交易时附加其他不合理条件

续表

序号	案　号	案件名称	违法事实
10	豫市监处字〔2021〕1号	商丘市新先锋药业有限公司滥用市场支配地位案	滥用市场支配地位,以不公平高价销售商品
11	川市监处〔2021〕2号	富顺天然气有限公司滥用市场支配地位案	滥用市场支配地位,无正当理由搭售商品,或者在交易时附加其他不合理条件

四、因行政垄断引起经济垄断案件分析

(一)受益经营者的规制

行政性垄断受益经营者,是指因与行政性垄断存在某种较直接的关联关系而获得垄断利润或竞争优势的经营者。

行政性垄断由行政主体所决定和启动,但行政垄断行为的限制竞争后果总是由经营者的经营行为加以落实。对于这部分与行政性垄断相关联的经营者,学者们使用了不同的称谓,有的采用描述性的称谓,如"因行政垄断而受益的经营者""从行政性垄断中获得经济利益的市场主体""依靠行政性垄断获益的经营者""行政垄断的受益主体"等;有的采用更具概括性的称谓,如"获益经营者""非法受益人""行政垄断案件第三人"等。此报告将此类主体统称为"行政性垄断受益经营者",或在讨论行政垄断的具体语境下简称为"受益经营者",因为这个称谓与我国《反垄断法》的基本概念"经营者"和学界通用概念"行政性垄断"直接关联,同时具有最大的包容性,涵括了主动参与及被动参与行政性垄断的经营者,也保持了所谓的中立性,既包括正当获益的经营者,也包括不正当获益的经营者。另外,使用"受益"而非"获利"的用词,是为了表明我们在讨论此类经营者在行政性垄断中的作用和责任时,关注的是经营者是否凭借行政性垄断获得了竞争优势,或强化了其竞争优势,并不仅仅局限于经营者因行政性垄断获得垄断利润这种单一情形。

具体表现为以下四种情形:

第一种情形:经营者以行政性垄断为掩饰实施经济性垄断行为。行政性垄断与经济性垄断存在显著的差异,在垄断主体、垄断成因、垄断力量、垄断手段以及垄断性质等方面均有所不同。

第二种情形:经营者积极推动、支持行政主体实施行政性垄断。在实践中,经营

者与行政性垄断的关联,大多表现为经营者推动或积极支持行政主体实施行政性垄断行为,表现为经营者与行政主体之间的协作关系。

第三种情形:经营者被行政主体强制采取与行政性垄断相符的限制竞争行为。在实践中还存在一种情形,行政性垄断由行政主体主动决策并实施,经营者是被迫地或被强制地参与、配合行政性垄断,实施限制竞争行为,并因此而获得或强化其优势竞争地位,或者获得垄断利润,如此,经营者与行政性垄断的关联关系就属于被动的参与关系,此类受益经营者可归入"服从型受益经营者"。

第四种情形:经营者未对行政性垄断之发生发挥任何影响,也未借此实施限制竞争行为,纯粹因行政性垄断而受益。①

为了解决执法中的可操作性,国家市场监督管理总局吸收执法实践成果,对行政性垄断引发的经济垄断明确规制。2019 年 9 月 1 日起施行的《禁止滥用市场支配地位行为暂行规定》第 37 条第 3 款规定,经营者因行政机关和法律、法规授权的具有管理公共事务职能的组织滥用行政权力而滥用市场支配地位的,按照前款规定处理。经营者能够证明其从事的滥用市场支配地位行为是被动遵守行政命令所导致的,可以依法从轻或者减轻处罚。

2019 年 9 月 1 日起施行的《禁止垄断协议暂行规定》第 32 条第 4 款规定,经营者因行政机关和法律、法规授权的具有管理公共事务职能的组织滥用行政权力而达成垄断协议的,按照前款规定处理。经营者能够证明其达成垄断协议是被动遵守行政命令所导致的,可以依法从轻或者减轻处罚。

(二)行政垄断规制

笔者于国家市场监督管理总局反垄断局官网以及地方各级市场监督管理局官网共检索到 2021 年度的滥用行政权力、排除限制竞争的案件 40 件(见表 8)。公布的案件中暂无行政垄断导致经济垄断的案件。

① 参见李国海:《行政性垄断受益经营者可制裁性分析》,载《经济法学研究会》2019 年第 10 期。

表8　2021年行政垄断案件统计

序号	当事人	级别	纠正情况	受益经营者	行业领域
1	安福县水利局	县级	主动纠正	安福县工程项目水利施工企业	水利工程施工
2	分宜县财政局	县级	主动纠正	分宜县政府评审企业	政府评审
3	永丰县人民政府办公室	县级	主动纠正	永丰县建设工程企业	建设工程
4	万载县财政局	县级	主动纠正	万载县政府评审企业	政府评审
5	遵义市气象局	市级	主动纠正	遵义市技术评价、中介服务企业	技术评价、中介服务
6	青河县人民政府	县级	主动纠正	青河县农机租赁企业	农业
7	长春经济技术开发区审计局、财政局、财政投资评审中心	县级	主动纠正	长春市技术评价、中介服务企业	技术评价、中介服务
8	松原市教育局	市级	主动纠正	松原市办公用品企业	商品采购
9	巫山县营养改善计划领导小组办公室	县级	主动纠正	巫山县食堂采购企业	商品采购
10	日照市城市管理局	市级	主动纠正	日照市供热企业	取暖设施
11	济宁市财政局	市级	主动纠正	高新正义公共汽车有限公司	公交
12	日照市卫生健康委员会	市级	主动纠正	日照市急救转运公司	急救转运
13	临沂市兰山区卫生健康局	县级	主动纠正	临沂市兰山区配送企业	医药配送
14	济宁市汶上县人民政府	县级	主动纠正	济宁市汶上县工业企业	商品采购
15	淄博市张店区人民政府办公室	县级	主动纠正	张店农村商业银行	银行
16	石嘴山市安全生产委员会办公室	市级	责令改正	石嘴山市保险公司	保险业务
17	沧州市城市管理综合行政执法局	市级	责令改正	上海钧正网络科技有限公司	共享单车

续表

序号	当事人	级别	纠正情况	受益经营者	行业领域
18	鸡西市住房和城乡建设局	市级	主动纠正	鸡西中燃公司	燃气工程
19	鸡西市鸡冠区人民政府	县级	主动纠正	鸡西中燃城市燃气发展有限公司	燃气工程
20	马鞍山市和县人民政府、和县住房和城乡建设局	县级	主动纠正	安徽金燃能源投资有限公司	液化气配送
21	安徽省老龄工作委员会办公室	省级	主动纠正	某保险公司安徽省分公司	保险业务
22	芜湖市湾沚区人民政府	县级	主动纠正	芜湖县中燃城市燃气发展有限公司	燃气安装
23	晋中市人民政府办公室、晋中市交通运输局	市级	主动纠正	吉利汽车有限公司	出租车运营
24	普宁市教育局	市级	责令改正	普宁市中小学校服生产制作供应商	校服采购
25	深圳市交通运输局、深圳市公安局交通警察局	市级	责令改正	深圳市建设工程运输车辆协会	车辆安全检查
26	福州市交通运输局	市级	主动纠正	“安途帮”交通运输安全培训管理服务平台	交通安全培训
27	古田县人民政府	县级	主动纠正	古田县医药器械企业	医疗器械采购
28	诏安县人民政府办公室	县级	主动纠正	诏安县社会中介审核机构	投资评审
29	仙游县工业和信息化局	县级	责令改正	仙游县工程承包商	电力工程
30	明溪县人民政府	县级	主动纠正	明溪县建筑施工企业	建筑业
31	洛阳市城市管理局	市级	责令改正	上海钧正网络科技有限公司	共享单车管理

续表

序号	当事人	级别	纠正情况	受益经营者	行业领域
32	武山县道路运输管理局	县级	责令改正	甘肃天嘉交通运输集团有限公司武山客运分公司、武山公交分公司	公交运输
33	天水市财政局	市级	主动纠正	天水市办公用品投标供应商	办公设备采购
34	张掖市甘州区人力资源和社会保障局	县级	主动纠正	甘州区技能培训机构	技能培训
35	嘉峪关市财政局	市级	主动纠正	嘉峪关市办公用品投标供应商	政府采购
36	曲靖市工业和信息化局	市级	责令改正	曲靖市工业产品供应商	政府采购
37	德宏州人民政府办公室	市级	主动纠正	无	二手车交易
38	荆门市自然资源和规划局	市级	主动纠正	武汉信天行科技有限公司	土地使用权转让
39	鄂州市住房和城乡建设局	市级	主动纠正	武汉信天行科技有限公司	土地使用权转让
40	双峰县卫健局	县级	主动纠正	国药控股长沙有限公司	药物采购

由表8分析可知,县级机关违法的案件有20件,占50%,说明公平竞争审查制度落实的主要层级是县级机关;19件案件的违法主体是市级机关,与县级比例基本相当。从实际案件来看,公平竞争审查的落实仍待加强。

(三)公平竞争审查

公平竞争审查,是指政府及部门在制定市场准入、产业发展、招商引资、招标投标、政府采购、经营行为规范、资质标准等涉及市场主体经济活动的规范性文件和其他政策措施时,应当进行公平竞争审查,评估对市场竞争的影响,防止排除、限制市场竞争。

公平竞争审查制度是党中央、国务院深化经济体制改革的重要决策部署。2016年,国务院印发《关于在市场体系建设中建立公平竞争审查制度的意见》,全面部署开展公平竞争审查工作。2017年10月23日,国家发展改革委、财政部、商务部、工商总局、国务院法制办联合印发《公平竞争审查制度实施细则(暂行)》(现已废止),从审查机制和程序、审查标准、例外规定、社会监督、责任追究等方面对公平竞争审查制度进行了规范。2021 年,国家市场监督管理总局、国家发展改革委、财政部、商务部、司法部又发布了《公平竞争审查制度实施细则》,要求以更高质量更大力度推进制度深入实施。

自 2016 年制度建立和实施以来,在公平竞争审查工作部际联席会议统筹协调和监督指导下,在各地区、各部门共同努力下,公平竞争审查工作取得积极成效,实现国家、省、市、县四级政府全覆盖,清理涉及市场主体经济活动的各类政策措施文件 189 万件,修订废止文件近 3 万件;审查新出台政策措施 85.7 万件,发现和纠正违反审查标准的政策措施 4100 余件。①

公平竞争审查与 2008 年《反垄断法》中反对行政垄断的规定的不同之处在于,后者是对行政垄断行为进行事后审查,前者是对行政垄断行为的事先防范,即把政府滥用行政权力排除限制竞争的行为遏制在初期和萌芽状态。② 因此,修正后的《反垄断法》第 4 条明确“国家强化竞争政策基础地位,制定和实施与社会主义市场经济相适应的竞争规则,完善宏观调控,健全统一、开放、竞争、有序的市场体系”。而第 5 条则是首次将公平竞争政策引入《反垄断法》,“国家建立健全公平竞争审查制度。行政机关和法律、法规授权的具有管理公共事务职能的组织在制定涉及市场主体经济活动的规定时,应当进行公平竞争审查”。

第三部分　行政执法调查

一、行政执法授权

(一)统一授权执法

2021 年 11 月 18 日,国家市场监督管理总局反垄断局正式挂牌成立。反垄断局拟订反垄断制度措施和指南,组织实施反垄断执法工作,承担指导企业在国外的反垄断应诉工作;组织指导公平竞争审查工作;承担反垄断执法国际合作与交流工

① 《市场监管总局等五部门发布〈公平竞争审查制度实施细则〉》:载淄博市周村区人民政府网 2021 年 7 月 30 日,http://www.zhoucun.gov.cn/gongkai/site_zhoucunqushichangjianduguanliju/channel_c_5f9f6cd393955786fb9cdd7b_5fb3c14e924bfa6940bb9a44/doc_6103a1c4c068c2bfefd5d378.html。

② 参见王晓晔:《我国〈反垄断法〉修订的几点思考》,载《法学评论》2020 年第 2 期。

作;承办国务院反垄断委员会日常工作。

根据国家市场监督管理总局关于反垄断执法授权的通知,为建立科学高效的反垄断执法机制,国家市场监督管理总局负责反垄断统一执法,直接管辖或者授权有关省级市场监管部门管辖下列案件:

跨省、自治区、直辖市的垄断协议、滥用市场支配地位和滥用行政权力排除限制竞争案件,以及省级人民政府实施的滥用行政权力排除限制竞争行为。案情较为复杂或者在全国有重大影响的垄断协议、滥用市场支配地位和滥用行政权力排除限制竞争案件。总局认为有必要直接管辖的垄断协议、滥用市场支配地位和滥用行政权力排除限制竞争案件。

省级市场监管部门负责本行政区域内垄断协议、滥用市场支配地位、滥用行政权力排除限制竞争案件反垄断执法工作,以本机关名义依法作出处理。省级市场监管部门发现案件属于总局管辖范围的,要及时将案件移交总局。省级市场监管部门对属于本机关管辖范围的案件,认为有必要由总局管辖的,可以报请总局决定。

总局在案件审查和调查过程中,可以委托省级市场监管部门开展相应的调查。省级市场监管部门应当积极配合总局做好反垄断执法工作。省级市场监管部门在反垄断执法过程中,可以委托其他省级市场监管部门或者下级市场监管部门开展调查。受委托的市场监管部门在委托范围内,以委托机关的名义实施调查,不得再委托其他行政机关、组织或者个人实施调查。

(二)执法机关层级

如图6所示,2021年反垄断执法机构查处的46件反垄断行政处罚案件中,有4件由国家市场监督管理总局直接查处,约占9%;其他案件均由省级或直辖市市场监管部门负责查处,共计42件,约占91%。

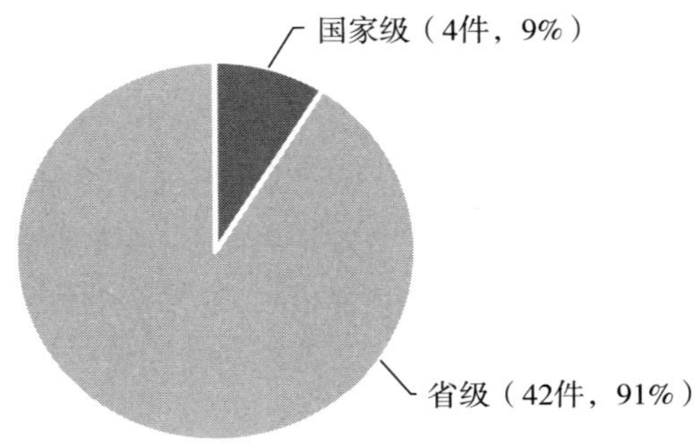

图6 反垄断执法机关

在2020年反垄断执法机构查处的143件反垄断行政处罚案件中,仅有3件由国家市场监督管理总局直接查处,约占 2%;其他案件均由省级或直辖市市场监管部门负责查处,共计 140 件,约占 98%。

对以上数据进行分析可得出,2021 年省级市场监管部门查处案件的比例和 2020 年相比大致相当,均保持在较高的水平,授权省级机构查处反垄断行政处罚案件占据主要地位,省级反垄断执法机构已经成为反垄断执法的主要力量。

2021 年由国家市场监督管理总局查处的案件为先声药业集团有限公司滥用市场支配地位案、阿里巴巴集团控股有限公司滥用市场支配地位案、扬子江药业集团有限公司垄断协议案、美团滥用市场支配地位案。上述反垄断案件的涉案范围均较大,属于重大反垄断案件。尤其是“阿里巴巴案”和“美团案”,属于互联网平台经济反垄断领域具有引导性的案件,罚款数额更是创下历史最高。上述由国家市场监督管理总局承办的案件的罚款数额均过亿元。

随着统一授权执法适用越来越广泛,该制度也逐渐体现出其益处和弊端。授权各省级市场监管部门实施查处活动在一定程度上切实提高了执法效率与公平性。其一,省级市场监管部门对于当地的市场发展与竞争情况更为了解;其二,方便执法中的调查取证、当事人沟通、举行听证以及文书送达等活动;其三,相应减轻了国家市场监督管理总局的执法压力,提高了法律法规的实际成效。

与此同时,国家市场监督管理总局也面临着许多方面的挑战。第一,各省执法水平、执法能力都有差异,对执法的自由裁量权的拿捏程度也有所不同,地方执法标准不一;第二,执法区域的便利条件,也容易导致人情等因素影响案件处罚,以致干扰办案。下一步需要对省级的市场监管部门人员进行业务培训,以切实提高其执法能力和执法水平;另外需建立有效的监督机制,坚决抵制地方保护主义、杜绝“人情案”“关系案”“金钱案”。

此次查询的案件中,国家市场监督管理总局查处的案件如表 9 所示。

表 9　国家市场监督管理总局查处的案件

序号	案号	案件名称	执法机构
1	国市监处〔2021〕1 号	先声药业集团有限公司滥用市场支配地位案	国家
2	国市监处〔2021〕28 号	阿里巴巴集团控股有限公司滥用市场支配地位案	国家
3	国市监处〔2021〕29 号	扬子江药业集团有限公司垄断协议案	国家
4	国市监处〔2021〕74 号	美团滥用市场支配地位案	国家

二、线索来源

在2021年度查处的46案件中,源于举报的案件共计23件,约占50%;上级机关交办线索的案件共计12件,约占26%;由公安局提供线索的案件共计11件,约占24%。

在2020年度查处的143件案件中,源于举报的案件共计77件,约占54%;上级机关交办的案件共计57件,约占40%;未交代来源的案件共计8件,约占5%;源于依职权调查的案件1件,约占1%。

对比上述数据可以看出,举报仍然是反垄断调查机构获取垄断案件线索的主要途径,大众监督仍然是维护公平的市场竞争必不可少的要件。同时,2021年新增由公安局提供线索的情形,是因为部分垄断案件涉及黑社会性质组织犯罪,在公安部门对黑社会性质组织犯罪进行查处时,发现黑社会性质组织成员实施了垄断行为,故而将线索转交给相应的反垄断机构。此外,2021年的每一件行政处罚案件中都交代了案件的线索来源,与2020年相比,线索来源的透明度极大提升,虽然行政处罚决定书中并未强制要求公布案件的信息来源,但行政部门在线索来源公布上做到了真正的透明。

三、调查期限分析

如图7所示,在2021年公布的46件处罚案件中,案件的调查期限集中在12个月到24个月,共计18件;案件调查期限短于6个月的有5件;在6个月到12个月之间的有7件;超过24个月的有6件;此外,还有10件案件的行政处罚决定书中并未交待调查期限。

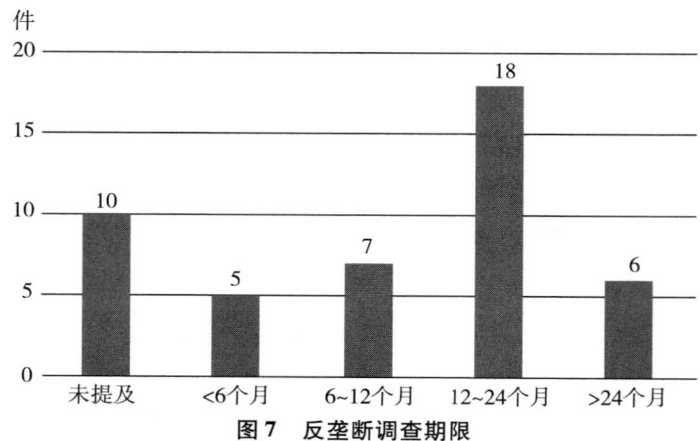

图7 反垄断调查期限

在 2020 年处罚的 143 件案件中,案件调查期限为 6 个月到 12 个月的最多,共计 81 件;案件调查期限小于 6 个月的,共计 17 件;案件调查期限在 12 个月到 24 个月的,共计 12 件;案件调查期限在 24 个月以上的,共计 11 件;还有 21 件案件未交代调查期限。

对比以上数据可以得出,除案件调查期限在 12 个月到 24 个月的案件数量增长外,其余类型的案件数量均有所下降。但从比例上来看,调查期限在 24 个月以上、12 个月到 24 个月以及未提及调查期限的案件均有一定程度的上涨。反垄断执法部门的案件调查期限总体而言有所延长,这是因为 2021 年度部分反垄断行政处罚案件案情较为复杂,部分案件还涉及黑社会性质组织犯罪,以及大量案件专业性较高,执法部门往往要听取专家组意见,举办研讨会等讨论案情,这在一定程度上也使案件的调查期限有所延长。

2021 年的行政处罚案件中,调查期限最长的是商丘市新先锋药业有限公司滥用市场支配地位案。在该案中,河南省市场监督管理局耗时 1411 天完成调查。自 2017 年 5 月,原国家工商总局竞争执法局向原河南省工商局交办了当事人涉嫌滥用市场支配地位的行为线索。2017 年 10 月,原河南省工商局按照原国家工商总局的授权对当事人涉嫌滥用市场支配地位的行为立案调查,并提取了相关证据材料。在调查期间,执法部门多次听取当事人的陈述意见。该案直至 2021 年 9 月 6 日调查完毕并向当事人送达《行政处罚告知书》。在该案中,由于案情涉及原料药等相关专业知识,河南省市场监督管理局对案件进行详细梳理,并对当事人自 2014 年以来的销售行为作了详细调查,因而耗时较长。

《反垄断法》和《行政处罚法》并未对反垄断案件的调查期限作出强制性规定,但是调查期限过长往往会导致当事人的经营状态不稳定,甚至部分当事人在调查期间就宣告破产或停止经营,因此,反垄断执法机构还是应当提升调查效率,尽量缩短调查时间,较少在调查期限内对于涉案企业以及相关市场的影响,在效率与公平之间取得平衡。

此次查询的案件中,调查期限超过 24 个月的案件如表 10 所示。

表 10 调查期限超过 24 个月的案件

序号	案　号	案件名称	执法机构
1	浙市监案〔2021〕5 号	日邮汽车物流(中国)有限公司垄断协议案	浙江

续表

序号	案　号	案件名称	执法机构
2	浙市监案〔2021〕6 号	宁波蓝盾志御国际物流有限公司垄断协议案	浙江
3	浙市监案〔2021〕7 号	天门市三邦物流有限公司垄断协议案	浙江
4	苏市监反垄断案〔2021〕4 号	宜兴港华燃气有限公司滥用市场支配地位案	江苏
5	陕市监反垄断处罚字〔2021〕1 号	陕西省水务集团泾阳县供水有限公司滥用市场支配地位案	陕西
6	豫市监处字〔2021〕1 号	商丘市新先锋药业有限公司滥用市场支配地位案	河南

四、相关市场界定分析

相关市场界定为识别经营者市场势力、判定经营者行为的市场损害效果提供了场域,在滥用市场支配地位的案件中有至关重要的作用。① 国务院反垄断委员会《关于相关市场界定的指南》中指出,科学合理地界定相关市场,对识别竞争者和潜在竞争者、判定经营者市场份额和市场集中度、认定经营者的市场地位、分析经营者的行为对市场竞争的影响、判断经营者行为是否违法以及在违法情况下需承担的法律责任等关键问题,具有重要的作用。因此,相关市场的界定通常是对竞争行为进行分析的起点,是反垄断执法工作的重要步骤之一。简言之,界定相关市场就是把相互竞争的产品与没有竞争的产品区分开来,由此也反映了竞争发生的两个主要维度:一是相关商品市场,目的是识别与相关产品相竞争的产品;二是相关地域市场,即识别相关产品开展竞争的地理范围。②

而界定相关市场的方法主要有以下三种:替代性分析、需求替代以及供给替代。而在反垄断执法机构实际界定时,可以基于商品的特征、用途、价格等因素进行需求替代分析,必要时进行供给替代分析。在经营者竞争的市场范围不够清晰或不易确定时,可以按照"假定垄断者测试"的分析思路来界定相关市场,在必要时,执法机构还可借助经济学分析方法来界定相关市场。

① 参见王晓晔:《市场界定在反垄断并购审查中的地位和作用》,载《中外法学》2018 年第 5 期。

② 参见王晓晔:《论相关市场在界定滥用行为案件中的地位和作用》,载《现代法学》2018 年第 3 期。

(一)相关商品市场界定

根据国务院反垄断委员会《关于相关市场界定的指南》规定,相关商品市场,是根据商品的特性、用途及价格等因素,由需求者认为具有较为紧密替代关系的一组或一类商品所构成的市场。这些商品表现出较强的竞争关系,在反垄断执法中可以作为经营者进行竞争的商品范围。

在 2021 年查处的 46 件案件中,根据需求替代性和供给替代性分析了相关商品市场的案件有 20 件,未分析相关商品市场的案件有 26 件。其中,上海食派士商贸发展有限公司滥用市场支配地位案中,上海市市场监督管理局在界定相关市场时,委托第三方机构开展了经济学分析和市场调查,在需求替代和供给替代的分析基础上,借助经济学工具进行假定垄断者测试,并运用临界损失分析法对市场交易数据进行分析,最终确定该案的相关商品市场为提供英文服务的在线餐饮外送平台服务市场。

此次查询的案件中,界定相关商品市场的案件如表 11 所示。

表 11 界定相关商品市场的案件

序号	案 号	案件名称	执法机构	相关商品市场
1	国市监处〔2021〕1 号	先声药业集团有限公司滥用市场支配地位案	国家	巴曲酶原料药销售市场
2	国市监处〔2021〕28 号	阿里巴巴集团控股有限公司滥用市场支配地位案	国家	网络零售平台服务市场
3	国市监处〔2021〕29 号	扬子江药业集团有限公司垄断协议案	国家	药品零售
4	国市监处〔2021〕74 号	美团滥用市场支配地位案	国家	网络餐饮外卖平台服务市场
5	沪市监反垄处〔2020〕06201901001 号	上海食派士商贸发展有限公司滥用市场支配地位案	上海	提供英文服务的在线餐饮外送平台服务市场
6	沪市监反垄处〔2021〕3220190101511 号	南京宁卫医药有限公司滥用市场支配地位案	上海	氯解磷定原料药销售市场

续表

序号	案　号	案件名称	执法机构	相关商品市场
7	苏市监反垄断案〔2021〕1号	梧州黄埔化工药业有限公司垄断协议案	江苏	药用樟脑原料药销售
8	苏市监反垄断案〔2021〕2号	苏州优合科技有限公司垄断协议案	江苏	药用樟脑原料药销售
9	苏市监反垄断案〔2021〕3号	江苏嘉福制药有限公司垄断协议案	江苏	药用樟脑原料药销售
10	苏市监反垄断案〔2021〕4号	宜兴港华燃气有限公司滥用市场支配地位案	江苏	管道天然气供应及管道设施安装服务相关市场
11	云市监价处〔2021〕1号	蒙自四通泰兴供水有限公司滥用市场支配地位案	云南	城市公共自来水供水服务市场
12	云市监价处〔2021〕2号	中国航空油料有限公司云南分公司滥用市场支配地位案	云南	航空煤油供应和加注服务
13	渝市监处字〔2021〕7号	巫山县江北令金液化气有限责任公司垄断协议案	重庆	液化石油气和二甲醚市场
14	渝市监处字〔2021〕8号	巫山县圣兴石化有限责任公司垄断协议案	重庆	液化石油气和二甲醚市场
15	渝市监处字〔2021〕9号	巫山县通辉江南石化有限公司垄断协议案	重庆	液化石油气和二甲醚市场
16	渝市监处字〔2021〕10号	巫山县兴隆石化有限责任公司垄断协议案	重庆	液化石油气和二甲醚市场
17	渝市监处字〔2021〕11号	巫山永盛石化有限责任公司垄断协议案	重庆	液化石油气和二甲醚市场
18	陕市监反垄断处罚字〔2021〕1号	陕西省水务集团泾阳县供水有限公司滥用市场支配地位案	陕西	城市公共自来水供水服务市场
19	豫市监处字〔2021〕1号	商丘市新先锋药业有限公司滥用市场支配地位案	河南	苯酚原料药销售市场
20	川市监处〔2021〕2号	富顺天然气有限公司滥用市场支配地位案	四川	管道燃气供应服务市场

反垄断执法机构在界定相关商品市场时,考虑的主要因素包括:需求者因商品价格或其他竞争因素变化,转向或考虑转向购买其他商品的证据;商品的外形、特性、质量和技术特点等总体特征和用途;商品之间的价格差异;商品的销售渠道以及需求者偏好或需求者对商品的依赖程度等其他重要因素。

在过去,互联网领域的市场支配地位认定问题一直是实践中的难题,如何界定相关市场、界定方法如何选择、如何认定支配地位等问题始终横亘在互联网滥用行为规制之中。对此,国务院反垄断委员会于 2021 年 2 月 7 日发布《关于平台经济领域的反垄断指南》,针对平台经济业务类型复杂、竞争动态多变的特点,指出在界定平台经济领域的相关商品市场时,反垄断执法机构应当考虑平台经济的特点,采用替代性分析作为基本方法。在个案中界定相关商品市场时,可以基于平台功能、商业模式、应用场景、用户群体、多边市场、线下交易等因素进行需求替代分析;当供给替代对经营者行为产生的竞争约束类似于需求替代时,可以基于市场进入、技术壁垒、网络效应、锁定效应、转移成本、跨界竞争等因素考虑供给替代分析。具体而言,可以根据平台一边的商品界定相关商品市场;也可以根据平台所涉及的多边商品,分别界定多个相关商品市场,并考虑各相关商品市场之间的相互关系和影响。当该平台存在的跨平台网络效应能够给平台经营者施加足够的竞争约束时,可以根据该平台整体界定相关商品市场。《平台经济指南》为反垄断执法机构界定平台经济领域的相关市场提供了有效指引。

(二)相关地域市场界定

相关地域市场,是指需求者获取具有较为紧密替代关系的商品的地理区域。这些地域表现出较强的竞争关系,在反垄断执法中可以作为经营者进行竞争的地域范围。

在 2021 年反垄断机构查处的 46 件案件中,反垄断处罚机构在处罚决定书中分析了 29 件案件的相关地域市场(见表 12),其中有 9 件案件的相关地域市场为中国境内。

表12　界定相关地域市场的案件

序号	案　号	案件名称	执法机构	相关地域市场
1	国市监处〔2021〕1号	先声药业集团有限公司滥用市场支配地位案	国家	中国
2	国市监处〔2021〕28号	阿里巴巴集团控股有限公司滥用市场支配地位案	国家	中国
3	国市监处〔2021〕29号	扬子江药业集团有限公司垄断协议案	国家	中国
4	国市监处〔2021〕74号	美团滥用市场支配地位案	国家	中国
5	沪市监反垄处〔2020〕06201901001号	上海食派士商贸发展有限公司滥用市场支配地位案	上海	上海市
6	沪市监反垄处〔2021〕3220190101511号	南京宁卫医药有限公司滥用市场支配地位案	上海	中国
7	苏市监反垄断案〔2021〕1号	梧州黄埔化工药业有限公司垄断协议案	江苏	中国
8	苏市监反垄断案〔2021〕2号	苏州优合科技有限公司垄断协议案	江苏	中国
9	苏市监反垄断案〔2021〕3号	江苏嘉福制药有限公司垄断协议案	江苏	中国
10	苏市监反垄断案〔2021〕4号	宜兴港华燃气有限公司滥用市场支配地位案	江苏	江苏省宜兴市
11	云市监价处〔2021〕1号	蒙自四通泰兴供水有限公司滥用市场支配地位案	云南	蒙自市北京路(西环路)以西、天马路西延线西南的红河工业园区规划范围及凤凰路以西、红河大道以北、天马路以南、北京路(西环路)以东的区域

续表

序号	案　号	案件名称	执法机构	相关地域市场
12	云市监价处〔2021〕2 号	中国航空油料有限公司云南分公司滥用市场支配地位案	云南	云南省
13	渝市监处字〔2021〕7 号	巫山县江北令金液化气有限责任公司垄断协议案	重庆	重庆市巫山县
14	渝市监处字〔2021〕8 号	巫山县圣兴石化有限责任公司垄断协议案	重庆	重庆市巫山县
15	渝市监处字〔2021〕9 号	巫山县通辉江南石化有限公司垄断协议案	重庆	重庆市巫山县
16	渝市监处字〔2021〕10 号	巫山县兴隆石化有限责任公司垄断协议案	重庆	重庆市巫山县
17	渝市监处字〔2021〕11 号	巫山永盛石化有限责任公司垄断协议案	重庆	重庆市巫山县
18	陕市监反垄断处罚字〔2021〕1 号	陕西省水务集团泾阳县供水有限公司滥用市场支配地位案	陕西	陕西省泾阳县
19	豫市监处字〔2021〕1 号	商丘市新先锋药业有限公司滥用市场支配地位案	河南	中国
20	川市监处〔2021〕2 号	富顺天然气有限公司滥用市场支配地位案	四川	富顺县富世镇、赵化镇、互助镇、石道乡、东湖镇、沿滩区瓦市镇、邓关镇行政区域

国务院反垄断委员《关于相关市场界定的指南》中指出了反垄断执法机构在界定相关地域市场时可以考虑的因素,如需求者因商品价格或其他竞争因素变化,转向或考虑转向其他地域购买商品的证据;商品的运输成本和运输特征;多数需求者选择商品的实际区域和主要经营者商品的销售分布;地域间的贸易壁垒,包括关税、地方性法规、环保因素、技术因素等以及其他重要因素。而从供给角度界定相关地域市场时,一般考虑的因素包括:其他地域的经营者对商品价格等竞争因素的变化作出反应的证据;其他地域的经营者供应或销售相关商品的即时性和可行性,如

将订单转向其他地域经营者的转换成本等。

五、阻碍行政调查

(一)阻碍行政调查立法

反垄断执法机构对涉嫌违法经营者依法开展反垄断调查,是预防和制止垄断行为,保护市场公平竞争和消费者合法权益的重要法律措施。根据我国《反垄断法》的规定,执法机构有权对涉嫌垄断行为进行调查,并可以采取下列措施,如进入被调查经营者的营业场所;询问相关人员要求其说明情况;查阅复制相关单位或个人的有关单证、协议、会计账簿、业务函电等文件资料;查封扣押相关证据以及查询经营者的银行账户等。

2008年《反垄断法》第42条规定了被调查企业及相关个人的配合义务,即"被调查的经营者、利害关系人或者其他有关单位或者个人 应当配合反垄断执法机构依法履行职责,不得拒绝、阻碍反垄断执法机构的调查",第52条规定了未履行上述配合义务的法律后果,即"对反垄断执法机构依法实施的审查和调查,拒绝提供有关材料、信息,或者提供虚假材料、信息,或者隐匿、销毁、转移证据,或者有其他拒绝、阻碍调查行为的,由反垄断执法机构责令改正,对个人可以处二万元以下的罚款,对单位可以处二十万元以下的罚款;情节严重的,对个人处二万元以上十万元以下的罚款,对单位处二十万元以上一百万元以下的罚款;构成犯罪的,依法追究刑事责任"。

修正后的《反垄断法》并未改变第42条的内容,但对第52条的内容作出了部分改动,大幅提高了对拒绝、阻碍反垄断执法机构调查的企业及个人的处罚力度:由此前对企业顶格处100万元、对个人顶格处10万元的罚款调整为,对企业顶格处上一年度销售额1%(没有销售额或销售额难以计算的,处500万元罚款)、对个人顶格处50万元的罚款。

(二)妨碍行政调查案件

2021年有2件案件的当事人存在妨碍调查的行为。分别是扬子江药业集团有限公司垄断协议案以及宜兴港华燃气有限公司滥用市场支配地位案。在扬子江药业集团有限公司垄断协议案中,扬子江药业在调查初期具有不予配合、拖延检查进展等情节,但其在调查后期能够积极配合,推动案件进展,因此执法机构综合考虑上述情形,对当事人处以2018年度销售额3%的罚款。而在宜兴港华燃气有限公司滥用市场支配案中,宜兴港华燃气在调查初期具有不予配合、拖延检查进展等情节。经执法人员普法教育,其认识到违法行为及危害,能够较好地配合执法机构查清违法事实,且对其他可能违反《反垄断法》的行为进行了自查,发现并整改了不合理行为,并积极主动地采取整改、退费等措施减轻违法行为危害后果。因此,执法机关按照过罚相当、惩教结合的原则对当事人处以2018年度销售额2%的罚款。

历年阻碍调查案件如表13所示。

表13 历年阻碍调查案件

序号	案名	被处罚主体	时间	处罚机构	阻碍行为
1	扬子江药业集团有限公司垄断协议案	扬子江药业集团有限公司	2021	国家	不予配合、拖延检查进展
2	宜兴港华燃气有限公司滥用市场支配案	宜兴港华燃气有限公司	2021	江苏	不予配合、拖延检查进展
3	山东康惠医药有限公司滥用市场支配地位案	山东康惠医药有限公司及其法定代表人及12名员工	2020	国家	不配合、转移、藏匿、销毁和拒绝提供材料等;通过微信告知相关人员拔除U盘并隐匿、隐藏相关材料
		潍坊普云惠医药有限公司及其法定代表人	2020	国家	
4	青海省民和川中石油天然气有限责任公司滥用市场支配地位案	青海省民和川中石油天然气有限责任公司	2020	国家	拒不配合调查、隐瞒事实真相,转移、藏匿并销毁与本案相关的资料,在调查期间变换手段继续从事违法活动;特别是将相关材料焚毁、焚烧达3个小时
5	广州庆丰丰田反垄断调查案	广州庆丰丰田汽车销售服务有限公司法定代表人和总经理	2018	广东	拒绝提供材料、辱骂执法人员,指示其他人员拔掉U盘、电脑网线

续表

序号	案名	被处罚主体	时间	处罚机构	阻碍行为
6	隆舜和原料药价格垄断案	山东潍坊隆舜和医药有限公司	2017	山东省物价局	阻碍调查、扔掉执法人员收集材料U盘
7	安徽信雅达等三家密码器企业垄断协议案	信达雅系统工程股份有限公司	2017	原安徽省工商局	拒绝配合调查、未提供有关材料
8	重庆青阳医药有限公司、重庆大同医药有限公司垄断案	重庆青阳医药有限公司、重庆大同医药有限公司	2016	国家发改委	不积极配合调查、且在调查初期否认相关事实
9	海南省水晶销售企业垄断协议案	三亚铂莱晶工艺品有限公司	2013	海南物价局	未按规定提供检查所需资料,且转移安装有收银系统、企业管理系统或财务系统的电脑设备,或删除、修改相关电脑数据
		三亚亿佳哈斯里水晶有限责任公司	2013		

(三)阻碍调查类型

表13中9件行政处罚案件所述的拒绝和阻碍调查行为,基本可以分为如下几种类型:

1.拒绝提供资料类。(1)强硬拒绝提供票证、单据、记录、会计账簿等资料;(2)以相关资料为“商业秘密”为由,拒绝提供;(3)阻挠执法人员查阅公司电子数据、文件资料;(4)谎称资料被水淹没,进而拒绝提供;(5)切断公司办公系统网络(拔掉网线或电源线);(6)拔出执法人员正在提取电脑证据的U盘,并拒绝执法人员取回的要求/将U盘扔出门外,并阻挠执法人员找寻;(7)不按规定提供执法机构所需相关材料,且在送达《限期提供调查所需资料通知书》后,仍未能按照要求提供相关资料。

2.隐匿、销毁、转移证据类。(1)暴力抢夺证据材料,不顾执法人员阻拦,强行隐匿、转移材料;(2)将合同、账目、原始凭证等资料转移至家中藏匿以逃避调查;(3)转移安装有收银系统、企业管理系统或财务系统的电脑设备;(4)将存储监控录像的硬盘、存储数据库材料的硬盘拆除、隐匿、转移;(5)拔出执法人员正在提取电脑证据的 U 盘并隐匿;(6)谎称相关文件因发生交通事故丢失,进而转移资料;(7)将打印出的记录涉嫌实施垄断行为的微信聊天记录等证据材料当众撕毁;(8)将转移、藏匿的资料焚烧删除、修改公司电脑文件资料和数据。

3. 其他拒绝、阻碍行为类。(1)拒绝在《调查通知书》送达回证上签字;(2)拒绝签署现场笔录;(3)认为调查通知书有关阻挠和拒绝提供资料的表述不实,口头陈述认为调查文书有效力问题,质问执法人员是否懂法;(4)拒绝签收执法人员送达文书《限期提供调查所需资料通知书》,并对执法人员进行录像;(5)在调查过程中表示"不同意执法人员开展调查""不同意提取证据材料";(6)宣称执法人员无权调查;(7)执法人员责令停止违法行为时,对执法人员进行暴力阻挠,造成执法人员受伤;(8)围堵执法人员所在会议室,并在楼下示威,威胁执法人员;(9)辱骂执法人员。①

因实施"拒绝、阻碍调查行为"的主体实际上是企业的相关个人,那么,该等个人行为何时会被认为是代表了其所在企业的行为,何时仅被认为是个人行为,其界限在反垄断法项下是不明晰的。换言之,针对某一不配合调查的行为,反垄断执法机构是应当仅处罚相关企业、仅处罚相关个人,还是应当既处罚相关企业也同时处罚相关个人,目前似乎仍没有明确的法律标准。

对此,一方面,反垄断执法机构需要考虑相关个人在企业中所担任的职务;另一方面,还需要考虑相关个人的不配合行为是在何种情境何种背景下采取的。例如,在隆舜和案件中,反垄断执法机构认为,因相关个人作为隆舜和公司的员工,在履行职责、代表隆舜和公司接受反垄断执法机构的调查时,其阻碍调查的行为后果应由隆舜和公司承担。与之相对应的,在注射用葡萄糖酸钙原料药案件中,除涉案企业因拒绝、阻碍调查行为被处罚外,被处罚的相关个人还涉及企业的法定代表人和另 10 余名员工。②

① 薛熠、杨壹凯:《反垄断执法机构日渐重视并将严惩拒绝和阻碍调查的行为》,载中伦网,http://www.zhonglun.com/Content/2020/07-07/1140578097.html。

② 薛熠、杨壹凯:《反垄断执法机构日渐重视并将严惩拒绝和阻碍调查的行为》,载中伦网,http://www.zhonglun.com/Content/2020/07-07/1140578097.html。

六、行政处罚听证

(一)听证制度概况

在我国,反垄断听证制度是一项熟悉而又陌生的制度。听证制度在我国已存在了10年之久,但它源于英美国家。听证制度在我国的出现一方面是因为反垄断案件的综合性、复杂性与反垄断法的抽象性、原则性之间的矛盾需要一项具体的程序性制度加以调和。另一方面是因为反垄断案件往往与公众利益息息相关,我国《反垄断法》对于公众参与权的规定明显不足,反垄断听证制度恰好弥补了《反垄断法》的这一缺陷。

根据《行政处罚法》的规定,行政机关作出责令停产停业、吊销许可证或者执照、较大数额罚款等行政处罚决定之前,应当告知当事人有要求举行听证的权利;当事人要求听证的,行政机关应当组织听证。

一般来说,反垄断执法机构查处的行政处罚案件的罚款数额都较大,达到了听证的标准,反垄断执法机构一般都会向当事人下达听证告知书,告知当事人可以申请行政听证的权利。听证会即是被处罚当事人了解案件事实、进行陈述申辩的重要途径,也是反垄断执法机构搜集证据、核实信息的重要形式。

(二)执法听证现状

如图8所示,2021年查处的46件反垄断行政处罚案件中,被调查行政相对人申请行政听证的案件有4件,约占9%,申请听证的案件均举行了听证;未申请行政听证的案件共计42件,约占91%。

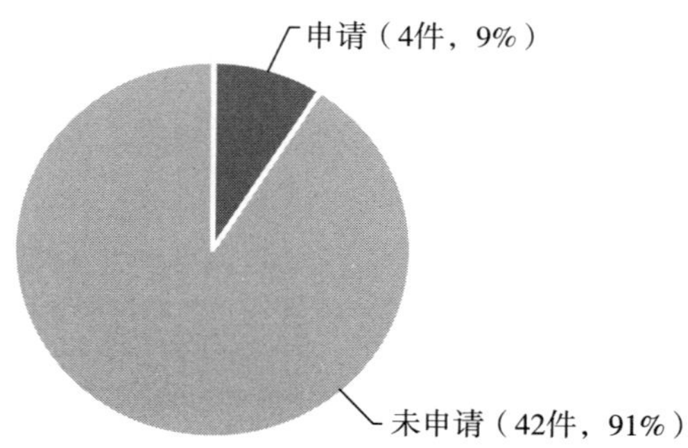

图8 执法听证申请

2020 年查处的 143 件反垄断行政处罚案件中,被调查行政相对人申请行政听证的案件有 59 件,约占 41%;42 件案件除 1 件由申请人主动撤回听证申请外,其余均依据当事人申请举行了听证;未申请行政听证的案件共计 84 件,约占 59%。

对以上数据进行分析可得,被处罚当事人申请听证的案件数量略有减少。但只要当事人提出听证申请,反垄断执法机构均会依申请举行听证。在过去,无论是执法者还是被执法者,都存在“重实体、轻程序”的落后法治观念。如今,越来越多的当事人选择行使听证权利,可见当事人的法律主体意识和权利意识有大幅度地提高,这也和反垄断执法机构对听证制度的宣传教育密不可分。反垄断听证制度不仅切实保障了反垄断听证案件当事人陈述权和公众参与权的实现,还可以节省反垄断案件的调查成本。

此次查询的案件中,进行听证的案件如表 14 所示。

表 14　进行听证的案件

序号	案号	案件名称	执法机构
1	国市监处〔2021〕29 号	扬子江药业集团有限公司垄断协议案	国家
2	苏市监反垄断案〔2021〕1 号	梧州黄埔化工药业有限公司垄断协议案	江苏
3	渝市监处字〔2021〕41 号	重庆江都建材有限公司垄断协议案	重庆
4	渝市监处字〔2021〕42 号	重庆建典混凝土有限公司垄断协议案	重庆

七、行政处罚证据

如图 9 所示,在 2021 年反垄断行政处罚案件中,所有案件均公开了处罚所依据的证据,涉及的证据类型有书证、当事人陈述、证人证言、电子数据等。多数案件采用了两种以上类型的证据。其中所有案件均采用书证、当事人陈述作为证据;有 16 件案件采用电子数据作为证据,约占 35%;有 34 件案件采用了证人证言作为证据,约占 74%。

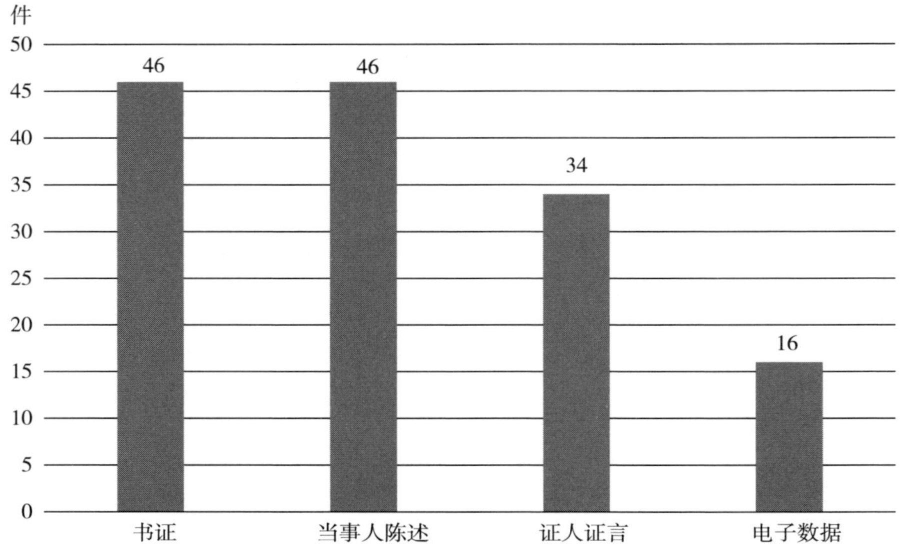

图9 行政处罚证据分析

对图9数据进行分析可得出,书证和当事人陈述是最常见的证据类型,所有的案件都采用了书证和当事人陈述作为证据。从行政处罚决定书公布的证据来看,反垄断行政处罚案件中的书证主要包括购销合同、联合声明、承诺书、合作协议、会议纪要、财务明细账及票据、纳税情况、利润表等。其中,购销合同、联合声明、合作协议、会议纪要等相关文件用来证明当事人达成垄断协议或滥用市场支配地位的相关事实,是违法事实认定的主要依据。需要注意的是,此类证据还能作为《禁止垄断协议暂行规定》第33条规定的"重要证据",当事人提交此类证据可以申请依法减轻或者免除处罚。

反垄断行政处罚案件中证人证言主要是被处罚当事人单位员工、上下游企业,或者与被处罚当事人具有竞争关系的经营者的询问笔录,或其出具的情况说明等,用来证明案件事实。

另外,随着社会生活电子化程度的普及,在反垄断行政执法实践中,出现了越来越多的电子数据证据。例如,在山东康惠医药有限公司滥用市场支配地位案、嘉兴市二手车行业协会垄断协议案、惠州市机动车检测行业协会垄断协议案、茂名市电白区建科混凝土有限公司垄断协议案中都利用了微信聊天记录截图等电子证据证明当事人存在垄断市场行为。

反垄断行政处罚案件中书证主要包括购销合同、联合声明、合作协议、会议纪要、财务明细账及票据、纳税情况、利润表等。其中,购销合同、联合声明、合作协议、会议纪要等相关文件用来证明当事人达成垄断协议或滥用市场支配地位的相关事实,是违法事实认定的主要依据。需要注意的是,此类证据还能作为《禁止垄断协议暂行规定》第33条规定的"重要证据",当事人提交此类证据可以申请依法减轻或者免除处罚。这也提示企业在经营过程中注意上述证据原件的收集和保存,并且有效运用宽大制度,提交"重要证据",以申请减轻或者免除处罚。

第四部分 反垄断法律责任

一、反垄断法律责任分析

(一)《反垄断法》及其修正

我国2008年《反垄断法》第46~54条规定了垄断行为的法律责任。其中第46条规定:"经营者违反本法规定,达成并实施垄断协议的,由反垄断执法机构责令停止违法行为,没收违法所得,并处上一年度销售额百分之一以上百分之十以下的罚款;尚未实施所达成的垄断协议的,可以处五十万元以下的罚款。经营者主动向反垄断执法机构报告达成垄断协议的有关情况并提供重要证据的,反垄断执法机构可以酌情减轻或者免除对该经营者的处罚。行业协会违反本法规定,组织本行业的经营者达成垄断协议的,反垄断执法机构可以处五十万元以下的罚款;情节严重的,社会团体登记管理机关可以依法撤销登记。"第47条规定:"经营者违反本法规定,滥用市场支配地位的,由反垄断执法机构责令停止违法行为,没收违法所得,并处上一年度销售额百分之一以上百分之十以下的罚款。"

但在修正后的《反垄断法》中,对于各类反垄断违法行为的处罚力度大幅度增强。例如,针对实施垄断协议的经营者,根据修正后的《反垄断法》第56条,经营者达成并实施垄断协议,并且上一年度无销售额的,可以对其处500万元以下的罚款。这一新增规定是对于既往实践中的部分问题作出的回应,在一定程度上缓解了部分企业因其上一年度无销售额而免受行政处罚的情况。此外,修正后的《反垄断法》规定对于尚未实施其达成的垄断协议的,可以处以300万元以下罚款。还增加了对于垄断协议类型的违法行为负有责任的个人(法定代表人、主要负责人、直接责任人员)进行处罚的规定,对于此类个人可以处以100万元以下的罚款。

此外,尽管修正后的《反垄断法》已经对于违法行为的罚款数额进行大幅度提高,但其仍从情节、后果等严重程度考虑,进一步通过加倍罚款提高处罚力度。其第63条规定,对于违反反垄断法规定,情节特别严重、影响特别恶劣、造成特别严重后果的,反垄断执法机构可以按照前款的处罚规定的罚款数额的2倍以上5倍以下处以罚款。

修正后的《反垄断法》第64条还规定,经营者因违反反垄断法规定受到行政处罚的,依照国家有关规定记入信用记录,对于严重违法失信行为还会给予信用惩戒,并向社会公示。

修正前后的《反垄断法》关于法律责任的规定对比如表15所示。

表15 2008年《反垄断法》与修正后的《反垄断法》法律责任对比

行为类型	修正前	修正后
达成并实施垄断协议(上一年度有销售额)	上一年度销售额1%~10%罚款	上一年度销售额1%~10%罚款
达成并实施垄断协议(上一年度无销售额)	未规定	500万元以下罚款
达成但未实施垄断协议	50万元以下罚款	300万元以下罚款
经营者的法定代表人、主要负责人和直接责任人员对达成垄断协议负有个人责任的	未规定	100万元以下罚款
经营者组织其他经营者达成垄断协议或者为其他经营者达成垄断协议提供实质性帮助	未规定	适用垄断协议条款处罚
行业协会组织本行业经营者达成垄断协议	50万元以下罚款	300万元以下罚款
滥用市场支配地位行为	上一年度销售额1%~10%罚款	上一年度销售额1%~10%罚款
对反垄断执法机构的审查和调查进行妨碍或者拒不配合的	对个人处2万元以下罚款;对单位处20万元以下罚款;情节严重的,对个人处2万元以上10万元以下罚款,对单位处20万元以上100万元以下罚款	上一年度销售额1%以下罚款; 上一年度无销售额,处500万元以下罚款; 对个人处50万元以下罚款
经营者因垄断行为受到行政处罚对信用的影响	未规定	依照国家有关规定计入信用记录

反垄断执法机构通过落实垄断行政法律责任,实现制裁和纠正违法行为的目的。由上述对比可知,2008年《反垄断法》对于达成垄断协议的垄断行为以及构成滥用市场支配地位的垄断行为,除了责令被调查处罚主体停止违法行为以外,最主要的法律责任承担方式是没收违法所得以及对于经营者进行罚款。修正后的《反垄断法》不仅加重了对于罚款的力度,还将经营者的信用等纳入处罚体系,为企业的违法经营行为施加了更多商业风险和法律风险。对于经营者不配合或是妨碍反垄断调查的行为罚款力度也加大许多,这在一定程度上也可以促进反垄断执法机构的执法效率,减轻调查负担。

(二)没收违法所得

如图10所示,在2021年的行政处罚案件中,执法机关对违法所得进行没收的案件共计20件,约占43%;没有没收违法所得的案件共计26件,约占57%。2021年没收违法所得共计38,291.62万元。在没收违法所得的20件案件中,有15件案件执法机关说明了如何计算违法所得。

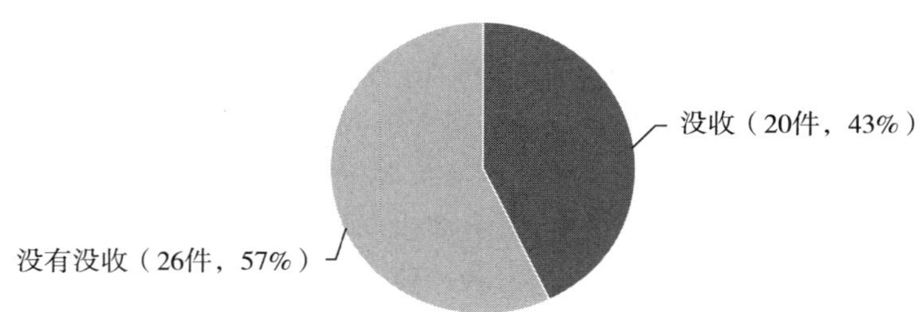

图10 没收违法所得情况

而在2020年的行政处罚案件中,除2件终止调查的案件外,对违法所得进行没收的案件共计39件,约占28%;没有没收违法所得的案件共计102件,约占72%。2020年没收违法所得共计14,807.63万元。①

对图10数据进行分析可得出,2021年反垄断执法机构在行政处罚实施过程中,没收违法所得的比例大幅度提高,近半数案件中,执法机构都没收了当事人的

① 参见林文:《中国反垄断行政法数据分析报告(2020)》,载王先林主编,上海交通大学竞争法律与政策研究中心、上海市法学会竞争法研究会组编:《竞争法律与政策评论》第7卷,法律出版社2021年版。

违法所得。但仍有半数反垄断行政处罚案件并未没收当事人违法所得。而依据2008年《反垄断法》第46条和第47条的规定,经营者无论是实施垄断协议,还是滥用市场支配地位,都应"由反垄断执法机构责令停止违法行为,没收违法所得,并处上一年度销售额百分之一以上百分之十以下的罚款"。如果"尚未实施所达成的垄断协议的,则可以处五十万元以下的罚款"。在法律条文中,"没收违法所得"和"处以罚款"之间用的是"并"而非"或",这也就是说,执法部门在对违规者进行处罚时,首先应该没收违法所得,再依据案件具体情况进行罚款。

但在实践中,并非每个案例都会实施没收违法所得。其原因在于:首先,违法所得的计算难度较大,往往需要当事人进行配合,且需要大量证据进行佐证。其次,反垄断执法机构的人手严重不足。为了避免定性模糊、定量不准的情形,执法机构在实践中会尽量用罚款代替没收,以避免争议。最后,部分案件中经营者虽然达成了垄断协议但并未实施,此种案件并无违法所得,因此不具有没收违法所得的可行性。

在2021年没收违法所得的20件案件中,有15件案件执法机关说明了如何计算违法所得。例如,在天津天药药业股份有限公司等三家企业垄断协议案中,调查机构在认定行为人实施了垄断行为的基础上,认为其销售的樟脑已经不能反映真实的市场竞争价格,而当事人因其垄断行为多得的收入就被视为违法所得。此外,执法机构还收集了当事人CP樟脑收入成本情况统计表及佐证材料、营收成本各项费用和税金情况统计表及佐证材料、松节油市场价格走势图、樟脑生产成本计算表、月度生产计划表及原材料采购发票列表等证据,用于证明当事人获取的违法所得。但在行政处罚决定书中,执法机构也只是列明证据及其计算的整体思路,对于违法所得的具体计算方法并未提及。

为解决违法所得的计算问题,按照国务院反垄断委员会的部署,国家发展改革委会同有关部门在总结执法经验、开展实地调研、多次召开行业和专家座谈会的基础上,研究起草了《关于认定经营者垄断行为违法所得和确定罚款的指南(征求意见稿)》,并于2016年6月17日至7月6日向社会公开征求意见。该意见稿中首次对"违法所得"给出了明确定义:违法所得是指经营者实施《反垄断法》禁止的垄断协议和滥用市场支配地位行为,垄断行为存续期间因该行为多得的收入或减少的支出。并在该意见稿中规定了较为详细的违法所得计算方法。但该指南尚未正式公布。

此次查询的案件中,没收违法所得案件如表16所示。

表 16　没收违法所得案件

序号	案号	案件名称	执法机构
1	津市监垄处〔2021〕1 号	天津天药药业股份有限公司垄断协议案	天津
2	津市监垄处〔2021〕2 号	天津太平洋化学制药有限公司垄断协议案	天津
3	津市监垄处〔2021〕3 号	深圳市富海通医药有限公司垄断协议案	天津
4	沪市监反垄处〔2021〕3220190101511 号	南京宁卫医药有限公司滥用市场支配地位案	上海
5	苏市监反垄断案〔2021〕1 号	梧州黄埔化工药业有限公司垄断协议案	江苏
6	苏市监反垄断案〔2021〕2 号	苏州优合科技有限公司垄断协议案	江苏
7	苏市监反垄断案〔2021〕3 号	江苏嘉福制药有限公司垄断协议案	江苏
8	苏市监反垄断案〔2021〕4 号	宜兴港华燃气有限公司滥用市场支配地位案	江苏
9	云市监价处〔2021〕2 号	中国航空油料有限公司云南分公司滥用市场支配地位案	云南
10	陕市监反垄断处罚字〔2021〕1 号	陕西省水务集团泾阳县供水有限公司滥用市场支配地位案	陕西
11	豫市监处字〔2021〕1 号	商丘市新先锋药业有限公司滥用市场支配地位案	河南
12	赣市监反垄断处〔2021〕2 号	丰城市闽邑建材有限公司垄断协议案	江西
13	赣市监反垄断处〔2021〕3 号	丰城市俊祥建材有限公司垄断协议案	江西
14	赣市监反垄断处〔2021〕4 号	丰城市政云混凝土有限公司垄断协议案	江西
15	赣市监反垄断处〔2021〕5 号	丰城市中港建材有限公司垄断协议案	江西
16	赣市监反垄断处〔2021〕6 号	丰城市金基建材实业有限公司垄断协议案	江西
17	赣市监反垄断处〔2021〕7 号	丰城市丰宇建材有限公司垄断协议案	江西
18	赣市监反垄断处〔2021〕8 号	丰城市晨峰建材有限公司垄断协议案	江西
19	赣市监反垄断处〔2021〕9 号	江西强胜建筑材料有限公司垄断协议案	江西
20	鲁市监行处字〔2021〕11 号	淄博联合水泥企业管理有限公司等八家企业垄断协议案	山东

(三)行政罚款概况

1.行政罚款整体情况

2021年我国反垄断行政处罚案件中,反垄断执法机构对于当事人均处以罚款,2021年度反垄断行政罚款数额共计231.34亿元。

2020年我国反垄断行政处罚案件中,扣除终止和中止调查案件以外,反垄断执法机构对当事人处以行政罚款的案件共计129件,占91%;反垄断执法机构对当事人未处以罚款的案件12件,占9%。2020年度反垄断行政罚款数额共计1.56亿元。①

相较于2020年,2021年度的罚款数额大幅上涨,主要是先声药业集团有限公司滥用市场支配案、阿里巴巴集团控股有限公司滥用市场支配地位案、扬子江药业集团有限公司垄断协议案、美团滥用市场支配地位案的罚款金额均过亿元,其中仅阿里巴巴集团控股有限公司滥用市场支配地位案的罚款金额就高达182.28亿元。

2."上一年度"的认定

根据《反垄断法》相关规定,对于经营者处以罚款的时间基准是"上一年度销售额"。"上一年度"是一种销售额的时间拟制,其存在很大的不确定性。随着市场环境的变动,当年的收益率不可能同"上一年度销售额"相一致,即使一致,垄断利润率也不可能一致。但是,"上一年度销售额"保留了持续垄断行为的完整经营记录,即"上一年度销售额"比当年的营销信息更全面,更易得。② 因此在反垄断行政处罚中,罚款的认定依据为"上一年度销售额"。

在2021年的反垄断执法机构调查处罚的行政处罚案件中,除去丰城市预拌混凝土协会协议案,其余案件的罚款依据均为"上一年度销售额"。因行业协会的处罚规则并不以上一年度销售额为依据计算,而是对其处以50万元以下的罚款,因此江西省市场监督管理局对该行业协会处以50万元罚款。

而其余案件中,如图11所示,有1件案件以2016年数据作为计算"上一年度销售额"的依据,约占2%;以2017年数据作为计算"上一年度销售额"依据的案件有

① 参见林文:《中国反垄断行政执法数据分析报告(2020)》,载王先林主编,上海交通大学竞争法律与政策研究中心、上海市法学会竞争法研究会组编:《竞争法律与政策评论》第7卷,法律出版社2021年版。

② 参见刘继峰:《结构主义视角下我国反垄断罚款制度研究》,载《社会科学辑刊》2021年第2期。

4 件,约占 9%;26 件案件以 2018 年数据作为计算"上一年度销售额"的依据,约占 57%,这 26 件案件的立案时间均为 2018 年;12 件以 2019 年数据作为计算"上一年度销售额"的依据,约占 26%;2 件以 2020 年数据作为计算"上一年度销售额"的依据,约占 4%。

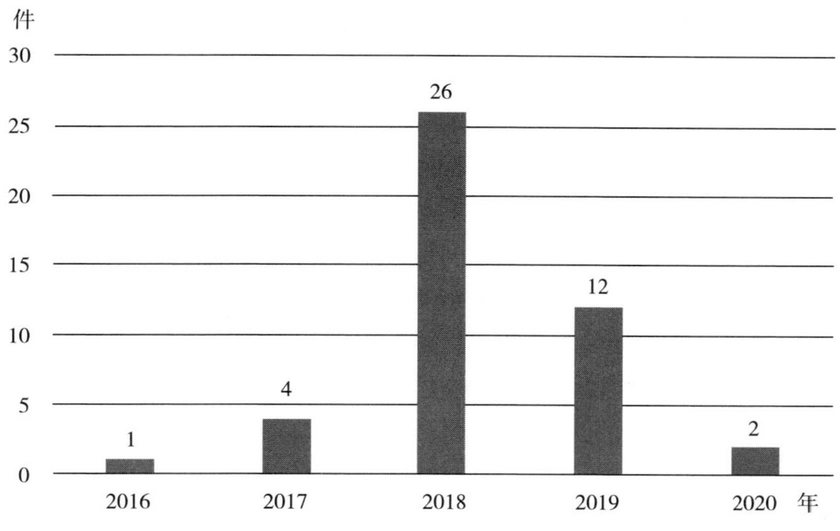

图 11 "上一年度销售额"认定

从图 11 分析可以得出,反垄断执法机构罚款所取的"上一年度销售额"基数,基本采用的是立案年份的上一年度销售额,而不是由行政处罚年份决定上一年度销售额。但也有例外,比如,蒙自四通泰兴供水有限公司滥用市场支配地位案和中国航空油料有限责任公司云南分公司滥用市场支配地位一案中,调查机构于 2018 年 12 月开展调查,最终的处罚依据也是同年份的年度销售额,这是因为上述两起案件均于 2018 年年末开展调查,虽未在行政处罚决定书中标明立案时间,但应当是于 2019 年才进行立案。取 2019 年的上一年度销售额为处罚依据,符合法律规定。

3. 罚款计算基础说明分析

如图 12 所示,2021 年反垄断执法机构查处的 45 件反垄断行政处罚案件中(丰城市预拌混凝土协会案中,行业协会无罚款数额计算基础,故不计算在内),说明了罚款数额的计算基础为经营者违法年度相关市场销售额的案件共计 15 件,约占 33%;没有说明罚款数额的计算基础为经营者违法年度相关市场销售额,或者只作出笼统计算说明的案件共计 30 件,约占 67%。

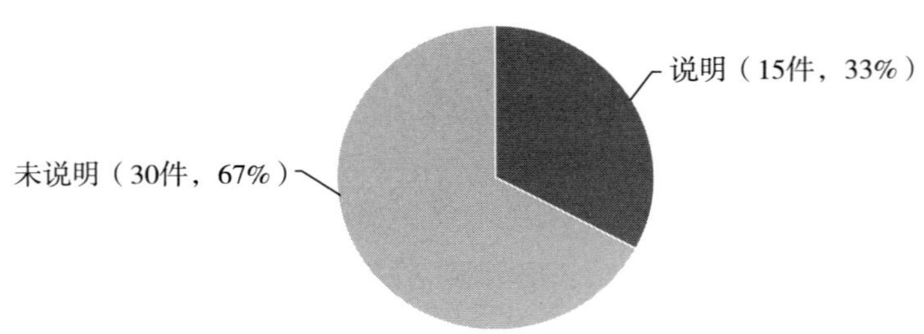

图12　罚款计算基础说明

4.罚款比例分析

如图13所示,除去行业协会案件之外,2021年的45件反垄断行政处罚案件中,罚款数额为上一年度销售额1%的共计6件,约占13%;罚款数额为上一年度销售额2%的共计13件,约占29%;罚款数额为上一年度销售额3%的共计12件,约占27%;罚款数额为上一年度销售额4%及5%的均为3件,各约占7%;罚款数额为上一年度销售额6%的仅1件,约占2%;罚款数额为上一年度销售额8%的共计7件,约占15%。

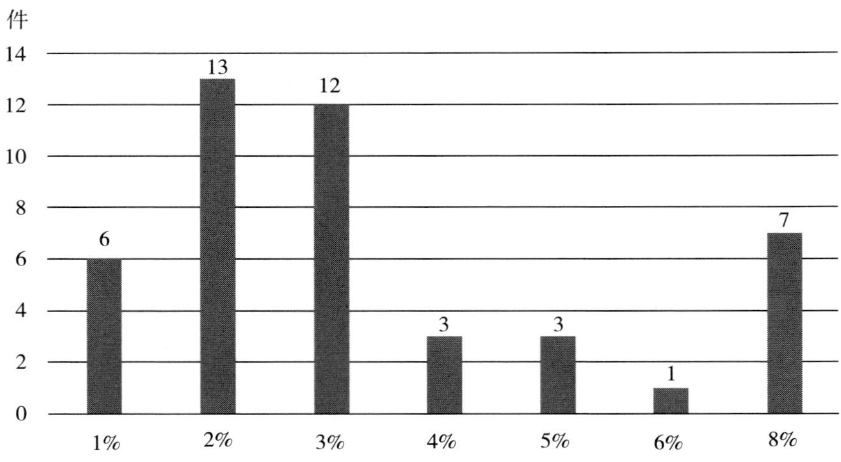

图13　罚款占"上一年度销售额"的比例

从以上分析可以得出,罚款数额大多为经营者上一年度销售额的1%～3%,罚款比例普遍较低。法定的罚款比例为1%～10%,并无案件适用顶格处罚。在丰城市八家混凝土企业垄断协议案中,因涉案的8家企业多次达成垄断协议,并且其垄断行为持续时间较长,破坏了丰城市预拌混凝土市场的正常竞争机制,且情节严重,社会影响恶劣,因此江西省市场监督管理局对涉案 8 家企业处以 2018 年销售额 8% 的罚款。此外,该案涉及的丰城市混凝土协会被按照行业协会的 50 万元罚款标准顶格处罚。

在同一案件中,针对不同当事人,反垄断执法机构选择适用的罚款比例也存在不同。例如,天津天药药业股份有限公司等三家企业垄断协议案中有三家涉案企业,但三家企业的罚款比例并不相同。这主要是反垄断执法机构根据《反垄断法》(2008 年版)第 47 条、第 49 条规定,考虑到涉案当事人之间的违法程度不同,在调查时的主动配合程度也不同。在该案中,天津天药药业股份有限公司将达成并实施垄断协议列为公司重点工作任务,有计划地推动并实施,对市场的破坏性较大,并持续时间较长,因而被处以 2019 年度销售额 4% 的罚款;天津太平洋化学制药有限公司虽然实施垄断协议的时间也较长,但因其规模较小,对于市场的破坏性也相对较小,因而被处以 2019 年度销售额 3% 的罚款;深圳市富海通医药有限公司因垄断协议持续时间最短,也是该行业新进入的竞争者,在垄断协议中只起到次要作用,因而被处 2019 年度销售额 2% 的罚款。反垄断执法机构对于同一案件中的不同主体,依照其违法程度进行“同案不同罚”,充分体现了反垄断行政处罚中“过罚相当”的原则。

罚款是各国规制垄断行为的制度核心,但因为垄断的特性,反垄断罚款和其他罚款有明显的区别。一般制度是以违法所得为基础乘以相应的倍数,或者定额以下的罚款。有所不同的是,垄断的不利影响针对的是市场秩序,而非特定的个人利益。

我国学术界对我国反垄断罚款问题的研究,表现出鲜明的路径一致性:强调威慑统辖下的罚款制度完善,并着力于“上一年”“销售额”“1% ~10%”比例规则的细化,以增强其确定性。事实上,威慑是个抽象的目标,其效应需要量化。同时,这种量化也需建立在公平、公开的基础上。因此,罚款制度的复杂性在于它是多要素的组合关系,其技术性在于如何将诸要素组合且形成合理的结构。①

2016 年公开的《关于认定经营者垄断行为违法所得和确定罚款的指南(征求意见稿)》在如何确定罚款的方面给出了详细的步骤,“反垄断执法机构分三步确定对经营者的罚款:第一步,确定违法经营者的上一年度销售额;第二步,考虑违法行为

① 参见刘继峰:《结构主义视角下我国反垄断罚款制度研究》,载《社会科学辑刊》2021 年第 2 期。

性质和持续时间确定基础罚款比例;第三步,考虑其他从重、从轻、减轻因素对基础罚款比例进行调整,并根据违法行为的程度进行调整,确定最终罚款比例,据此计算出罚款数额”。但该意见稿尚未正式公布施行。

5. 罚款数额分析

如图 14 所示,2021 年的 46 件反垄断行政处罚案件中,罚款数额在 100 万元以下的案件共计 11 件,约占 24%;罚款数额在 100 万元以上,500 万元以下的案件共计 14 件,约占 30%;罚款数额在 500 万元以上,1000 万元以下的案件共计 5 件,约占 11%;罚款数额超过 1000 万元的案件有 16 件,约占 35%。

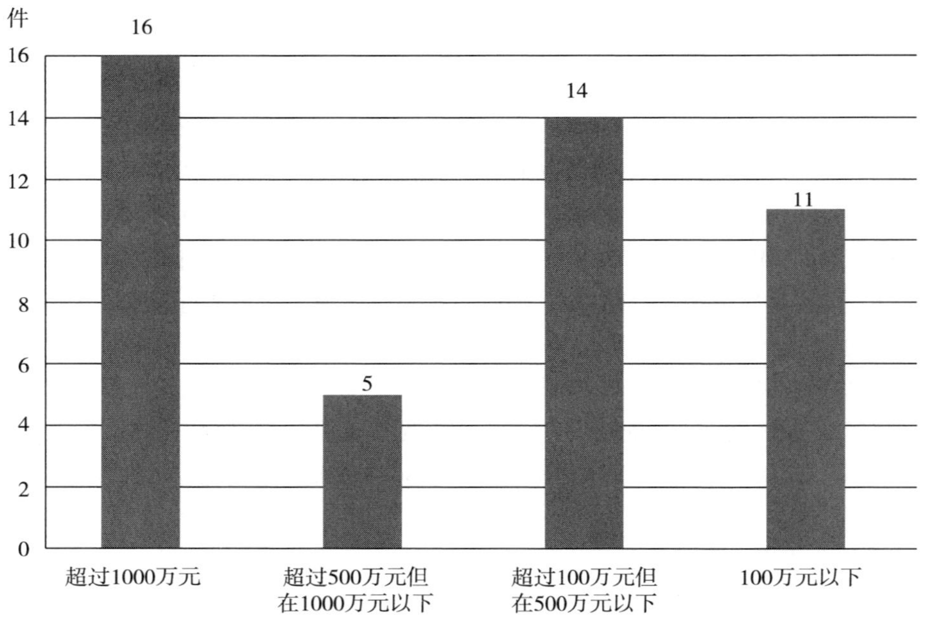

图 14 罚款数额分析

从以上数据可以看出,2021 年的案件罚款数额多是 500 万元以下,但被处以高额罚款的案件也不在少数。其中罚款金额最高的为阿里巴巴集团控股有限公司滥用市场支配地位案,在该案中,国家市场监管总局对涉案经营者处以 2019 年度销售额 4% 的罚款,即 182.28 亿元。如此高额的罚款一方面是因为该案经营者是互联网平台的龙头企业,其营业额基数较高;另一方面是因为该案中经营者实施垄断行为的持续时间较长。

2020年罚款数额在千万元以上的案件仅6件，罚款数额大多集中于50万元以下，但2021年有16件案件开出了超千万元的巨额罚单，更有5件案件的罚款金额超亿元。这在一定程度上表明2021年反垄断执法机构对于大型企业垄断的典型案例加大了打击力度，尤其是对于医药企业和互联网企业出重拳规制，也给同行业的其他经营者以警示。

此次查询的案件中，罚款数额超过1000万元的案件如表17所示。

表17　罚款数额超过1000万元的案件

序号	案　号	案件名称	罚款数额/亿元
1	国市监处〔2021〕1号	先声药业集团有限公司滥用市场支配地位案	1.007
2	国市监处〔2021〕28号	阿里巴巴集团控股有限公司滥用市场支配地位案	182.28
3	国市监处〔2021〕29号	扬子江药业集团有限公司垄断协议案	7.64
4	国市监处〔2021〕74号	美团滥用市场支配地位案	34.43
5	津市监垄处〔2021〕1号	天津天药药业股份有限公司垄断协议案	0.35
6	浙市监案〔2021〕4号	公牛集团股份有限公司垄断协议案	2.94
7	苏市监反垄断案〔2021〕4号	宜兴港华燃气有限公司滥用市场支配地位案	0.35
8	渝市监处字〔2021〕41号	重庆江都建材有限公司垄断协议案	0.12
9	渝市监处字〔2021〕42号	重庆建典混凝土有限公司垄断协议案	0.11
10	鲁市监行处字〔2021〕11号	山东宝山科技有限公司垄断协议案	0.19
11	鲁市监行处字〔2021〕11号	山东东华水泥有限公司垄断协议案	0.23
12	鲁市监行处字〔2021〕11号	山东山铝环境新材料有限公司垄断协议案	0.26
13	鲁市监行处字〔2021〕11号	淄博鲁中水泥有限公司垄断协议案	0.25
14	鲁市监行处字〔2021〕11号	山东崇正特种水泥有限公司垄断协议案	0.13
15	鲁市监行处字〔2021〕11号	淄博山水水泥有限公司垄断协议案	0.17
16	鲁市监行处字〔2021〕11号	临朐山水水泥有限公司垄断协议案	0.15

二、行政处罚考量因素

(一)处罚考量因素规定

根据我国《反垄断法》和《行政处罚法》的相关规定,反垄断行政执法机构在处罚反垄断案件当事人时应当将法定考量因素纳入考量范围,从而对垄断行为从轻或者从重处罚。

我国《行政处罚法》第32条规定:"当事人有下列情形之一,应当从轻或者减轻行政处罚:(一)主动消除或者减轻违法行为危害后果的;(二)受他人胁迫或者诱骗实施违法行为的;(三)主动供述行政机关尚未掌握的违法行为的;(四)配合行政机关查处违法行为有立功表现的;(五)法律、法规、规章规定其他应当从轻或者减轻行政处罚的。"第32条规定:"违法行为轻微并及时纠正,没有造成危害后果的,不予行政处罚。初次违法且危害后果轻微并及时改正的,可以不予行政处罚。当事人有证据足以证明没有主观过错的,不予行政处罚……"

《反垄断法》(2008年版)第49条规定:"对本法第四十六条、第四十七条、第四十八条规定的罚款,反垄断执法机构确定具体罚款数额时,应当考虑违法行为的性质、程度和持续的时间等因素。"

《禁止滥用市场支配地位行为暂行规定》第37条第2、3款规定:"反垄断执法机构确定具体罚款数额时,应当考虑违法行为的性质、情节、程度、持续时间等因素。经营者因行政机关和法律、法规授权的具有管理公共事务职能的组织滥用行政权力而滥用市场支配地位的,按照前款规定处理。经营者能够证明其从事的滥用市场支配地位行为是被动遵守行政命令所导致的,可以依法从轻或者减轻处罚。"

《禁止垄断协议暂行规定》第32条第2款、第3款规定:"反垄断执法机构确定具体罚款数额时,应当考虑违法行为的性质、情节、程度、持续时间等因素。经营者因行政机关和法律、法规授权的具有管理公共事务职能的组织滥用行政权力而达成垄断协议的,按照前款规定处理。经营者能够证明其达成垄断协议是被动遵守行政命令所导致的,可以依法从轻或者减轻处罚。"第33条第1款规定:"参与垄断协议的经营者主动报告达成垄断协议有关情况并提供重要证据的,可以申请依法减轻或者免除处罚。"

(二)考量因素分析

如图15所示,2021年我国查处的46件反垄断行政处罚案件中,有41件案件的处罚决定书提到了反垄断执法机构所考虑的法定考量因素,约占89%。

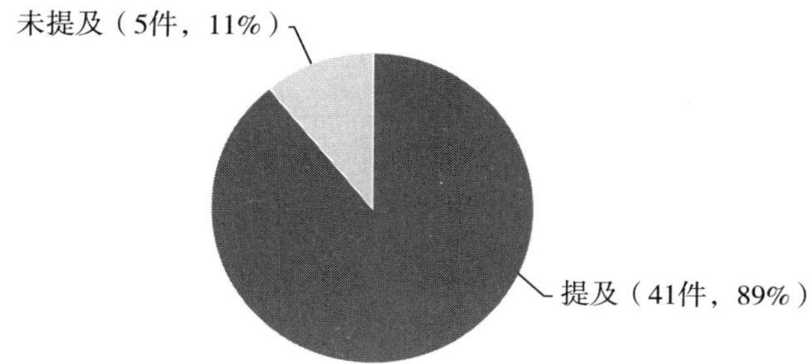

图15　行政处罚法定考量因素

在部分案件中,反垄断执法机构仅粗略提及"综合考虑当事人违法行为的性质、程度和持续的时间",但并未对处罚中的法定考量因素进行详细说明。《行政处罚法》第34条规定:"行政机关可以依法制定行政处罚裁量基准,规范行使行政处罚裁量权。行政处罚裁量基准应当向社会公布。"因此,反垄断执法机构在制作行政处罚决定书时,应当对其作出处罚决定的法定考量因素进行详细说明。

(三)法定考量因素类型

如图16所示,2021年反垄断执法机构查处的行政处罚案件中,反垄断执法机构考虑的法定考量因素主要为违法行为性质、程度、持续时间、疫情影响、配合调查程度以及是否主动整改。其中,考虑配合调查程度的案件最多,为25件,约占54%;考虑违法行为性质、程度的案件数量排名第二,为13件,约占28%;考虑是否主动整改的案件有12件,约占26%;考虑疫情影响的案件有8件,约占17%;考虑违法行为持续时间的案件的有2件,约占4%。

2020年反垄断执法机构查处的行政处罚案件中,反垄断执法机构考虑的法定考量因素主要为违法行为性质、程度、持续时间、社会影响、配合调查程度、是否主动整改以及经营者自身情况。其中,考虑配合调查程度的案件最多,为72件,约占48%;考虑违法行为性质、程度的案件数量排名第二,为30件,约占20%;考虑违法行为持续时间的案件有17件,约占11%;考虑社会影响的案件有16件,约占10%;考虑是否主动整改的案件有11件,约占7%;考虑经营者自身情况的案件有4件,约占3%。

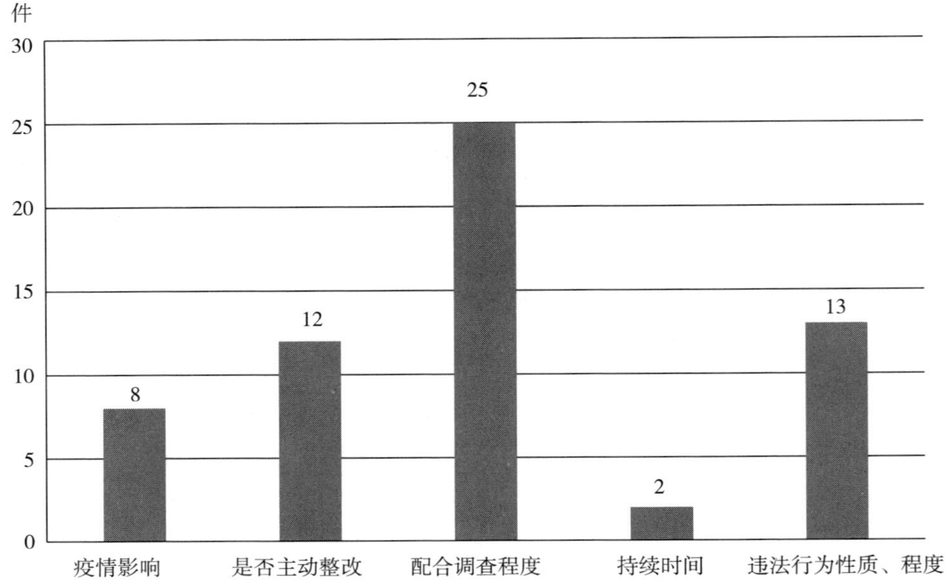

图16 法定考量因素类型

对图16数据分析可以得出,被调查处罚对象配合调查程度和违法行为的程度一直都是反垄断执法机构在进行行政处罚时考虑的主要因素。也就是说,被调查者在被调查时积极配合反垄断执法机构进行调查,并主动整改,就更有可能在被处罚时得到从轻的处罚结果甚至是免于处罚的结果。而若是在反垄断执法机构调查时,经营者拒不配合,则有可能会加重处罚。例如,在扬子江药业集团有限公司滥用市场支配地位案的行政处罚决定书中,反垄断执法机构在陈述处罚原因时就曾提及当事人在调查初期有不予配合、拖延检查进展等情节,并将其纳入罚款数额的考虑范围。这样做的原因:一方面是鼓励自首和提倡配合,以减轻执法成本和提升效率;另一方面对反垄断违法行为,处罚从来不是目的,宣传教育才是根本,让经营者认识错误并主动整改,以期教育其他违法者,最终预防和减少违法行为的产生。

经营者对于其实施的反垄断行为是否进行主动整改也是反垄断执法机构在进行行政处罚时所考虑的重要因素。例如,在先声药业集团有限公司滥用市场支配地位案中,先声药业集团有限公司能够在调查期间主动整改,因此反垄断执法机构仅对其处以上一年度销售额2%的罚款。从这一方面可见,经营者应重视反垄断合规管理,一旦发生违法垄断行为,应当及时主动地进行整改,以有效减轻处罚。

多起案件中均对多个法定考量因素进行综合考量。这说明反垄断执法机构在决定罚款数额时考虑较为全面,这也提示了经营者,在今后面对市场监督管理局的反垄断行政调查处罚时,应该从主观及客观各个角度积极为自己寻求减轻处罚的可能性。

三、垄断协议豁免制度

(一)垄断协议豁免

反垄断法上的豁免制度,又称为反垄断法上的适用除外制度,是指一些本应适用反垄断法予以限制或禁止的行为,根据法律的规定或依照某种法定程序认可,仍允许其实施而豁免对其的制裁或追究其法律责任的一种制度。

反垄断法禁止相关市场中的经营者之间达成垄断协议,但垄断协议的经济后果,在带来弊害的同时,也可能会带来经营者的绩效和整个市场效率的提升,消费者还可能分享效率提升带来的利益。经济效率可因经营者自主判断的自由竞争带来,也可因基于提升市场绩效目的或效果达成协议而带来,比如,为了改进质量提高效益等效率的提升,为了产品的标准化、为了技术进步等其他市场绩效。垄断协议被处罚源于其损害竞争的弊害,协议也可因所提升经济效率而根据法律规定被豁免。①

在成文法中,豁免制度是合理原则适用的载体,适用本身也是对该原则的发展。一般立法例中就是采取概括的禁止和广泛的豁免相结合的方式,明确了究竟“合理”到何种程度、满足何种要件的行为才是可豁免的,以此减少不确定性。豁免制度以欧共体竞争法和《德国反限制竞争法》中的规定为两种类型的代表。

我国《反垄断法》(2008年版)第15条规定了反垄断的豁免制度,当被调查的经营者满足一定条件,即使其行为可能在表面上会被认定为达成了垄断协议,也不会被认定为排除、限制竞争从而被反垄断行政执法机构处罚。

在2019年国家市场监督管理总局发布的《禁止垄断协议暂行规定》第27条第1款规定了反垄断执法机构认定经营者是否属于豁免情形的标准:“反垄断执法机构认定被调查的垄断协议是否属于反垄断法第十五条规定的情形,应当考虑下列因素:(一)协议实现该情形的具体形式和效果;(二)协议与实现该情形之间的因果

① 参见肖江平:《我国垄断协议豁免执法程序的制度设计——基于〈反垄断法〉修订的分析》,载《华东政法大学学报》2020年第2期。

关系;(三)协议是否是实现该情形的必要条件;(四)其他可以证明协议属于相关情形的因素。”

(二)垄断协议豁免申请分析

如图17所示,在2021年查处的46件反垄断行政处罚案件中,当事人申请豁免的案件有10件,约占22%;当事人未申请豁免的案件有36件,约占78%。申请豁免的案件分别为扬子江药业集团有限公司垄断协议案、江苏嘉福制药有限公司垄断协议案以及山东淄博联合水泥企业管理有限公司等8家企业垄断协议案。

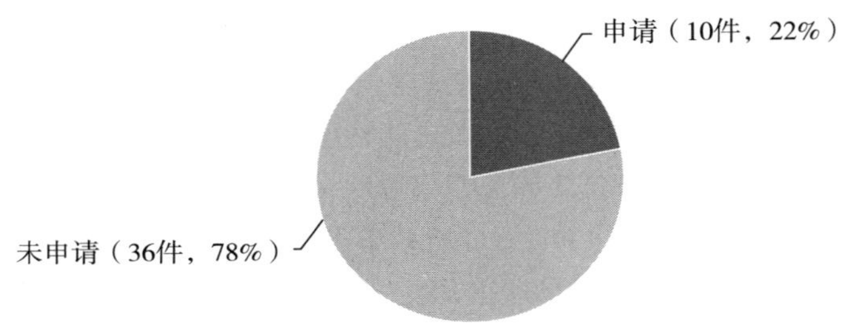

图17 垄断协议豁免申请情况

在扬子江药业集团有限公司垄断协议案中,当事人认为其行为符合《反垄断法》(2008年版)第15条第1款第1项和第4项规定情形,申请予以豁免。其认为实施的短期转售价格限制符合“为改进技术、研究开发新产品”的情形;此外,当事人还认为其固定和限定价格的行为是为了防止经销商和药店竞争,从而鼓励经销商和零售药店加强经销环节的投入,保证药品产品质量,从而实现维护社会公共利益的目的,属于“为实现节约能源、保护环境、救灾助灾等社会公共利益的”情形。但反垄断执法机构认为当事人的豁免申请理由并不成立,并未接受其豁免申请。

而在山东淄博联合水泥企业管理有限公司等8家企业垄断协议案中,8家企业申请执法机构依据《反垄断法》(2008年版)第15条和《禁止垄断协议暂行规定》第26条、第27条和第28条的规定对当事人适用豁免条款。但执法机构在核实调查后,认定经营者达成并实施垄断协议的行为已经损害了当地下游企业的经济利益,其提出的豁免事由不能成立。

江苏嘉福制药有限公司垄断协议案中,江苏嘉福制药有限公司提出其配合执法机构查处案件有从轻情节,违法行为相较于本案的另外两个当事人相对较短,并且在实际销售中并未按照协议履行,对于市场造成的影响也较小,因而请求执法机构对其进行豁免。但江苏省市场监督管理局认为,当事人的申辩理由并不影响对其实施垄断协议行为的认定,因而并未对其适用豁免制度。

在 2020 年查处的 143 件反垄断行政处罚案件中,当事人申请豁免的案件有 11 件,约占 8%;当事人未申请豁免的案件有 131 件,约占 92%。申请豁免的案件分别为上海市旅游业垄断市场协议案 10 件以及湖州江南二手车交易市场有限公司垄断协议案 1 件。①

对比 2020 年的数据,2021 年当事人主动申请豁免案件的数量虽然有所减少,但其在所有案件中的比例显著提升。自 2008 年《反垄断法》实施以来,第 15 条在执法实践中并无适用的实例。其原因之一在于豁免条款缺乏明确的衡量标准和可行的豁免程序。对其予以明确不仅可以给反垄断执法机构的执法行为提供明确的指引,也能规范经营者的经营行为。根据《反垄断法》(2008 年版)第 15 条的规定,经营者能够证明所达成的协议属于条款所列明的情况之一(并满足相关条件),将不受第 13 条、第 14 条的规制,即不属于《反垄断法》意义下的“垄断协议”。虽然该条采用列举方式对可以豁免的情况进行规定,但碍于缺乏明确的程序性机制,实践中仍难以为经营者及执法机构提供明确指引。在此背景下,《关于垄断协议豁免一般性条件和程序的指南(征求意见稿)》在垄断协议的豁免问题上具有突破性的重大意义,既为经营者理解和适用垄断协议豁免制度提供了较为明确的指引和保障,也在进一步提升反垄断执法透明度上迈出了坚实的一步。期待豁免制度在我国能够早日开花结果,落到实处,发挥其在反垄断实践中应有的作用。

四、宽恕制度

(一)垄断协议宽恕制度

宽恕制度是指参与核心垄断行为的经营者,在该垄断行为被发现之前,或者在反垄断执法机构发现之后着手调查之前主动向反垄断执法机构报告,并给予积极配合、提供有力证据,反垄断执法机构对其予以减轻或免除处罚的反垄断制度。②

该制度旨在减免垄断成员公法上的责任,鼓励垄断协议成员和有关个人向相

① 参见林文:《中国反垄断行政执法数据分析报告(2020)》,载王先林主编,上海交通大学竞争法律与政策研究中心、上海市法学会竞争法研究会组编:《竞争法律与政策评论》第 7 卷,法律出版社 2021 年版。

② 参见娄丙录:《论反垄断法之宽恕制度》,载《政法论坛》2009 年第 3 期。

对反垄断执法机构揭发违法行为,提供垄断协议存在的相关证据,从而促进对垄断行为的发现、调查和处理。宽恕制度是反垄断执法的有效政策工具,它有利于破坏垄断协议的稳定性,有利于提高执法效率。通过对垄断协议的内部分化瓦解,以解决反垄断执法机构对此类垄断行为发现难、取证难的问题,对及时查处垄断行为、提高执法效率、吓阻违法行为具有非常明显的效果。

首先,宽恕制度本身的目的是以比较低的成本获取垄断协议内部的违法信息,此类信息仅凭借执法机构的调查很难被发现。垄断协议是两个或两个以上处于竞争关系的经营者组成的限制竞争的联合,其目的在于避免竞争可能带来的风险,获取高额的利润回报。

其次,通过减少举报者公法上的责任引导其主动申请宽恕。垄断协议严重限制了市场竞争,损害了社会整体经济利益和消费者利益,各国和地区都将对实施垄断协议的企业或个人处以刑事处罚或行政处罚,同时垄断协议的成员也将对其造成的经济损失进行民事赔偿。

最后,宽恕制度通过保密性和确定性为举报者解决宽恕接触的后顾之忧。宽恕制度是专门针对核心垄断协议的。核心垄断协议不但损害消费者和社会公共利益,还会破坏一国市场经济自由公正的竞争秩序,是被国际社会公认为危害最大的反竞争行为,因此历来是各国反垄断法严厉打击的对象。为了逃避法律的制裁,经营者往往采取极为隐藏的方式制定和实施垄断协议,传统的调查取证方式往往无法奏效,或进一步调查取证的成本非常高昂。宽恕制度很好地弥补了这一不足,通过申请宽恕的垄断协议成员提供的线索,反垄断执法机构可以顺藤摸瓜地对垄断协议进行调查,从内部使核心垄断协议分裂瓦解,从而显著地提高执法效率,降低执法成本。

宽恕制度在我国体现为《反垄断法》(2008 年版)第46 条第2 款,该款规定:“经营者主动向反垄断执法机构报告达成垄断协议的有关情况并提供重要证据的,反垄断执法机构可以酌情减轻或者免除对该经营者的处罚。”

(二)垄断协议宽恕制度适用

如图 18 所示,2021 年我国 46 件反垄断行政处罚案件中,采用了宽恕制度的案件有 2 件,约占 4% 。

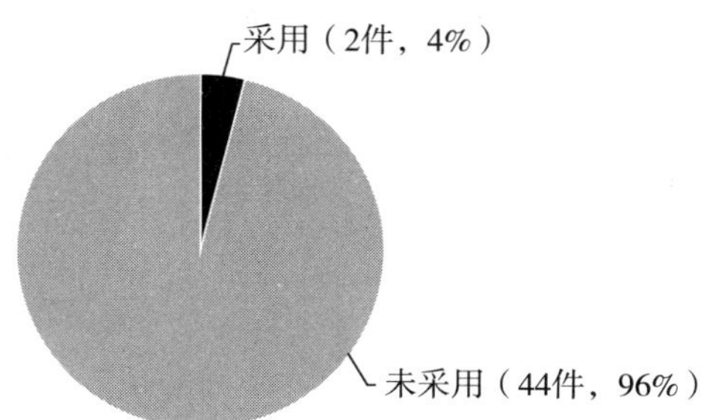

图18　反垄断宽恕制度采用情况

2020年我国143件反垄断行政处罚案件中,采用了宽恕制度的案件有78件,约占55%。被给予一定程度宽大处理(如减轻处罚、免除处罚)的理由有企业主动报告配合调查、提供重要证据、情节轻微等。①

2019年我国87件反垄断行政处罚案件中,采用了宽恕制度的案件仅有1件,为湖南省张家界市永定区瓶装液化气垄断协议案。该案中,共有7家经营者达成并实施横向垄断协议。其中,张家界市新纪元石化有限公司第一个主动报告达成《合作协议》有关情况并提供重要证据,执法机构对其予以了一定程度宽大处理,最终对其处以上一年度销售额1%的罚款。另外6家经营者均被处以了上一年度销售额2%的罚款。②

2018年我国92件反垄断行政处罚案件中,采用了宽恕制度的案件也只有1件,为天津市发展和改革委员会负责调查处罚的天津外代物流有限公司与其他16个物流公司的横向垄断案件。在该案中,天津市发展和改革委员会认为,天津外代物流有限公司能够积极配合,主动停止违法行为,第一个主动报告达成价格垄断协议的有关情况并提供重要证据,决定对于当事人予以免除行政处罚的决定。

2016年、2017年工商及发改委查处的181件垄断协议案件中,无垄断协议案件适用宽恕制度,也未发现有当事人依据《反垄断法》第46条第2款向反垄断执法机

① 参见林文:《中国反垄断行政执法数据分析报告(2020)》,载王先林主编,上海交通大学竞争法律与政策研究中心、上海市法学会竞争法研究会组编:《竞争法律与政策评论》第7卷,法律出版社2021年版。

② 林文:《中国反垄断行政执法数据分析报告(2019)》,载王先林主编,上海交通大学竞争法律与政策研究中心、上海市法学会竞争法研究会组编:《竞争法律与政策评论》第6卷,法律出版社2020年版。

构申请宽恕。① 2008年至2015年年底,发改委查处的190件垄断案件中,适用宽恕制度的案件共计28件,其中免除处罚的案件12件,约占6.3%;减轻处罚的案件16件,约占8.4%。2008年至2015年年底,工商反垄断执法仅1件适用宽恕制度中的免除处罚。其中,2013年奶粉纵向垄断案件中,3家奶粉企业因为主动向发改委报告达成垄断协议的有关情况并提供重要证据,被免除处罚,成为中国纵向联合限制竞争行为适用宽恕制度第一案。②

对历年数据分析可以看出,在2020年之前,宽恕制度的适用条件较为严格,但2020年反垄断执法机构对于宽恕制度的使用有大幅度增加,2021年反垄断执法机构对宽恕制度的适用范围又进行收紧,实际适用仅2件。

从我国既往的案例来看,反垄断执法机构在适用宽恕制度减轻处罚时,会在较大程度上使用自由裁量权,减免处罚的比例浮动也较大。例如,在2015年的8家国际海运企业实施价格垄断协议案中,对于首个坦白的日本邮船株式会社,发改委对其免除处罚,而对于第二个主动报告的川崎汽船株式会社,发改委则予以了减免60%的罚款的优惠。又如,在2013年的中国人寿浙江分公司等保险公司横向垄断协议案中,发改委对第二个主动提交关键证据的中国人寿浙江分公司予以了90%的罚款减免,对第三个提供关键证据的中国平安浙江分公司予以了45%的罚款减免。因此,国家市场监督管理总局《禁止垄断协议暂行规定》的出台对于统一适用宽恕制度减轻处罚的幅度具有重要意义。

反垄断宽恕制度的适用条件包括以下几点:

1.主体要件:告发者必须是最先提出宽恕申请的该垄断协议成员。宽恕制度的设计目的在于激励处罚的垄断协议成员主动告发,以及时发现秘密垄断协议,提高反垄断执法机构的执法效率,而告发者告发的动因在于可以因此获得执法机构对其处罚的减轻或免除。

2.时间条件:告发必须是在反垄断执法机构发现该垄断协议之前,或虽已发现并开始调查,但还未获得充分证据。

3.告发者必须立即停止违法活动,并应积极、全面配合反垄断执法机构的调查

① 参见林文:《中国反垄断行政执法数据分析报告(2018)》,载王先林主编,上海交通大学竞争法律与政策研究中心、上海市法学会竞争法研究会组编:《竞争法律与政策评论》第5卷,法律出版社2019年版;林文、甘蜜:《中国反垄断行政执法和司法报告(2016)》,知识产权出版社2017年版。

② 参见林文:《中国反垄断行政执法报告(2008~2015)》,知识产权出版社2016年版。

工作。申请者必须真诚、持续、全面地协助垄断协议案件的调查作为取得宽恕待遇的对价,申请者必须如实向反垄断执法机构报告其掌握的有关垄断协议案件的全部信息和证据,不得存在隐瞒或毁损相关证据的情形。

在亚泰水泥、北方水泥、冀东水泥价格垄断案中,反垄断执法机构对不积极配合调查的亚泰水泥、冀东水泥处以2012年度销售额2%的罚款;对能够配合调查并积极整改的北方水泥处以2012年度销售额1%的罚款。而重庆青阳、重庆大同、江苏世贸天阶、上海信谊联合、商丘华杰等五家公司达成并实施别嘌醇片垄断协议案中,因为重庆青阳和重庆大同在调查过程中不能积极配合,在调查初期否认相关事实,反垄断执法机构对其处以2014年度别嘌醇片对外销售额8%的罚款;而对在调查过程中能够积极配合执法机构查处垄断行为、及时提供相关材料、如实陈述相关事实的江苏世贸天阶、上海信谊联合、商丘华杰,处以2014年度别嘌醇片对外销售额5%的罚款。在尼康、蔡司、博士伦、强生等眼镜镜片生产企业维持转售价格案中,对不能很好配合调查,但能主动整改的尼康处上一年度销售额2%的罚款;对积极配合调查并主动整改的蔡司、博士伦和强生均处上一年度销售额1%的罚款;对主动向反垄断执法机构报告达成垄断协议有关情况,提供重要证据,并积极主动整改的上海卫康2家涉案企业,依法免除处罚。在多美滋、富仕兰(美素佳儿)、恒天然6家乳粉企业限制转售价格案中,对涉案的6家乳企,反垄断执法机构根据配合调查的情况、整改的情况不同,罚款占其上年销售额的比例从3%到6%。①

在2021年适用宽恕制度的日邮汽车物流(中国)有限公司垄断协议案中,涉案当事人包括日邮汽车物流、宁波蓝盾志御国际物流以及天门市三邦物流有限公司3家企业。该案中日邮汽车物流有限公司是垄断协议的发起者,但是该垄断协议在实施前就被发现,并未得到实施。在垄断行为被发现后,当事人委托律师事务所向原国家工商行政管理总局提交《关于横向垄断协议的宽大申请》及《关于扣除保证金的通知》、相关招标文件、短信沟通截屏、微信沟通截屏等相关证据,协助原国家工商行政管理总局对于上述垄断协议进行调查。因此,浙江省市场监督管理局决定对日邮汽车物流有限公司处2017年度销售额2%的罚款,按照90%减轻罚款。

① 薛熠、杨壹凯:《反垄断执法机构日渐重视并将严惩拒绝和阻碍调查的行为》,载中伦网,http://www.zhonglun.com/Content/2020/07-07/1140578097.html。

五、经营者承诺制度适用

(一)经营者承诺制度概述

反垄断法上的经营者承诺制度源于美国司法部的同意判决制度,是指在反垄断执法机构调查垄断案件时,如果被调查的市场主体向执法机构作出停止、修正或从事特定行为的承诺,并且执法机构认为市场主体的承诺足以消除涉嫌垄断行为的消极影响,则可接受该承诺并据此作出决定,要求市场主体履行其承诺,从而结束案件调查程序的垄断行为处理方式。①

关于经营者承诺制度的定义,我国学者从不同的角度进行了阐述。刘继峰指出:"在反垄断法语境下的和解,是指一种争议解决机制,运用签订和解契约的方式,而不是依据法律事实或法律关系来判定是否承担法律责任的解决机制。"②邵淑毅指出:"反垄断法的和解制度是指承诺制度和宽恕制度,以经营者消除垄断后果和检举垄断联盟为前提,对经营者进行宽恕、减轻或者免除其应当承担的民事或者刑事责任的做法。"③娄丙录认为:"反垄断法中的执法和解制度,亦承诺制度,是指当涉嫌实施垄断行为的经营者被调查时,经营者申请与反垄断执法机构达成和解使执法机构终止调查的规则体系。反垄断执法机构作出决定的时间应在该案件开始调查后到最后裁决作出之前。"④

综上所述,反垄断法承诺制度是一种以公平换取效益的执法机制,体现了反垄断法在法律的公平和效率这两种价值之间的权衡和折中;而作为一种非正式的执法程序,反垄断法承诺制度对刚性的正式执法程序起到了软化和补充的作用。

我国《反垄断法》(2008年版)第45条规定:"对反垄断执法机构调查的涉嫌垄断行为,被调查的经营者承诺在反垄断执法机构认可的期限内采取具体措施消除该行为后果的,反垄断执法机构可以决定中止调查。中止调查的决定应当载明被调查的经营者承诺的具体内容。反垄断执法机构决定中止调查的,应当对经营者履行承诺的情况进行监督。经营者履行承诺的,反垄断执法机构可以决定终止调

① 参见焦海涛:《反垄断法承诺制度的功能解释——从我国的实践案例切入》,载《财经法学》2016年第6期。

② 参见刘继峰:《竞争法学原理》,中国政法大学出版社2007年版。

③ 邵淑毅:《探析反垄断法和解制度》,载《经济视角》2011年第2期。

④ 娄丙录:《反垄断执法和解制度的功能》,载《商丘师范学院学报》2009年第5期。

查。有下列情形之一的,反垄断执法机构应当恢复调查:(一)经营者未履行承诺的;(二)作出中止调查决定所依据的事实发生重大变化的;(三)中止调查的决定是基于经营者提供的不完整或者不真实的信息作出的。"

《禁止垄断协议暂行规定》第 21 条规定:"涉嫌垄断协议的经营者在被调查期间,可以提出中止调查申请,承诺在反垄断执法机构认可的期限内采取具体措施消除行为影响。中止调查申请应当以书面形式提出,并由经营者负责人签字并盖章。申请书应当载明下列事项:(一)涉嫌垄断协议的事实;(二)承诺采取消除行为后果的具体措施;(三)履行承诺的时限;(四)需要承诺的其他内容。反垄断执法机构对涉嫌垄断协议调查核实后,认为构成垄断协议的,应当依法作出处理决定,不再接受经营者提出的中止调查申请。"第 22 条规定:"反垄断执法机构根据被调查经营者的中止调查申请,在考虑行为的性质、持续时间、后果、社会影响、经营者承诺的措施及其预期效果等具体情况后,决定是否中止调查。对于符合本规定第七条至第九条规定的涉嫌垄断协议,反垄断执法机构不得接受中止调查申请。"第 25 条第 1 款、第 2 款规定:"反垄断执法机构确定经营者已经履行承诺的,可以决定终止调查,并制作终止调查决定书。终止调查决定书应当载明被调查经营者涉嫌垄断协议的事实、承诺的具体内容、履行承诺的情况、监督情况等内容。"

需要注意的是,《禁止垄断协议暂行规定》第 22 条规定,对于横向垄断协议中三类最为严重的"核心卡特尔行为"(包括固定价格、限制产销量和分割市场),反垄断执法机构不得接受中止调查申请。

(二)经营者承诺制度适用情况

如图 19 所示,在 2021 年查处的 46 件反垄断行政处罚案件中,并无案件适用经营者承诺制度,但有 10 件案件中的经营者对反垄断执法机构提出了中止调查的申请,约占 22%。

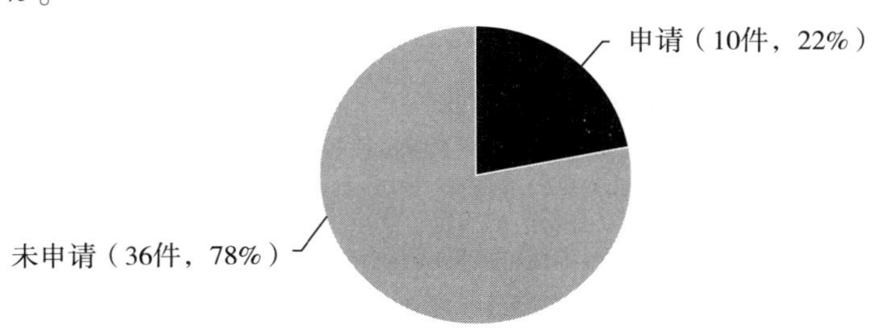

图 19　经营者承诺制度申请情况

在2020年查处的143件反垄断行政处罚案件中,适用了经营者承诺制度的案件共有2件(其中盐城新奥燃气有限公司滥用市场支配地位案于2019年作出终止调查决定,2020年作出公告),约占1%;未适用经营者承诺制度的案件共有141件,约占99%。2019年反垄断执法机构查处的87件反垄断行政处罚案件中,适用了经营者承诺制度的案件共有5件,约占6%;未适用经营者承诺制度的案件共有82件,约占94%。适用了经营者承诺制度的5件案件中,2件案件已经终止调查,其从决定中止调查,到结束对经营者的考察期限决定终止调查的时间为1年;另3件案件还未终止调查,仍在考察中。[①] 在2018年反垄断执法机构查处的92件反垄断行政处罚案件中,适用了经营者承诺制度的案件共有5件,约占5.43%,未适用经营者承诺制度的案件共有87件,约占94.57%。5件案件的考察期均在6个月及以下。2017年工商及发改委查处的181件垄断案件中,有8件案件适用了经营者承诺制度,约占4.42%。[②] 2016年工商及发改委查处的67件垄断案件中,有8件案件适用了经营者承诺制度,约占11.9%。[③]

从以上的历年数据分析得出,对经营者的考察期限延长,一方面是反垄断执法机构重组,使执法人员减少,执法效率变低;另一方面也说明反垄断行政执法越来越谨慎,因为过短的时间不能完全显现出当事人是否做到了实际承诺的整改措施,以及整改效果。另外,自2008年以来,经营者承诺制度在反垄断执法中,适用的比例不高,这与当事人不能熟悉运用反垄断制度具有一定关系。

在经营者承诺制度实施过程中,也存在一定问题。例如,华为诉IDC案胜诉后对IDC的涉嫌垄断行为立案调查,在之前人民法院于民事案件中已经认定被告IDC存在垄断行为的情况下,依然接受IDC的承诺并中止了调查。经营者承诺制度一般是“针对有关事实状况或法律观点不确定且难以查明或需极大的代价才能得以明确的反垄断案件”[④],所以经营者承诺制度往往是在案件事实难以查清、案件性质难以定性的情况下,行政机关为节约执法资源而与被调查的经营者达成的和

① 林文:《中国反垄断行政执法数据分析报告(2019)》,载王先林主编,上海交通大学竞争法律与政策研究中心、上海市法学会竞争法研究会组编:《竞争法律与政策评论》第6卷,法律出版社2020年版。

② 林文:《中国反垄断行政执法数据分析报告(2018)》,载王先林主编,上海交通大学竞争法律与政策研究中心、上海市法学会竞争法研究会组编:《竞争法律与政策评论》第5卷,法律出版社2019年版。

③ 林文:《中国反垄断行政执法数据分析报告(2018)》,载王先林主编,上海交通大学竞争法律与政策研究中心、上海市法学会竞争法研究会组编:《竞争法律与政策评论》第5卷,法律出版社2019年版。

④ 参见郝伟明:《经济全球化下中国反垄断执法专题研究》,法律出版社2010年版。

解。而在 IDC 案中,执法机构在法院已经查明事实、并且垄断行为已经定性的情况下与 IDC 和解,不仅使 IDC 逃避了行政处罚,也有悖于经营者承诺制度的初衷。[①]在 2019 年适用经营者承诺制度的 5 件案件中,被处罚经营者均承认了违法事实,并承诺整改,但在处罚决定书中没有体现"案件事实难以查清、案件性质难以定性"的情况,这可能源于执法人员对该制度的理解偏差,不排除有些案件在非必要的情况适用经营者承诺制度的可能。

六、安全港制度

安全港制度,是指在进行企业并购竞争效应分析前,依据市场结构指标对于一些规模不大、对竞争不产生实质影响的并购免予审查。安全港规则是一种筛选机制。目前,世界主要国家和地区的企业并购反垄断控制政策中都设置了安全港规则。对于符合安全港标准的并购,反垄断当局一般不会进行深度调查而予以核准。设置安全港规则可以提高并购审查效率,降低执法成本。使用安全港的具体判断指标对并购案进行初步筛选,将那些不对竞争产生实质影响的行为免予审查和评估。此外,安全港条款可以增加执法的透明度,更好地传递当局的政策意图,允许中小企业通过并购实现跨越式的发展。

修正后的《反垄断法》增加了针对垄断协议的安全港条款,即明确对于能够证明市场份额低于规定标准的,不适用各类垄断协议的规定,但并未给出确定的市场份额标准数据。基于目前的表述,未来反垄断执法机构可以根据该条款,结合具体行业及市场发展情况,制定灵活的各类安全港规则。

七、行政处罚信息公开

如图 20 所示,2021 年查处的 46 件案件中,未交代公告期限的案件 8 件,约占 17%;从作出处罚决定到公开的时间小于或者等于 7 天的案件 5 件,约占 11%;从作出处罚决定到公告超过 7 天且少于 30 天的案件共计 3 件,约占 7%;从作出处罚决定到公开的时间超过 30 天的案件 30 件,约占 65%。

① 张晨颖:《损失视角下的垄断行为责任体系研究》,载《清华法学》2018 年第 5 期。

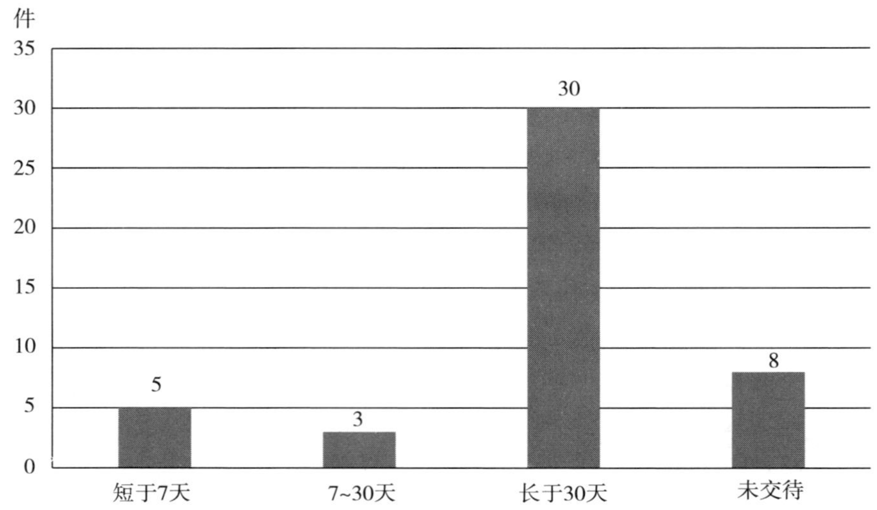

图20 行政处罚决定公告期限

2020年查处的143件反垄断行政处罚案件中,反垄断执法机构就垄断行为对于消费者福利的影响进行分析的案件共计78件,约占55%。其中主要分析了违法行为加重了消费者负担,损害了消费者的价格优惠和福利。未进行消费者福利分析的共计65件,约占45%。

从以上数据分析得出,2021年和2020年大部分案件从作出处罚决定到公开,多数案件均超过30天。这说明反垄断信息公开还有进一步提升的空间。

依据《反垄断法》(2008年版)第44条的规定,反垄断执法机构对涉嫌垄断行为调查核实后,认为构成垄断行为的,应当依法作出处理决定,并可以向社会公布。《市场监督管理行政处罚程序暂行规定》第56条规定,市场监督管理部门作出的行政处罚决定的相关信息应当按照有关规定向社会公示。但前述法律文件均没有明确应当多久公开,谁来公开,公开的载体和方式等问题。

2018年12月28日,国家市场监督管理总局发布的《关于反垄断执法授权的通知》规定,总局和省级市场监管部门要按照有关规定要求,通过国家企业信用信息公示系统,做好相关涉企信息的公示工作。总局建设和进一步完善反垄断执法信息发布平台。省级市场监管部门要在作出行政处罚决定、中止和终止调查决定以及对滥用行政权力排除限制竞争行为提出依法处理建议后5个工作日内,将有关文书报送总局,总局与省级市场监管部门同步向社会公布反垄断执法信息。该通知同样未明确是“多久同步公开”。

第五部分　反垄断合规管理建议

法律法规对企业提出了一定的反垄断合规要求,但除了满足外部法规之外,企业内部也需要进行相应的合规设置。如果说外部法律法规是企业的行为底线,那么内部规章制度就是企业的行为指引。2020 年 9 月 11 日,国务院反垄断委员会发布《经营者反垄断合规指南》,为经营者提供了系统的反垄断合规指引。下文将结合上述合规指南对企业内部合规体系进行介绍。

一、建立反垄断合规管理制度

经营者建立并有效执行反垄断合规管理制度,有助于提高经营管理水平,避免引发合规风险,树立依法经营的良好形象。企业可以根据自身的业务状况、规模大小、行业特性等,建立反垄断合规管理制度,或者在现有合规管理制度中开展反垄断合规管理专项工作。

目前企业普遍采用的合规制度搭建方式为“1 + 1 + N”。首先,要对反垄断合规进行顶层设计,对于企业的反垄断合规作出宏观规划。其次,要制定专门的知识产权制度或细则,在这份制度中要给出相关事宜的处理方法。最后,要根据企业具体开展的业务,分门别类,有针对性地配套数份单体文件,来描述具体业务对应的合规工作安排。

具备条件的企业,可以建设反垄断合规管理部门或设置专职的岗位,明确合规工作职责和负责人,并制定企业内部合规管理办法,明确合规管理要求和流程,督促各部门贯彻落实。同时,可设定反垄断合规咨询、合规检查、合规汇报、合规考核等内部机制,降低企业及员工的合规风险。

二、避免从事垄断行为,进行企业合规风险管理

企业应注意不得与其他经营者达成或者组织其他经营者达成《反垄断法》禁止的垄断协议,亦应注意不参与、不支持行业协会组织的垄断协议。企业应妥善应对反垄断合规风险事件,在涉嫌垄断行为时积极配合反垄断执法机构的调查,提醒员工在反垄断执法机构采取未预先通知的突击调查中应当全面配合执法人员,避免出现拒绝或者阻碍调查的行为,并及时制定和推动实施整改措施,争取获得处罚的

减免。

企业可把所识别的反垄断合规风险分为三类:重大反垄断风险、中等反垄断风险、一般反垄断风险。

(一)重大反垄断风险包括:法律、规则、准则以及地方法治环境的重大变化对经营活动产生的反垄断风险;监管机构出具的各类处罚决定、监管意见、风险提示等情况;向监管机构报送证明性材料、专项汇报材料、监管意见落实整改情况、各类合规材料等相关情况;业务开展过程中存在的违反法律、规则和准则的重大风险信息;各类制度文件中存在的不符合法律、规则和准则要求的情况;因反垄断合规问题导致企业被诉的情况;其他应被确定为重要合规风险的事项。

(二)中等反垄断合规风险包括:企业经营活动中新出现的反垄断风险或原有风险的变化;既定合规风险应对方案执行情况及执行效果发生变化,不能全部达到原来目标;对企业经营可能存在一定影响,但影响较小或未来造成直接损失较小;其他可以被认定为中等合规风险的事项。

(三)除上述重大反垄断风险、中等反垄断风险外,企业对推动反垄断合规管理、提升依法合规经营管理水平、保障公司持续健康发展影响较小,需要通过加强管理等方式进行完善的事项,作为一般风险事项进行管理。

企业应根据不同的合规风险类型制定和选择知识产权风险应对方案,应对方案应包括总体方案和专项方案。企业还可根据自身情况制定合规风险问责,对反垄断合规绩效目标、绩效奖金和其他激励措施进行定期评审,以验证是否有适当的措施来防止不合规行为;对违反企业反垄断合规义务、目标、制度和要求的人员,进行适当的纪律处分,必要时追究相关责任。

三、定期展开反垄断合规学习与培训

为建立良好的反垄断合规体系,企业应对工作人员进行反垄断宣传教育或是合规培训,增强员工的反垄断意识。企业可聘请专业机构在企业内部开展反垄断合规教育培训和讲座,为各业务部门和员工介绍反垄断合规知识。通过加强教育培训、宣传,帮助和督促员工了解并遵守反垄断法相关规定,增强企业和员工的反垄断合规意识。此外,还可以结合本单位的反垄断管理制度,构建激励机制,调动企业员工的工作积极性。

四、企业若涉嫌垄断行为,应积极配合执法调查

在《反垄断法》及《经营者反垄断合规指南》中均涉及"承诺制度"和"宽恕制度"的内容。企业若涉嫌垄断行为,在反垄断执法机构认可的期限内采取具体措施消除行为后果的,执法机构可以决定中止调查。执法机构将根据企业履行承诺情况,决定终止调查或者恢复调查。此外,企业主动向执法机构报告达成垄断协议的有关情况,并提供重要证据的,执法机构可以酌情减轻或者免除处罚。

五、行业协会反垄断合规

行业协会可以参照山东省医药行业协会 2020 年提出的合规思路:其一,行业协会可以利用自身优势,组织会员企业制定反垄断方面的自律制度,并监督成员单位执行行业自律,反对行业垄断的行为;其二,在其他协会被处罚时,行业协会应该举一反三,与各个企业一起接受教训、引以为戒;其三,配合相关部门加强在体制机制等方面的反垄断工作调研,找出问题,提出解决方案;其四,反映行业存在的困难和焦点问题,希望政府部门采取一系列措施,从根本上防止问题的重复发生,给予本行业有力支持。

笔者认为,《反垄断法》针对行业协会垄断行为的处罚还是具有"杀伤力"的。2008 年《反垄断法》内含"撒手锏"——既可撤销协会的社团登记,也可对参与协会垄断的会员单位没收违法所得,并施以上一年度销售额 1% ~10% 的罚款。修正后的《反垄断法》对行业协会垄断行为的顶格罚款由 50 万元上升为 500 万元,预测将形成较强的震慑效应。

综上,横向垄断协议的法律风险亟须引起行业协会与企业的关注,相应的合规建设亟须提上日程,这需要协会、反垄断律师以及相关政府机构协同工作,引导协会和企业公平、平等竞争,共同维护健康的优胜劣汰竞争秩序。①

① 刘延喜、吴贝纯:《面对行业集体涨价,反垄断法可以做点什么?——关于行业协会组织下的横向垄断协议研究》,载搜狐网 2020 年 10 月 23 日,https://www.sohu.com/a/426853706_221481。

中国经营者集中反垄断审查年度分析报告(2021年)

潘志成*

第一部分　经营者集中反垄断审查概况

一、总体情况

2021年,国家市场监督管理总局公示的经营者集中相关审查执法案件的数量与2020年相比大幅增长。

就无条件批准案件,以审结时间为统计标准,2021年全年无条件批准案件共有700件,其中简易案件615件,简易案件占比为87.9%;而2020年全年无条件批准案件共有454件,其中简易案件372件,简易案件占比为81.9%。2021年无条件批准案件数量同比大幅增长54%。

就附加限制性条件批准案件,以公告日为统计标准,2021年全年附加限制性条件批准案件共有4件,禁止经营者集中案件为1件;2020年全年附加限制性条件批准案件也有4件,禁止经营者集中案件为0件,此外还有1件解除限制性条件案件。2021年附加限制性条件批准案件数量与2020年基本保持稳定。

就未依法申报行政处罚案件,以公告日为统计标准,2021年全年未依法申报行政处罚案件共有107件,而2020年全年仅有13件。2021年未依法申报行政处罚案件数量同比大幅增长723%,案件数量大增主要源于对多家互联网平台企业之前年度的未依法申报案件进行追查。

* 潘志成,上海市汇业律师事务所高级合伙人,法学博士,主要执业领域包括反垄断法和反不正当竞争法。

除案件数量大幅增长外,2021 年度的经营者集中审查执法案件还体现出一些其他特点与动向,具体如下:

1. 持续针对平台经济领域开展强化执法

为持续贯彻落实党中央、国务院关于强化反垄断和防止资本无序扩张的战略部署,在 2020 年执法的基础上,执法机构在 2021 年持续加强平台经济领域的反垄断行政执法,对 99 件平台经济企业未依法申报违法实施经营者集中案件作出处罚决定,且罚款金额均为 50 万元的顶格处罚上限;对 1 件平台经济企业经营者集中案件作出禁止集中决定。

2. 出现了新的案件类型

在未依法申报行政处罚案件领域,2021 年首次出现具有排除限制竞争效果的未依法申报案件、通过合同取得控制权类型的未依法申报案件等新的案件类型。

在经营者集中审查案件领域,2021 年出现了 1 件禁止经营者集中案件,这也是时隔 7 年之后再次出现这一类型的执法案件。

3. 对取得控制权的分析判断更加深入全面

2021 年未依法申报行政处罚案件中,对于当事人是否取得控制权的分析判断更加深入全面。例如,一方持股比例仅为 3.23% 即被认定取得共同控制权;持股比例较低的一方被认定取得共同控制权,而持股比例较高的一方则被认定没有取得控制权等。以上都体现出执法机构对于取得控制权的判断不拘泥于持股比例,而是同时结合董事会的组成、《公司章程》的规定等因素进行综合判断。

二、案件基本情况

2021 年 4 件附加限制性条件批准案件的基本情况如表 1 所示。

表 1　4 件附加限制性条件批准案件的基本情况

序号	案件名称	当事人所在地	行业	附加限制性条件类型
1	附加限制性条件批准思科系统公司收购阿卡夏通信公司股权案	美国	电子信息行业	1. 继续履行现有客户合同; 2. 公平、合理、无歧视向中国客户供应产品; 3. 不得对中国客户强制搭售或附加其他不合理交易条件

续表

序号	案件名称	当事人所在地	行业	附加限制性条件类型
2	附加限制性条件批准丹佛斯公司收购伊顿股份有限公司部分业务案	丹麦	设备行业	剥离摆线马达业务
3	附加限制性条件批准伊利诺斯工具制品有限公司收购美特斯系统公司股权案	美国	设备行业	1. 继续履行与中国客户的现有业务合同; 2. 继续保持对中国客户的服务水平; 3. 没有正当理由,向中国客户销售商品和服务的价格不得高于特定水平; 4. 除非有正当理由或遵循过往商业惯例,不得从事:(1)拒绝、限制或延迟向中国客户供应商品或服务;(2)对中国客户施加不合理的交易条件;(3)降低向中国客户供应商品和/或服务的质量或技术水平;(4)降低对中国客户的服务水平
4	附加限制性条件批准SK海力士株式会社收购英特尔公司部分业务案	韩国	电子信息行业	1. 不得以不合理的价格向中国境内市场供应产品; 2. 在生效日起5年内持续扩大特定产品的产量; 3. 公平、合理、无歧视向中国境内市场继续供应产品; 4. 不得强制或者变相强制中国境内市场的客户从关联方排他性地采购产品;不得强制搭售或捆绑销售; 5. 帮助一个第三方竞争者进入相关市场; 6. 不得在销售价格、产量或销量方面与其在中国的主要竞争对手达成任何排除或限制竞争的书面或口头协议、决定或进行其他协同行为

2021年1件禁止经营者集中案件的基本情况如表2所示。

表2　1件禁止经营者集中案件的基本情况

案件名称	当事人所在地	行业	竞争分析
禁止虎牙公司与斗鱼国际控股有限公司合并案	开曼群岛	互联网直播行业	1. 集中将强化腾讯在中国境内游戏直播市场上的支配地位,具有排除、限制竞争效果; 2. 集中将使腾讯在上游中国境内网络游戏运营服务市场和下游中国境内游戏直播市场拥有双向封锁能力,可能具有排除、限制竞争效果

2021年107件未依法申报行政处罚案件的基本情况如表3所示。

表3　107件未依法申报行政处罚案件的基本情况

序号	案件名称	当事人所在地	行业	案件结果
1	华发物业与仲量联行设立合营企业华发仲量联行未依法申报违法实施经营者集中案(国市监处〔2021〕2号)	广东、北京	物业行业	给予华发物业与仲量联行各35万元罚款的行政处罚
2	宝能汽车收购观致汽车股权未依法申报违法实施经营者集中案(国市监处〔2021〕4号)	广东	汽车行业	给予宝能汽车35万元罚款的行政处罚
3	中山乐兴通过合同取得深圳索菱控制权未依法申报违法实施经营者集中案(国市监处〔2021〕5号)	广东	汽车行业	给予中山乐兴30万元罚款的行政处罚
4	武汉金宇与敦豪北京设立合营企业未依法申报违法实施经营者集中案(国市监处〔2021〕11号)	湖北、北京	物流行业	分别给予武汉金宇和敦豪北京15万元罚款的行政处罚
5	银泰商业收购开元商业股权未依法申报违法实施经营者集中案(国市监处〔2021〕12号)	开曼群岛	批发零售行业	给予银泰商业50万元罚款的行政处罚
6	腾讯收购猿辅导股权未依法申报违法实施经营者集中案(国市监处〔2021〕13号)	开曼群岛	教育行业	给予腾讯50万元罚款的行政处罚
7	成都美更美收购望家欢股权违法实施经营者集中案(国市监处〔2021〕14号)	四川	食品行业	给予成都美更美50万元罚款的行政处罚

续表

序号	案件名称	当事人所在地	行业	案件结果
8	宿迁涵邦收购五星电器股权未依法申报违法实施经营者集中案(国市监处〔2021〕15号)	江苏	批发零售行业	给予宿迁涵邦50万元罚款的行政处罚
9	百度控股收购小鱼集团股权未依法申报违法实施经营者集中案(国市监处〔2021〕16号)	北京	电子信息行业	给予百度控股50万元罚款的行政处罚
10	苏宁润东收购上海博泰股权未依法申报违法实施经营者集中案(国市监处〔2021〕17号)	上海	汽车行业	给予苏宁润东50万元罚款的行政处罚
11	滴滴移动与软银股份设立合营企业未依法申报违法实施经营者集中案(国市监处〔2021〕18号)	新加坡、日本	移动出行行业	分别给予滴滴移动与软银股份50万元罚款的行政处罚
12	好未来收购哒哒股权未依法申报违法实施经营者集中案(国市监处〔2021〕19号)	开曼群岛	教育行业	给予好未来50万元罚款的行政处罚
13	东方报业与量子跃动设立合营企业未依法申报违法实施经营者集中案(国市监处〔2021〕20号)	上海、北京	文化传媒行业	分别给予东方报业与量子跃动50万元罚款的行政处罚
14	牛卡福收购宝兑通股权未依法申报违法实施经营者集中案(国市监处〔2021〕21号)	北京	物流行业	给予牛卡福50万元罚款的行政处罚
15	弘云久康与上海云鑫设立合营企业未依法申报违法实施经营者集中案(国市监处〔2021〕27号)	北京、上海	医药行业	分别给予弘云久康与上海云鑫50万元罚款的行政处罚
16	腾讯收购易车股权未依法申报违法实施经营者集中案(国市监处〔2021〕30号)	开曼群岛	汽车行业	给予腾讯50万元罚款的行政处罚
17	腾讯收购途虎股权未依法申报违法实施经营者集中案(国市监处〔2021〕31号)	开曼群岛	汽车行业	给予腾讯50万元罚款的行政处罚
18	林芝腾讯与大连万达设立合营企业未依法申报违法实施经营者集中案(国市监处〔2021〕32号)	西藏、辽宁	软件行业	分别给予林芝腾讯与大连万达50万元罚款的行政处罚

续表

序号	案件名称	当事人所在地	行业	案件结果
19	上海汉涛收购领健股权未依法申报违法实施经营者集中案(国市监处〔2021〕33号)	上海	医药行业	给予上海汉涛50万元罚款的行政处罚
20	嘉兴创业与丰田设立合营企业未依法申报违法实施经营者集中案(国市监处〔2021〕34号)	英属维尔京群岛、日本	移动出行行业	分别给予嘉兴创业与丰田汽车公司50万元罚款的行政处罚
21	嘉兴创业收购赢时通股权未依法申报违法实施经营者集中案(国市监处〔2021〕35号)	英属维尔京群岛	移动出行行业	给予嘉兴创业50万元罚款的行政处罚
22	滴滴智慧交通与浪潮智投设立合营企业未依法申报违法实施经营者集中案(国市监处〔2021〕36号)	北京、山东	移动出行行业	分别给予滴滴智慧交通与浪潮智投50万元罚款的行政处罚
23	苏宁润东收购上海易果股权未依法申报违法实施经营者集中案(国市监处〔2021〕37号)	上海	电子商务行业	给予苏宁润东50万元罚款的行政处罚
24	中国银泰投资有限公司收购杭银消费金融股份有限公司股权未依法申报违法实施经营者集中案(国市监处〔2021〕39号)	北京	金融行业	给予中国银泰投资有限公司50万元罚款的行政处罚
25	萃联中国收购沈阳捷通股权违法实施经营者集中案(国市监处〔2021〕42号)	四川	消防行业	给予萃联中国30万元罚款的行政处罚
26	中集集团收购中国消防股权违法实施经营者集中案(国市监处〔2021〕43号)	广东	消防行业	给予中集集团30万元罚款的行政处罚
27	惠迪天津与一汽集团设立合营企业违法实施经营者集中案(国市监处〔2021〕44号)	天津、吉林	移动出行行业	给予惠迪天津与一汽集团各50万元罚款的行政处罚
28	惠迪天津与华夏出行设立合营企业违法实施经营者集中案(国市监处〔2021〕45号)	北京、天津	移动出行行业	分别给予华夏出行与惠迪天津50万元罚款的行政处罚
29	小桔智能与北汽新能源设立合营企业违法实施经营者集中案(国市监处〔2021〕46号)	北京(两家当事人)	移动出行行业	给予小桔智能与北汽新能源各50万元罚款的行政处罚

续表

序号	案件名称	当事人所在地	行业	案件结果
30	惠迪天津与特来电设立合营企业违法实施经营者集中案(国市监处〔2021〕47 号)	天津、山东	电力行业	分别给予惠迪天津与特来电 50 万元罚款的行政处罚
31	小桔新能源与海南交控、南网电动、海南电网设立合营企业违法实施经营者集中案(国市监处〔2021〕48 号)	北京、海南(两家当事人)、广东	电力行业	分别给予小桔新能源、海南交控、南网电动、海南电网 50 万元罚款的行政处罚
32	惠迪天津与西藏奥通设立合营企业(浙江滴时)违法实施经营者集中案(国市监处〔2021〕49 号)	天津、西藏	移动出行行业	分别给予惠迪天津与西藏奥通 50 万元罚款的行政处罚
33	惠迪天津与西藏奥通设立合营企业(杭州滴时)违法实施经营者集中案(国市监处〔2021〕50 号)	天津、西藏	移动出行行业	分别给予惠迪天津与西藏奥通 50 万元罚款的行政处罚
34	北京车胜与时空电动车设立合营企业违法实施经营者集中案(国市监处〔2021〕51 号)	北京、浙江	移动出行行业	给予北京车胜与时空电动车 50 万元罚款的行政处罚
35	阿里网络收购天鲜配股权违法实施经营者集中案(国市监处〔2021〕52 号)	浙江	食品行业	给予阿里网络 50 万元罚款的行政处罚
36	阿里创投与上海商投集团设立合营企业违法实施经营者集中案(国市监处〔2021〕53 号)	浙江、上海	批发零售行业	分别给予阿里创投与上海商投集团 50 万元罚款的行政处罚
37	阿里网络收购纽仕兰股权违法实施经营者集中案(国市监处〔2021〕54 号)	浙江	食品行业	给予阿里网络 50 万元罚款的行政处罚
38	阿里网络收购广州恒大足球股权违法实施经营者集中案(国市监处〔2021〕55 号)	浙江	体育行业	给予阿里网络 50 万元罚款的行政处罚
39	阿里创投收购五矿电商股权违法实施经营者集中案(国市监处〔2021〕56 号)	浙江	电子商务行业	给予阿里创投 50 万元罚款的行政处罚
40	阿里创投与浙江创新投资设立合营企业违法实施经营者集中案(国市监处〔2021〕57 号)	浙江(两家当事人)	电子商务行业	阿里创投和浙江创新投资 50 万元罚款的行政处罚

续表

序号	案件名称	当事人所在地	行业	案件结果
41	腾讯收购 58 同城股权违法实施经营者集中案(国市监处〔2021〕58 号)	中国香港	互联网信息服务行业	给予腾讯 50 万元罚款的行政处罚
42	腾讯收购小红书股权违法实施经营者集中案(国市监处〔2021〕59 号)	开曼群岛	电子商务行业	给予腾讯 50 万元罚款的行政处罚
43	腾讯收购猎豹移动股权违法实施经营者集中案(国市监处〔2021〕60 号)	开曼群岛	软件行业	给予腾讯 50 万元罚款的行政处罚
44	腾讯收购蘑菇街股权违法实施经营者集中案(国市监处〔2021〕61 号)	开曼群岛	电子商务行业	给予腾讯 50 万元罚款的行政处罚
45	苏宁易购与南京银行设立合营企业违法实施经营者集中案(国市监处〔2021〕62 号)	江苏(两家当事人)	金融行业	分别给予苏宁易购与南京银行 50 万元罚款的行政处罚
46	苏宁易购与三菱重工设立合营企业违法实施经营者集中案(国市监处〔2021〕63 号)	日本、中国江苏	家用电器行业	分别给予三菱重工与苏宁易购 50 万元罚款的行政处罚
47	北京三快收购奥琦玮股权违法实施经营者集中案(国市监处〔2021〕64 号)	北京	餐饮行业	给予北京三快 50 万元罚款的行政处罚
48	腾讯收购搜狗股权违法实施经营者集中案(国市监处〔2021〕65 号)	开曼群岛	互联网信息服务行业	给予腾讯 50 万元罚款的行政处罚
49	腾讯控股有限公司收购中国音乐集团股权违法实施经营者集中案(国市监处〔2021〕67 号)	开曼群岛	文化传媒行业	(一)责令腾讯控股有限公司及其关联公司采取措施恢复相关市场竞争状态。 (二)处以 50 万元罚款。 (三)依法申报经营者集中。 (四)依法合规经营,建立健全公平参与市场竞争的长效机制

续表

序号	案件名称	当事人所在地	行业	案件结果
50	北京百度网讯科技有限公司与南京网典科技有限公司收购南京信风网络科技有限公司股权未依法申报违法实施经营者集中案(国市监处罚〔2021〕75号)	北京、广东	软件行业	分别给予北京百度网讯科技有限公司、南京网典科技有限公司50万元罚款的行政处罚
51	上海汉涛信息咨询有限公司收购上海商米科技集团股份有限公司股权未依法申报违法实施经营者集中案(国市监处罚〔2021〕76号)	上海	电子信息行业	给予上海汉涛信息咨询有限公司50万元罚款的行政处罚
52	腾讯控股有限公司收购转转股权未依法申报违法实施经营者集中案(国市监处罚〔2021〕77号)	开曼群岛	电子商务行业	给予腾讯控股有限公司50万元罚款的行政处罚
53	饿了么收购小度生活科技有限公司股权未依法申报违法实施经营者集中案(国市监处罚〔2021〕78号)	开曼群岛	互联网信息服务行业	给予饿了么50万元罚款的行政处罚
54	福建百度博瑞网络科技有限公司与中信银行股份有限公司新设合营企业未依法申报违法实施经营者集中案(国市监处罚〔2021〕79号)	福建、北京	金融行业	分别给予福建百度博瑞网络科技有限公司、中信银行股份有限公司50万元罚款的行政处罚
55	淘宝中国控股有限公司收购饿了么股权未依法申报违法实施经营者集中案(国市监处罚〔2021〕80号)	中国香港	互联网信息服务行业	给予淘宝中国控股有限公司50万元罚款的行政处罚
56	天津三快科技有限公司收购北京易酒批电子商务有限公司股权未依法申报违法实施经营者集中案(国市监处罚〔2021〕81号)	天津	批发零售行业	给予天津三快科技有限公司50万元罚款的行政处罚
57	腾讯控股有限公司、基汇管理咨询(上海)有限公司收购北京腾康汇医科技有限公司股权未依法申报违法实施经营者集中案(国市监处罚〔2021〕82号)	开曼群岛、中国上海	医药行业	分别给予腾讯控股有限公司、基汇管理咨询(上海)有限公司50万元罚款的行政处罚

续表

序号	案件名称	当事人所在地	行业	案件结果
58	北京量子跃动科技有限公司收购深圳市云动创想科技有限公司股权未依法申报违法实施经营者集中案(国市监处罚〔2021〕83号)	北京	电子信息行业	给予北京量子跃动科技有限公司50万元罚款的行政处罚
59	北京三快在线科技有限公司收购青萍科技(北京)有限公司股权未依法申报违法实施经营者集中案(国市监处罚〔2021〕84号)	北京	电子信息行业	给予北京三快在线科技有限公司50万元罚款的行政处罚
60	腾讯控股有限公司与中隆投资有限公司等经营者新设合营企业未依法申报违法实施经营者集中案(国市监处罚〔2021〕85号)	开曼群岛、中国香港	移动出行行业	分别给予腾讯控股有限公司、中隆投资有限公司50万元罚款的行政处罚
61	天津瑞庭房地产经纪有限公司收购重庆广积粮企业管理有限公司股权未依法申报违法实施经营者集中案(国市监处罚〔2021〕86号)	天津	房地产行业	给予天津瑞庭房地产经纪有限公司50万元罚款的行政处罚
62	淘宝中国控股有限公司收购高鑫零售有限公司股权未依法申报违法实施经营者集中案(国市监处罚〔2021〕87号)	中国香港	批发零售行业	给予淘宝中国控股有限公司50万元罚款的行政处罚
63	宿迁京东博海企业管理有限公司收购跨越速运集团有限公司股权未依法申报违法实施经营者集中案(国市监处罚〔2021〕88号)	江苏	物流行业	给予宿迁京东博海企业管理有限公司50万元罚款的行政处罚
64	北京小桔智能汽车科技有限公司与比亚迪汽车工业有限公司设立合营企业未依法申报违法实施经营者集中案(国市监处罚〔2021〕89号)	北京、广东	移动出行行业	分别给予北京小桔智能汽车科技有限公司与比亚迪汽车工业有限公司50万元罚款的行政处罚
65	腾讯控股有限公司收购北京易酒批电子商务有限公司股权未依法申报违法实施经营者集中案(国市监处罚〔2021〕90号)	开曼群岛	电子商务行业	给予腾讯控股有限公司50万元罚款的行政处罚

续表

序号	案件名称	当事人所在地	行业	案件结果
66	北京微梦创科创业投资管理有限公司收购金华睿安投资管理公司股权未依法申报违法实施经营者集中案(国市监处罚〔2021〕91号)	北京	软件行业	给予北京微梦创科创业投资管理有限公司50万元罚款的行政处罚
67	上海瑞家信息技术有限公司收购深圳市深家装装饰有限公司股权未依法申报经营者集中案(国市监处罚〔2021〕92号)	上海	建筑行业	给予上海瑞家信息技术有限公司50万元罚款的行政处罚
68	腾讯控股有限公司收购成都超有爱科技有限公司股权未依法申报违法实施经营者集中案(国市监处罚〔2021〕93号)	开曼群岛	教育行业	给予腾讯控股有限公司50万元罚款的行政处罚
69	五八有限公司与同策房产咨询股份有限公司设立合营企业未依法申报违法实施经营者集中案(国市监处罚〔2021〕94号)	天津、上海	房地产行业	分别给予五八有限公司与同策房产咨询股份有限公司50万元罚款的行政处罚
70	腾讯控股有限公司收购天津五八金服有限公司股权未依法申报违法实施经营者集中案(国市监处罚〔2021〕95号)	开曼群岛	金融行业	给予腾讯控股有限公司50万元罚款的行政处罚
71	腾讯控股有限公司收购沈阳美行科技有限公司股权未依法申报违法实施经营者集中案(国市监处罚〔2021〕96号)	开曼群岛	地图导航行业	给予腾讯控股有限公司50万元罚款的行政处罚
72	腾讯控股有限公司收购北京云迹科技有限公司股权未依法申报违法实施经营者集中案(国市监处罚〔2021〕97号)	开曼群岛	电子信息行业	给予腾讯控股有限公司50万元罚款的行政处罚
73	滴滴商业服务有限公司收购优点网络科技(深圳)有限公司股权未依法申报违法实施经营者集中案(国市监处罚〔2021〕98号)	天津	电子信息行业	给予滴滴商业服务有限公司50万元罚款的行政处罚
74	杭州百世网络技术有限公司收购四川哦哦超市连锁管理有限公司股权未依法申报违法实施经营者集中案(国市监处罚〔2021〕99号)	浙江	批发零售行业	给予杭州百世网络技术有限公司50万元罚款的行政处罚

续表

序号	案件名称	当事人所在地	行业	案件结果
75	腾讯控股有限公司收购中国医疗在线公司股权未依法申报违法实施经营者集中案(国市监处罚〔2021〕100号)	开曼群岛	医药行业	给予腾讯控股有限公司50万元罚款的行政处罚
76	苏宁易购集团南京苏宁易购投资有限公司与阿里巴巴(中国)网络技术有限公司设立合营企业未依法申报违法实施经营者集中案(国市监处罚〔2021〕101号)	江苏、浙江	电子商务行业	分别给予苏宁易购集团南京苏宁易购投资有限公司和阿里巴巴(中国)网络技术有限公司50万元罚款的行政处罚
77	阿里巴巴投资有限公司收购高德软件控股有限公司股权未依法申报违法实施经营者集中案(国市监处罚〔2021〕102号)	英属维尔京群岛	地图导航行业	给予阿里巴巴投资有限公司50万元罚款的行政处罚
78	阿里巴巴(中国)网络技术有限公司与腾讯控股有限公司收购永杨安风(北京)科技有限公司股权未依法申报违法实施经营者集中案(国市监处罚〔2021〕103号)	中国浙江、开曼群岛	软件行业	分别给予阿里巴巴(中国)网络技术有限公司、腾讯控股有限公司50万元罚款的行政处罚
79	阿里健康科技(中国)有限公司收购贵州一树连锁药业有限公司股权未依法申报违法实施经营者集中案(国市监处罚〔2021〕104号)	北京	医药行业	给予阿里健康科技(中国)有限公司50万元罚款的行政处罚
80	阿里巴巴(中国)网络技术有限公司收购深圳回收宝科技有限公司股权未依法申报违法实施经营者集中案(国市监处罚〔2021〕105号)	浙江	电子信息行业	给予阿里巴巴(中国)网络技术有限公司50万元罚款的行政处罚
81	阿里旅行控股有限公司与万豪国际控股公司新设合营企业未依法申报违法实施经营者集中案(国市监处罚〔2021〕106号)	开曼群岛、卢森堡	旅游行业	分别给予阿里旅行控股有限公司、万豪国际控股公司50万元罚款的行政处罚
82	阿里巴巴投资有限公司收购魅族科技有限公司股权未依法申报违法实施经营者集中案(国市监处罚〔2021〕107号)	英属维尔京群岛	电子信息行业	给予阿里巴巴投资有限公司50万元罚款的行政处罚

续表

序号	案件名称	当事人所在地	行业	案件结果
83	中华联合保险集团股份有限公司和上海云鑫创业投资有限公司设立合营企业未依法申报违法实施经营者集中案（国市监处罚〔2021〕108号）	北京、上海	金融行业	分别给予中华联合保险集团股份有限公司和上海云鑫创业投资有限公司50万元罚款的行政处罚
84	阿里巴巴投资有限公司收购大搜车控股有限公司股权未依法申报违法实施经营者集中案（国市监处罚〔2021〕109号）	英属维尔京群岛	汽车行业	给予阿里巴巴投资有限公司50万元罚款的行政处罚
85	阿里巴巴（中国）网络技术有限公司收购壹玖壹玖酒类平台科技股份有限公司股权未依法申报违法实施经营者集中案（国市监处罚〔2021〕110号）	浙江	电子商务行业	给予阿里巴巴（中国）网络技术有限公司50万元罚款的行政处罚
86	腾讯控股有限公司收购北京东方金信科技股份有限公司股权未依法申报违法实施经营者集中案（国市监处罚〔2021〕111号）	开曼群岛	软件行业	给予腾讯控股有限公司50万元罚款的行政处罚
87	北京京东尚科信息技术有限公司与科大讯飞股份有限公司设立合营企业未依法申报违法实施经营者集中案（国市监处罚〔2021〕112号）	北京、安徽	电子信息行业	分别给予北京京东尚科信息技术有限公司、科大讯飞股份有限公司50万元罚款的行政处罚
88	苏宁易购集团股份有限公司收购南京八天贸易有限公司股权未依法申报违法实施经营者集中案（国市监处罚〔2021〕113号）	江苏	电子商务行业	给予苏宁易购集团股份有限公司50万元罚款的行政处罚
89	腾讯控股有限公司收购北京拍店电子商务有限公司股权未依法申报违法实施经营者集中案（国市监处罚〔2021〕114号）	开曼群岛	电子商务行业	给予腾讯控股有限公司50万元罚款的行政处罚
90	江苏聚成空间科技有限公司收购苏州工品汇信息科技有限公司股权未依法申报违法实施经营者集中案（国市监处罚〔2021〕115号）	江苏	电子商务行业	给予江苏聚成空间科技有限公司50万元罚款的行政处罚

续表

序号	案件名称	当事人所在地	行业	案件结果
91	百度在线网络技术(北京)有限公司与浙江吉利控股集团有限公司设立合营企业未依法申报违法实施经营者集中案(国市监处罚〔2021〕116号)	北京、浙江	汽车行业	分别给予百度在线网络技术(北京)有限公司、浙江吉利控股集团有限公司50万元罚款的行政处罚
92	腾讯控股有限公司收购重庆谊品弘科技有限公司股权未依法申报违法实施经营者集中案(国市监处罚〔2021〕117号)	开曼群岛	批发零售行业	给予腾讯控股有限公司50万元罚款的行政处罚
93	三花控股集团有限公司收购北京威卡威汽车零部件股份有限公司有关业务未依法申报经营者集中案(国市监处罚〔2021〕118号)	浙江	汽车行业	给予三花控股集团有限公司30万元罚款的行政处罚
94	龙湖嘉悦物业服务有限公司收购亿达物业服务集团有限公司股权未依法申报违法实施经营者集中案(国市监处罚〔2021〕119号)	重庆	物业行业	给予龙湖嘉悦物业服务有限公司30万元罚款的行政处罚
95	腾讯控股有限公司与河南和谐汽车贸易有限公司新设合营企业未依法申报违法实施经营者集中案(国市监处罚〔2021〕120号)	开曼群岛、中国河南	汽车行业	分别给予腾讯控股有限公司、河南和谐汽车贸易有限公司50万元罚款的行政处罚
96	杭州阿里创业投资有限公司与郑州市讯捷贸易有限公司等经营者收购贵州泛亚信通网络科技有限公司股权未依法申报违法实施经营者集中案(国市监处罚〔2021〕121号)	浙江、河南、贵州	电子信息行业	分别给予杭州阿里创业投资有限公司、郑州市讯捷贸易有限公司、贵阳广电传媒集团有限公司50万元罚款的行政处罚
97	宁波誉衡健康投资有限公司与江苏京东邦能投资管理有限公司设立合营企业未依法申报违法实施经营者集中案(国市监处罚〔2021〕122号)	浙江、江苏	医药行业	分别给予宁波誉衡健康投资有限公司、江苏京东邦能投资管理有限公司50万元罚款的行政处罚

续表

序号	案件名称	当事人所在地	行业	案件结果
98	腾讯控股有限公司收购 IngageApp Global Limited 股权未依法申报违法实施经营者集中案(国市监处罚〔2021〕123 号)	开曼群岛	软件行业	给予腾讯控股有限公司 50 万元罚款的行政处罚
99	腾讯控股有限公司与上海华晟领飞股权投资合伙企业(有限合伙)收购北京明略软件系统有限公司股权未依法申报违法实施经营者集中案(国市监处罚〔2021〕124 号)	开曼群岛、中国上海	软件行业	分别给予腾讯控股有限公司、上海华晟领飞股权投资合伙企业(有限合伙)50 万元罚款的行政处罚
100	腾讯控股有限公司收购北京有狐科技发展有限公司股权未依法申报违法实施经营者集中案(国市监处罚〔2021〕125 号)	开曼群岛	文化传媒行业	给予腾讯控股有限公司 50 万元罚款的行政处罚
101	阿里巴巴(中国)网络技术有限公司与贵阳星力百货集团有限公司设立合营企业未依法申报违法实施经营者集中案(国市监处罚〔2021〕126 号)	浙江、贵州	批发零售行业	分别给予阿里巴巴(中国)网络技术有限公司、贵阳星力百货集团有限公司 50 万元罚款的行政处罚
102	腾讯控股有限公司收购永辉云创科技有限公司股权未依法申报违法实施经营者集中案(国市监处罚〔2021〕127 号)	开曼群岛	批发零售行业	给予腾讯控股有限公司 50 万元罚款的行政处罚
103	腾讯控股有限公司收购 VERSA Inc. 股权未依法申报违法实施经营者集中案(国市监处罚〔2021〕128 号)	开曼群岛	软件行业	给予腾讯控股有限公司 50 万元罚款的行政处罚
104	腾讯控股有限公司收购北京念念分享科技发展有限公司股权未依法申报违法实施经营者集中案(国市监处罚〔2021〕129 号)	开曼群岛	物流行业	给予腾讯控股有限公司 50 万元罚款的行政处罚
105	哔哩哔哩股份有限公司收购 VERSA Inc. 股权未依法申报违法实施经营者集中案(国市监处罚〔2021〕130 号)	开曼群岛	软件行业	给予哔哩哔哩股份有限公司 50 万元罚款的行政处罚
106	青岛海信网络科技股份有限公司与腾讯控股有限公司设立合营企业未依法申报违法实施经营者集中案(国市监处罚〔2021〕131 号)	中国山东、开曼群岛	电子信息行业	分别给予青岛海信网络科技股份有限公司、腾讯控股有限公司 50 万元罚款的行政处罚

续表

序号	案件名称	当事人所在地	行业	案件结果
107	腾讯控股有限公司、深圳市红杉煜辰股权投资合伙企业(有限合伙)收购广西叫酒网络科技有限公司股权未依法申报违法实施经营者集中案(国市监处罚〔2021〕132号)	开曼群岛、中国广东	电子商务行业	分别给予腾讯控股有限公司、深圳市红杉煜辰股权投资合伙企业(有限合伙)50 万元罚款的行政处罚

三、案件地域分布

(一)无条件批准案件地域分布

由于无条件批准案件数量众多,因此对于地域的统计仅精确到国家或地区。2021 年总共 700 件无条件批准案件中,当事人均位于境内(不包括中国香港、中国澳门、中国台湾地区)的案件共有 329 件,当事人均位于境外(包括中国香港、中国澳门、中国台湾地区)的案件共有 274 件,部分当事人位于境内、部分当事人位于境外的案件共有 97 件。

具体情况如图 1 所示:

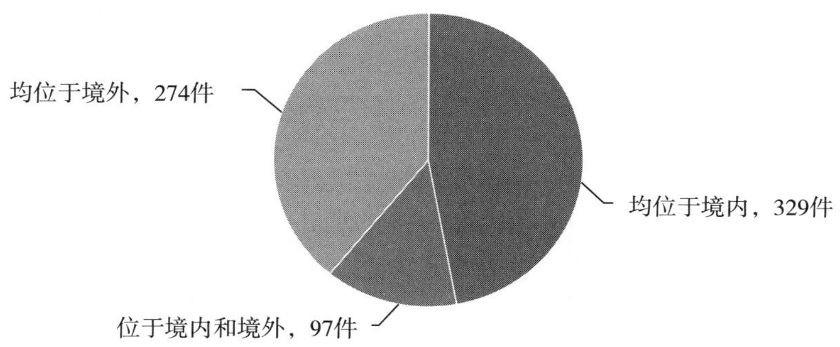

图 1　无条件批准案件当事人地域分布

(二)附加限制性条件批准案件地域分布

2021 年 4 件附加限制性条件批准案件以及 1 件禁止经营者集中案件中,共涉及 5 家当事人,均注册成立于境外。其中,注册成立于美国的当事人数量最多,达到

2家,其余当事人分别注册成立于丹麦、韩国、开曼群岛。具体分布如图2所示:

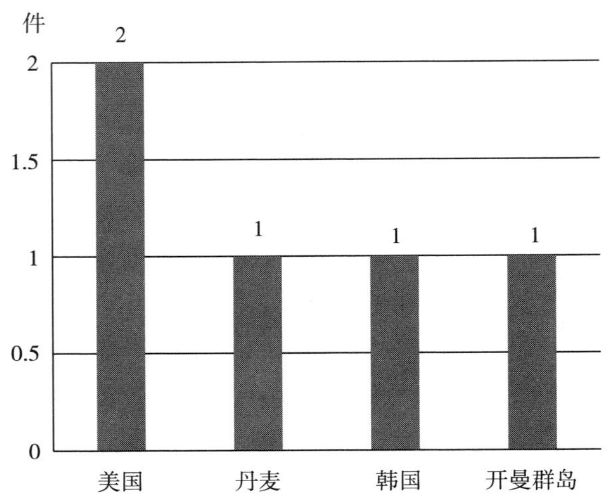

图2 附加限制性条件批准、禁止经营者集中案件当事人地域分布

(三)未依法申报行政处罚案件地域分布

2021年107件未依法申报行政处罚案件中,共有95家企业被处罚,其中有多家企业先后在多个不同案件中受到处罚。按上述企业的注册成立地进行分类,注册成立于境内(不包括中国香港、中国澳门、中国台湾地区)的企业79家,注册成立于境外(包括中国香港、中国澳门、中国台湾地区)的企业16家。(见图3)

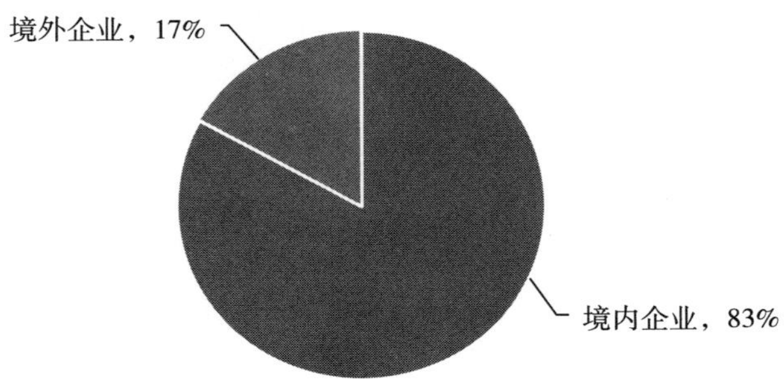

图3 未依法申报行政处罚案件当事人地域分布

具体而言,79家注册成立于境内的企业中,注册成立于北京市的企业数量最多,达到22家;其次是上海市和浙江省,均有9家;再次是广东省和江苏省,分别有

8家和7家;其余单个境内省级行政单位均不超过5家(见图4)。

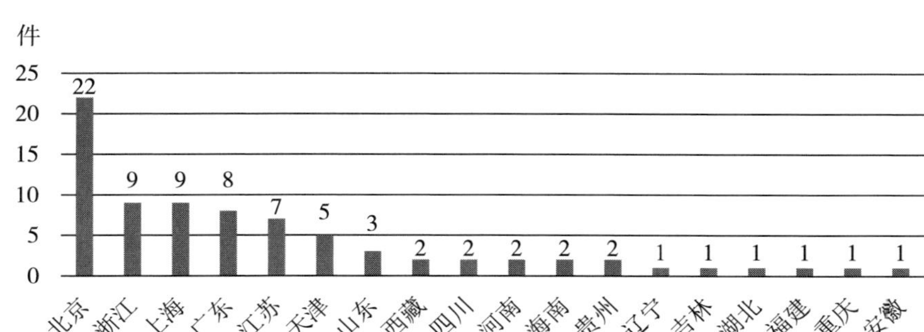

图4　未依法申报行政处罚案件境内当事人省级行政单位分布

16家注册成立于境外的企业中,有6家注册成立于开曼群岛,中国香港和日本则各有3家,英属维尔京群岛有2家,卢森堡和新加坡各有1家。

四、案件所在行业分布

(一)无条件批准案件所在行业分布

由于无条件批准案件数量众多,难以统计具体的行业分布数据,但从总体案件情况来看,集中在电子、化工、汽车、能源、医药、交通物流等行业的案件数量较多。

(二)附加限制性条件批准、禁止经营者集中案件所在行业分布

2021年4件附加限制性条件批准案件中,2件涉及电子信息行业,2件涉及设备行业。

2021年1件禁止经营者集中案件涉及互联网直播行业。

具体如图5所示:

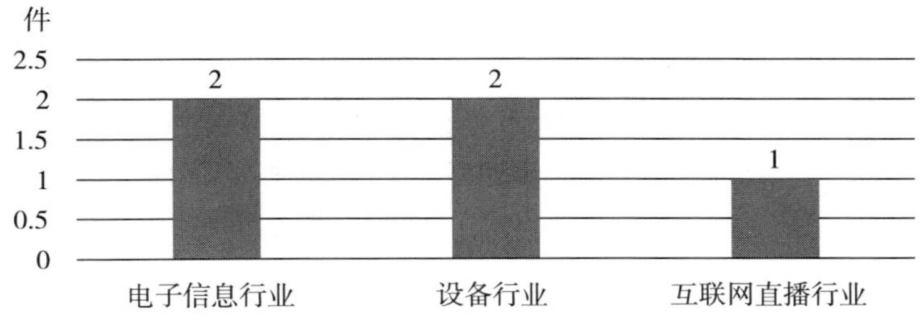

图5　附加限制性条件批准、禁止经营者集中案件行业分布

(三)未依法申报行政处罚案件所在行业分布

2021年107件未依法申报行政处罚案件中,共有99件涉及互联网平台企业,比例高达92.5%。我国许多头部互联网平台企业同时涉及多件案件,以集团口径进行统计,有32件案件涉及腾讯,24件案件涉及阿里巴巴,14件案件涉及滴滴,6件案件涉及美团,6件案件涉及苏宁,5件案件涉及京东,4件案件涉及百度,3件案件涉及58集团,2件案件涉及字节跳动。

就具体行业分布而言,涉及电子商务行业、移动出行行业、电子信息行业、软件行业等互联网相关行业的案件数量较多,分别达到13件、12件、11件和10件。涉及汽车行业、批发零售行业的案件各有9件,涉及医药行业、金融行业的案件分别有6件、5件,其余单个行业的案件均低于5件。具体如图6所示:

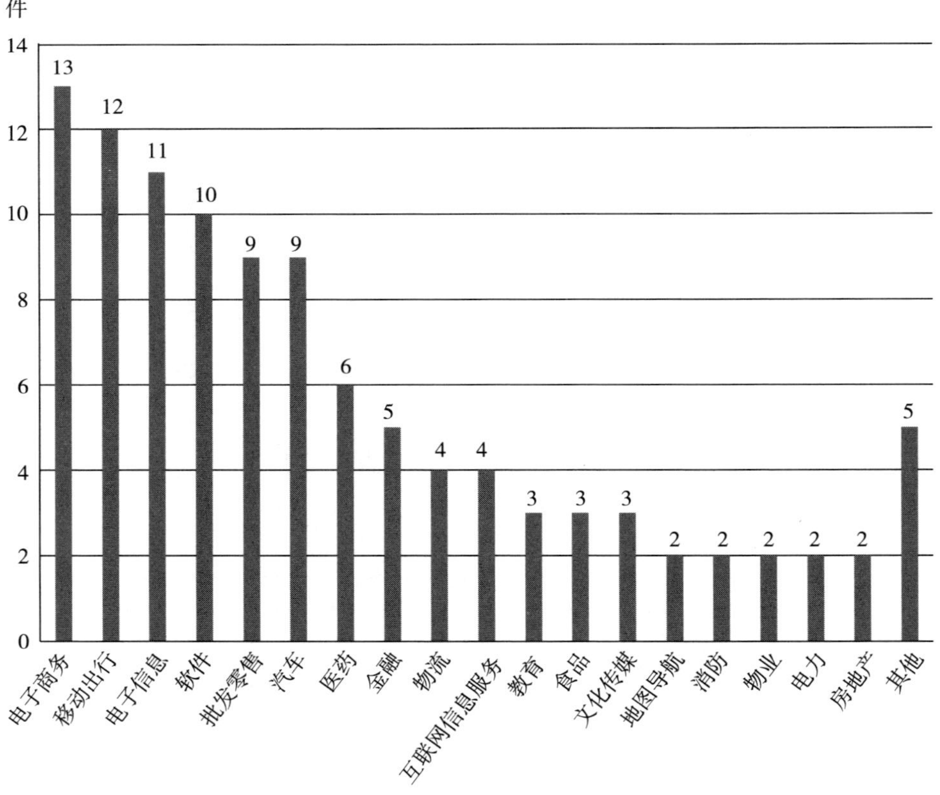

图6　未依法申报行政处罚案件行业分布

五、经营者集中类型分布

2021 年无条件批准案件中,涉及的经营者集中类型以股权收购为主,其次是新设合营企业,有较少数量的案件涉及业务收购,还有个别案件涉及资产收购、通过合同取得控制权以及合并。

2021 年 107 件未依法申报行政处罚案件中,有 33 件涉及新设合营企业,72 件涉及股权收购,1 件涉及业务收购,还有 1 件涉及通过合同取得控制权。

2021 年 4 件附加限制性条件批准案件中,有 2 件涉及股权收购,2 件涉及业务收购。

2021 年 1 件禁止经营者集中案件涉及合并。

具体如图 7 所示:

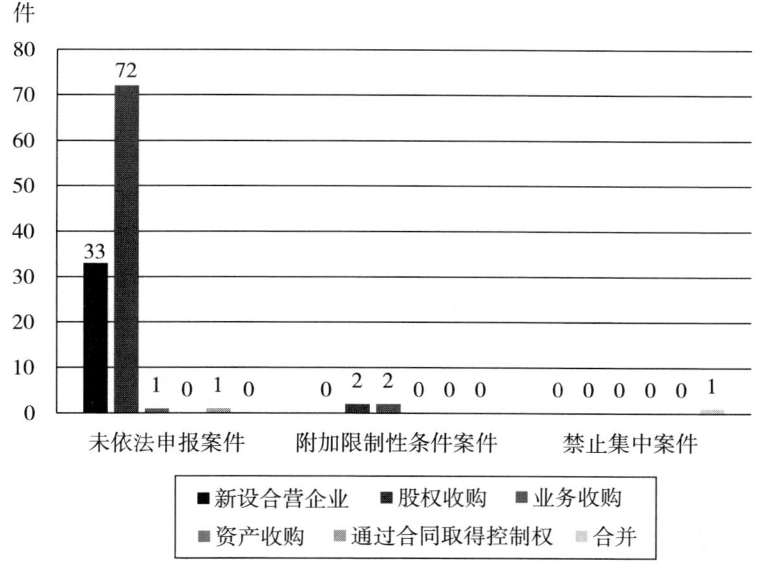

图 7 经营者集中类型分布

六、未依法申报案件罚款金额分布

2021 年 107 件未依法申报行政处罚案件中,99 件涉及互联网平台企业的案件罚款金额均为顶格 50 万元。其余 8 件案件中,最高罚款金额 35 万元,最低罚款金

额15万元,平均罚款金额28.6万元。具体如图8所示:

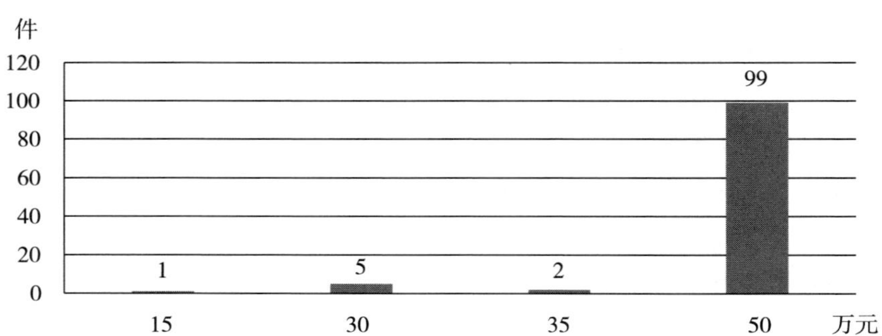

图8 未依法申报案件罚款金额分布

第二部分 反垄断审查案例分析

一、附加限制性条件批准案件

(一)附加限制性条件批准思科系统公司收购阿卡夏通信公司股权案①

1.相关市场

(1)相关商品市场:独立生产商的相干数字信号处理器、独立生产商的相干光子集成电路、相干光收发模块、光传输系统、路由器。其中阿卡夏通信公司(以下简称阿卡夏)在上游相干数字信号处理器、相干光子集成电路、相干光收发模块市场和思科在下游光传输系统市场存在纵向关系,两者在相干光收发模块市场和路由器市场存在相邻关系。

(2)相关地域市场:独立相干数字信号处理器、独立相干光子集成电路和路由器的相关地域市场界定为全球,同时考察中国市场情况。相干光收发模块、光传输系统的相关地域市场界定为中国。

2.竞争分析

集中后实体具有实施原料封锁的能力:(1)集中后实体在上游独立相干数字信号处理器市场具有较强市场力量。在全球和中国相干数字信号处理器市场上,阿

① 本案例仅为摘要,全文请参见国家市场监督管理总局网,https://www.samr.gov.cn/fldj/tzgg/ftjpz/202101/t20210119_325338.html。

卡夏市场份额分别为45% ~50%和40% ~45%,均排名第一。(2)相干数字信号处理器是光传输系统的核心部件,成本占相干光收发模块成本的40% ~45%。(3)光传输系统厂商更换独立相干数字信号处理器供应商成本高、难度大。(4)独立相干数字信号处理器市场进入壁垒高,短期难以出现新进入者。

集中后实体具有实施原料封锁的动机:(1)光传输系统市场发展潜力巨大。(2)集中后实体可能减少甚至停止对外销售相干数字信号处理器,以限制光传输系统市场上的竞争者,增强自身产品竞争优势,获得更多市场份额。(3)集中后实体提高相干数字信号处理器价格能够增加利润。

集中可能在中国光传输系统市场产生排除、限制竞争效果:(1)集中后实体可能通过拒绝交易等行为实施原料封锁,其他光传输系统厂商甚至可能被直接排挤出市场,失去发展机会,影响中国光传输系统市场竞争。(2)集中后实体可能通过提高相干数字信号处理器价格排除、限制中国光传输系统市场竞争。

3. 审查决定

国家市场监督管理总局决定附加限制性条件批准此项集中,要求集中后实体履行如下义务:(1)交易双方和集中后实体将继续履行现有客户合同,包括各项商业条款以及现有销售做法和程序。除非相关中国客户自行决定终止现有客户合同,交易双方和集中后实体不得终止现有客户合同。(2)交易双方和集中后实体应按照公平、合理、无歧视的原则,继续向中国客户供应相干数字信号处理器。(3)交易双方和集中后实体不得在销售相干数字信号处理器时对中国客户强制搭售商品,或附加其他不合理的交易条件。(4)交易双方和集中后实体应对其相关管理人员和员工进行培训,采取必要措施,确保承诺方案落实。

思科系统公司于 2020 年 9 月 15 日向国家市场监督管理总局提交的附加限制性条件承诺方案对交易双方和集中后实体具有法律约束力。

限制性条件自生效日起 5 年内有效,5 年期限届满后将自动终止。限制性条件自生效日起,如果相关市场的竞争状况发生重大改变,或本次交易的交易双方情况发生重大变更时,集中后实体可向国家市场监督管理总局申请变更或解除该限制性条件。

(二)附加限制性条件批准丹佛斯公司收购伊顿股份有限公司部分业务案[①]

1. 案件基本情况

被收购的伊顿股份有限公司部分业务指伊顿股份有限公司的液压业务(以下简称伊顿液压),由伊顿股份有限公司的数个公司和资产组成,主要从事工业设备、移动设备的液压元件和系统的制造和销售等业务。2020年1月21日,交易各方签署协议,丹佛斯公司(以下简称丹佛斯)拟收购伊顿股份有限公司的液压业务,取得单独控制权。

2. 相关市场

(1)相关商品市场:液压转向元件、液压阀、齿轮马达、摆线马达、柱塞马达、液压泵。丹佛斯与伊顿液压在以上市场存在横向重叠。

(2)相关地域市场:均界定为中国。

3. 竞争分析

(1)集中将进一步增强交易双方的市场控制力,导致相关市场集中度大幅提高。丹佛斯和伊顿液压在中国摆线马达市场的合计市场份额为50%~55%。交易后,中国摆线马达市场成为高度集中市场,市场集中度指数HHI达到3259.4,增量达到1476,市场集中度进一步提高。

(2)集中消除了交易双方之间的紧密竞争关系。交易前,丹佛斯和伊顿液压在中国摆线马达市场上分别排名第一和第二,且市场份额非常接近。本次交易消除了相关市场中两个最主要竞争者之间的竞争约束。

(3)集中将进一步提高相关市场的进入壁垒。丹佛斯、伊顿液压是摆线马达市场的主要供应商,集中将进一步巩固双方已有市场优势,潜在竞争者难以在短时间内对集中后实体形成有效竞争约束。

(4)集中将进一步削弱下游用户的议价能力。集中将导致下游用户选择减少,集中后实体对下游用户的提价能力将进一步增强。

4. 审查决定

国家市场监督管理总局决定附加限制性条件批准此项集中,要求丹佛斯和集中后实体履行如下义务:

---

① 本案例仅为摘要,全文请参见国家市场监督管理总局网,https://www.samr.gov.cn/fldj/tzgg/ftjpz/202106/t20210607_330289.html。

剥离丹佛斯动力系统(江苏)有限公司的摆线马达业务,包括所有有形资产和无形资产(包括知识产权)、协议、租约、承诺和客户订单以及人员等。

丹佛斯于2021年5月25日向国家市场监督管理总局提交的附加限制性条件承诺方案对丹佛斯和集中后实体具有法律约束力。

(三)附加限制性条件批准伊利诺斯工具制品有限公司收购美特斯系统公司股权案①

1. 相关市场

(1)相关商品市场:地面车辆耐久性测试设备、静态材料测试设备、电动式力学材料测试设备、高端电液伺服材料测试设备。伊利诺斯工具制品有限公司(以下简称伊利诺斯)和美特斯系统公司(以下简称美特斯)在以上市场存在横向重叠。

(2)相关地域市场:地面车辆耐久性测试设备、静态材料测试设备和电动式力学材料测试设备的相关地域市场均界定为全球。高端电液伺服材料测试设备的相关地域市场界定为中国境内。

2. 竞争分析

(1)集中将导致集中后实体取得市场支配地位,市场集中度大幅提高。2020年,美特斯和伊利诺斯在中国境内高端电液伺服材料测试设备市场的合计市场份额为65%~70%,集中后实体取得了市场支配地位。交易后,市场集中度指数HHI达到4946.23,市场集中度指数HHI增量达到2286.36,交易导致中国境内市场结构发生显著变化,市场集中度大幅提高。

(2)集中消除了交易双方之间的紧密竞争关系。交易前,美特斯、伊利诺斯在中国境内高端电液伺服材料测试设备市场上分别排名第一和第二,是最为紧密的竞争对手。本次交易将消除相关市场上两个最主要竞争者之间的竞争约束。

(3)集中进一步削弱下游用户的议价能力。根据当事方数据进行的综合涨价压力指数(GUPPI)测算显示,本次集中导致GUPPI达到21.7%,远高于10%的临界经验值,表明交易后,集中后实体单方面涨价的可能性很大。另外,根据调查问卷反馈,约一半的下游客户表示由于技术能力、产品质量稳定性等原因,很难从使用高端设备转向低端设备,将不得不接受竞争格局变化导致的涨价。其余客户表示

① 本案例仅为摘要,全文请参见国家市场监督管理总局网,https://www.samr.gov.cn/fldj/tzgg/ftjpz/202111/t20211118_336984.html。

受制于预算等原因,会将部分采购(10% ~50%)转向低端设备。

3. 审查决定

国家市场监督管理总局决定附加限制性条件批准此项集中,要求伊利诺斯、美特斯和集中后实体履行如下义务:

(1)继续履行与中国客户的所有涉及相关商品和服务的现有业务合同。

(2)继续保持对中国客户的服务水平,包括但不限于:质量、数量、交货期、售后服务与支持(包括维修)、软件更新、技术规范和用户手册等方面不低于本次交易前所提供的服务水平。

(3)没有正当理由,向中国客户销售的相关商品和服务的价格不得高于交易双方在生效日前24个月内,其在交易条款和交易条件相当的情况下各自向其中国客户销售的相同型号和配置的相同商品和/或服务的平均价格。

(4)除非有正当理由或遵循过往商业惯例,不得从事以下行为:①拒绝、限制或延迟向中国客户供应相关商品或服务;②对中国客户施加任何不合理的交易条件;③降低向中国客户供应相关商品和/或服务的质量或技术水平;④降低对中国客户在交货期、售后服务和支持(包括维修)、软件更新、技术规范和用户手册方面的服务水平。

伊利诺斯、美特斯于2021年11月10日向国家市场监督管理总局提交的附加限制性条件承诺方案对伊利诺斯、美特斯和集中后实体具有法律约束力。

限制性条件自生效日起5年后,交易双方和集中后实体可以向国家市场监督管理总局提出解除条件的申请。国家市场监督管理总局将依申请并根据市场竞争状况作出是否解除的决定。未经国家市场监督管理总局批准解除,交易双方和集中后实体应继续履行限制性条件。

(四)附加限制性条件批准SK海力士株式会社收购英特尔公司部分业务案[①]

1. 案件基本情况

被收购的英特尔公司部分业务(以下简称目标业务)系英特尔公司存储业务的一部分,最终控制人为英特尔公司,主要从事NAND闪存、固态硬盘相关业务。2020年10月19日,交易各方签署协议。集中完成后,SK海力株式会社(以下简称

① 本案例仅为摘要,全文请参见国家市场监督管理总局网,https://www.samr.gov.cn/fldj/tzgg/ftjpz/202112/t20211222_338317.html。

SK 海力士)单独控制该目标业务。

2. 相关市场

相关商品市场:客户级固态硬盘、PCIe 企业级固态硬盘、SATA 企业级固态硬盘、NAND 闪存、DRAM。SK 海力士和目标业务在 PCIe 企业级固态硬盘市场、SATA企业级固态硬盘、客户级固态硬盘和 NAND 闪存市场存在横向重叠。同时,SK 海力士还从事上游 DRAM 业务,与下游固态硬盘存在纵向关系,而 NAND 闪存与固态硬盘同样存在纵向关系。

相关地域市场:上述商品的相关地域市场界定为全球,同时考察中国境内市场的情况。

3. 竞争分析

(1)交易将提高 SATA 企业级固态硬盘市场集中度,增强集中后实体的市场控制力。2020 年,在全球 SATA 企业级固态硬盘市场,SK 海力士和目标业务市场份额合计为 30% ~35%。交易前,赫芬达尔指数(以下简称 HHI)为 2544,集中后 HHI 为 2851,增量 307。在中国境内 SATA 企业级固态硬盘市场,目标业务和 SK 海力士的市场份额合计为 55% ~60%。交易前,HHI 为 4139,交易后 4329,增量 190。交易将进一步提高市场集中度,削弱市场竞争。同时,交易将消除 SK 海力士在全球和中国境内市场的紧密竞争者,减少其面临的竞争约束,进一步提高集中后实体的市场控制力。

(2)交易将提高 PCIe 企业级固态硬盘市场集中度,增强集中后实体的控制力。2020 年,在全球 PCIe 企业级固态硬盘市场,SK 海力士和目标业务市场份额合计为 40% ~45%。交易前,HHI 为 2775,交易后 3456,增量 681。在中国境内 PCIe 企业级固态硬盘市场,目标业务和 SK 海力士市场份额合计为 50% ~55%。交易将进一步提高市场集中度,削弱市场竞争。同时,交易消除了 SK 海力士在全球和中国境内市场的紧密竞争者,减少其面临的竞争约束,进一步增强集中后实体在中国境内市场的控制力。

(3)集中可能增强相关市场竞争者协调价格的动机和能力。交易完成后,SATA企业级固态硬盘市场主要竞争者由 4 家减少为 3 家,全球合计市场份额超过 90%;PCIe 企业级固态硬盘市场主要竞争者由 3 家减少为 2 家,全球合计市场份额超过 80%。在主要竞争者数量减少的情况下,竞争者之间通过明示或默示方式进行沟通协调的成本降低,经营者也更容易通过中标结果,推测其他竞争者的定价策略。

市场进入壁垒高,短期内难以出现新的有效竞争者。

4.审查决定

国家市场监督管理总局决定附加限制性条件批准此项集中,要求集中后实体履行如下义务:

(1)不得以不合理的价格向中国境内市场供应PCIe企业级固态硬盘产品和SATA企业级固态硬盘产品。向中国境内市场销售的PCIe企业级固态硬盘产品和SATA企业级固态硬盘产品的价格,在交易条款相当的情况下,不得高于其在生效日前24个月内的平均价格。

(2)在生效日起5年内持续扩大PCIe企业级固态硬盘产品和SATA企业级固态硬盘产品的产量。

(3)依据公平、合理、无歧视原则向中国境内市场继续供应所有产品。

(4)不得强制或者变相强制中国境内市场的客户从SK海力士或SK海力士控制的任何公司排他性地采购产品;不得将PCIe企业级固态硬盘产品与其他产品,SATA企业级固态硬盘产品与其他产品强制搭售或捆绑销售。

(5)帮助一个第三方竞争者进入PCIe企业级固态硬盘和SATA企业级固态硬盘市场。

(6)不得在销售价格、产量或销量方面与其在中国的主要竞争对手达成任何排除或限制竞争的书面或口头协议、决定或进行其他协同行为(包括默示协同)。

SK海力士于2021年12月7日向国家市场监督管理总局提交的附加限制性条件承诺方案对SK海力士、目标业务和集中后实体具有法律约束力。

限制性条件自生效日起5年后,集中后实体可以向国家市场监督管理总局提出解除条件的申请。国家市场监督管理总局将依申请并根据市场竞争状况作出是否解除的决定。未经国家市场监督管理总局批准解除,集中后实体应继续履行限制性条件。

二、禁止经营者集中案件

以禁止虎牙公司与斗鱼国际控股有限公司合并案①为例。

1.案件基本情况

合并一方虎牙公司(以下简称虎牙)由腾讯单独控制。合并另一方斗鱼国际控

① 本案例仅为摘要,全文请参见国家市场监督管理总局网,https://www.samr.gov.cn/fldj/tzgg/ftjpz/202107/t20210708_332421.html。

股有限公司(以下简称斗鱼)由腾讯与斗鱼创始人陈少杰团队共同控制。根据集中协议,腾讯拟通过虎牙收购斗鱼全部股权,交易后腾讯将取得合并后实体单独控制权。

2. 相关市场

相关商品市场:游戏直播、娱乐直播、电商直播、短视频、网络游戏运营服务。虎牙和斗鱼在游戏直播、娱乐直播、电商直播和短视频市场存在横向重叠,腾讯在游戏直播的上游从事网络游戏运营服务。

相关地域市场:上述商品的相关地域市场均界定为中国境内。

3. 竞争分析

(1)集中将强化腾讯在中国境内游戏直播市场上的支配地位,具有排除、限制竞争效果。

①集中将进一步强化集中后实体市场支配地位。在中国境内游戏直播市场,从营业额看,虎牙和斗鱼市场份额合计超过70%;从活跃用户数看,双方市场份额合计超过80%;从主播资源看,双方市场份额合计超过60%。虎牙和斗鱼是市场上前两大游戏直播平台,市场力量远超其他竞争者。

②游戏直播市场进入壁垒高,短期内出现新进入者可能性不大。

③集中可能对消费者造成不利影响。交易将彻底消除市场上两家最大游戏直播平台之间的竞争,进一步减少消费者选择权。

④集中可能损害游戏直播从业者利益。交易将完全消除虎牙和斗鱼之间的竞争,进一步减少主播平台选择权。

(2)集中将使腾讯在上游中国境内网络游戏运营服务市场和下游中国境内游戏直播市场拥有双向封锁能力,可能具有排除、限制竞争效果。

①腾讯在上下游市场均拥有较强的市场控制力,有能力实施双向纵向封锁。一是集中后实体在上下游均拥有较强的市场力量。在上游中国境内网络游戏运营服务市场,腾讯市场份额超过40%,排名第一。在下游中国境内游戏直播市场,如前所述,集中后实体以营业额、活跃用户数和主播资源计算的市场份额均超过60%。二是网络游戏运营服务市场进入壁垒高,短期内出现新进入者可能性不大。

②集中后实体有动机实施双向纵向封锁。一方面,腾讯有动机通过网络游戏著作权许可封锁,排除、限制游戏直播市场竞争,进一步强化其在游戏直播市场的竞争优势。另一方面,交易完成后,腾讯有动机利用其控制的游戏直播平台对网络游戏市场竞争者实施推广渠道封锁,排除、限制上游网络游戏运营服务市场竞争。

4. 审查决定

鉴于此项经营者集中对中国境内游戏直播市场和网络游戏运营服务市场具有或者可能具有排除、限制竞争的效果,申报方未能证明集中对竞争产生的有利影响明显大于不利影响,或者符合社会公共利益,且申报方提交的承诺方案无法有效减少集中对竞争产生的不利影响,国家市场监督管理总局决定,根据《反垄断法》第28条和《经营者集中审查暂行规定》第35条的规定,禁止此项经营者集中。

三、未依法申报行政处罚案件

由于未依法申报行政处罚案件总数较多,因此从总共107件案件中选取部分代表性案件进行介绍:

(一)腾讯控股有限公司收购中国音乐集团股权违法实施经营者集中案[①]

1. 交易概况

2016年7月12日,腾讯控股有限公司(以下简称腾讯)以部分业务(主要是QQ音乐业务)投入中国音乐集团,获得中国音乐集团61.64%股权,取得对中国音乐集团的单独控制权。2016年12月,整合后的中国音乐集团更名为腾讯音乐娱乐集团。2017年12月6日,交易完成股权变更登记手续。

2. 违法事实及理由

本项集中前,中国音乐集团由自然人(略)共同控制。本项集中后,腾讯获得中国音乐集团61.64%股权,取得对中国音乐集团的单独控制权,属于《反垄断法》第20条规定的经营者集中。腾讯及中国音乐集团2015年全球及中国境内营业额达到规定的申报标准,属于应当申报的情形。2017年12月6日,腾讯完成股权变更登记,在此之前未向国家市场监督管理总局申报,违反《反垄断法》第21条规定,构成违法实施的经营者集中。

3. 竞争影响分析

根据《反垄断法》和《国务院反垄断委员会关于相关市场界定的指南》规定,同时考虑平台经济特点,在经济学分析和问卷调查基础上,本案相关市场界定为交易双方存在横向重叠的中国境内网络音乐播放平台市场。网络音乐播放平台市场是

---

① 本案例仅为摘要,全文请参见国家市场监督管理总局网,https://www.samr.gov.cn/fldj/tzgg/xzcf/202107/t20210724_333020.html。

指通过电脑端、手机端或者其他智能终端的程序或网站,以在线播放或下载方式向消费者提供完整版权音乐录音制品播放服务的平台。

本项集中对中国境内网络音乐播放平台市场具有或者可能具有排除、限制竞争效果:

(1)集中后实体在相关市场具有较高市场份额。集中发生时,腾讯和中国音乐集团的月活跃用户合计市场份额、用户月使用时长合计市场份额均超过 80%,集中双方在相关市场的销售金额约占相关市场总收入规模的 70%,双方曲库和独家资源的市场占有率均超过 80%。从该市场赫芬达尔 - 赫希曼指数(HHI 指数)分析,交易后为 6950,为高度集中市场,集中产生的增量为 3350。交易导致相关市场集中度进一步提高,竞争被进一步削弱。

(2)集中减少相关市场主要竞争对手。交易前集中双方居市场前两位,竞争实力相当,彼此竞争较为紧密。根据消费者在替代性平台之间的流向选择显示,腾讯旗下 QQ 音乐 73.6% 的用户流向了中国音乐集团旗下的酷狗音乐和酷我音乐,表明如果 QQ 音乐提高价格或降低服务水平,可能有 73.6% 的用户流向中国音乐集团旗下平台。

(3)集中可能进一步提高相关市场进入壁垒。一是可能提高版权资源壁垒。二是可能增加用户转换成本。三是集中后市场进入活跃度不高。

调查同时发现,中国网络音乐播放平台市场发展较为迅速,腾讯主要竞争对手的市场份额也呈现较快速度增长,由集中发生时的不足 6% 增长至近 18%,说明竞争对手对其竞争约束有增强的趋势。此外,网络音乐播放平台与其他平台之间近年来呈现出一定的动态竞争和跨界融合趋势,一些拥有广泛用户基础的短视频平台,如果再获得足够数量的音乐版权资源,在未来有可能成为相关市场的竞争者。

4. 处罚决定

根据《反垄断法》第 48 条、第 49 条的规定,国家市场监督管理总局对腾讯作出如下处理决定:

(1)责令腾讯及其关联公司采取以下措施恢复相关市场竞争状态:

①不得与上游版权方达成或变相达成独家版权协议或其他排他性协议,已经达成的,须在本决定发布之日起 30 日内解除,与独立音乐人或新歌首发的独家合作除外。与独立音乐人的独家合作期限不得超过 3 年,与新歌首发的独家合作期限不得超过 30 日。

②没有正当理由,不得要求或变相要求上游版权方给予当事人优于其他竞争

对手的条件,包括但不限于授权范围、授权金额、授权期限等,或与之相关的任何协议或协议条款。已经达成的,须在本决定发布之日起30日内解除。

③依据版权实际使用情况、用户付费情况、歌曲单价、应用场景、签约期限等因素向上游版权方报价,不得通过高额预付金等方式变相提高竞争对手成本,排除、限制竞争。

(2)处以50万元罚款。

(3)依法申报经营者集中。

(4)依法合规经营,建立健全公平参与市场竞争的长效机制:

①全面规范自身竞争行为,对照《反垄断法》开展全面深入自查,检视并规范自身经营行为。

②严格落实平台企业主体责任,不断完善平台内部治理规则,按照公平、合理、无歧视原则与其他经营者开展合作。

③完善企业内部合规控制制度,建立并有效执行反垄断合规制度,自觉维护公平竞争。

④保护消费者合法权益。充分保障消费者各项权利,合理制定收费价格,保护消费者隐私。

⑤积极维护公平竞争,推动行业创新发展。

以上措施期限自《行政处罚决定书》下发之日起算,腾讯及其关联公司须在10日内对照上述措施制定整改方案,并报国家市场监督管理总局审核。国家市场监督管理总局3年内有权通过监督受托人或自行监督检查腾讯及其关联公司履行上述义务的情况,腾讯3年内每年向国家市场监督管理总局报告履行义务情况,3年到期后不再报告。

5.案例评析

本案是第一起认定具有排除、限制竞争效果的违法实施经营者集中行政处罚案件。执法机关通过界定相关市场、确定相关主体的市场份额、分析相关市场的竞争状况等方式,认定本案所涉经营者集中具有排除、限制竞争效果,并在处以罚款的同时,通过附加行为性条件的方式恢复相关市场竞争状态,并要求当事人依法申报经营者集中,依法合规经营,建立健全公平参与市场竞争的长效机制。本案采取的行为性条件与附加限制性条件批准案件中的行为性条件性质较为类似。

(二)北京车胜与时空电动车设立合营企业违法实施经营者集中案①

1. 交易概况

本次交易系设立合营企业。2018 年 9 月 13 日,北京车胜与时空电动车签署《杭州快途汽车服务有限公司章程》,设立合营企业杭州快途汽车服务有限公司,持股比例分别为北京车胜持股 3.23%,时空电动车持股 96.77%。2018 年 9 月 21 日,合营企业取得营业执照。

2. 违法事实和理由

北京车胜与时空电动车设立合营企业,分别持股 3.23% 和 96.77%,共同控制合营企业,属于《反垄断法》第 20 条规定的经营者集中。双方营业额达到申报标准,属于应当申报的情形。2018 年 9 月 21 日,合营企业取得营业执照,在此之前未向国家市场监督管理总局申报,违反《反垄断法》第 21 条,构成违法实施的经营者集中。

3. 行政处罚依据和决定

根据《反垄断法》第 48 条、第 49 条的规定,基于调查情况和评估结论,国家市场监督管理总局给予北京车胜与时空电动车 50 万元罚款的行政处罚。

4. 案例评析

本案中,虽然双方当事人在合资设立的企业中持股比例相差悬殊,一方持股比例达到 96.77%,而另一方持股比例仅为 3.23%,但该合资设立的企业仍被认定为双方当事人共同控制的合营企业,说明合营企业以及取得共同控制权的认定不能仅根据持股比例来判断,而需要根据企业的股东会、董事会表决机制,董事会人员组成,是否有特殊协议或安排等多个方面进行综合判断。

由于本案行政处罚决定书没有披露执法机关认定构成共同控制的具体原因,只能根据公开信息进行推断。根据公开网站检索,本案合营企业杭州快途汽车服务有限公司设立时,董事会由 3 名董事组成,其中 1 名董事可能来自北京车胜方,1 名董事可能来自时空电动车方,另外 1 名董事的身份暂时难以判断,这一情况可能对构成共同控制的判断有一定影响。

① 本案例仅为摘要,全文请参见国家市场监督管理总局网,https://www.samr.gov.cn/fldj/tzgg/xzcf/202107/t20210706_332344.html。

(三)青岛海信网络科技股份有限公司与腾讯控股有限公司设立合营企业未依法申报违法实施经营者集中案①

1.交易概况

该交易系新设合营企业。2020年3月12日,青岛海信网络科技股份有限公司(以下简称海信网科)与青岛启迪大数据有限责任公司(以下简称青岛启迪)、腾讯控股有限公司(以下简称腾讯)(通过深圳市腾讯投资产业创投有限公司)、青岛华通科技投资有限责任公司(以下简称华通科技)签署《合资协议书》,设立合营企业数字青岛建设有限公司,海信网科持股45%,青岛启迪持股28%,腾讯持股15%,华通科技持股12%。根据《公司章程》,腾讯与海信网科共同控制合营企业,青岛启迪与华通科技对合营企业无控制权。2020年3月26日,合营企业数字青岛注册成立。

2.违法事实和理由

2020年3月12日,海信网科、青岛启迪、腾讯、华通科技设立合营企业数字青岛,分别持股45%、28%、15%、12%,根据《公司章程》第15、16、17、21条等规定,海信网科与腾讯共同控制合营企业,属于《反垄断法》第20条规定的经营者集中。当事人营业额达到规定的申报标准,属于应当申报的情形。2020年3月26日,合营企业注册成立,在此之前未依法申报,违反《反垄断法》第21条,构成违法实施的经营者集中。

3.行政处罚依据和决定

根据《反垄断法》第48条、第49条的规定,基于调查情况和评估结论,国家市场监督管理总局决定分别给予海信网科、腾讯各50万元罚款的行政处罚。

4.案例评析

本案属于设立合营企业类型的经营者集中,合营企业的股东之一腾讯持股比例仅占15%,就被认定拥有共同控制权,而合营企业的另一股东青岛启迪持股比例高达28%,远高于腾讯,但仍被认定对合营企业无控制权。对于共同控制权认定的依据,本案行政处罚决定书进行了明确披露,即合营企业《公司章程》第15、16、17、21条等规定。据此,对于共同控制权的判断不能仅依据持股比例,还应根据《公司

① 本案例仅为摘要,全文请参见国家市场监督管理总局网,https://www.samr.gov.cn/fldj/tzgg/xzcf/202201/t20220104_338851.html。

章程》的规定等进行综合判断。

第三部分　对未来审查执法的展望

2021 年我国经营者集中反垄断审查执法工作取得了多方面的进步。与此同时,在 2021 年 10 月,《反垄断法(修正草案)》公布并面向社会征求意见,其中对于经营者集中的相关规定有所修改,一定程度上体现了经营者集中执法的发展方向。结合《反垄断法(修正草案)》,在未来,审查执法机构的执法工作仍然可以在以下方面进行探索和完善。

一、探索强化对未达申报标准的经营者集中进行主动调查

《反垄断法(修正草案)》拟将《反垄断法》第 21 条改为第 26 条,并增加 1 款,作为第 2 款:"经营者集中未达到国务院规定的申报标准,但有证据证明该经营者集中具有或者可能具有排除、限制竞争效果的,国务院反垄断执法机构应当依法进行调查。"这一增加的条款针对未达申报标准的经营者集中主动调查作出了规定。

其实,早在 2008 年颁布的《国务院关于经营者集中申报标准的规定》即有对未达申报标准的经营者集中主动调查的类似规定,执法机关也曾表示针对部分经营者集中交易已依法进行调查,但尚未公布对未达申报标准的经营者集中进行调查的最终结果。

实际上,一些没有达到经营者集中申报标准的并购交易也可能对竞争产生不利影响,例如,在互联网行业、平台经济领域,面向普通用户的互联网产品通常采用免费或低价模式,尤其是初创企业或新型平台,还可能通过发放补贴的方式吸引消费者。这一模式使部分互联网企业虽然营业额较低,但已积累大量用户资源,甚至能够在相关市场占据支配地位。由于我国经营者集中申报仅以营业额作为单一门槛,涉及此类互联网企业的并购交易可能因未达营业额门槛而无须进行申报,但如对此类并购交易放任不管,可能会导致互联网行业的竞争秩序受到影响,消费者福利遭受损害。

在平台经济不断发展,以及对平台经济领域进行强化监管的背景下,更加需要对上述未达申报标准的并购交易进行主动调查,以确定是否具有排除、限制竞争效果。通过对未达申报标准经营者集中案件的主动调查及主动申报进行细化规定,

有助于巩固以竞争影响分析为核心的经营者集中审查原则,填补单一营业额门槛可能导致的漏洞。

二、完善对未依法申报案件的处罚力度

我国经营者集中反垄断审查执法一直受到争议的一个问题,就是对经营者集中未依法申报案件的罚款数额过低。按照现行《反垄断法》的规定,经营者集中未依法申报,将被处以50万元以内的罚款。执法实践中,除平台经济企业外,其他企业均没有适用顶格处罚。

而《反垄断法(修正草案)》拟将对于未依法申报案件的罚款分为两种情形。第一种针对具有或者可能具有排除、限制竞争效果的未依法申报案件,处上一年度销售额10%以下的罚款;第二种针对不具有排除、限制竞争效果的未依法申报案件,处500万元以下的罚款。

上述两种情形的罚款数额与现行《反垄断法》相比均大幅提高,且就未依法申报的经营者集中交易是否具有排除、限制竞争效果而设置了不同的罚款标准。上述规定虽出自法律草案,最终生效的条款内容仍有可能会改变,但也能体现出强化经营者集中审查与执法,提高违法成本,尤其是对于具有排除、限制竞争效果的未依法申报案件进一步提高打击力度的趋势。

三、经营者集中审查的重点领域

《反垄断法(修正草案)》拟增加1条,作为第37条:"国务院反垄断执法机构应当依法加强民生、金融、科技、媒体等领域经营者集中的审查。"

一般而言,法律条文应规定判断合法与违法的标准、承担法律责任的主体及范围、执法机构的职责与权限,以及违法的法律责任等内容。这些内容有较强的原则性以及适用上的广泛性,在各个领域均平等适用,除非做出专门的例外规定。相反,执法机构可以根据自身的工作安排、客观经济发展形势、违法行为的发展变化趋势等因素,选择在不同时期针对不同领域加强执法,并作为其工作的重点。例如,在互联网领域处于高速发展阶段,不仅出现了不同产业高度融合的情况,同时各种新业态也不断发展演变,许多领域出现了所谓的扼杀式并购,为此在当前阶段对互联网领域中的经营者集中审查应给予高度关注,执法机构应依法加强对互联网领域的经营者集中审查执法。然而,执法机构在具体经济发展阶段的工作目标或工作重点,并不具有普遍适用性,不应成为法律条文内容。

虽然上述规定仅出自法律草案,最终生效的条款内容仍有可能会改变,但也能一定程度体现出执法机构重点关注的执法领域,未来可能会继续强化在这些领域的经营者集中审查与执法。

中国反垄断诉讼案件年度分析报告(2021 年)

杜爱武　陈云开*

引　言

2021 年是我国反垄断的“大年”,反垄断工作受到高度重视和广泛关注。在反垄断诉讼领域,案件数量趋于平稳,案件质量和裁判水平显著提高。

为了解 2021 年我国反垄断诉讼的发展情况,笔者通过公开渠道获取该年度裁判的反垄断诉讼案件信息并进行梳理,围绕案件的基本特征、争议焦点和裁判观点等进行分析,形成了本报告。本报告的主要内容包括两个部分:第一部分是“垄断民事案件”,以垄断案由案件为基础,同时讨论部分与《反垄断法》适用相关的非垄断案由案件;第二部分是“垄断行政案件”,涉及与反垄断行政处罚、行政性垄断、行政不作为等相关的行政诉讼案件。

为行文便利,本报告多用简称。对于法院名称,一般按照“地域 + 级别/类型”进行简化(如北京知产法院、宁波中院等);对于案件名称,一般采用最简洁的“当事人简称 + 案”(如昌林公司案)进行表述;根据实际需要,可以采其他足以识别的简化方式。

第一部分　垄断民事案件

一、概述

根据最高人民法院(以下简称最高法院)民三庭庭长林广海接受媒体专访时披

* 杜爱武,上海邦信阳中建中汇律师事务所主任、合伙人;陈云开,上海邦信阳中建中汇律师事务所合伙人。

露,2021 年法院新收垄断民事一审案件 70 件、审结 49 件。① 结合最高法院在相关场合的公开信息②,笔者将《反垄断法》施行 10 余年以来(其中 2018 年、2019 年的数据缺失③)法院受理的垄断纠纷民事诉讼一审案件数量情况,整理如图 1 所示:

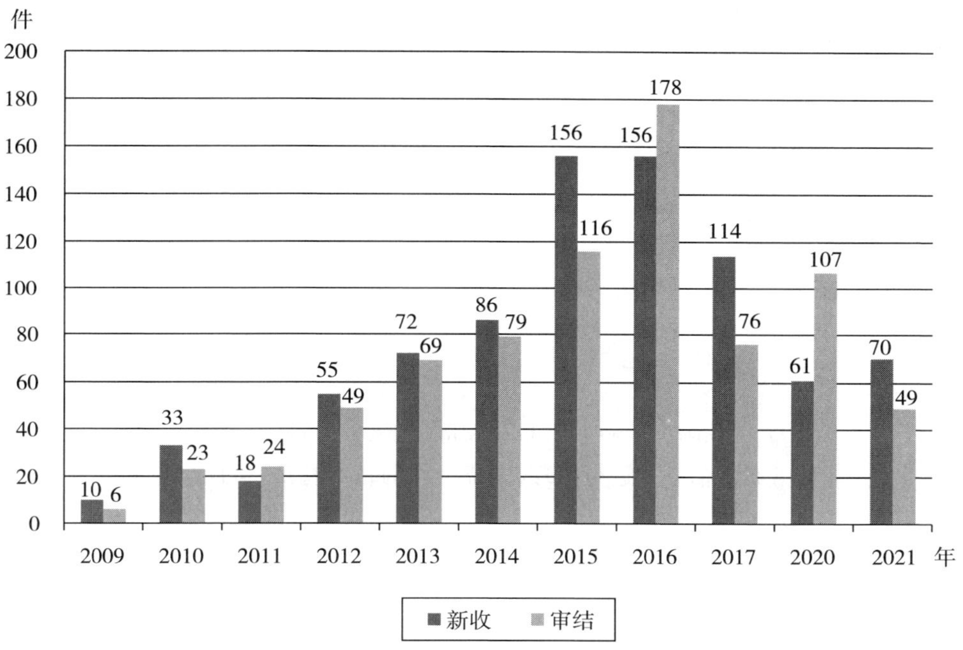

图 1　垄断民事案件(一审)的新收和结案数量

① 参见孟亚旭:《专访最高人民法院民三庭庭长林广海:坚决制止互联网领域垄断行为》,载北青网 2022 年 3 月 11 日,https://t.ynet.cn/baijia/32347307.html。

② 2009 年至 2015 年数据,参见王闯:《中国反垄断民事诉讼概况及展望》,载《竞争政策研究》2016 年第 2 期;2016 年、2017 年数据,参见朱理:《反垄断民事诉讼的十年回顾与展望》,载公平竞争网 2018 年 9 月 11 日,http://zggpjz.com/keji/shuma/4163.html;2020 年数据参见最高法院:《对十三届全国人大四次会议第 6544 号建议的答复》;2021 年度的数据参见孟亚旭:《专访最高人民法院民三庭庭长林广海:坚决制止互联网领域垄断行为》,载北青网 2022 年 3 月 11 日,https://t.ynet.cn/baijia/32347307.html。

③ 根据 2021 年 9 月 27 日最高法院新闻发布会披露,"2018 年至 2020 年,全国法院共新收一、二审垄断民事案件 158 件,审结 189 件(含旧存),年均审结超 60 件"。该组数据包含了二审垄断民事案件的数量,与最高法院在其他场合披露的案件数量统计口径并不一致,故无法据此直接推算出 2018 年、2019 年垄断纠纷民事诉讼一审案件的数量。

根据最高人民法院《关于知识产权法庭若干问题的规定》的规定,自2019年1月1日起,当事人不服垄断第一审民事案件判决、裁定而提起上诉的案件,由最高法院知产法庭审理。根据《最高人民法院知识产权法庭年度报告(2021)》披露①,2021年最高法院知产法庭新收25件垄断纠纷民事二审实体案件。

囿于裁判文书公开规则,2021年我国法院审结的全部垄断民事案件的文书无法在公开渠道完全找到。此外笔者注意到,近来在非垄断纠纷案由案件中,涉及《反垄断法》适用问题的案件数量逐渐增多,且部分案件涉及管辖权认定、违法事由审查等颇具探讨价值的问题。为此,对于2021年裁判文书的检索,笔者分别按垄断案由案件和非垄断案由案件展开。经检索②,汇总裁判文书34份、共涉及34件案件,包括垄断案由案件24件、非垄断案由案件10件,以此作为本次研习的基本对象。

关于上述案件的研习,笔者分为两个方面:案件基本情况方面,笔者以24件垄断案由案件为基本对象,从裁判结果等角度对案件的数量关系、基本特征等内容进行分析。案件裁判观点方面,笔者以上述两类共计34件案件为基本对象,对案件涉及的争议焦点及其裁判观点分别进行探讨。研习时,针对某一特定问题笔者可能回溯至往年案件,将2021年度案件与往年案件进行综合分析。

二、基本情况分析

(一)案件处理结果

不同的裁判文书类型,反映该阶段处理的不同事项和结果。24件垄断案由案件中,按照裁判文书的类型可以作出的分类如表1所示:

---

① 参见《最高人民法院知识产权法庭年度报告(2021)》,载最高人民法院网2022年2月28日,https://www.court.gov.cn/zixun-xiangqing-347361.html。

② 笔者的检索步骤包括三步:第一步,笔者在中国裁判文书网(wenshu.court.gov.cn)以“案件类型:民事案件”“案由:垄断纠纷”“裁判年份:2021”三组关键词进行检索,共得23份裁判文书。剔除名为垄断纠纷、实与《反垄断法》适用无关的裁判文书后,剩余18份裁判文书、涉及18件垄断案由案件。第二步,笔者将关键词由“案由:垄断纠纷”改为“全文:反垄断法”进行检索,共得108份裁判文书,除了与上述以“案由:垄断纠纷”检索所得重合的23份文书外,尚有2份文书实际也按垄断纠纷处理(涉及2件垄断案由案件);其余均为非垄断案由案件,但因涉及《反垄断法》适用之讨论而被检索命中。笔者选取其中具有探讨价值的10份裁判文书(涉及10件非垄断案由案件)作为研习样本。第三步,笔者通过其他互联网平台(如最高法院知产法庭网站、相关微信公众号等)进行补充检索,共得2021年作出的裁判文书4份、涉及4件垄断案由案件。

表 1　24 件垄断案由案件的裁判文书类型

裁判文书类型		裁判文书的数量/份
结案类文书	民事判决书	4
	民事裁定书(撤诉)	7
	民事裁定书(驳回起诉)	2
过程性文书	民事裁定书(案件管辖)	9
	民事裁定书(案件主管)	1
	民事裁定书(案件主管—勘误)	1

表 1 所列的 13 份结案类文书,撤诉结案的 7 份、占比达 53.85%。可见撤诉结案的方式在垄断民事案件中颇受欢迎。实践中,当被告为知名企业或在相关市场具有较强市场力量时,为了避免案件败诉而产生更大的不利影响,选择和解撤诉不失为一种理性做法。值得关注的是,撤诉案件中包括“OPPO 诉西斯威尔滥用市场支配地位纠纷案”①和“小米诉西斯威尔垄断纠纷案”②,前案的管辖权异议二审阐明了关于涉外标准必要专利垄断纠纷管辖权的确定规则,并被列入 2021 年 9 月最高法院发布的“人民法院反垄断和反不正当竞争典型案例”③。

判决结案的 4 件案件中,被诉垄断行为成立的 2 件,分别是“驾校联营案”④和“日立金属案”⑤。前案被列入 2021 年 4 月最高法院发布的“2021 年中国法院 10 大知识产权案件”⑥;后案则是我国首例非标准必要专利滥用案件。

11 份过程性文书中,涉及案件主管权问题的 2 份、案件管辖权问题的 9 份。民

① 原告 OPPO 广东移动通信有限公司等与被告西斯威尔有限公司等滥用市场支配地位纠纷案,广州知产法院(2020)粤 73 民初 451 号。

② 原告小米通讯技术有限公司等与被告西斯威尔国际有限公司等垄断纠纷案,北京知产法院,(2019)京 73 民初 1349 号。

③ 《人民法院反垄断和反不正当竞争典型案例》,载最高人民法院网 2021 年 9 月 27 日,https://www.court.gov.cn/zixun－xiangqing－324491.html。

④ “驾校联营案”:台州市路桥吉利机动车驾驶培训有限公司等与台州市路桥区东港汽车驾驶培训学校等横向垄断协议纠纷案,最高人民法院(2021)最高法知民终 1722 号。

⑤ 日立金属案:原告宁波科田磁业有限公司与被告日立金属株式会社滥用市场支配地位纠纷案,宁波中院(2014)浙甬知初字第 579 号。

⑥ 《最高人民法院发布 2021 年中国法院 10 大知识产权案件和 50 件典型知识产权案例》,载最高人民法院网 2022 年 4 月 21 日,https://www.court.gov.cn/xinshidai－xiangqing－355881.html。

事案件的主管权,是指法院、其他国家机关或仲裁机构在解决民事纠纷问题上的分工和权限;管辖权则是指不同法院之间受理第一审民事案件的权限分工。① 据笔者观察,当事人提出管辖权异议或主管权异议,可能确系问题本身存在争议、有赖法院公断;但从实践来看,启动异议程序也可能是被告的应诉策略,它可以事实上达到拉长诉讼周期的效果②。笔者以中国裁判文书网公开的、最高法院知产法庭自2019年1月1日以来作出管辖裁定的案件为例③,对管辖权异议一审裁定与二审裁定期间的用时进行统计,其中最短用时为85日,最长用时为713日,平均用时达215日。其基本情况如图2所示:

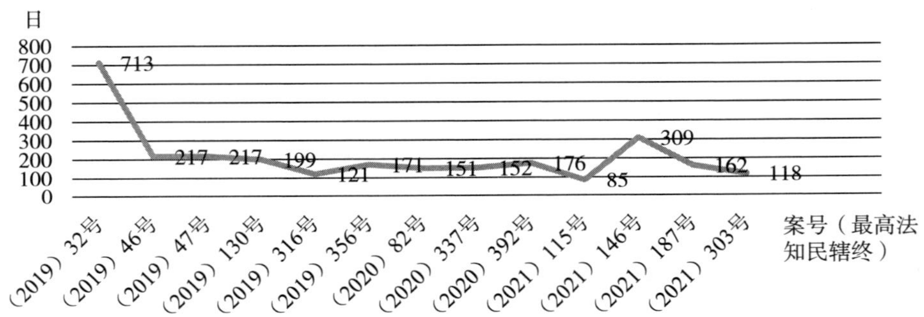

图2 管辖权异议程序的部分用时

(二)被诉垄断行为

24件垄断案由案件中,被诉垄断行为的基本情况见表2:

① 参见潘晶晶、王坤:《管辖权异议中能否以仲裁约定为由排除法院主管——重庆一中院裁定石某诉某公司建设工程分包合同案》,载《人民法院报》2018年7月5日,第6版。

② 最高人民法院《关于适用〈中华人民共和国民事诉讼法〉的解释》(2022年修正)第243条规定:"民事诉讼法第一百五十二条规定的审限,是指从立案之日起至裁判宣告、调解书送达之日止的期间,但公告期间、鉴定期间、双方当事人和解期间、审理当事人提出的管辖异议以及处理人民法院之间的管辖争议期间不应计算在内。"

③ 共涉及13件案件。笔者说明如下:一是为绘图便利,图中的案号统一略去"最高法知民辖终"字样,仅保留年份和编号。二是横坐标从左到右按照最高法院立案时间排序。三是管辖权异议程序期间实际应从当事人提出管辖权异议时起算,但因该时点信息无法完整获得,故统一延后按可得数据(管辖权一审裁定时间)起算。

表 2　24 件垄断案由案件的被诉垄断行为类型

被诉垄断行为的类型	案件数量/件
横向垄断协议	1
纵向垄断协议	3
滥用市场支配地位	15
滥用市场支配地位(标准必要专利)	2
滥用市场支配地位(非标准必要专利)	1
未明确行为类型	2

如表 2 所示,24 件案件中的滥用市场支配地位纠纷案件达 18 件,占比 75%。根据笔者统计①,历年来中国裁判文书网公开的垄断民事案件中,滥用市场支配地位纠纷的案件数量占比均为最高。然而,案件数量占比大,原告胜诉率却很低。曾有学者对截至 2020 年 5 月中国裁判文书网公开的滥用市场支配地位纠纷案件进行统计分析,67 个样本中确定原告胜诉的仅有 2 个案例,占样本总数的 2.99%。② 上列案件中有 3 件滥用市场支配地位案件涉及专利,存在知识产权问题与反垄断问题的交叉,增加了审判难度。其中涉及非标准必要专利的"日立金属案",宁波中院于 2014 年 12 月受理、于 2021 年 4 月作出一审判决,历时 6 年有余。

另外值得关注的是,《最高人民法院知识产权法庭年度报告(2021)》归纳 2021 年度最高法院知产法庭受理案件的特点时提到,"垄断协议纠纷民事案件特别是横向垄断协议案件占比增加。……法庭在多起案件中认定构成垄断协议,彰显加大司法反垄断的鲜明态度"。垄断协议虽然因其发生在特定的当事人之间、具有一定的隐蔽性,但当各方发生争议时,利益受损一方仍有可能主动诉诸法律。需注意的是,横向垄断协议自愿实施者因实施横向垄断行为遭受到所谓损失并非反垄断法

---

① 比如:同一年度滥用案件与垄断民事案件的数量对比,2019 年为 46/54、2020 年度为 43/75。相关数据的统计形成过程,参见杜爱武、陈云开:《中国反垄断诉讼案件概况及评析(2019 年)》,载《竞争法律与政策评论》第 6 卷;杜爱武、陈云开:《中国反垄断诉讼案件年度报告(2020 年)》,载《竞争法律与政策评论》第 7 卷。

② 参见喻玲、兰江华:《滥用市场支配地位诉讼举证困境及对策研究——基于 67 份判决书的实证分析》,载《江西财经大学学报》2020 年第 4 期(总第 130 期)。

所意图救济的利益,法律不予保护。①

(三)一审法院管辖

24 件垄断案由案件中,一审管辖法院分别为:北京知产法院(10 件)、上海知产法院(2 件)、广州知产法院(1 件)、宁波中院(2 件)、青岛中院(1 件)、武汉中院(1 件)、贵阳中院(5 件)、长春中院(2 件)。

根据上列数据,北京知产法院受理案件数量最多。另据北京知产法院披露,该院自 2014 年建院至 2021 年年底,受理反垄断、反不正当竞争类案件共计 1436 件,审结 1244 件。为提高竞争垄断案件专业化审判水平,该院在院级专业法官会议制度中新设了"竞争垄断委员会",并配备了竞争垄断专业审判团队。②

笔者注意到,贵阳中院 2021 年度受理的 5 件垄断案由案件,其中 1 件案件由原告撤诉结案,另 4 件案件则均由原告撤回其关于确认被告实施垄断行为的诉讼请求、案件由垄断纠纷变更为合同纠纷,进而裁定移送基层法院管辖。换言之,5 件案件均未进入实体审理阶段。囿于案件总体数量有限的客观情况,部分法院实际审理垄断纠纷案件的经验较为有限。

(四)所属行业分布

24 件垄断案由案件中,其被诉垄断行为涉及的行业分布较为广泛,主要分布在下列行业:互联网行业、移动通信、医药、安防产品、材料科技、手机运用程序、世界纪录认证服务、音像著作权集体管理等。其中涉及互联网行业的案件数量最多(5 件)。

反垄断执法机构在启动调查方面具有较高的自主权,基于对特定行业实施"监管"的目的,执法机构可能在一定时期内集中对特定行业开展反垄断调查,其处罚案件的行业分布相对集中,比如,对保险行业、汽车行业、原料药行业的反垄断执法等。而司法裁判的被动性和谦抑性,决定了反垄断诉讼案件是由市场主体自发启动、司法机关无法主动干预,所以其行业分布可能更为分散。

---

① 参见廖继博:《实施横向垄断协议无权获得损害赔偿救济——办案合议庭详解"砖瓦协会"垄断纠纷案》,载最高人民法院知识产权法庭 2021 年 3 月 4 日,https://ipc.court.gov.cn/zh-cn/news/view-1080.html。

② 参见《北京知识产权法院竞争垄断委员会及专业审判团队设立情况通报》,载北京知识产权法院网,https://bjzcfy.chinacourt.gov.cn/article/detail/2022/03/id/6583105.shtml。

就2021年而言,互联网平台经济领域是反垄断执法的重点,也是加强司法反垄断的重点。2021年4月,最高人民法院发布《人民法院知识产权司法保护规划(2021—2025年)》,提出"妥善处理互联网领域垄断纠纷,完善平台经济反垄断裁判规则,防止资本无序扩张,推动平台经济规范健康持续发展"。因此,目前法院尚未审结的互联网反垄断案件,比如:北京高院2017年受理的京东诉天猫"二选一"案、北京知产法院2021年2月受理的抖音诉腾讯垄断纠纷案①、长沙中院2021年11月受理的蚁坊诉新浪微博数据垄断纠纷案②等案件,将受到更高的关注。

三、裁判观点分析

(一)垄断纠纷与仲裁条款

2021年作出驳回起诉裁定的龙盛公司案③,北京知产法院认为,由于原告的诉请及事由、证据,均系针对案涉《经销协议》及《和解协议》中的权利义务关系,体现了合同相对性且未涉及社会公共利益,故认定仍应适用有效仲裁条款,原告的起诉不应由法院受理。

自2019年以来,最高法院裁判的多起案件中涉及垄断民事纠纷可仲裁性的问题。为便于对比,将最高法院在各案中的观点简要归纳见表3:

---

① 参见《北京知识产权法院受理抖音诉腾讯垄断纠纷案》,载新京报2021年2月7日,https://baijiahao.baidu.com/s?id=1691041663402578964&wfr=spider&for=pc。

② 参见《新浪微博因数据许可被提起反垄断诉讼》,载南方都市报,https://xw.qq.com/cmsid/20211116A0CRAP00?pgv_ref=baidutw。

③ 龙盛公司案:北京龙盛兴业科技发展有限公司与域适都智能装备(天津)有限公司、霍尼韦尔自动化控制(中国)有限公司纵向垄断协议纠纷案,北京知识产权法院(2020)京73民初983号。

表3　最高法院关于垄断纠纷可仲裁性的观点对比

案件名称	裁判时间	被诉垄断行为及其与涉案合同的关系	裁判观点
汇力公司案[1]	2019年8月	汇力公司案(纵向协议):原告系被告的经销商,签有《经销商协议》并含仲裁条款。原告指控被告实施了转售价格维持的纵向垄断协议行为	反垄断法具有明显公法性质,是否构成垄断的认定超出了合同相对人之间的权利义务关系,并使本案争议不再限于平等主体之间发生的合同纠纷和其他财产权益纠纷,不再属于仲裁法规定的可仲裁范围
		汇力公司案(横向协议):原告系被告的经销商,签有《经销商协议》并含仲裁条款。原告指控被告实施了协调组织经销商投标的横向垄断协议之侵权行为	
VISCAS案[2]	2019年12月	被告与案外人达成并实施横向垄断协议、垄断高压电缆产品市场。原告作为高压电缆产品买方,与被告签署涉案合同并含仲裁条款	横向垄断协议的受害人针对行为人提起诉讼时,不再受到其与垄断行为人之间合同约定的仲裁条款的约束
昌林公司案[3]	2020年6月	原告是被告的经销商,在相关区域内销售被告工业润滑油产品。原告请求确认被告滥用其在中国润滑油经销服务市场的支配地位,要求停止滥用行为。原被告签有《经销商协议》并含仲裁条款	原告关于垄断行为侵权的诉请、事由均与涉案合同密切关联,应受其仲裁条款约束
鑫牛公司案[4]	2022年2月	原告与被告签有涉案合同且含仲裁条款。原告指控被告滥用其市场支配地位,主张涉案合同含有限制竞争的垄断条款,损害其合法权益	仲裁条款不排除法院对垄断协议的管辖

[1]汇力公司案:包括两件案件,即壳牌(中国)有限公司与呼和浩特市汇力物资有限责任公司之间的纵向垄断协议纠纷和横向垄断协议纠纷,最高法院于2019年8月分别作出(2019)最高法知民辖终46号、(2019)最高法知民辖终47号的管辖权裁定。

[2]VISCAS案:国网上海市电力公司与VISCAS株式会社垄断协议纠纷一案,最高法院于2019年12月作出(2019)最高法知民辖终356号的管辖权裁定。

[3]昌林公司案:山西昌林实业有限公司与壳牌(中国)有限公司滥用市场支配地位纠纷案,最高法院于2020年6月作出(2019)最高法民申6242号管辖权裁定。

[4]鑫牛公司案:白城市鑫牛乳业有限责任公司与林甸伊利乳业有限责任公司等垄断纠纷案,长春中院于2020年11月作出(2020)吉01民初5282号民事裁定,对该案不予受理;长春中院于2021年2月作出勘误裁定,将上诉法院由吉林高院更正为最高法院。最高法院于2022年2月作出(2021)最高法知民终924号民事裁定,撤销一审裁定、指令长春中院立案受理。

根据表3所列,最高法院在昌林公司案中的结论与其他三案中的结论相反。对此有必要理解清楚,结论不一致是由于最高法院内部存在两种不同观点,还是观点一致只因案情不同所致。对此有不同解读:解读一认为,昌林公司案与汇力公司案在当事人、案件性质方面具有极高的相似性,“然而裁判结果却大相径庭”①,即认为前后观点矛盾;解读二则认为,最高法院昌林公司案和汇力公司案中“明确了应根据涉案争议的本质确定涉及私益和公共利益的程度,从而确定纠纷的可仲裁性”②,言下之意前后观点相互补充、并不矛盾。两相比较,笔者认可解读一,即最高法院内部对垄断民事纠纷可仲裁性的问题存在不同观点。略言之:

昌林公司案从被诉垄断行为与涉案合同的关联程度方面,认定垄断纠纷具有可仲裁性。按其逻辑,关联程度越高,可仲裁的可能性越高。汇力公司案(纵向协议),垄断行为和涉案合同的当事人一致、被诉垄断行为直接反映于涉案合同中,关联程度高于昌林公司案,但最高法院并未认定汇力公司案项下的纠纷具有可仲裁性。可见,汇力公司案并未采用昌林公司案的关联程度标准来认定。

从被诉垄断行为涉及公共利益的程度来看,《反垄断法》规定的三类经济性垄断,均以具有排除、限制竞争的效果为前提,只不过在立法技术方面存在证明具有或推定具有的不同。“保护市场公平竞争”是《反垄断法》的立法目标之一,公平竞争的市场秩序就是公共利益的体现。由于垄断行为自带排除、限制竞争的影响,因此难有仅影响私益而不涉及公共利益的垄断行为。此外,昌林公司案和汇力公司案究竟何者涉及公共利益的可能性大,恐怕无法仅依管辖权异议程序查明的事实进行评判。因此,以涉及私益或公益作为区分昌林公司案和汇力公司案不同裁判结论的依据,理由并不充分。

基于上述见解,笔者认为,昌林公司案和汇力公司案的结论相反,并非由于“涉案行为是否涉及公共利益”这一事实存在差异,而是就垄断纠纷是否具有可仲裁性持两种不同观点。

2022年2月裁定的鑫牛公司案,可谓是为“不具可仲裁性”的主张增加了一个砝码。就司法实践而言,法律适用的统一性和确定性甚为关键。因此,对于垄断纠

① 吴佩乘:《论作为私人实施方式的反垄断民事纠纷仲裁》,载《北京仲裁》2020年第4辑(总第114辑)。该文评析昌林公司案时,针对的是北京高院的裁判观点。最高法院维持了北京高院的观点。

② 《2021年中国反垄断诉讼案件评述》,载“反垄断实务评论”微信公众号,https://mp.weixin.qq.com/s/ENpoLpUNq3veWmnae9syCg。

纷可仲裁性的问题形成一致意见实有必要。至于采何种主张,笔者认为,现阶段采“不具有可仲裁性”的主张更为稳妥。暂且不论《反垄断法》的公法属性等法律本身的性质差异,仅从法律适用角度看,其专业性毋庸多言,而客观上我国仲裁机构的发展存在地区不均衡等现象,放开仲裁机构受理垄断民事纠纷案件,可能无法确保法律适用的质量。有学者提出利用司法审查机制保障垄断纠纷仲裁中社会公共利益的实现,并提出对适用“核心限制”的垄断纠纷采用实质性标准,对适用“合理分析”的垄断纠纷采用形式性标准。[①] 笔者认为,如果采用实质性标准进行司法审查,实践中可能演变为由法院对案件重新审理,允许仲裁以发挥多元化争议解决机制优势的目的并未实现,并且与仲裁司法审查的谦抑性不符。如果采用形式性标准进行司法审查,恐难实现保障公益之目标。当然,须以发展眼光看待这一问题。随着法律适用经验的丰富、仲裁专业力量的发展,并不排斥未来支持垄断纠纷仲裁的可能性。

言及仲裁司法审查,此处略做展开。2021 年呼和浩特中院裁定 2 件涉及反垄断法适用的申请确认仲裁协议无效案件。以犇鼎公司案[②]为例,申请人犇鼎公司主张,被申请人的相关行为系滥用市场支配地位的垄断行为,属于垄断纠纷,呼和浩特仲裁委员会无管辖权,双方约定的仲裁事项超过《仲裁法》规定的仲裁范围,故请求确认涉案仲裁条款无效。呼和浩特中院认为,根据双方签订的合同形式及约定的仲裁条款,不存在约定涉及反垄断纠纷由呼和浩特仲裁委员会仲裁的情形,其仲裁条款仅限于履行双方协议产生的纠纷,该仲裁条款系双方真实的意思表示,且不存在《仲裁法》规定的无效情形,仲裁条款有效,遂裁定驳回了犇鼎公司的申请。

笔者认为,犇鼎公司案的裁定并无不当。无论涉案合同是否因违反《反垄断法》而无效,均不影响其仲裁条款的效力。《民法典》第 507 条、原《合同法》第 57 条(已废止)均规定,合同无效并不影响其中解决争议条款的效力。仲裁条款作为解决争议条款,其效力具有独立性。即便涉案合同因违反《反垄断法》而被认定为无效,包含其中的仲裁条款并不当然无效,而应适用《仲裁法》第 17 条等规定进行判

① 参见童肖安图:《社会公共利益视角下垄断纠纷可仲裁性研究》,载《华东政法大学学报》2021 年第 3 期。

② 犇鼎公司案:申请人赤峰犇鼎牛业有限公司与被申请人赤峰伊利乳业有限责任公司申请确认仲裁协议效力案,(2021)内 01 民特 179 号。此外,呼和浩特中院于 2021 年 10 月作出的申请人喀喇沁旗天地御牛牛业有限公司与被申请人赤峰伊利乳业有限责任公司申请确认仲裁协议效力案,(2021)内 01 民特 180 号,其争议焦点、双方主张和法院意见等均与犇鼎公司案一致,故不作详细列示。

断。正如犇鼎公司案,实践中的仲裁条款常约定为"与本合同有关的一切争议均由某仲裁机构仲裁解决",在对该仲裁条款进行意思表示解释时,应对其进行目的性限缩,将不属于《仲裁法》规定的可仲裁范围的事项排除在外。因此,该仲裁条款并不因"约定的仲裁事项超出法律规定的仲裁范围"而无效。若秉承垄断纠纷不具有可仲裁性的观点,仲裁机构依据有效的仲裁条款受理仲裁案件后,如果当事人提出《反垄断法》的相关主张,仲裁庭宜释明,并仅就不涉垄断纠纷的部分进行审理、裁决;如果仲裁庭对垄断纠纷径行裁决的,可能构成"超裁",当事人得依《仲裁法》第 58 条以"裁决的事项不属于仲裁协议的范围或者仲裁委员会无权仲裁"为由申请撤销仲裁裁决。

(二)关于重复诉讼

2021 年作出管辖权裁定的龙兴公司案①,最高法院阐明了一个重要观点:涉及同一合同的民事合同之诉和垄断协议之诉,不构成重复诉讼。最高法院认为,根据最高人民法院《关于适用〈中华人民共和国民事诉讼法〉的解释》相关规定,判断是否构成重复诉讼应当比较当事人、诉讼标的、诉讼请求三个构成要素。就涉案纠纷而言,前诉为合同之诉,双方当事人争议的是涉案合同当事人是否构成违约、涉案合同是否应当继续履行的问题;后诉为垄断之诉,双方当事人争议的是涉案协议是否构成垄断协议的问题。两案纠纷所涉诉讼标的不同,不构成重复诉讼。最高法院在其 2020 年就"OPPO 公司与西斯威尔国际有限公司滥用市场支配地位纠纷管辖权异议一案"作出的(2020)最高法知民辖终 392 号民事裁定中,亦表达了相同观点。

基于同一民事行为的合同之诉和垄断之诉不构成重复起诉,法律上虽无争议,实践中却可能形成一些冲突有待调适。比如:对于已执行完毕的合同是否认定其无效,便涉及维护市场竞争与维护合同安定性的冲突。有学者提出两种方案,即"若确认无效不再有助于强制性规范之目的的达成,便不再确认无效"和"无论确认无效是否有助于强制性规范之目的的达成,都确认无效",并表示法院对于该问题

① 龙兴公司案:商丘市龙兴制药有限公司与湖北拓思医药有限公司垄断协议纠纷管辖权异议案,(2021)最高法知民辖终 187 号。

的态度有待观察。[①] 最高法院2022年2月判决的“变压器开关案”回答了这一问题。该案中,就涉案协议,当事人在垄断纠纷之前已提起合同纠纷并形成生效判决、且获执行。最高法院在后诉(垄断纠纷案件)判决确认涉案协议无效。可见最高法院采取了第二种方案,以维护市场竞争之目标为优先。从调适冲突的角度,笔者认为,已被执行当事人对于前诉(合同纠纷案件)判决可以申请审判监督程序,以“原判决适用法律确有错误”为由请求再审改判,撤销前诉判决。在前诉判决被撤销后,已被执行当事人可以申请执行回转,从而获得救济。

(三)关于经营者的认定

“经营者”是我国《反垄断法》的一个重要概念,是经济性垄断的行为主体,是《反垄断法》的重要规范对象。2021年裁判的垄断民事案件中,有2件涉及对经营者的认定。略言之:

案件1:吉尼斯公司案[②]。该案中,被告吉尼斯公司辩称其不属于《反垄断法》上的经营者,其实施的世界纪录认证并非反垄断法所规范的经济活动。最高法院认为,吉尼斯公司向世界纪录申请者提供认证服务,其是否收取财产性或非财产性对价,并非判断经营者的标准,且吉尼斯公司虽未在世界纪录普通申请中收取费用,但其通过认证官出席认证现场、授予商标许可、出版相关书籍等形式从事经营活动,且这些经营活动亦与世界纪录认证存在密切关系,因此,吉尼斯公司属于反垄断法意义上的经营者。

案件2:音集协案[③]。该案中,北京知产法院认为,集体管理组织是经权利人授权,集中行使权利人的有关权利并以自己的名义进行许可使用、收取使用费等相关活动的市场主体。本案被告音集协作为音像节目的集体管理组织,以自己的名义提供音像节目的使用许可等服务,属于《反垄断法》所规制的经营者。

考察反垄断法相关实践发现,容易产生经营者认定争议的情形主要包括:

---

① 参见吴宏伟、董笃笃:《中国反垄断民事诉讼制度的回顾与展望》,载《河南财经政法大学学报》2015年第2期(总第148期)。

② 吉尼斯公司案:广州大明联合橡胶制品有限公司与吉尼斯世界纪录有限公司、吉尼斯世界纪录咨询(北京)有限公司滥用市场支配地位纠纷案,(2020)最高法知民终1877号。

③ 音集协案:北斗卫星数字新媒体(北京)有限公司与中国音像著作权集体管理协会滥用市场支配地位纠纷案,(2018)京73民初1527号。

一是行为主体并非典型的经营者类型(如非营利性组织等)。在粤超公司案①中,广东省足协是一家非营利性社团法人。最高法院认为,非营利性社团法人虽然不以营利为目的,并不意味着其不能从事市场经营活动。广东省足协依章程可以从事与其职能有关的市场经营活动,且事实上其也从事了各种与足球赛事有关的经营活动,包括涉案的相关行为。因此,关于广东省足协是经营者的主张成立。该案裁判采取的是"行为标准",即便行为主体不是典型的经营者类型,只要其从事的相关行为属于市场经营活动,便可在相应案件中将其认定为经营者。

二是行为主体虽为典型的经营者类型,但其案涉行为并非市场经营活动。在国拍公司案②中,上海知产法院认为,非营利性客车额度属于由政府统一调控和管理的社会公共资源,不属于市场交易的商品或服务。对非营业性客车额度组织竞价拍卖,是政府职能部门调控和管理公共资源的方式。国拍公司受托提供的拍卖服务本质上不构成《反垄断法》第 12 条规定可以竞争的商品或服务市场。就该受托事项而言,国拍公司并非自主经营的经营者。易言之,尽管行为主体是典型的经营者类型(企业),但如果其从事的相关行为并非可以竞争的市场经济活动,则在相应案件中不宜将其认定为经营者。

三是在多个主体复杂关系中如何准确识别当事经营者。在前述的吉尼斯公司案中,同为被告的吉尼斯北京公司,因现有证据无法证明其有权独立作出授予、撤销、废止吉尼斯世界纪录决定或者颁布"PER 一年制规则",故最高法院认为吉尼斯北京公司并非该案适格的被告。

《反垄断法》的规范对象包括经营者、行业协会、行政机关。由于垄断民事案件的请求权基础规范为《反垄断法》第 50 条"经营者实施垄断行为,给他人造成损失的,依法承担民事责任",所以,垄断民事案件中的被告须是经营者,控诉的是经营者实施的经济性垄断行为。

关于经营者的认定,有学者提出从主体资格、行为性质与独立地位三个方面综合判断;对于行为性质方面,又进一步明确了行为功能的经济性、行为对象的扩充

① 粤超公司案:广东粤超体育发展股份有限公司与广东省足球协会、广州珠超联赛体育经营管理有限公司垄断纠纷案,(2015)民申字第 2313 号。

② 国拍公司案:潘瑶与上海国际商品拍卖有限公司滥用市场支配地位纠纷案,经上海知产法院一审[案号:(2016)沪 73 民初 728 号]、上海高院二审[案号:(2017)沪民终 75 号],当事人还向最高法院申请再审[案号:(2020)最高法民申 1345 号],三级法院的观点基本一致。该案一审判决被最高法院列入"2008 - 2018 年中国法院反垄断民事诉讼 10 大案件"。鉴于此,本文主要归纳了该案一审判决的观点。

性、行为领域的广泛性三个标准。[①] 对此,笔者深以为然。放之于实践中,可以参考下列步骤进行认定:

其一,从主体资格方面,《反垄断法》第12条规定的"自然人、法人和其他组织"具有高度的包容性,已然可以囊括各类主体。唯需注意的是,实践中不必拘泥于主体的外在身份,而须着眼于主体在相关行为中扮演的角色、承担的功能。企业[②]、行业协会[③]可能获得管理公共事务职能之授权而扮演行政机关的角色;政府部门也可能因从事商业性活动而被视为企业[④]。

其二,从行为性质方面,主体所从事行为的性质决定了其在个案中的身份。相关行为的经济性是最核心的判断标准。实践中,不仅要关注诉争行为的性质,还须关注与诉争行为密切相关的其他行为之性质。如前述"吉尼斯公司案"中,法院不仅考察诉争的世界纪录认证服务是否收费,还考察与之相关的认证官出席认证现场等行为是否收费。此外,"市场"的概念具有广泛性,除了传统的商品(服务)市场,还有要素市场,比如,《中共中央、国务院关于构建更加完善的要素市场化配置体制机制的意见》明确提到加强对要素交易市场的反垄断和反不正当竞争执法。

其三,从主体独立地位方面,法律上作为独立主体对待的,须具备独立决策的能力、独立承担责任的能力,即独立意志和独立责任。登记公示的外观固然是判断独立与否的有利证据(如单独登记为公司法人、合伙企业等),但同样须秉承"实质重于形式"的认定思路。比如:公司分支机构虽然并非独立法人,但如其具备独立意志和独立责任能力,亦是反垄断法上的经营者。盈鼎公司案[⑤]中,中石化云南分

---

① 参见焦海涛:《论〈反垄断法〉中经营者的认定标准》,载《东方法学》2008年第5期。

② 比如:上海机场(集团)有限公司是在工商行政管理部门注册成立的公司法人,但根据《上海市民用机场地区管理条例》的授权,可以依法行使部分的行政执法职权。

③ 实践中,行业协会可能具备三种不同的身份。一是作为法律、法规授权的具有管理公共事务职能的组织,此时按行政机关对待,行业协会滥用其所获权力排除、限制竞争的,按照行政性垄断处理。二是作为经营者,从事或参与市场经营活动,比如音集协案中的中国音像著作权集体管理协会。三是作狭义理解的行业协会,从事行业自律工作,此时与《反垄断法》第11条、第16条规定的"行业协会"含义一致。在娄丙林与北京市水产批发行业协会垄断纠纷案[案号:(2013)高民终字第4325号]中,北京水产协会作为适格被告,被法院认定其组织经营者达成固定、变更价格的垄断协议,确认涉案《北京市水产批发行业协会手册》中"奖罚规定"第1条、第2条无效,并判令其停止组织会员达成垄断协议的行为。

④ 比如:在1991年Hoefner案中,欧洲法院认为,"从适用共同体竞争规则的目的出发,一个机关例如从事商业性职业介绍的国家机关可以被视为企业"。转引自焦海涛:《论〈反垄断法〉中经营者的认定标准》,载《东方法学》2008年第5期。

⑤ 盈鼎公司案:云南盈鼎生物能源股份有限公司与中国石化销售有限公司云南石油分公司等拒绝交易纠纷案,(2017)云民终122号。

公司作为经营者,且被认定为在相关市场具有市场支配地位。相反,即便多个主体分别具有独立法人的外观但缺乏独立意志,亦可能被视为同一主体。国家市场监督管理总局在其查处的葡萄糖酸钙原料药垄断案中认为,康惠公司通过普云惠公司和太阳神公司进行注射用葡萄糖酸钙原料药等产品交易,三家公司具有统一、协调的经营意志,就实施涉案垄断行为而言,三家公司关系紧密,并不相互独立,故认定三家公司共同实施了涉案垄断行为。①

其四,从行为关联性方面,这已超出对经营者的认定,而是对垄断民事案件的适格被告之认定。被告适格,除了构成反垄断法意义上的"经营者"之外,还需与涉案行为具有关联性。所谓的关联性,包括是否实施了涉案行为,以及是否可能为涉案行为负责。海能达公司案②中,法院便认为,"在被告一及被告三均未直接实施任何被诉行为,且原告亦无充分证据证明上述被告需要对被诉行为承担责任的情况下,被告一、三不属于本案适格被告"。实践中更为复杂的是,涉案行为与多个主体关联的情形。比如:京东诉天猫"二选一"案③,原告指控三个被告在中国大陆 B2C 网上零售平台市场上实施"二选一"等滥用市场支配地位行为,被告天猫网络公司为 www. tmall. com 网站所有者,被告天猫技术公司为天猫手机 App 版权所有者,被告阿里巴巴公司则是天猫网络公司、天猫技术公司的最终实际控制主体。三被告均与诉争行为有关,故应为适格被告。但是,假设被告平台在相关市场具有支配地位,那么具备支配地位、实施垄断侵权行为、并最终承担民事责任的主体,是最终实控主体还是三被告。如果参考反垄断执法来看,无论是阿里巴巴案或是美团外卖案④,均是将境外上市的最终实控主体作为被处罚对象。

(四)垄断纠纷中的涉案合同效力

2021 年裁判的"驾校联营"案,最高法院阐明了两项重要的裁判观点:一是被诉

---

① 参见国家市场监督管理总局:《市场监管总局发布葡萄糖酸钙原料药垄断案行政处罚决定书》,载国家市场监督管理总局网,https://gkml. samr. gov. cn/nsjg/fldj/202004/t20200414_314248. html#。行政处罚决定书文号为"国市监处〔2020〕8 号"。

② 海能达公司案:海能达通信股份有限公司与摩托罗拉系统(中国)投资有限公司等滥用市场支配地位纠纷案,(2017)京 73 民初 1671 号。

③ 京东诉天猫"二选一"案:北京京东世纪贸易有限公司等与浙江天猫网络有限公司等滥用市场支配地位纠纷案,(2017)京民初 152 号。

④ 阿里巴巴案的行政处罚决定书,国市监处〔2021〕28 号;美团外卖案的行政处罚决定书,国市监处〔2021〕28 号。

垄断协议实施者主张涉案协议具有《反垄断法》第15条的豁免事由的,应提供充分证据证明;二是违反《反垄断法》的横向垄断协议一般应归于无效,且无效范围不限于横向垄断协议条款本身,还包括与之有紧密关联、缺乏独立存在意义的条款和服务于横向垄断协议行为实施的条款。在《反垄断法》对于垄断协议采取"一般禁止和特殊豁免相结合"的规制方式之下,结合《民事诉讼法》"谁主张,谁举证"的基本规则,前述第一项裁判观点毋庸赘言。本文重点就第二项裁判观点展开分析。

考察我国反垄断诉讼实践,笔者对下列问题展开探讨:

其一,法院是否须对垄断纠纷中的涉案合同效力依职权审查。经笔者不完全统计,截至本文完稿时已经公开的垄断民事案件判决中,除"驾校联营"案之外,至少还有10件案件中的涉案合同被认定为无效。① 主要的情形包括:(1)原告请求确认涉案合同无效,法院审理之后判决确认该合同无效。比如:吴小秦案、华恒公司案、毕节双山案。(2)原告请求判令恢复原状,法院说理认定涉案合同无效,而后判决原、被告双方互负返还义务。比如:吴宗区案、吴宗礼案。(3)原告请求判令被告停止垄断侵权行为,法院以确认涉案合同无效的方式判令被告停止垄断侵权行为。比如:扬子江药业案。然而,在其他个别原告胜诉的垄断民事案件中,如强生公司案②,被诉垄断行为直接涉及《经销合同》,但法院并未对该合同的效力作出评价。

一般认为,人民法院审理民事案件应围绕当事人争议的法律关系进行审理,民事行为效力问题涉及对当事人争议的法律关系性质和效力判断,是人民法院依职

① 该10件案件分别为:①吴小秦与陕西广电网络传媒(集团)股份有限公司捆绑交易纠纷一案[案号:(2016)最高法民再98号,简称吴小秦案];②安徽华恒新型建材有限公司与舒城县商品混凝土协会垄断协议纠纷一案[案号:(2018)皖民终483号,简称华恒公司案];③舒城县商品混凝土协会与安徽华恒新型建材有限公司垄断协议纠纷一案[案号:(2018)皖民终484号];④毕节双山开发区磐石建材有限公司与毕节双山开发区巨峰商砼有限公司垄断纠纷一案[案号:(2018)黔01民初389号,简称毕节双山案];⑤吴宗区与永福县供水公司滥用市场支配地位纠纷一案[案号:(2018)桂01民初1190号,简称吴宗区案];⑥吴宗礼与永福县供水公司滥用市场支配地位纠纷一案[案号:(2018)桂01民初1191号,简称吴宗礼案];⑦毛冬军与李旭东等垄断协议纠纷一案[案号:(2019)浙01民初2522号];⑧娄丙林与北京市水产批发行业协会垄断纠纷一案[案号:(2013)高民终字第4325号];⑨扬子江药业集团广州海瑞药业有限公司等与合肥医工医药股份有限公司等垄断纠纷一案[案号:(2019)苏01民初1271号,简称扬子江药业案];⑩上海华明电力设备制造有限公司与武汉泰普变压器开关有限公司垄断协议纠纷一案[案号:(2021)最高法知民终1298号,简称变压器开关案]。

② 强生公司案:北京锐邦涌和科贸有限公司与强生(上海)医疗器材有限公司等纵向垄断协议纠纷案,(2012)沪高民三(知)终字第63号。

权审理和判断的内容。[①] 在合同纠纷案件中,合同效力属于法院依职权审查的范围,不受当事人诉讼请求限制。而垄断纠纷一般被视为侵权纠纷,法院是否也须依职权对涉案合同的效力进行评价？笔者认为,可以遵循以下因素进行处理:

"确认无效"是否作为一项诉讼请求。《民事诉讼法》规定,法院裁判不得遗漏或超出当事人的诉讼请求。如果垄断民事案件中当事人将确认合同效力作为一项诉讼请求,则法院不得拒绝裁判。在反垄断私人执行中,"垄断侵权之诉"是典型的私人执行方式,原告基于被告实施垄断行为侵害其合法权益而要求被告停止侵权、恢复原状或赔偿损失。原告也可以仅提起"确认无效之诉",即通过确认被诉垄断行为(其外观可能是协议、章程等民事法律行为)无效,从而达到制止垄断的效果。

"确认无效"是否作为裁判的先决问题或应有之义。虽然当事人未将确认无效作为独立的诉讼请求,但其诉讼请求需以合同无效为前提或内容的,则仍有必要在裁判理由中加以阐明。以判决停止侵害为例,如果涉案合同是被诉垄断行为的载体,判令停止实施垄断行为,须令作为载体的合同不生效力,否则可能出现垄断行为和合同行为割裂的状态;再以判令恢复原状为例,即令各方关系恢复到垄断行为实施前的状态,同样有必要令作为载体的合同自始不发生约束力。

是否有对合同进行效力评价的其他必要。以强生公司案为例,原告诉讼请求仅为赔偿损失而无停止侵害、恢复原状等,不含上述两种确认无效之必要情形,此时是否须确认无效,取决于是否存在其他须以确认无效为手段进行保护的法益(如国家利益、社会公共利益)。

其二,垄断纠纷中的涉案合同因何无效？最高法院在"驾校联营"案的观点认为,反垄断涉及国家整体经济运行效率和社会公共利益,故原则上应将《反垄断法》关于禁止垄断行为的规定作为效力性强制性规定,进而根据原《合同法》第 52 条第 5 款规定而认定其无效。

其三,关于全部无效和部分无效。如果就民法理论而言,有所谓"部分无效,全部无效"的规则。只要存在无效事由,即导致法律行为整体无效,即便该无效事由仅存在于法律行为之部分。无效部分"不影响其他部分的效力"之例外情形,大致包括:无效部分对于整体法律行为不重要;无效部分具有独立性。[②] "驾校联营"案

① 参见最高人民法院民事审判第一庭编著:《最高人民法院新民事诉讼证据规定理解与适用》,人民法院出版社 2020 年版,第 498 页。

② 参见朱庆育:《民法总论》,北京大学出版社 2013 年版,第 310 页下。

中,最高法院从涉案合同的不同内容与被诉垄断行为之关系出发,对于与垄断行为有紧密关联的、服务于垄断行为之实施的或者缺乏独立存在意义的条款,基于消除和降低垄断行为风险的需要,应当认定为无效。

(五)非垄断案由案件中的反垄断法适用

在多起非垄断案由案件中,均涉及一个共性问题:如果当事人依据《反垄断法》主张涉案合同无效,不享有垄断纠纷案件管辖权的法院,能否径直作出判决?对此,不同案件采用了不同的处理方式:

在贵定汽修案①中,对于一审法院依据《反垄断法》第13条将涉案合同认定为违反法律强制性规定而无效的做法,黔南州中院二审认为,一审关于合同无效的认定不属于审理垄断纠纷案件,尽管一审法院没有垄断纠纷案件管辖权,但其审理活动并未违反法律规定的程序。

在成都惠丰运案②中,对于一审法院依据《反垄断法》认定涉案合同无效的做法,成都中院二审认为,并无证据表明本案涉及反垄断情形的审查及法律适用,一审法院适用《反垄断法》审理违反管辖规定,属法律适用错误。在嫩江机车检测案③中,对于一审法院根据《反垄断法》认定涉案协议属于垄断协议的做法,黑龙江高院指令二审法院再审,并要求再审时对一审法院是否具有管辖权进行审查。

对于上述观点,笔者认为,贵定汽修案将"依据《反垄断法》第13条将涉案合同认定无效"与"审理垄断纠纷案件"强行割裂的做法,显然是于法无据的。暂且不论"确认无效"也是《反垄断法》私人执行的一种方式,即便当事人确没有指控垄断行为的意思,在适用《反垄断法》第13条认定合同效力时,其逻辑关系是"合同构成垄断协议—违反《反垄断法》第13条—合同无效",若要使涉案合同依《反垄断法》第13条认定为无效,隐含的前提是先认定构成垄断协议,无可避免地涉及审理垄断纠纷。

最高人民法院《关于审理因垄断行为引发的民事纠纷案件应用法律若干问题

① 贵定汽修案:贵定县新利源汽修厂等与贵定县蛟腾汽车维修有限公司合同纠纷案,(2020)黔27民终2908号。

② 成都惠丰运案:成都市惠丰运货运代理有限公司与成都雍绍中物流有限公司合同纠纷案,(2021)川01民终17646号。

③ 嫩江机车检测案:嫩江县洪运机动车检测有限责任公司与嫩江县誉龙机动车检测有限责任公司合伙协议纠纷案,(2020)黑民申2545号。

的规定》第5条规定,移送管辖的情形包括"被告以原告实施了垄断行为为由提出抗辩或者反诉且有证据支持"或者"案件需要依据反垄断法作出裁判"。即便如贵定汽修案将认定合同效力区别于"审理垄断纠纷案件",那么无可否认的是,依《反垄断法》认定合同效力必然属于"依据反垄断法作出裁判",属于移送管辖之情形。

概言之,民事案件的案由应当根据当事人主张的民事法律关系性质确定。在实践中,如果非垄断案由案件的当事人提出垄断行为指控或者依据《反垄断法》主张合同无效,可能导致法律关系的性质发生变化,法院宜释明其提供相关证据,并就管辖权问题进行释明。当事人提供初步证据证明可能存在垄断行为,或者案件确系需要依据《反垄断法》进行裁判的,则应当按照管辖规则进行移送。

(六)其他重要的裁判观点

2021年裁判的相关案件,除上述已经论及的内容之外,还在下列案件中形成了重要的裁判观点:

1. 日立金属案:必需设施理论的运用

2021年一审判决的日立金属案,首次引入了"必需设施理论"用于分析知识产权反垄断问题。

我国《反垄断法》没有明确规定"必需设施理论",但其第17条第1款第3项为该理论留下了适用空间。《禁止滥用市场支配地位行为暂行规定》第16条第1款第5项规定引入了这一理论;同时该条第2款规定,"在依据前款第五项认定经营者滥用市场支配地位时,应当综合考虑以合理的投入另行投资建设或者另行开发建造该设施的可行性、交易相对人有效开展生产经营活动对该设施的依赖程度、该经营者提供该设施的可能性以及对自身生产经营活动造成的影响等因素"。

日立金属案一审判决认为,必需设施原则须具备下列五个要件:(1)该设施对于其他经营者参与竞争是必不可少的;(2)独占者控制了该必需设施;(3)竞争者不能在合理努力的范围内再复制同样的设施;(4)独占者不合理地拒绝竞争者利用该必需设施;(5)独占者提供该必需设施是可能的。该判决还提到,在知识产权领域应非常审慎适用"必需设施"原则,除了满足上述五个要件之外,还应同时考量,拒绝许可该知识产权是否将会导致相关市场上的竞争或者创新受到不利影响,并损害消费者利益或者公共利益。

此前,宁波中院在2014年一审判决的宁波科元公司案①、2020年一审判决的嵊州好运来公司案②均有提到“必需设施理论”,但在判决中系统地论述和运用尚属首次。

2. 阿斯利康案:对“药品专利反向支付协议”的反垄断审查

2021年非垄断案由案件中的阿斯利康案③,最高法院阐明了以下三个层次的观点:

其一,当事人申请撤回起诉或上诉时,法院应对其进行合法性审查。当事人行为的合法性主要指,是否实施了损害国家利益、社会公共利益、他人合法权益的行为。撤回上诉的,还应审查一审裁判的正确性。

其二,对于“药品专利反向支付协议”,法院一般应当对其是否违反《反垄断法》进行一定程度的审查。④

其三,对于“药品专利反向支付协议”是否涉嫌构成垄断协议的判断,一般可以通过比较签订并履行有关协议的实际情形和未签订、未履行有关协议的假定情形,重点考察在仿制药申请人未撤回其无效宣告请求的情况下,药品相关专利权因该无效宣告请求归于无效的可能性,进而以此为基础分析对于专利药品相关市场而言有关协议是否以及在多大程度上造成了竞争损害。

上述观点,一方面为药品专利反向支付协议的反垄断审查提供了基本思路;另一方面,也为法院在对其他案件进行合法性审查时提供了基本的思考进路。

---

① 宁波科元公司案:宁波科元塑胶有限公司与宁波联能热力有限公司滥用市场支配地位纠纷案,(2013)浙甬知初字第86号。

② 嵊州好运来公司案:嵊州市好运来印染有限公司与浙江新中港清洁能源股份有限公司滥用市场支配地位纠纷案,(2020)浙02知民初182号。

③ 阿斯利康案:阿斯利康有限公司与江苏奥赛康药业有限公司侵害发明专利权纠纷案,(2021)最高法知民终388号。

④ 实践中,除了反向支付协议之外,“产品跳转行为”是药品行业为了延缓仿制药入市的一种反竞争策略。原研药企业通过对已有专利技术方案的重新设计获取新的药品专利权,并以欺诈性或胁迫性手段完成市场转换。该行为涉嫌滥用知识产权,损害了仿制药竞争及消费者利益,已引起多个国家的反垄断关注。参见李胜利、尹捷:《药品行业产品跳转行为的反垄断规制》,载《知识产权》2020年第7期。

第二部分　垄断行政案件

一、概述

本部分研习的对象为涉及反垄断法适用的行政诉讼案件(垄断行政案件)。为尽可能全面地梳理2021年涉《反垄断法》的行政诉讼案件情况,笔者按照不同途径和设定展开了检索,并根据检索结果进行分析。

(一)中国裁判文书网

笔者以"案件类型:行政案件""裁判年份:2021""全文:反垄断法"作为关键词在中国裁判文书网进行检索,共得裁判文书10份,其中3份与《反垄断法》适用完全无关,故将其剔除,剩余相关裁判文书7份。同时,笔者以"全文:滥用行政权力排除、限制竞争"进行关键词替换,检索后增补了相关裁判文书3份。该10份相关裁判文书涉及如下10件案件(见表4):

表4　中国裁判文书网公开的2021年垄断行政案件

序号	案件名称	案号	所涉案型
1	贵州省市场监督管理局与黔西南州蓝天驾驶培训学校有限公司行政强制执行案	(2021)黔01行审复1号	申请法院强制执行反垄断处罚决定
2	贵州省市场监督管理局与黔西南州鹏程驾驶员培训有限公司行政强制执行案	(2021)黔01行审复2号	
3	贵州省市场监督管理局与兴义市瑞煌驾驶培训有限公司行政强制执行案	(2021)黔01行审复3号	
4	贵州省市场监督管理局与黔西南州金兴驾驶培训有限公司行政强制执行案	(2021)黔0102行审7号	
5	贵州省市场监督管理局与黔西南州蓝天驾驶培训学校有限公司行政强制执行案	(2021)黔0102行审11号	
6	菏泽市汽车行业协会诉山东省市场监督管理局反垄断行政处罚案(简称菏泽市汽车协会诉山东省市监局案)	(2021)鲁01行终89号	不服反垄断处罚决定而提起的行政诉讼
7	云阳县云林建材有限责任公司诉重庆市市场监督管理局反垄断行政处罚案(简称云林公司诉重庆市市监局案)	(2021)渝行申87号	

续表

序号	案件名称	案号	所涉案型
8	枞阳县雨坛乡黄公山凝灰岩矿业有限公司诉安徽省枞阳县人民政府、枞阳县自然资源和规划局、第三人枞阳南方材料有限公司行政行为案(简称黄公山公司诉枞阳县政府案)	(2021)皖07行初22号	起诉行政机关涉嫌行政垄断
9	四川同禾工程咨询管理有限公司诉四川省发展和改革委员会其他行政行为案(简称同禾公司诉四川省发改委案)	(2021)川01行终213号	
10	双鸭山市宝山区电厂小区业主委员会诉双鸭山市宝山区供热和物业服务中心行政撤销案(简称电厂业委会诉供热物业中心案)	(2021)黑0502行初56号	

(二)其他互联网平台

除了通过中国裁判文书网检索之外,笔者同步通过其他互联网平台检索到2021年裁判的涉《反垄断法》的行政诉讼案件5件,2021年审理但尚未裁判的案件2件。相关信息如下:

1. 青海省民和川中石油天然气有限责任公司(以下简称民和川公司)诉青海省市场监督管理局(以下简称青海省市监局)反垄断行政处罚案件①。2020年11月17日,民和川公司因不服青海省市监局对其滥用市场支配地位行为而作出的青市监垄断字〔2020〕02号行政处罚决定书,向西宁铁路运输法院提起行政诉讼,请求撤销处罚决定。西宁铁路运输法院审理后作出(2020)8601行初186号行政判决,驳回民和川公司的诉讼请求。民和川公司上诉至西宁市中级人民法院。2021年6月,西宁中院作出二审判决,驳回民和川公司的上诉请求、维持原判。

2. 惠州市机动车检测行业协会(以下简称惠州市车检协会)诉广东省市场监督管理局(以下简称广东省市监局)反垄断行政处罚案件②。机动车检测协会因不服

① 参见《青海市场监管局反垄断行政处罚案件终审胜诉》,载青海省市场监督管理局网2021年6月30日,http://www.qhaic.gov.cn/Article/FormDetailsSJJ? Article_ID = CAD294C1 - C430 - 42D5 - 8281 - D54266733DD2。

② 参见《广州知识产权法院行政判决书》,载最高人民法院知识产权法庭网2022年3月9日,https://ipc.court.gov.cn/zh-cn/news/view-1839.html。

广东省市监局作出的粤市监反垄断行处〔2020〕1号行政处罚决定,向广州知识产权法院提起诉讼,案号为(2020)粤73行初12号。2021年8月10日,广州知识产权法院经审理认为,广东省市监局作出被诉处理决定认定事实清楚,适用法律正确,处罚幅度合法合理,程序无不当,判决驳回原告机动车检测协会的全部诉讼请求。

3. 广东13家混凝土企业诉广东省市场监督管理局(以下简称广东省市监局)反垄断行政处罚案件①。高州市星展混凝土有限公司等13家广东混凝土企业因不服广州市监局作出的粤市监反垄断行处〔2020〕35号等《行政处罚决定书》,向广州铁路运输中级法院起诉。广州市监局提出管辖权异议;广州铁路运输中级法院依据最高人民法院《关于北京、上海、广州知识产权法院案件管辖的规定》(法释〔2014〕12号)等规定,裁定将案件移送广州知识产权法院处理②。广州知识产权法院经审查后认定,广州市监局具有相应职权、未违反法定程序,且其所作出的具体行政行为有主要证据予以支持,所作的具体处罚数额合理。2021年11月,广州知识产权法院对该13件不服行政处罚决定纠纷案件作出一审判决,判令驳回原告诉讼请求。

4.《最高人民法院知识产权法庭裁判要旨摘要(2021)》披露了最高人民法院知识产权法庭2021年审结的典型案件,其中两件为涉反垄断法的行政诉讼案件,即(2021)最高法知行终880号案件③和(2021)最高法知行终112号案件。

2021年审理但未在该年度内判决的案件信息如下:

1. 海南某工程有限公司等12家公司诉海南省市场监督管理局(以下简称海南

① 参见《广州知识产权法院集中宣判一批涉反垄断行政案件》,载广州知识产权法院网2021年11月29日,http://www.gipc.gov.cn/front/content.action?id=2ae9c9dcc8ec420b814d4133cb176419。

② 管辖权异议详情参阅(2020)粤71行初781号《行政裁定书》,载中国裁判文书网2020年12月9日,https://wenshu.court.gov.cn/website/wenshu/181107ANFZ0BXSK4/index.html?docId=bba524f13e7f476d9cc1ac8c008ccbc8。

③ 结合第三方信息,该案系海南盛华建设股份有限公司因不服海南省市场监督管理局对其达成并实施垄断协议行为而作出的琼市监处[2020]38号《行政处罚决定书》,向海南省第一中级人民法院提起行政诉讼,海南省一中院于2021年5月31日作出(2021)琼96行初48号行政判决。海南省市场监督管理局不服一审判决,向最高人民法院提起上诉;最高人民法院作出(2021)最高法知行终880号(简称盛华公司诉海南省市监局案)。第三方信息的链接:https://mp.weixin.qq.com/s/KIYEkvqeIE87TewkUEbsPw。该案所涉的反垄断行政处罚,与"海南12家公司诉海南省市监局案"涉及的是同一反垄断执法活动。

省市监局)反垄断行政处罚案件①。该批案件系海南省市监局根据《反垄断法》第13条的规定,认定各原告与其他单位共同达成的自律公约等排除限制了消防安全技术检测行业市场的价格竞争,其行为违反了“禁止具有竞争关系的经营者达成并实施固定或者变更商品价格垄断协议”的规定,遂分别作出责令各原告停止违法行为,处2018年销售额1%罚款的行政处罚决定②。各原告对上述行政处罚决定不服,分别提起行政诉讼,均请求撤销相应行政处罚决定。该批案件于2021年12月15日公开开庭审理;2022年2月9日,海南自由贸易港知识产权法院对该批案件进行公开宣判,判决维持海南省市监局作出的被诉处罚决定,驳回各原告请求撤销被诉处罚决定的诉讼请求。③

2. 山东康惠医药有限公司(以下简称康惠公司)、潍坊普云惠医药有限公司(以下简称普云惠公司)诉国家市场监督管理总局(以下简称市场监管总局)反垄断行政处罚案件④。康惠公司、普云惠公司因不服市场监管总局就其滥用市场支配地位行为作出的国市监处〔2020〕8号反垄断处罚决定,分别于2020年6月和7月向北京市第一中级人民法院提起行政诉讼。后该案由北京市高级人民法院提级管辖,案号分别为(2021)京行初1号和(2021)京行初2号。2021年11月22日,北京市高级人民法院对该案开庭审理。

综上,共汇总17件涉及《反垄断法》的行政案件(含2021年审理但尚未裁判的案件2件,下同)作为本次研习的基本对象。按照其案件类型的不同,其基本情况见图3:

① 参见《海南自由贸易港知识产权法院开庭审理12宗反垄断行政处罚案件》,载天涯法律网2021年12月17日,http://www.hicourt.gov.cn/preview/article?articleId=b7d52145-1386-48a9-a0db-3067fc63b485&&siteId=f7afc746-8577-4cd4-a410-884027df5bab。

② 行政处罚决定详情参阅《市场监管总局发布海南省消防协会及21家会员单位达成并实施垄断协议案行政处罚决定书》,载国家市场监督管理总局网,https://www.samr.gov.cn/fldj/tzgg/xzcf/202101/t20210129_325654.html。

③ 参见《12件反垄断行政处罚系列案公开宣判》,载天涯法律网2022年4月2日,http://www.hicourt.gov.cn/preview/article?articleId=b33c1d54-2604-4990-b5d9-0d6d10349c91&&siteId=f7afc746-8577-4cd4-a410-884027df5bab。

④ 相关信息来源于网络。访问链接1:https://new.qq.com/rain/a/20201217A0GWMY00;访问链接2:https://view.inews.qq.com/a/20211125A049T800;访问链接3:https://m.thepaper.cn/baijiahao_10461691。

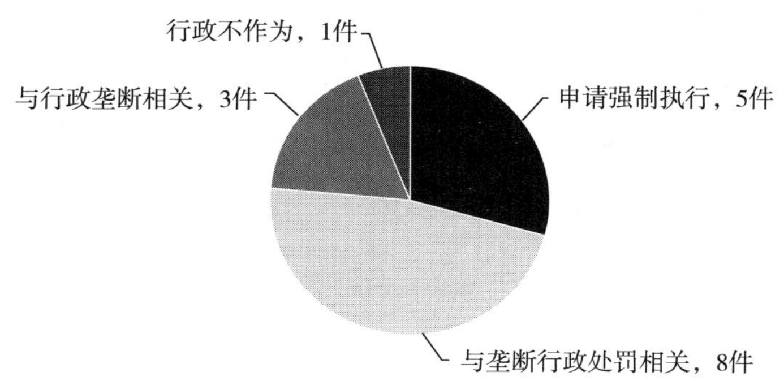

图3　2021年垄断行政案件的数量情况

二、裁判观点分析

(一)反垄断行政处罚的司法审查

17件垄断行政案件中,有8件是当事人不服反垄断行政处罚决定而提起的行政诉讼,其基本情况的进一步归纳见表5:

表5　反垄断行政处罚的司法审查案件

案件名称	被罚的垄断行为	提起行政诉讼的事由
菏泽市汽车协会诉山东省市监局案	横向垄断协议	作出的涉案行政处罚决定是否合法
云林公司诉重庆市市监局案	横向垄断协议	是否达成、实施垄断协议;是否适用豁免情形;没收违法所得的计算是否准确;程序是否合法等
民和川公司诉青海省市监局案	滥用市场支配地位	—
惠州市车检协会诉广东省市监局案	横向垄断协议	相关行为是否排除限制竞争;行业协会是否有组织行为;处罚幅度是否适当等
广东13家混凝土企业诉广东省市监局案	横向垄断协议	是否构成固定价格的垄断协议;处罚金额是否适当
盛华公司诉海南省市监局案	横向垄断协议	处罚金额是否适当(罚款计算基数问题)

续表

案件名称	被罚的垄断行为	提起行政诉讼的事由
海南12家公司诉海南省市监局案	横向垄断协议	是否达成、实施固定价格的垄断协议;处罚金额是否适当(罚款计算基数问题)
康惠公司、普云惠公司诉市场监管总局案	滥用市场支配地位	被处罚企业是否属于"共同体";是否具有市场支配地位;是否处罚过重等

上述8件案件涉及的反垄断处罚,6件是对横向垄断协议行为的查处,2件是对滥用市场支配地位行为的查处。从案件的争议焦点来看,6件案件均涉及处罚金额的争议。《反垄断法》第46条、第47条对实施垄断协议和滥用市场支配地位行为均"处上一年度销售额百分之一以上百分之十以下的罚款"。关于这一罚则,适用时可能发生争议的情形包括:

一是"上一年度"。现行法对"上一年度"的含义并未明确规定。一般认为,"上一年度"是指垄断行为存续期间的最后一个会计年度,垄断行为在反垄断执法机构作出处罚决定时仍在存续的,"上一年度"可以是作出处罚决定的上一个会计年度。①

二是"销售额"。在"海南12家公司诉海南省市监局案"中,被处罚当事人认为"应以涉案商品的销售额作为罚款计算基数",反垄断执法机构则认为应指"涉案经营者全部销售额"。关于这一问题,此前曾有不同理解。比如:2016年国家发改委《关于认定经营者垄断行为违法所得和确定罚款的指南》(征求意见稿)设定的便是,"一般情况下,反垄断执法机构以经营者在实施垄断行为的地域范围内涉案商品的销售收入作为计算罚款所依据的销售额"。实践中,2018年国务院机构改革前不同的案件处理口径并不统一。为此,市场监管总局专门向全国人大常委会法工委请求法律解释,全国人大常委会法工委认为市场监管总局关于销售额的理解(按照经营者的全部销售额作为计算罚款的基数)是法律条文的本义。国务院机构改革后,市场监管总局均按此标准对违法经营者实施处罚,同时要求各省级市场监管

① 参见国家市场监督管理总局反垄断局:《中国反垄断立法与执法实践》,中国工商出版社2020年版,第349页。

部门照此执行,以保证反垄断执法标准和尺度的统一。①

对于上述问题,最高法院在(2021)最高法知行终 880 号二审判决中,结合文义解释、立法目的解释等方法解释认为,鉴于垄断行为通常对市场经济的危害性较大,总体上对垄断行为应处以较为严厉的处罚,方能起到有效的威慑作用。因此,将"上一年度销售额"原则上解释为全部销售额具有合理性。由此可见,立法机关、执法机关、司法机关对于"销售额"的理解已经保持一致。

最高法院在(2021)最高法知行终 880 号二审判决还提出,对于反垄断行政处罚的合法性与合理性,应当审查考量三个层面的问题:第一,系争处罚是否在《反垄断法》第 46 条规定的处罚幅度之内,以确定行政执法机构裁量具体罚款是否超出法定标准和范围。第二,系争处罚是否具有足够的威慑作用,以实现《反垄断法》确立的预防和制止垄断行为等立法目的。第三,系争处罚是否符合《行政处罚法》第 4 条和《反垄断法》第 49 条规定所体现的过罚相当原则。

(二)行政垄断相关纠纷

17 件垄断行政案件中,有 3 件指控行政机关滥用行政权力排除、限制竞争,其基本情况见表 6:

表 6　行政垄断相关纠纷

序号	案件名称	原告(起诉人)主张	法院观点
1	黄公山公司诉枞阳县政府案	起诉人因对枞阳县政府与第三人以通谋意思在本案矿业资源出让活动中滥用行政权力而实施排除、限制竞争的垄断行政行为不服,并对枞阳资源局与枞阳南方公司以排除、限制竞争方式构建的"枞阳县黄公山建筑石料用凝灰岩矿采矿权出让项目"的挂牌成交及采矿权出让合同效力持有异议	因《常务会议纪要(第 87 次)》内容是关于县投资发展有限公司、南方水泥公司、安徽节源环保公司合资成立枞阳南方材料公司的决定,属于枞阳县政府就本县经济发展活动所进行的决策部署行为,不属于行政法律行为,故不属于法院行政诉讼受案范围。对于起诉人的要求确认枞阳资源局与枞阳南方公司签订的成交确认书无效等诉求不在本院管辖范围内,可在有管辖权的法院另行申请立案处理

① 参见严励、王立明、赵卫、叶志远、柯锦童、罗斌:《关于"上一年度销售额"的界定——某消防检测公司达成并实施垄断协议行政处罚案例评析》,载《中国价格监管与反垄断》2022 年第 5 期。

续表

序号	案件名称	原告(起诉人)主张	法院观点
2	同禾公司诉四川省发改委案	《四川省国家投资工程建设项目标准招标代理机构比选文件(试用)》第2.7款规定,损害了起诉人的公平竞争权	该文件系针对不特定对象发布的可以反复适用,并具有普遍约束力的规范性文件,不属于法院行政诉讼的受案范围
3	电厂业委会诉供热物业中心案	相关决定属于滥用职权且缺乏法律依据,排除并限制电厂小区全体业主选择其他单位为小区提供更好供热服务的权利	供热物业中心在其所管辖事务范围内,对特定公民通过以告知书的非强制性方式促使相对人自愿作出或不作出对供热费的缴纳进行的告知。该告知书不具有强制性,亦不产生法律上的效果,该告知书不具备行政行为的特征

电厂业委会诉供热物业中心案,由于被告并非依法享有管理公共事务职能的公共组织,相关行为不构成行政行为,故法院裁定驳回原告起诉,并无不当。

同禾公司诉四川省发改委案,法院以涉案的《四川省国家投资工程建设项目标准招标代理机构比选文件(试用)》(以下简称《文件》)属于规范性文件为由,驳回了起诉人要求立案的请求。囿于无法查看《文件》内容,故不能进一步判断是否构成规范性文件。除了《文件》是否可诉之外,该案中起诉人还需逾越一个障碍,即须得证明自身"有利害关系"。《行政诉讼法》第25条第1款规定,"行政行为的相对人以及其他与行政行为有利害关系的公民、法人或者其他组织,有权提起诉讼。"最高人民法院《关于适用〈中华人民共和国行政诉讼法〉的解释》第12条进一步规定:"有下列情形之一的,属于行政诉讼法第二十五条第一款规定的'与行政行为有利害关系':(一)被诉的行政行为涉及其相邻权或者公平竞争权的……"只有在满足行政行为可诉、起诉人有利害关系的条件下,起诉人的起诉才可能获得立案受理。

无论是同禾公司诉四川省发改委案的招标代理服务,还是黄公山公司诉枞阳县政府案的公共资源分配,均是容易发生滥用行政权力排除、限制竞争的情景,实践中,也是公平竞争审查关注的重点。以招标领域为例,中共中央、国务院《关于加快建设全国统一大市场的意见》明确提出,"持续清理招标采购领域违反统一市场建设的规定和做法。制定招标投标和政府采购制度规则要严格按照国家有关规定进行公平竞争审查、合法性审核"。随着公平竞争审查制度的建立和完善,对于政府干预市场经济活动的行为实施事前评估的机制已建立。然而,由于公平竞争审查采“自我审查”机制,如何进一步完善外部的监督体系(包括衔接行政诉讼制度),是当下面临的切实问题。

(三)行政不作为相关纠纷

17件垄断行政案件中仅涉及1件行政不作为,即(2021)最高法知行终112号案件,该案信息源于最高法院知产法庭。该案信息仅披露了裁判要旨,未能检索到其裁判文书的全文。

最高法院认为,法律、法规和规章未对反垄断书面举报的调查设定期限的,可以综合考虑作为调查对象的涉嫌垄断行为的行为性质、调查难度、调查范围等因素确定反垄断执法机构履行法定职责的合理期限。当事人在反垄断执法机构履行法定职责的合理期限内提起行政诉讼,主张反垄断执法机构构成行政不作为的,不予支持。

结　语

我国《反垄断法》实行近十四年,反垄断法私人执行制度得到践行和发展。案件启动方面,试探性、跟风性的案件减少,法院审理了不少具有反垄断法实践价值的案件。在非垄断案由的案件中,当事人出于抗辩需要提出反垄断法适用的现象有所增加,审理时需由法院准确把握。案件审理方面,尤其是最高人民法院知识产权法庭成立三年来,在司法理念、审理思路和裁判方法等方面形成了重要成果,对促进我国《反垄断法》发展提供了良好实践。实践出真知,随着企业竞争维权意识的增强,社会竞争文化的丰富,竞争法理论研究的深入,反垄断诉讼作为反垄断法执行的重要组成部分,将为市场经济发展提供有力的司法服务和保障。

研究中心动态

上海交通大学竞争法律与政策研究中心近期动态（第8期）

1. 2021年7月12日，由上海市法学会竞争法研究会主办，上海对外经济贸易大学贸易谈判学院、世界贸易组织讲席（中国）研究院、科伟史密夫斐尔联营办公室、上海博衡法律咨询有限公司共同承办的“政府补贴与公平竞争审查”研讨会在上海对外经济贸易大学古北校区召开。此次研讨会得到了世贸组织讲席计划的支持，上海交通大学竞争法律与政策研究中心协办。

2. 2021年7月，上海交通大学竞争法律与政策研究中心主任王先林教授入选由中央宣传部“学习强国”学习平台和中国法学会《民主与法制》杂志社共同发起并遴选产生的“学习强国”学习平台法治宣传专家团名单。该专家团旨在为“学习强国”学习平台撰写理论评论、学术研究文章，开展普法解读，提供智力支持，推动对习近平法治思想进行学理化阐释、学术化表达、体系化构建，讲好中国法治故事，传播法治中国声音。

3. 2021年9月，国家市场监督管理总局法规司给上海交通大学竞争法律与政策研究中心主任王先林教授发来感谢信。信中提到，王先林教授一直以来大力支持市场监管法治建设，积极参与市场主体登记、食品药品安全、平台经济治理、市场秩序维护、企业信用监管等市场监管领域的法律法规规章的制修订、重要文件起草、重大执法活动的研究、咨询、论证，以扎实严谨的学术作风、深厚精湛的法学素养，践行法治精神，彰显法治情怀，为推动市场监管法治建设贡献了智慧力量。

4. 2021年10月，上海交通大学竞争法律与政策研究中心副主任侯利阳教授获批上海市哲学社会科学规划课题立项通知书，其课题名称为《我国反垄断法实施机制的国际比较研究》，立项号为2021BFX101。

5. 2021年11月13日至14日，中国法学会经济法学研究会2021年年会暨第二十九届全国经济法理论研讨会在上海召开。本次会议以“数字经济与经济法的理论创新和制度完善”为主题,由中国法学会经济法学研究会主办,上海财经大学、上海政法学院共同承办。来自全国各地的专家、学者采用线上线下相结合的方式,就经济法相关问题展开了多场学术研讨与交流。竞争法律与政策研究中王先林、李剑、侯利阳等参与此次会议并发言。研究中心研究助理、博士生方翔以及曹汇提交的《创新与反垄断法关系论纲》和《平台自我优待的竞争法规制》分别获得本次年会青年优秀论文三等奖。

6. 2021年12月3日,第六届上海交通大学研究生“学术之星”评选活动在上海交通大学闵行校区圆满落幕。经过层层选拔,由王先林教授指导的凯原法学院经济法学2018级博士生吴佩乘作为本届“学术之星”评选活动中凯原法学院唯一入围终评答辩的学生,最终获评本届上海交大“学术之星”提名奖。

7. 2021年12月11日,由上海市法学会竞争法研究会主办、华东政法大学知识产权学院承办的上海市法学会竞争法研究会2021年年会暨“平台经济的竞争治理问题研讨会”顺利举行。上海交通大学竞争法律与政策研究中心协办了本次年会。

8. 2021年12月底,上海交通大学竞争法律与政策研究中心主任王先林教授被中国人民大学书报资料中心聘为复印报刊资料《经济法学、劳动法学》学术编辑委员会编委。中国人民大学书报资料中心成立于1958年,是新中国最早从事人文社会科学文献搜集、整理、编辑、发布的信息资料提供机构,目前已成为兼营期刊出版、网络电子出版、信息咨询、广告等业务的综合性、跨媒体的现代出版机构和学术信息服务机构。《经济法学、劳动法学》是该中心“复印报刊资料”系列法律类的7刊之一。该刊精选经济法学、劳动法学、环境法学等方面的优秀论文,关注法学研究、立法、司法领域的最新进展和重大问题。

9. 2021年12月底,香港竞争事务委员会(HKCC)致函上海交通大学竞争法律与政策研究中心主任王先林,通知其从2022年2月起被续聘为国际竞争网络(ICN)的非政府顾问(Non - Governmental Adviser,NGA),聘期仍为2年。国际竞争网络(International Competition Network,ICN)在2001年10月由14个国家和地区的竞争执法机构共同发起成立,致力于为竞争当局提供一个保持日常联络和解决实践中竞争问题的专业而非正式的场所,其主要任务是通过对话加强国际合作和促进统一化,成立20年来,ICN通过竞争倡导、并购、卡特尔、单边行为、机构效能等工作组在相关领域不断推出工作成果,在国际竞争法领域的影响不断扩大。

10. 2022年1月,上海交通大学竞争法律与政策研究中心副主任侯利阳教授获评国家重大人才项目青年学者,岗位聘任期为三年。该项目自2015年开始实施,是我国国家重大人才工程的重要组成部分。

11. 2022年1月,由上海交通大学竞争法律与政策研究中心、上海市法学会竞争法研究会联合主办的《竞争法律与政策评论》(Competition Law and Policy Review)成功入选《科学引文数据库》(Science Citation Database,SCD)2021年来源期刊,同时也是唯一一本竞争法专业方向的学术期刊。《科学引文数据库》是我国首个涵盖自然科学、工程与技术、农林科学、医药科学、人文科学、社会科学等全部非保密学科的大型引文数据库。该数据库可用于评价中国普通本科高校和以创新为主的科研机构的群体创新能力,是中国管理科学研究院《中国大学评价》《中国大学研究生院评价》课题源期刊数据库。

12. 2022年2月和4月,国家市场监督管理总局反垄断执法一司和财政部条法司分别向上海交通大学发来感谢信,对竞争法律与政策研究中心主任王先林教授在竞争政策和反垄断方面的相关工作表示感谢。国家市场监督管理总局反垄断执法一司在感谢信中提到,王先林教授承担该司重要研究项目,深度参与重大执法咨询论证等工作,为强化反垄断和深入推进公平竞争政策实施提供了重要决策参考,展现了高度的责任感、优良的工作作风和过硬的专业水平。财政部条法司在感谢信中提到,在2022年春节期间开展的"完善反垄断、反不正当竞争制度保障和政策举措"调研活动中,王先林教授以高度的责任感、严谨的专业精神、认真细致的工作作风,对我国目前公平竞争市场环境存在的突出问题、国外经验比较借鉴以及如何为各类市场主体创造更公平竞争的市场环境、持续激发市场主体活力等开展了卓有成效的研究,反馈了翔实的书面材料,提供了大量的宝贵意见和建议。

13. 以上海交通大学竞争法律与政策研究中心主任王先林教授为首席专家的教育部哲学社会科学重大课题攻关项目"经济全球化背景下中国反垄断战略研究",在课题组顺利完成了研究任务并通过了鉴定验收后,与项目同名的最终研究报告由经济科学出版社纳入"十三五"国家重点出版物出版规划项目,统一编辑装帧出版,于2022年4月正式出版,书号是ISBN978-7-5218-3351-5。该书在框架结构上分为十章,内容围绕经济全球化背景下中国反垄断战略这一基本主题,从基本理论、主要内容和法律制度这三大板块展开分析。其中,前四章为中国反垄断战略的基本理论,中间五章为中国反垄断战略的主要内容,最后一章为反垄断战略视角下法律制度的完善。

14. 2022年6月,上海交通大学竞争法律与政策研究中心博士生吴佩乘顺利完成上海交大-新南威尔士大学联授博士学位项目。上海交通大学与位于澳大利亚悉尼的新南威尔士大学(UNSW,QS世界大学排名第43名)具有长期的合作关系。2018年起,上海交通大学与新南威尔士大学共同启动联授博士学位项目(校际合作),该项目旨在进一步拓宽两校间国际学术合作,促进国际学术人才培养和交流。根据两校间的合作协议,项目参与人将同时在上海交大和新南威尔士大学注册为全日制博士研究生,并在博士就读期间需前往悉尼新南威尔士大学学习至少一年。项目参与人需分别完成上海交通大学和新南威尔士大学关于博士培养的全部要求,并在两校导师合作指导下完成一篇全英文博士学位论文,并根据两校程序分别送审申请博士学位。上海交通大学特聘教授王先林指导的凯原法学院博士生吴佩乘是首批上海交大和新南威尔士大学联授博士学位项目入选者(每年全校选拔不超过10人)。

15. 2022年6月24日第十三届全国人大常委会第三十五次会议通过了《关于修改〈中华人民共和国反垄断法〉的决定》,完成了对该法实施十四年来的首次修改。在此期间,围绕我国《反垄断法》的首次修改,上海交通大学竞争法律与政策研究中心主任王先林教授接受多家媒体采访,畅谈了这次修法的多维背景、重要意义、主要亮点和存在的不足以及未来进一步发展完善的方向等。这些媒体包括21世纪经济报道、财经、南方都市报、第一财经和界面新闻等。相关报道在网络媒体被广泛转发,产生了较大的社会影响。

《竞争法律与政策评论》约稿函

《竞争法律与政策评论》(*Competition Law and Policy Review*)是由上海交通大学竞争法律与政策中心、上海市法学会竞争法研究会联合主办的具有连续性、专业性的学术出版物。目前由法律出版社每年出版一卷。《竞争法律与政策评论》力求汇集百家观点、凝聚学术共识,在竞争法学术共同体的共同努力下,推动中国竞争法的理论研究及实务的繁荣与发展。在此,诚邀各位专家学者及实务界精英不吝赐稿!

《竞争法律与政策评论》秉持学术自由的理念,强调学术导向、问题导向。作为竞争法领域的学术论坛,我们更相信“思想市场”同样需要竞争,因而对文稿的取舍仅取决于稿件质量。在此原则下,对稿件篇幅、作者身份均无限制。学术评论、案例分析、实证研究、书评等形式都被接受并非常欢迎。所有稿件均采用双向匿名审稿制度,并尽可能及时回复作者审稿结果。稿件一经收录,编辑部即支付样书及润笔若干,并采取“优稿优酬”之原则。

来稿请以电子邮件的方式惠寄至:jzfreview@ 126. com。请在邮件的标题中写明文章的题目。所有稿件请采用 Word 文档格式,以保证兼容性。文章的初审周期为 15 天。编辑部承诺在 30 天内向作者反馈稿件最终处理结果。

为适应我国信息化建设,扩大本书及作者知识信息交流渠道,本书已被《中国学术期刊网络出版总库》及 CNKI 系列数据库收录,作者文章著作权使用费与本书稿酬一次性给付,并免费提供作者文章引用统计分析资料。同时,本书收录的文章也加入了“北大法律信息网”数据库。如作者不同意文章被数据库收录,请在来稿时作出声明,本书将做适当处理。

附:投稿要求

(一)来稿请附作者真实姓名和详细联络方式,包括邮寄地址、联系电话、电子邮箱。

(二)请随稿件附上作者基本情况介绍,包括最高学历、学位、工作单位、职位、研究方向。请在正文前加上200字左右的摘要及3~5个关键词。

(三)所有来稿文责自负。但编辑部有权对采用稿件做必要修改,如不同意请在来稿时声明。

(四)注释体例:

1. 注释以必要为限,提倡引用正式出版物,出版时间应精确到年;根据被引资料性质,可在作者姓名后加“主编”“编译”“编著”“编选”等字样。

2. 文中注释采用脚注,连续编码,注码样式为:①、②、③等。

3. 非直接引用原文时,注释前加“参见”;非引用原始资料时,应注明“转引自”。

4. 数个注释引自同一资料时,请补全脚注。

5. 相邻引文出自同一资料时,注释体例为:同上,第67页以下。

6. 引用自己的作品时,请直接标明作者姓名,不要使用“拙文”等自谦辞。

(五)具体注释格式列举:

1. 著作类

王先林:《知识产权与反垄断法——知识产权滥用的反垄断问题研究》(第3版),法律出版社2020年版,第20页。

[美]欧内斯特·盖尔霍恩、[美]威廉姆·科瓦契奇、[美]斯蒂芬·卡尔金斯:《反垄断法与经济学》(第5版),任勇、邓志松、尹建平译,法律出版社2009年版,第171页。

2. 论文类

(1)王晓晔:《滥用知识产权限制竞争的法律问题》,载《中国社会科学》2007年第4期。

(2)李剑:《反垄断私人诉讼困境与反垄断执法的管制化发展》,载《法学研究》2011年第5期。

3. 文集类

[美]Philip J. Loree:《〈海洋法公约〉:对美国航运业更为可取的方式》,载傅崐成等编译:《美国弗吉尼亚大学海洋法论文三十年精选集》,厦门大学出版社2010年版,第443页。

4. 译作类

[英]H. L. A. 哈特、[美]托尼·奥诺尔:《法律中的因果关系》,张绍谦译,中国政法大学出版社2005年版,第216页。

5. 报纸类

王先林:《对近期我国反垄断执法的观察和思考》,载《中国工商报》2014年10月15日,第3版。

6. 古籍类

《史记·秦始皇本纪》。

7. 辞书类

《新英汉法律词典》,法律出版社1998年版,第24页。

8. 外文类

依从该文种注释习惯。

Liyang Hou,*A Review of Telecom Markets in the EU:What Did the European Commission Learn or Not from the Past?*,30(6)Computer Law & Security Review,at 710 – 719 (2014).

9. 法院判决、公告类

(2011)深中法知民初字第67号民事判决;(2012)粤高法民三终字第155号终审判决书。

10. 网络资讯类

原则上,如果同样内容有纸质参考,请选用纸质参考,以方便保存查阅。

David Flath,*Resale Price Maintenance by Japanese Newspapers*,http://ssrn.com/abstract=1670562,2012年5月20日最后访问。